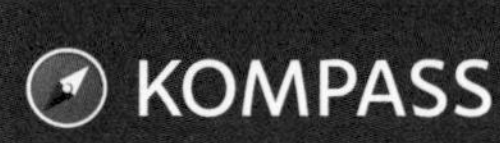

RAD VERGNÜGEN

BAYERISCHER WALD

21 1/2 TAGESTOUREN
FEIERABEND-RIDES
WOCHENEND-BIKEAWAYS

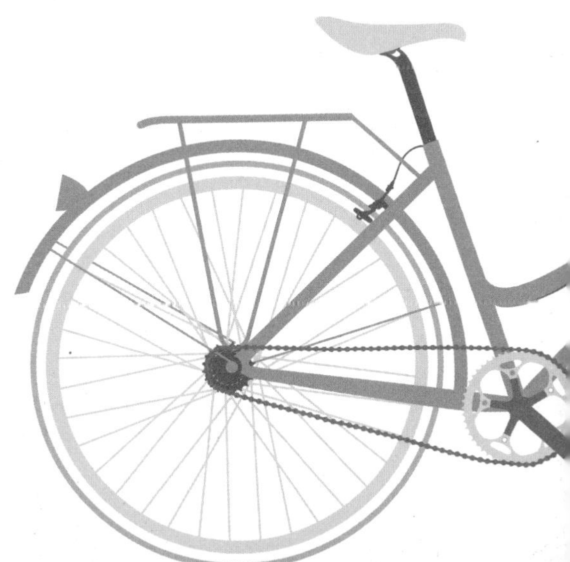

EINFACH RAUS!

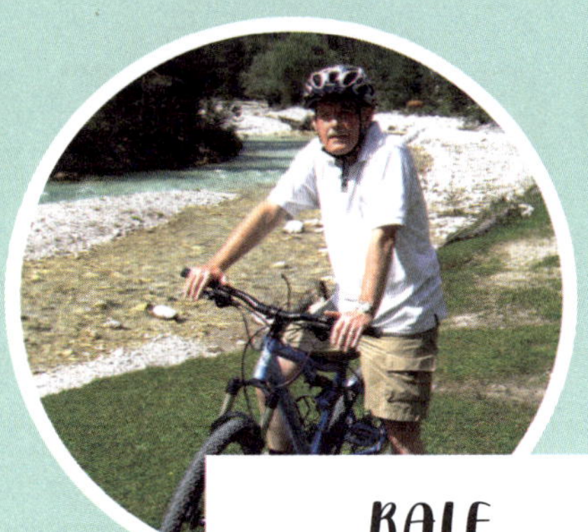

RALF ENKE

1951 in Berlin geboren und dort Kartografie studiert, hat den Bau der Berliner Mauer hautnah miterlebt. Nach seinem Studium ging er zu MairDumont nach Stuttgart und entdeckte die Schwäbische Alb und den Schwarzwald mit dem Rad. Beruflich ging es nach München. Die reizvolle Landschaft verführte ihn zu Radtouren rund um die Bayernmetropole bis in die Alpenregion.

LIEBE LESERIN, LIEBER LESER,

endlose Wälder, kleine Bergseen, mächtige Bergrücken und sanfte Kuppen – das ist der Bayerische Wald, zwischen Donau und Böhmerwald. Oben, entlang der tschechischen Grenze, liegt Deutschlands einziger Urwald, der Nationalpark Bayerischer Wald. Der Woid, wie er in Ostbayern genannt wird, bietet für Radfahrer fantastische Möglichkeiten, Land und Leute, Kultur und Brauchtum kennenzulernen. Die ausgewählten Touren führen mit mehr oder weniger großen Steigungen durch ein phänomenales Mittelgebirge. Sie sind aber durchweg gut zu radeln und mit einem E-Bike verlieren große Steigungen zudem ihre Schrecken.

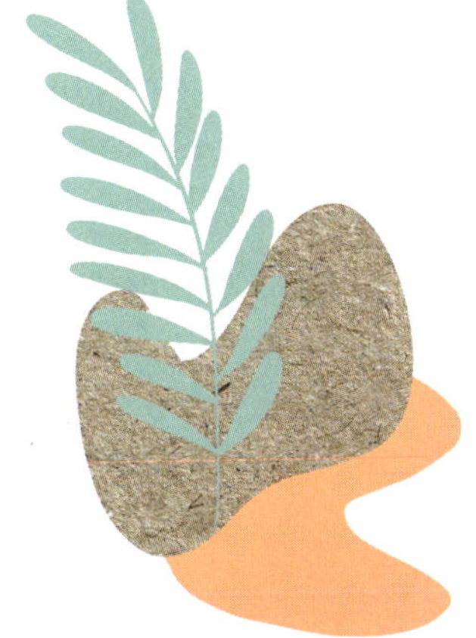

Meine Feierabend-Rides führen zu den Glanzstücken des Bayerischen Walds, den Nationalparkzentren Lusen und Falkenstein, zu landschaftlichen Höhepunkten wie „Bayerisch Kanada" am Regen, zu urigen Museen und kulinarischen Spezereien.

Übers „Grüne Dach Europas" am Großen Arber führt eine der schönsten Tagestouren, eine andere zum Natur- und Felsenpark Burg Falkenstein, wieder andere zu Burgen, Schlössern und Klöstern nahe der Donau.

Die Krönung der drei Wochenendtouren ist jene rund um die Tausender-Gipfel am Großen Arber mit einer Wanderung hinauf zum König des Bayerwalds. Eher gemütlich radeln wir durchs reizvolle Tal des Regens talwärts in die Welterbe-Stadt Regensburg oder von Passau hinauf entlang der Ilz ins Abteiland.

Viel Spaß beim Entdecken wünscht

INHALT

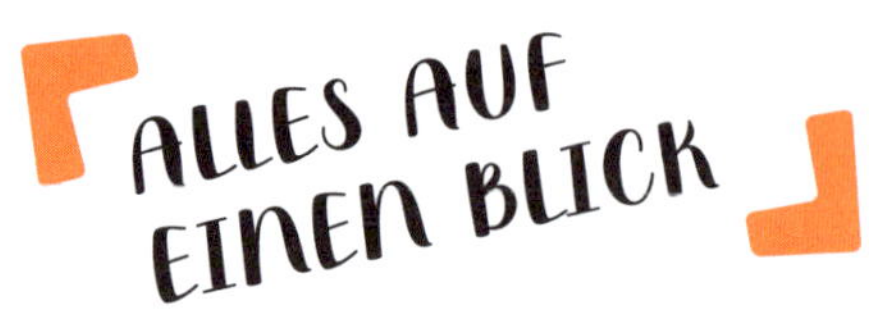

TOUREN

DESTINATIONS- UND RADBASICS

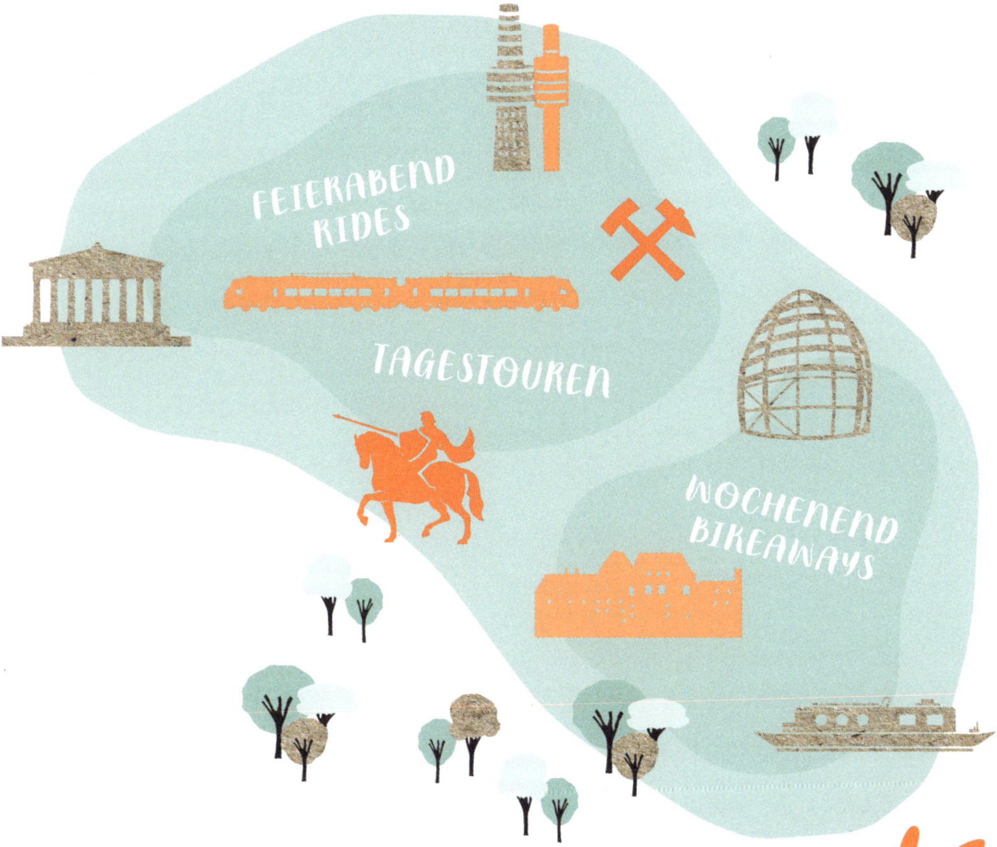

FEIERABEND RIDES

TAGESTOUREN

WOCHENEND BIKEAWAYS

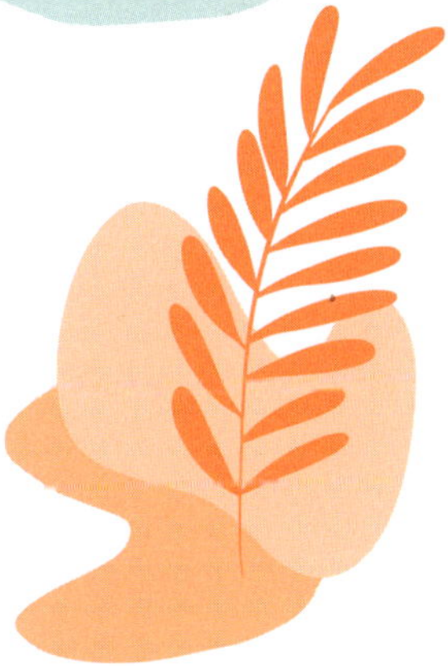

DEINE ORIENTIERUNG

APP & GPX-DOWNLOAD

Alle 21 ½ Touren in der KOMPASS App: Dort findest du Livetracking, GPS-Ortung, Offline-Karten und -Touren, Navigation zum Start und viele weitere nützliche Features. Einfach QR-Code scannen und Tour starten. Los geht's!

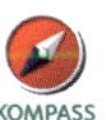

GPX-Tracks zum Download: **www.kompass.de/gpx**
Für das Navigationsgerät deiner Wahl haben wir alle Touren auch als GPX-Track auf unserer Homepage.

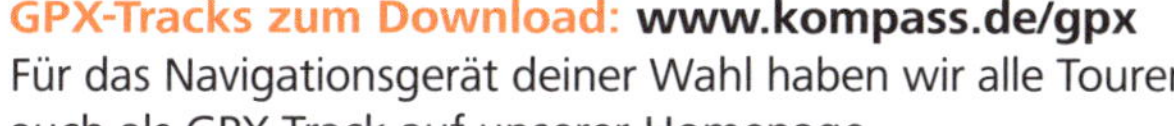

FEIERABEND-RIDES

RAUF AUFS RAD ZUM RUNTERKOMMEN

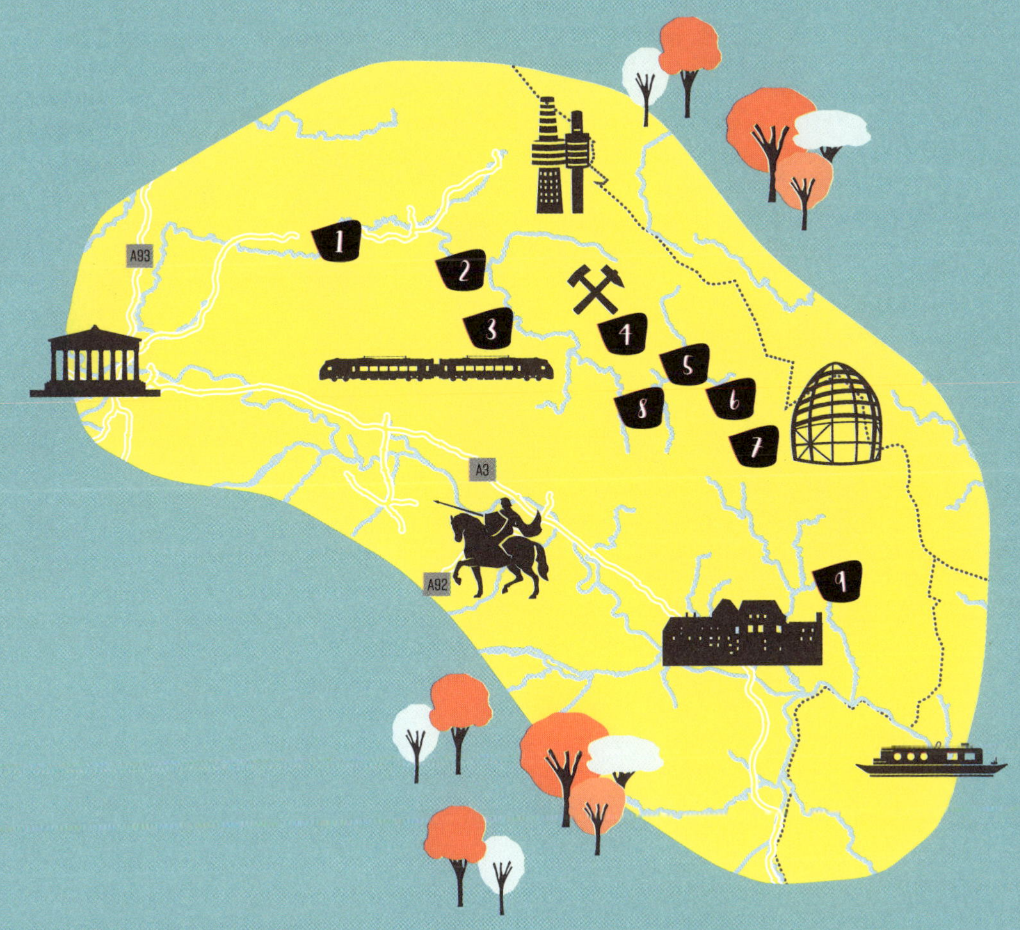

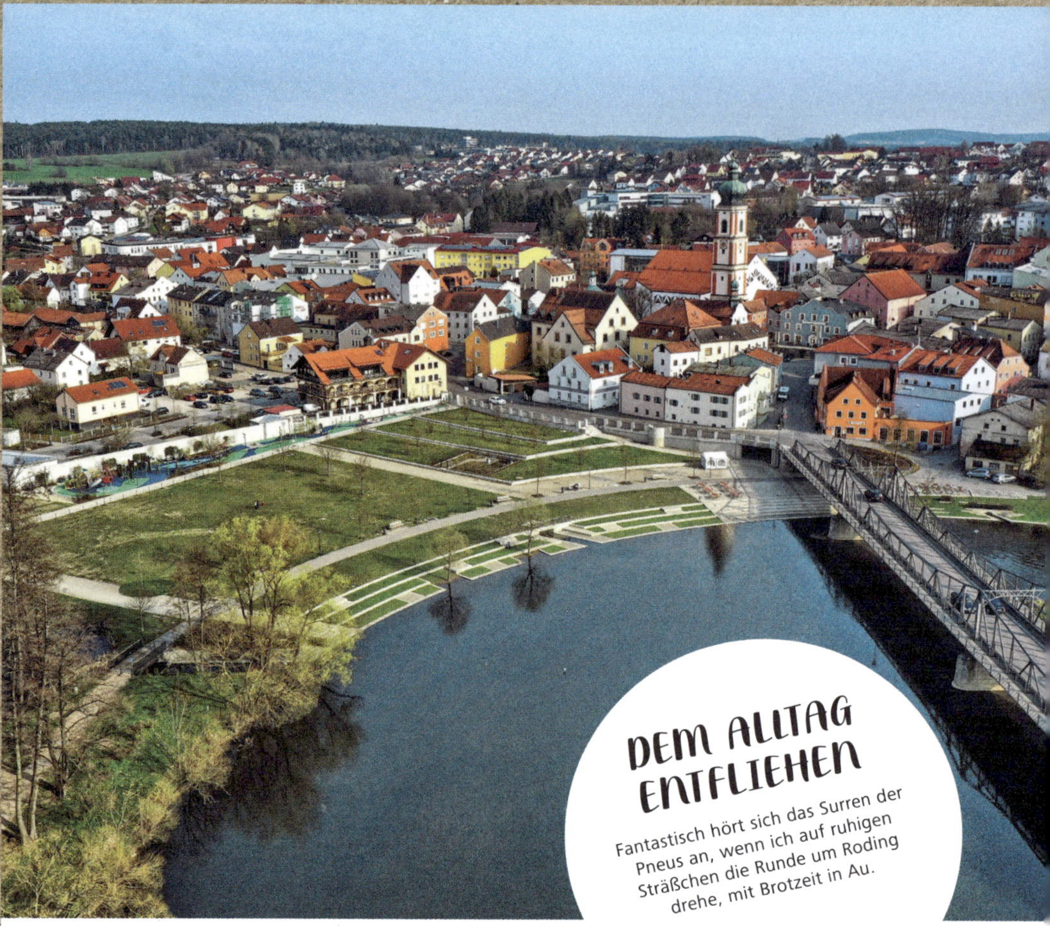

DEM ALLTAG ENTFLIEHEN

Fantastisch hört sich das Surren der Pneus an, wenn ich auf ruhigen Sträßchen die Runde um Roding drehe, mit Brotzeit in Au.

➤ **1 /** Neben dem Großparkplatz beim Volksfestplatz liegen die Rodinger Terrassen

➤ **2 /** Über dem Regen liegt die Wallfahrtskirche Heilbrünnl

➤ **3 /** Der Zeltplatz am Imhof überrascht mit Indianerzelten

➤ **4 /** Beim Gasthaus Zur Grünen Au gibt's endlich a guads Bier

➤ **5 /** Ist nicht mehr viel übrig von der Burgruine Sengersberg

➤ **6 /** Prachtvoll strahlt der Altar in der barocken Kirche St. Ägidius

➤ **7 /** Im Feuerwehrmuseum steht eine Handdruckspritze von 1922

➤ **8 /** Hinterm Alten Rathaus ragt der Campanile in den Himmel

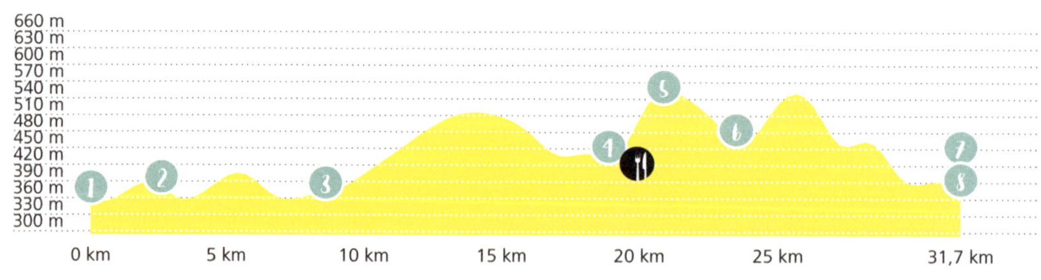

HEILBRÜNNL ON TOUR

Durchs *Regental* bei *Roding*,
wo der *Bayerische Wald* sein Ende findet

Durch das Tor zum Bayerischen Wald, wie sich die Stadt Roding gerne nennt, fließt der liebliche Regen vom Waldgebirge zur Donau. Das erste Stück unserer Radltour begleiten wir sie durch ihr breites Tal mit Blick zur Wallfahrtskirche Heilbrünnl. Das Tal verengt sich und wir radeln am Emisbachl bergwärts nach Beucherling. In Au machen wir Brotzeit und gelangen danach zur Burgruine am Sengersberg, 614 m hoch mit Blick nach Roding. Über Dörfling und seiner imposanten Kirche St. Ägidius radeln wir zurück nach Roding.

32 Kilometer
640 Höhenmeter
640 Höhenmeter
2:15 Stunden
Rundtour

CHARAKTER
Sportlich ●●●○○
Abkühlung ●○○○○
Schlemmen ●○○○○
Panorama ●●●○○

Zum Heilbrünnl

Am 1 / Großparkplatz beim Volksfestplatz an der Regenstraße satteln wir auf und kommen später hierher auch zurück. Bevor es jedoch auf Tour geht, sehen wir uns rechts am Ufer die Rodinger Terrassen an. Ist eine schöne

TOURENINFO / Von Roding radeln wir auf kleinen Asphaltsträßchen erst im Tal des Regens, dann hinauf nach Beucherling. Anschließend geht's über die Hochebene mal auf, mal ab an der Ruine Sengersberg vorbei ohne große Steigungen wieder zurück nach Roding ins Regental.
E-Bike-Ladestationen: Roding am Rathaus, Wallfahrtskirche Heilbrünnl.

< links / Roding mit den Rodinger Terrassen am Regen

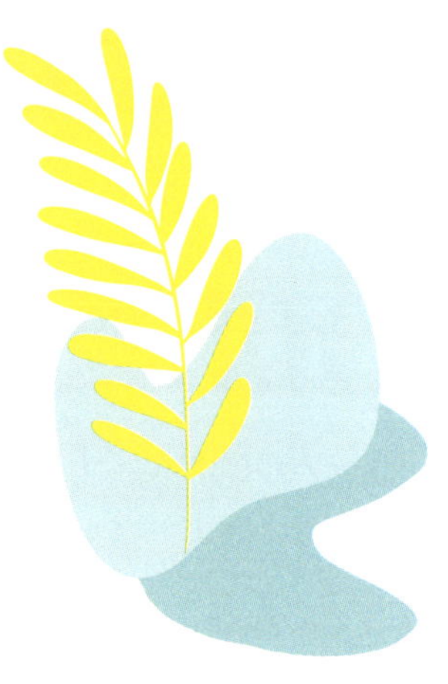

Freizeitanlage mit Altstadtpanorama. Unser Feierabendride führt uns auf dem ausgeschilderten Radwanderweg mit der schwarzen 25 auf gelbem Grund erst einmal von der Regenstraße bei der Regenbrücke links Richtung Altstadt und gleich rechts durch die Landgerichtstraße ans Ufer des Regens. Bald heißt das Sträßchen Petermühlweg und führt uns an der Petermühle vorbei zur Kienmühle. Gegenüber auf der Anhöhe sehen wir die 2 / Wallfahrtskirche Heilbrünnl. Der Abstecher lohnt auf jeden Fall. Also rechts über den Regen und am anderen Ufer rechts zum Parkplatz. Von dort führt uns ein Sträßchen hinauf zur Wallfahrtskirche. Mitten im Kirchenschiff wird in einem Marmorbecken das Wasser der Heilbrünnlquelle aufgefangen. Nach dem Besuch der Kirche lädt die Wallfahrts-Gaststätte Heilbrünnl zur Einkehr ein, mit Biergarten und Blick zum Regen.

MARTERSÄULE

Sie war das erste religiöse Symbol am Heilbrünnlein. Heute zeigen unzählige Votivbilder in der Kapelle, dass das 2 / Heilbrünnl nach wie vor ein Ort des Trostes ist.

Im Kanadier auf dem Regen

Von der Kienmühle radeln wir zur Staatsstraße. Kurz geht's an ihr rechts entlang und dann links den Hang hinauf in den Weiler Fichtenberg. Um das Kerbtal herum radelt es sich schnell nach Regenpeilstein. Rechter Hand liegt die Burg Regenpeilstein, ist in Privatbesitz. Also radeln wir weiter und folgen der Burgstraße, die in die Mühlstraße übergeht. Bald stoßen wir erneut auf die Staatsstraße und folgen ihr nach links. In der Kurve verlassen wir die Straße und biegen rechts ab über die Brücke des Perlbaches. Der schöne Radweg führt direkt am Ufer zum 3 / Imhof. Hier gibt's einen Zeltplatz mit zwei Tipis und die Möglichkeit, sich einen Kanadier für eine Paddeltour auf dem Regen zu leihen. Das Asphaltsträßchen schmiegt sich an den Talhang und folgt ihm links herum, jetzt durch das bewaldete Tal des Emisbachl bergwärts zum Weiler Angstall und geradeaus an

---

➤ rechts oben / In der Wallfahrtskirche Heilbrünnl ➤ rechts Mitte / Im Festzelt beim Rodinger Volksfest

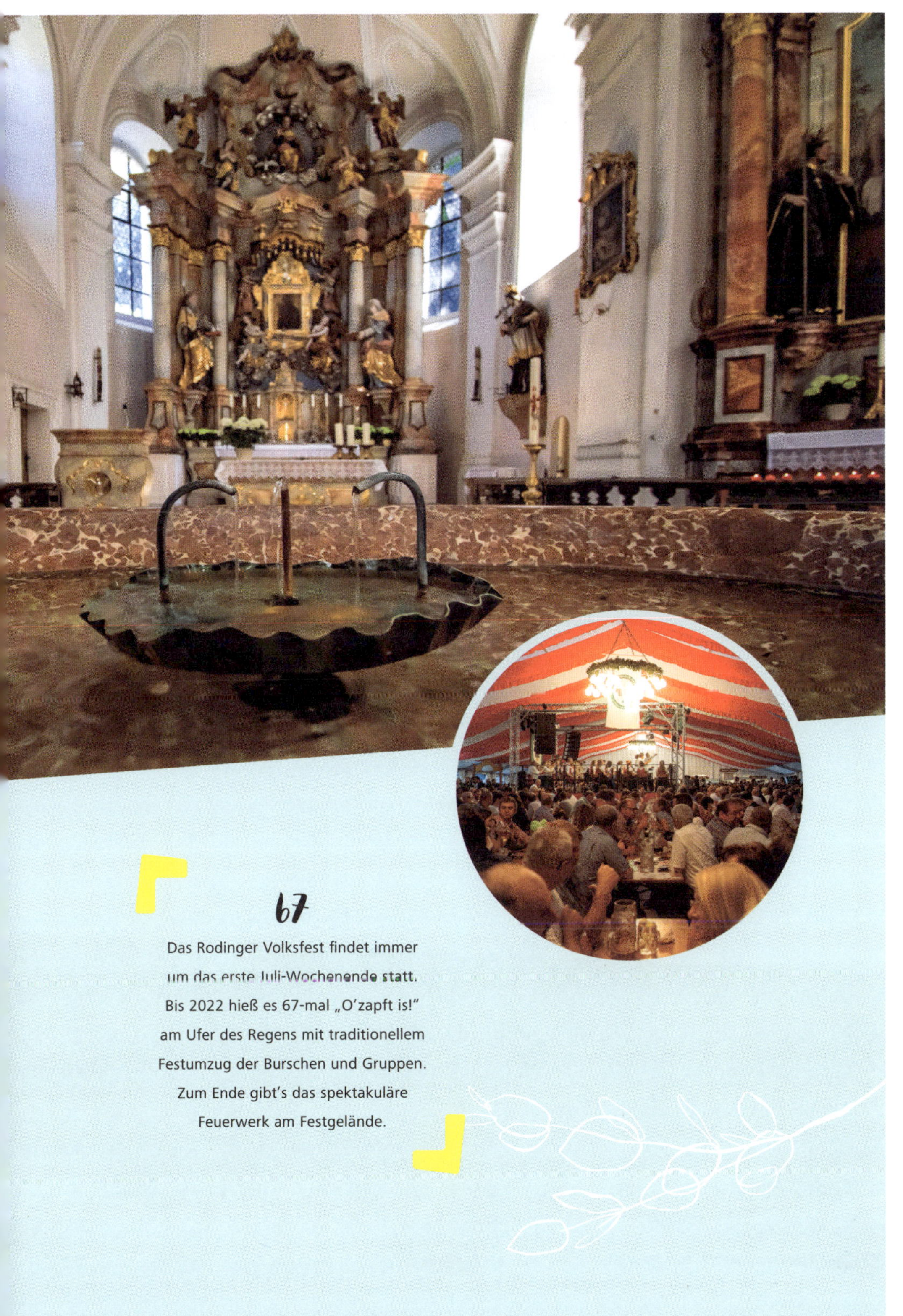

67

Das Rodinger Volksfest findet immer um das erste Juli-Wochenende statt. Bis 2022 hieß es 67-mal „O'zapft is!" am Ufer des Regens mit traditionellem Festumzug der Burschen und Gruppen. Zum Ende gibt's das spektakuläre Feuerwerk am Festgelände.

FLUSS-ABENTEUER

Vom Blaibacher See bis nach Regensburg können wir auf dem Regen Bootswandern und Landschaften von lieblich bis wildromantisch erleben. Am 3 / Imhof gibt's eine Einsatzstelle für Boote.

Krügling vorbei nach Beucherling. Vor uns steht ein Schmuckstück von einer Kapelle, die St.-Georg-Kapelle an der Bikilostraße.

A guads Bier

BLICK ÜBERS REGENTAL

An der Kapelle schwenken wir nach links und radeln entspannt an Willetstetten vorbei zu einer kleinen Kapelle am Wegesrand, die zum Abschluss der Flurbereinigung um 1970 erbaut wurde. Danach erreichen wir die Staatsstraße in Kiesried. Wenige Radumdrehungen geht's nach links und am Teich dann rechts leicht talwärts nach Antersdorf in der schönen Ramersau. Hinterm Weiler folgen wir dem Sträßchen links nach Löffelmühl an der Staatsstraße. Hier fließt der Perlbach durch seinen breiten Talgrund. Wir folgen ihm rechts nach Au und kehren mal im 4 / Gasthaus Zur Grünen Au (Tel: 09468 237, Au 7, 93167 Falkenstein) auf eine saubere Brotzeit und a guads Bier ein.

Unterm Zwiebelturm

An der Einmündung der Hauptstraße in Au geht's nun links steil bergwärts zwischen dem Buchberg zur Linken und der

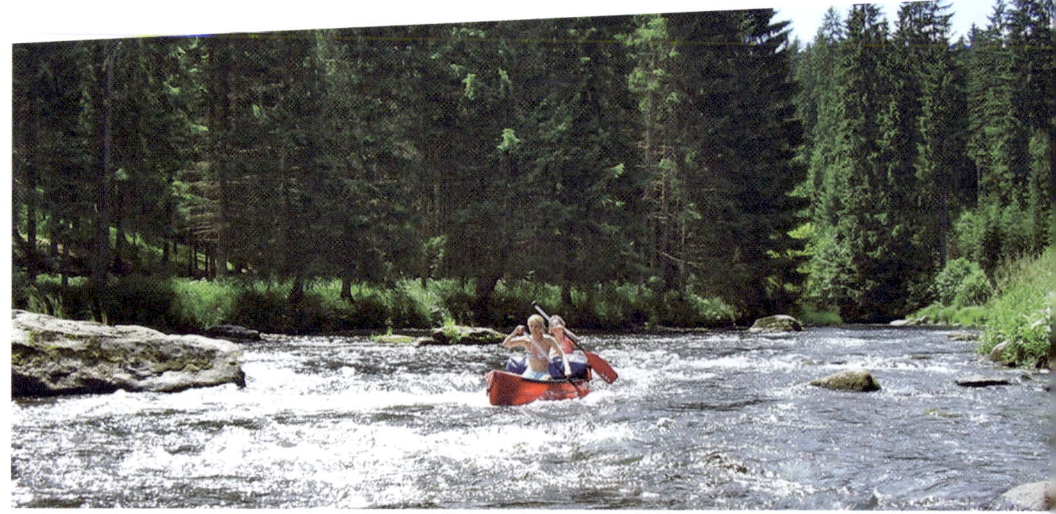

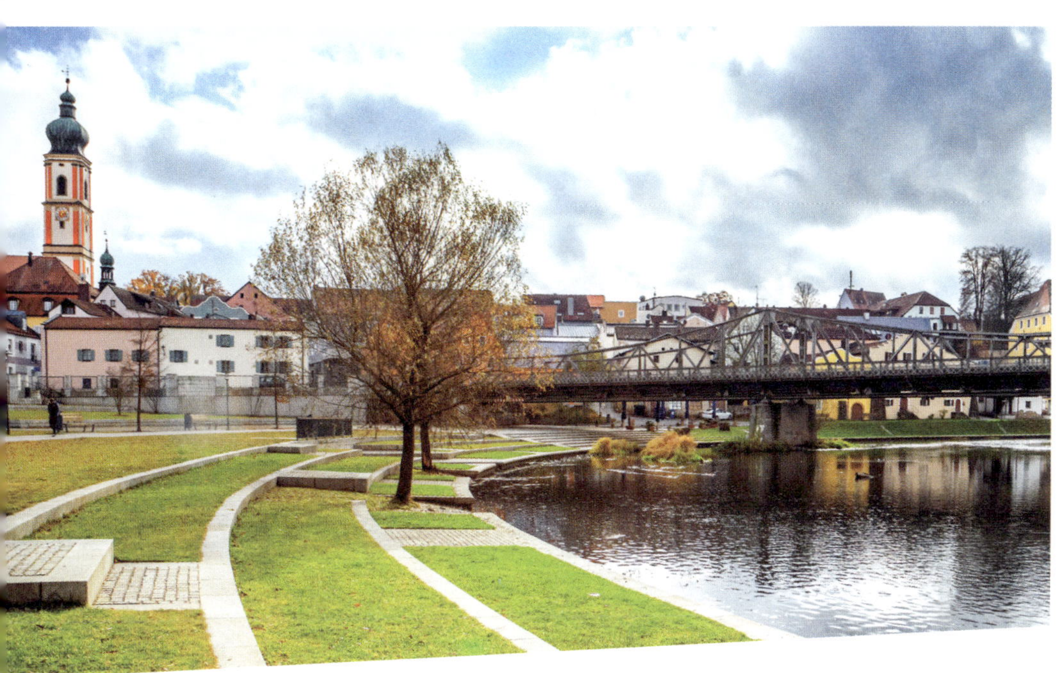

5 / Burgruine Sengersberg zur Rechten in das Weilerdorf Litzelsdorf. Hier gibt's den Abzweig zur Burgruine. Von ihr sind nur noch einige Mauerreste übrig, aber dahinter führen Felsenstufen auf den hohen Felsenturm mit Blick nach Roding ins Regental. Wer zur Aussicht möchte, muss die letzten 300 Meter zu Fuß gehen. Das Asphaltsträßchen führt uns über die Hochebene und hinter Hutting ins Tal nach Dörfling. Hier überrascht uns die 6 / Kirche St. Ägidius, groß mit einem wunderschönen, reich verzierten Altar unterm Zwiebelturm. Geradeaus geht's nun nach Woppmannsdorf und links hinauf an den Granitsteinbruch. Den lassen wir nun rechts liegen und radeln durch den Wald hinab nach Unterlintach. Die kleine Kirche St. Johannes der Täufer in Unterlintach unterscheidet sich schon optisch von den vielen anderen Kirchen. Der Turm und die Außenwände sind komplett mit Holzschindeln verkleidet. Das Dach ist mit Biberschwanz-Dachziegeln eingedeckt.

1755

Neben dem Campanile am Marktplatz in der Altstadt von Roding steht das historische Rathaus aus dem 18. Jahrhundert mit barockem Schweifgiebel. Die Figur der Justitia und der Pranger erinnern an die Niedergerichtsbarkeit des Marktes.

Handdruckspritzen und Glockengebimmel

Die Straße führt uns geradewegs durch das Dorf, dann ein kurzes Stück durch einen Wald hinunter ins Trübenbachtal an die Falkensteiner Straße in Roding. Wir queren die Straße und

---

< links / Kanutour auf dem Schwarzen Regen ^ oben / Altstadt von Roding

EINER DER VIERZEHN NOTHELFER

30 Häuser stehen im Weiler Dörfling, dazu die prachtvolle 6 / Kirche St. Ägidius, deren Patron, der heilige Ägidius, am ersten Sonntag im September gefeiert wird.

FEUERWEHR ANNO DAZUMAL

radeln auf dem separaten Radweg nach Roding hinein. Wir kommen am Imhofpark vorbei, wo die evangelische Kirche in den Himmel ragt. Hier biegen wir links zum 7 / Feuerwehrmuseum ab. Durch die Schellerer Straße gelangen wir an den Ziehringer Weg und kommen rechts herum zum Museum. Zur Jahrhundertwende polterten noch pferdegezogene Handdruckspritzen mit Glockengebimmel über das Kopfsteinpflaster von Roding. Diese historischen Feuerwehrgeräte gibt's auf einem Streifzug durch das Feuerwehrwesen von 1860 bis in die 50er-Jahre dieses Jahrhunderts zu sehen. Für eine Besichtigung der Exponate sollte man vorher anrufen unter Tel: 09461/633.

KM 190

Am Blaibacher See bei Bad Kötzting treffen Weißer Regen und Schwarzer Regen zusammen. Das Wasser vom Schwarzen Regen hat bereits „Bayerisch Kanada" passiert. Ab hier heißt der Fluss nun Regen und mündet nach 190 km vor der Altstadt in Regensburg in die Donau.

Der Campanile von Roding

An der Regensburger Straße wenden wir uns nach rechts und erreichen die Kreuzung mit dem Oberen Markt. Links geht's nun in die Altstadt auf den Marktplatz zum 8 / Alten Rathaus, schon um 1364 erbaut. Das ehrwürdige Haus ist heute Hochzeitslocation. Rechter Hand sehen wir das Wahrzeichen von Roding, den alten Kirchturm der Stadtpfarrkirche St. Pankratius. Die Kirche selbst ist ein moderner Bau. Der alte barocke Turm wurde zum Campanile und blieb erhalten. Dahinter steht die Josefikapelle, das älteste Bauwerk der Stadt, schön rund mit Fresken aus dem 13. Jahrhundert. Wir wenden uns nach links und kehren gleich im Gasthaus „Zum Reim Wirt" (Tel: 09461 9120440, Regenstraße 9, 93426 Roding) ein. Ein schönes, historisches Gasthaus mit Säulen und Arkaden wie in der Toskana. Hier gibt's mediterrane und bayerische Leckereien. Mit Blick zu den Rodinger Terrassen am Regen nehmen wir auf der Terrasse Platz und genießen den herrlichen Abend. Nach der Einkehr sind es jetzt nur noch wenige Meter bis zum Ausgangspunkt der Radltour am 1 / Großparkplatz beim Volksfestplatz.

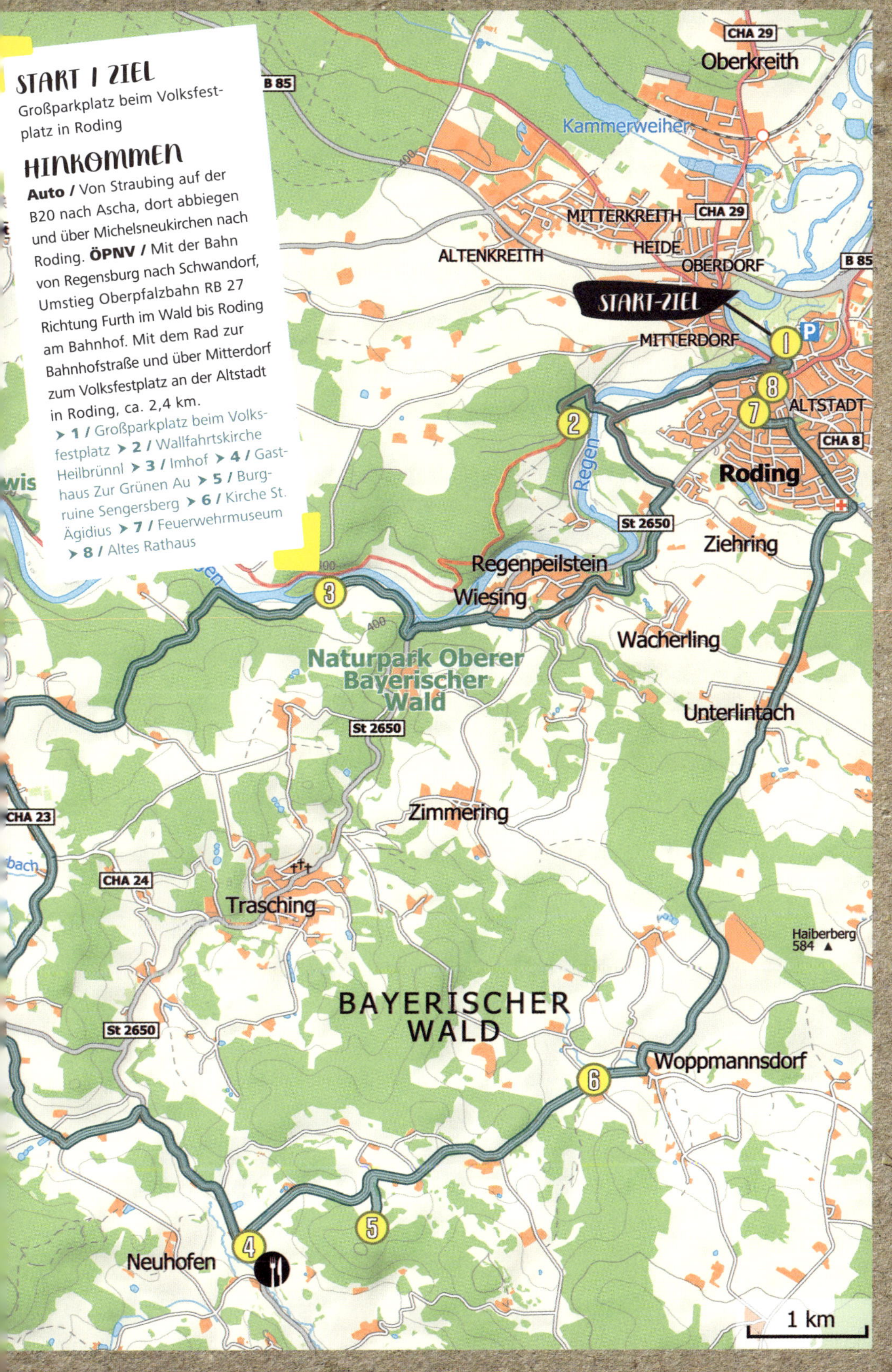
START / ZIEL
Großparkplatz beim Volksfestplatz in Roding
HINKOMMEN
Auto / Von Straubing auf der B20 nach Ascha, dort abbiegen und über Michelsneukirchen nach Roding. ÖPNV / Mit der Bahn von Regensburg nach Schwandorf, Umstieg Oberpfalzbahn RB 27 Richtung Furth im Wald bis Roding am Bahnhof. Mit dem Rad zur Bahnhofstraße und über Mitterdorf zum Volksfestplatz an der Altstadt in Roding, ca. 2,4 km.
➤ 1 / Großparkplatz beim Volksfestplatz ➤ 2 / Wallfahrtskirche Heilbrünnl ➤ 3 / Imhof ➤ 4 / Gasthaus Zur Grünen Au ➤ 5 / Burgruine Sengersberg ➤ 6 / Kirche St. Ägidius ➤ 7 / Feuerwehrmuseum ➤ 8 / Altes Rathaus
CHA 29
Oberkreith
B 85
Kammerweiher
MITTERKREITH
CHA 29
ALTENKREITH
HEIDE
OBERDORF
B 85
START-ZIEL
MITTERDORF
ALTSTADT
CHA 8
Regen
Roding
St 2650
Ziehring
Regenpeilstein
Wiesing
Wacherling
Naturpark Oberer Bayerischer Wald
Unterlintach
St 2650
CHA 23
Zimmering
CHA 24
Trasching
Haiberberg 584
BAYERISCHER WALD
St 2650
Woppmannsdorf
Neuhofen
1 km

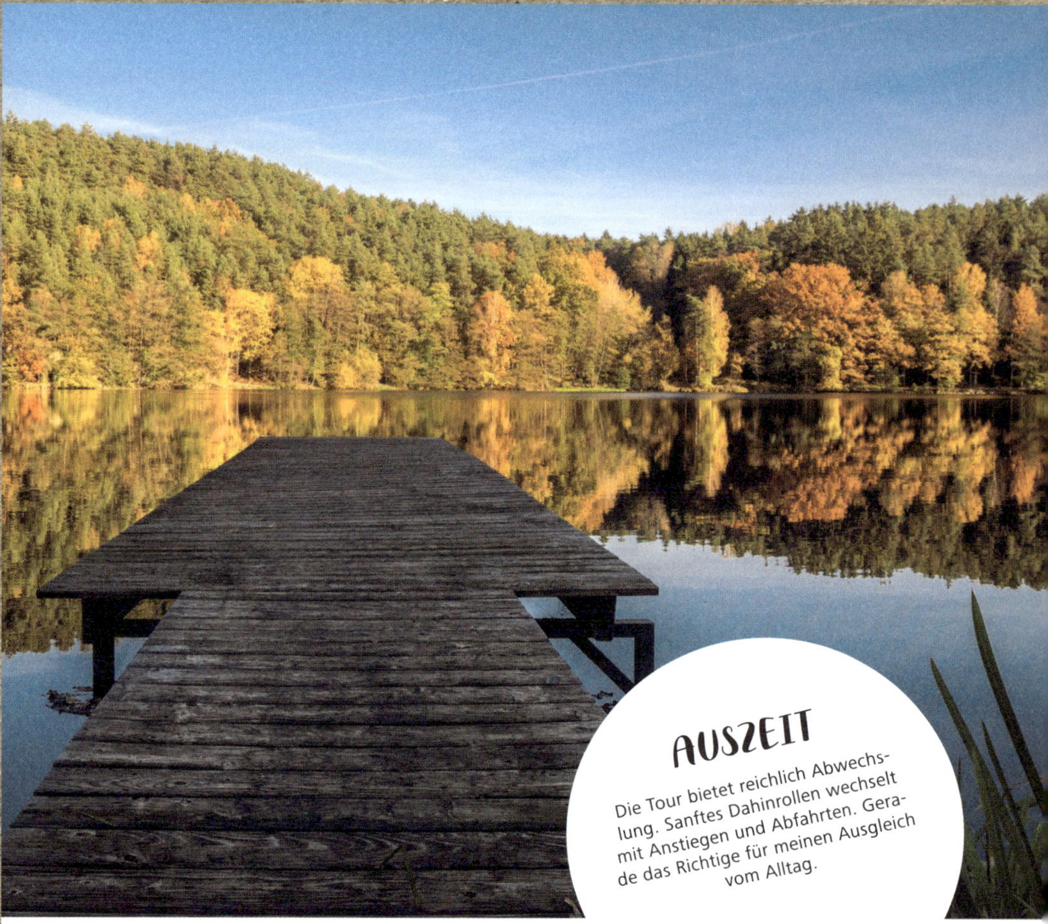

AUSZEIT

Die Tour bietet reichlich Abwechslung. Sanftes Dahinrollen wechselt mit Anstiegen und Abfahrten. Gerade das Richtige für meinen Ausgleich vom Alltag.

➤ **1 /** An der Kirche in Miltach satteln wir auf und starten die Tour

➤ **2 /** Seit 2019 ziert das Konzerthaus Blaibach eine Sonderbriefmarke

➤ **3 /** Beim Campingplatz am Regen beginnt die Kajaktour

➤ **4 /** 63 Jahre lang fuhren Züge über die einsame Eisenbahnbrücke

➤ **5 /** Bei Krailing verlassen wir den Regental-Radweg

➤ **6 /** Ein schöner Weg führt zum Kalvarienberg auf dem Pfahl in Moosbach

➤ **7 /** Schloss Altrandsberg ist herausgeputzt worden, mit WeltKunst-Museum

➤ **8 /** In der Schlossgaststätte Laumer am Schloss Altrandsberg kehren wir ein

➤ **9 /** Am Alpakahof Grüne Au begrüßen uns die knuddeligen Alpakas

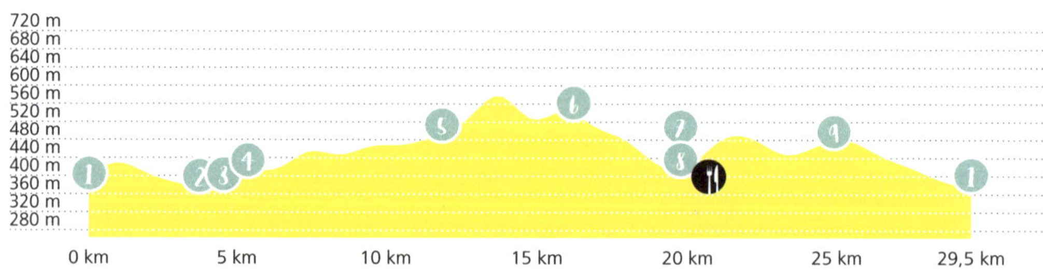

Wasserkraft und Eruption

Vom Blaibacher See über den Pfahl nach Miltach

Von Miltach radeln wir am Regen entlang zum Konzerthaus in Blaibach, das wie ein Pflasterstein aussieht. Dann geht's an den Blaibacher See, wo Schwarzer Regen und Weißer Regen zum Regen werden. Auf der ehemaligen Bahntrasse Blaibach–Viechtach erreichen wir Krailing am Fuße des Pfahls. Am Kamm des Bergrückens liegt Moosbach mit einem schönen Kreuzweg und Kalvarienberg. Talwärts geht's zum Schloss Altrandsberg und Richtung Zandt zu den Alpakas. Von dort radeln wir zurück nach Miltach.

30 Kilometer
550 Höhenmeter
550 Höhenmeter
2 Stunden
Rundtour

CHARAKTER

Sportlich ●●●○○
Abkühlung ●●○○○
Schlemmen ●●○○○
Panorama ●●●○○

Monolith-Konzerte

Starten wir zu unserer Tour an der 1 / Kirche in Miltach. Ist eine moderne Kirche mit ehrwürdigem Zwiebelturm. Im Schatten der Kirche steht noch ein kleines Kapellchen. Wir kommen zum Rathaus, radeln geradeaus und biegen dann

TOURENINFO / Der überwiegende Teil der Radtour verläuft auf asphaltierten Sträßchen mit wenig Autoverkehr. Der andere Teil führt uns auf breiten Wegen durch schattige Wäldchen in ständigem Auf und Ab zum Ziel. E-Bike-Ladestationen: Miltach, Pizzeria da Chiara am Kirchplatz; Zandt, Hotel Früchtl, Harrlinger Straße; Blaibach Tourismusbüro, Kirchplatz 6.

< links / Steg am Blaibacher See

links auf den Radweg zur Brücke am Regen ab. Am anderen Ufer schwenken wir nach rechts und queren den Bahnübergang. Auf der Rieslstraße geht's nun bergwärts in den Weiler Riesel. Wir rollen hinab über den Bahnübergang und folgen dem Schotterweg entlang den Gleisen zur Kläranlage in Blaibach hinterm Bahnübergang. Von dort kommen wir zur Sportanlage und an die Umgehungsstraße. Hier geht's kurz links der Straße entlang und dann rechts in die Pechlergasse. Linker Hand erreichen wir den Kirchplatz und das futuristische 2 / Konzerthaus Blaibach des Architekten Peter Haimerl. Das monolithische Gebäude ist halb in der Erde versunken und eine offene Treppe führt unter den Felsen in den Konzertsaal.

HOCHGENUSS

Klassische Konzerte und zeitgenössische Musik kommen im 2 / Konzerthaus Blaibach zur Aufführung. Uns erwartet perfektes Design innen wie außen sowie eine ungetrübte Akustik.

Schlossgeschichte

Gleich dahinter kommen wir zum ehemaligen Schloss Blaibach. Durch den Torbogen gelangen wir in den Innenhof des heutigen Schlossgasthofes. Vieles aus der damaligen Zeit von 1604 wurde erhalten und strahlt nach beispielhafter Renovierung in sehenswertem Ambiente. Kurz radeln wir zurück und dann links durch die Bahnhofstraße zum Bahnhof und über den Regen. Am anderen Ufer geht's rechts zum 3 / Campingplatz „aqua-hema". Von hieraus könnten wir Bootsausflüge in Kajaks und Kanadiern Richtung Chamerau buchen. Einfach mal merken.

Verlassene Eisenbahnbrücke

Am Ufer entlang erreichen wir die verlassene 4 / Eisenbahnbrücke. Ein Relikt aus den 90ern, als die Bahnlinie von Blaibach nach Viechtach stillgelegt wurde. Was am 3. März 1928 mit viel Enthusiasmus gefeiert wurde, hatte letztendlich nur 63 Jahre Bestand. Aus dem alten Bahndamm wurde ein toller Radweg

---

➤ rechts oben / Im Konzerthaus Blaibach des Architekten Peter Haimerl
➤ rechts Mitte / Die alte Eisenbahnbrücke vor Blaibach

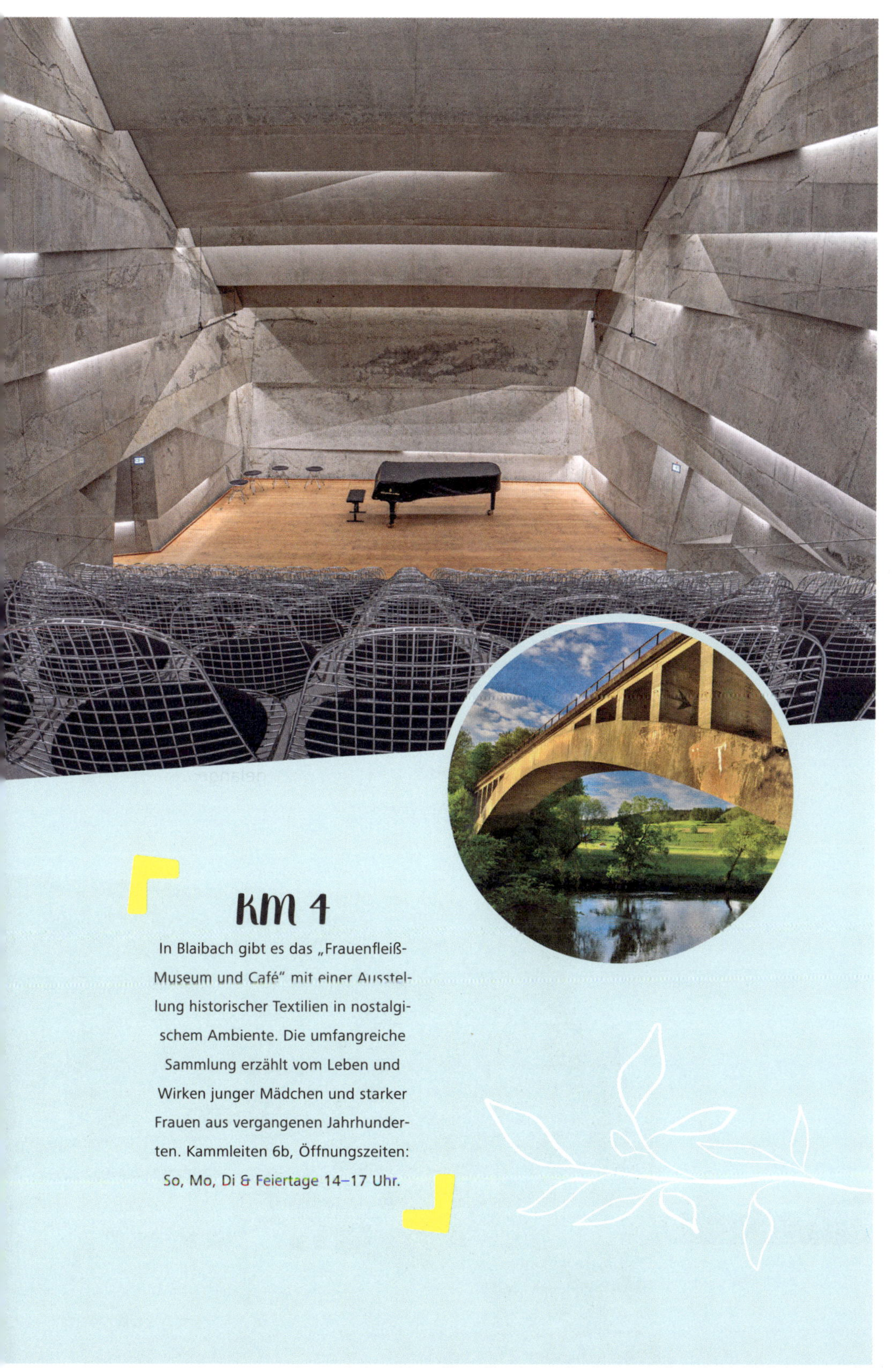

KM 4

In Blaibach gibt es das „Frauenfleiß-Museum und Café" mit einer Ausstellung historischer Textilien in nostalgischem Ambiente. Die umfangreiche Sammlung erzählt vom Leben und Wirken junger Mädchen und starker Frauen aus vergangenen Jahrhunderten. Kammleiten 6b, Öffnungszeiten: So, Mo, Di & Feiertage 14–17 Uhr.

Wasserspass

An der Badestelle neben dem Kraftwerk am Blaibacher See springen wir ins Wasser. Bevor der Schwarze Regen zum Blaibacher See gestaut wird, hat er bereits am Höllensteinsee Strom erzeugt.

nach Viechtach. Wir nehmen den „Bahndamm" unter die Räder und folgen dem Radfernweg Regental-Radweg. In großzügigen Bögen und ohne große Steigungen oder Gefälle geht's an den Blaibacher See.

Am Schwarzen und Weissen Regen

Am Blaibacher See

Er wird vom Schwarzen Regen gespeist und, bevor er auf den Weißen Regen trifft, aufgestaut. Über den Parkplatz der Talsperre geht man zum Wasserkraftwerk Pulling, das seit 1964 Strom produziert. Bald erreichen wir die „Bahnstation Wimbach" und unterfahren die Straßenbrücke. Im weiten Bogen entfernen wir uns vom Blaibacher See und erreichen 5 / Krailing. Hier verlassen wir den Regental-Radweg, biegen rechts auf den Schotterweg ein und sehen über uns die Kirche St. Peter und Paul. Wir kommen zur Dorfstraße, wenden uns nach rechts und radeln mit der Wegemarkierung schwarze 17 auf gelbem Grund auf der Straße über Viechtafell nach Altwies.

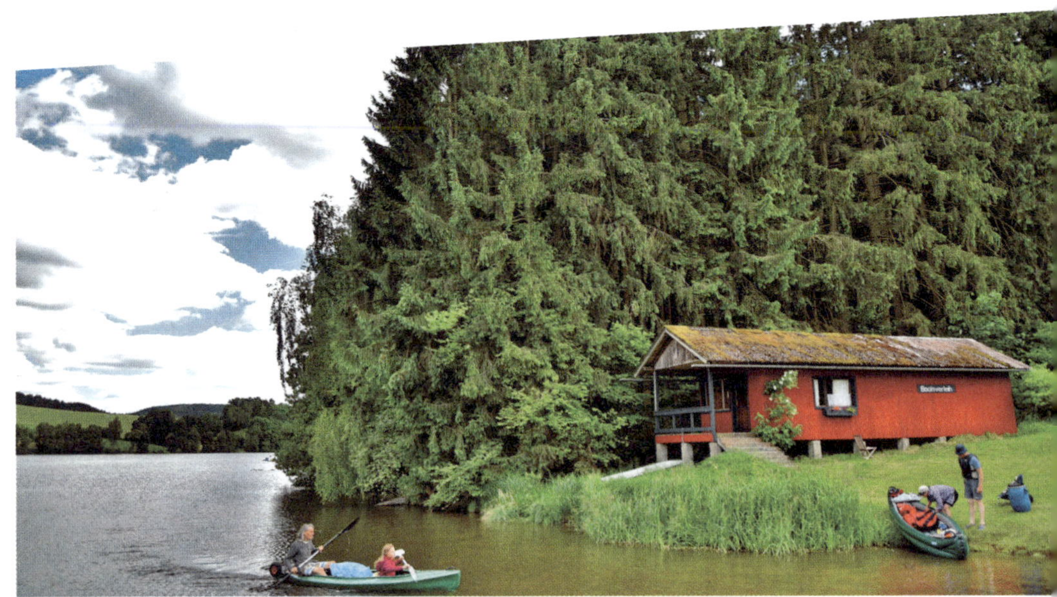

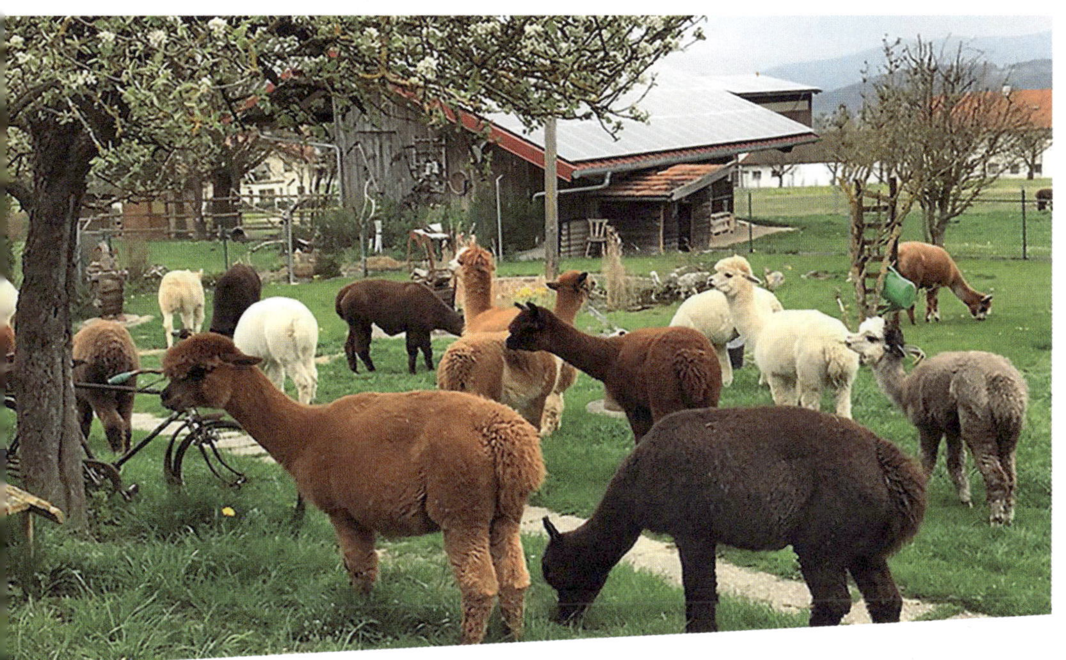

Auf den Pfahl

Hier verlassen wir die Wegemarkierung und fahren geradeaus über die B85 hinauf zum Kamm des Pfahls nach 6 / Moosbach. Beschaulich liegt der „Moosbacher" Pfahl als lang gestreckter Bergrücken in der Bayerwaldlandschaft vor uns. Felsentürme aus weißem Pfahlquarz verleihen dem Naturschutzgebiet eine besondere Schönheit und Eigenart. Der Pfahl durchquert als uralte Bruchlinie auf einer Länge von beinahe 150 km den Bayerischen Wald. Alles über seine erdgeschichtliche Bedeutung erfährt man in der Pfahl-Infostelle im Alten Rathaus Viechtach.

700 m

In mühseliger Arbeit schlugen Moosbacher 12 Steinsäulen aus Granit für den 700 m langen Kreuzweg entlang des Felsenkammes bis hinauf zum höchsten Punkt des Pfahles, dem Kalvarienberg. Hier bilden drei Kreuze den krönenden Abschluss des Kreuzweges.

Nofretete und Rodin

Beim Kalvarienberg auf der Pfahllinie oberhalb von Moosbach endet ein schöner Kreuzweg, der an Felsen und 14 Kreuzwegstationen vorbeiführt. Oben angekommen, rollen wir auch schon die Hauptstraße talwärts. An der Liebmannsberger Straße biegen wir links ein und rollen weiter bergab zum Sandbach und bergwärts nach Liebmannsberg. Vom Weiler geht's dann ins Tal an eine Straße. Sie führt uns rechts zum 7 / Schloss Altrandsberg. In dem imposanten vierflügeligen Schloss aus dem 16. Jahrhundert hat sich das WeltKunstMuseum etabliert und zeigt weltberühm-

◄ links / Freizeit am Blaibacher See ▲ oben / Schnuckelige Alpakas

WELT-GESCHICHTE

Das WeltKunstMuseum im 7 / Schloss Altrandsberg zeigt Nachbildungen von weltberühmten Dingen, die wir im Original nur in verschiedenen Museen der Welt sehen könnten.

te Kunstobjekte, wie die Büsten der Nofretete und des Denkers Rodin. Natürlich originalgetreue Replikate. Zu sehen an Sonn- und Feiertagen. In der 8 / Schlossgaststätte Laumer (Tel. 09944 486, Schlossplatz. 1, 93468 Miltach) machen wir dann mal Rast.

KUSCHELIGE ALPAKAS

Alpakawolle

Vom Schlossplatz führt uns die Dorfstraße zur Wolfersdorfer Straße. Links geht's stramm rund 90 Höhenmeter den Pfahl bergauf Richtung Wolfersdorf. Der ist ein lang gezogener Bergrücken aus Quarz, 300 Millionen Jahre alt und erstreckt sich längs mit bizarren Felsformationen durch den Bayerischen Wald. Beim Feuerwehrhaus in Wolfersdorf zweigt die Riedhofstraße rechts ab, auf der wir über Riedhof nach Zandt kommen. Kurz vor dem Ortseingang zweigt links der Trosterauweg zur Kreisstraße ab. Kurz nach links und wir stellen unsere Räder beim 9 / Alpakahof Grüne Au (Tel. 09944 2404, Harrlinger Str. 29, 93499 Zandt) ab. Im „Wollstüberl" auf dem Hof gibt es alle Produkte, die man aus der weichen, warmen Wolle der liebevollen Alpakas machen kann. Der Hof ist zu besichtigen. Die Harrlinger Straße bringt uns ins Zentrum von Zandt. Auch Zandt hat ein Schloss, das heute ein Seniorenheim ist. Wir erreichen die Kirche Mariä Himmelfahrt, strahlend gelb und weiß mit spitzem Kirchturm. Rechts zweigt die Kötztinger Straße ab, der wir nun Richtung Miltach folgen. Am Feuerwehrhaus beginnt an der linken Straßenseite ein Radweg, den wir bis nach Oberndorf an der B85 benutzen. Neben der Straßeneinmündung führt unser Weg links zum Friedhof von Miltach und gleich rechts durch die Straßenunterführung der B85 zur Straße Am Perlbach. An der Einmündung mit der Chamer Straße liegt dann Schloss Miltach, leider geschlossen. Wir biegen nochmal rechts ab und sind zurück am Ausgangspunkt der Radltour am Parkplatz bei der 1 / Kirche St. Martin im malerischen Tal des Regens.

KM 23

Bei Riedhof führt uns die romantische Himmelsstiege im Verlauf eines Waldlehrpfades auf den hier höchsten Punkt am Pfahl. Stellenweise ragt der weiße Quarz gen Himmel wie eine Mauer zwischen Bäumen, Granit und Gneis heraus.

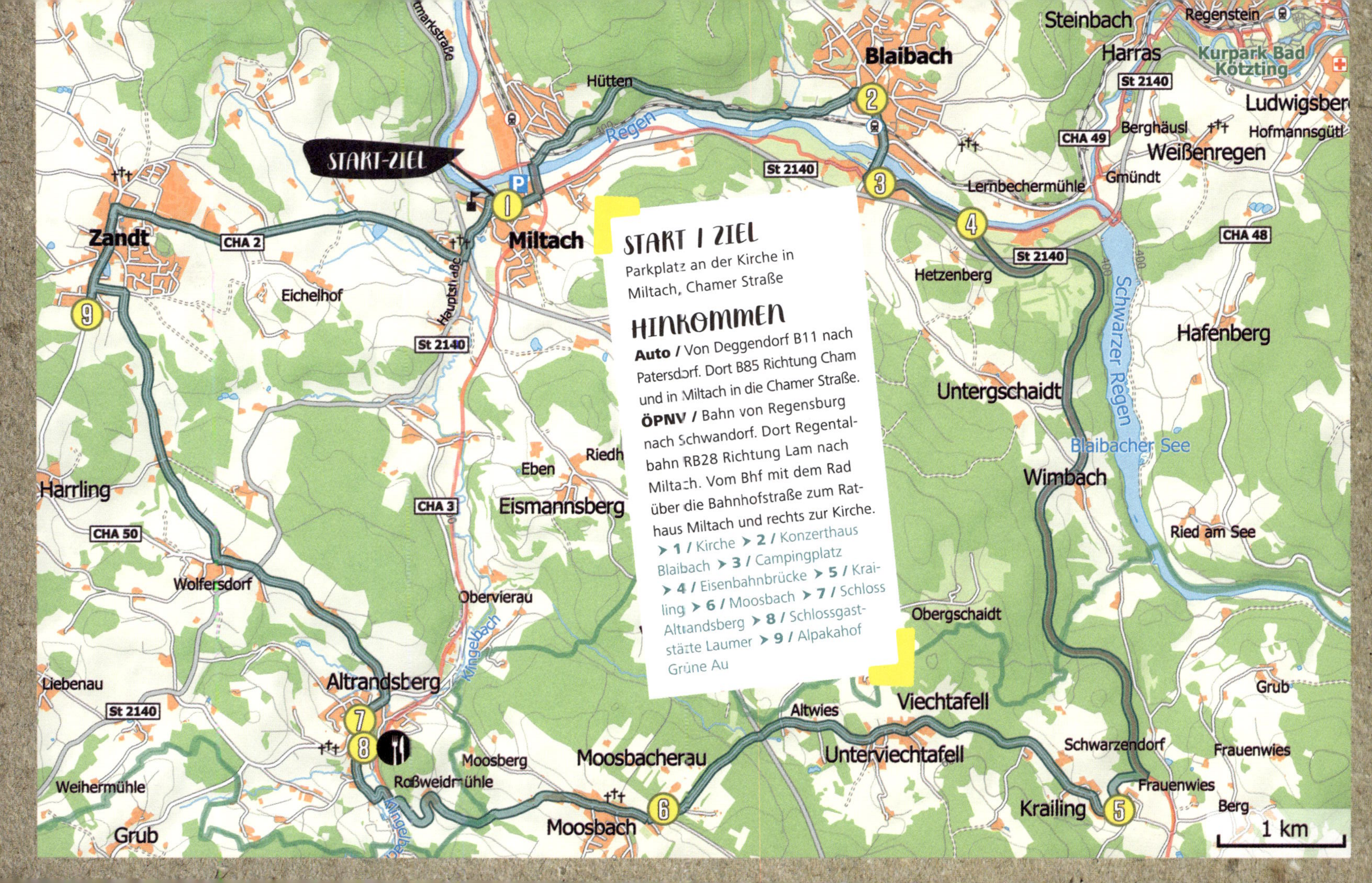

START / ZIEL

Parkplatz an der Kirche in Miltach, Chamer Straße

HINKOMMEN

Auto / Von Deggendorf B11 nach Patersdorf. Dort B85 Richtung Cham und in Miltach in die Chamer Straße.
ÖPNV / Bahn von Regensburg nach Schwandorf. Dort Regentalbahn RB28 Richtung Lam nach Miltach. Vom Bhf mit dem Rad über die Bahnhofstraße zum Rathaus Miltach und rechts zur Kirche.

➤ **1 /** Kirche ➤ **2 /** Konzerthaus Blaibach ➤ **3 /** Campingplatz ➤ **4 /** Eisenbahnbrücke ➤ **5 /** Krailing ➤ **6 /** Moosbach ➤ **7 /** Schloss Altrandsberg ➤ **8 /** Schlossgaststätte Laumer ➤ **9 /** Alpakahof Grüne Au

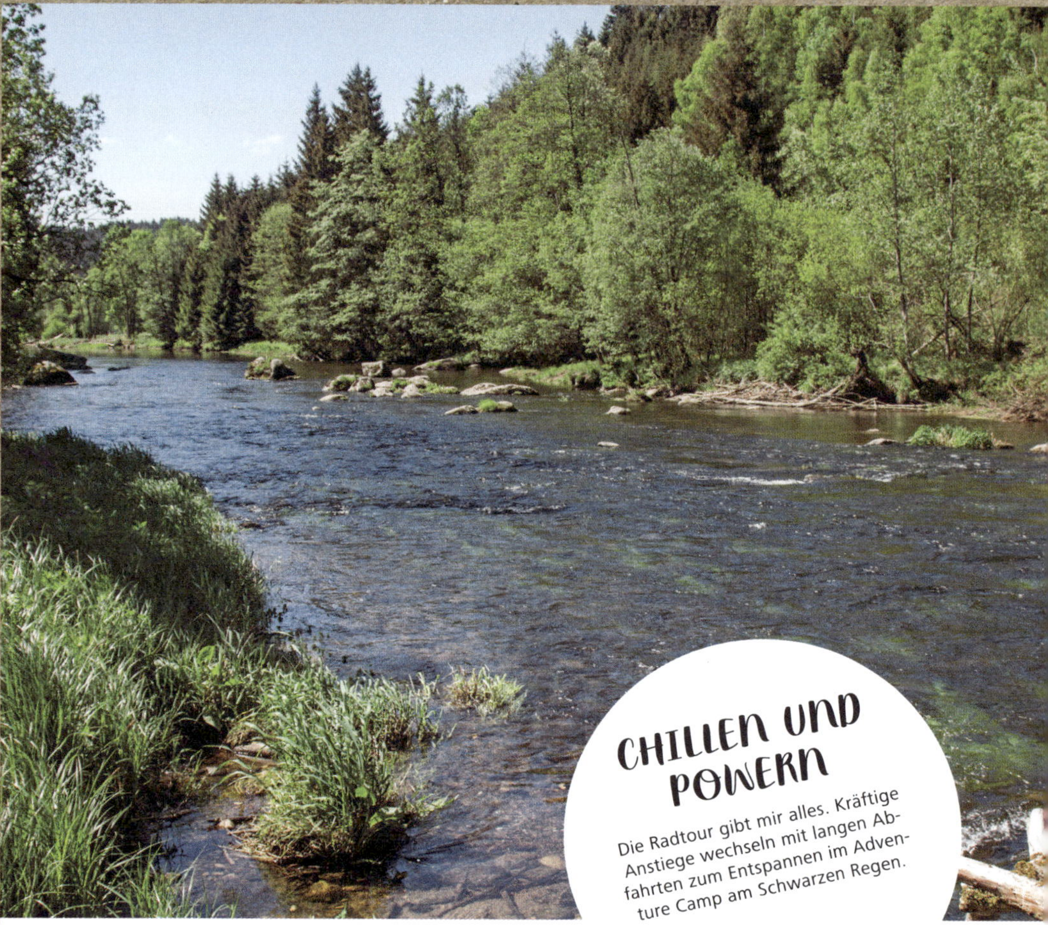

CHILLEN UND POWERN

Die Radtour gibt mir alles. Kräftige Anstiege wechseln mit langen Abfahrten zum Entspannen im Adventure Camp am Schwarzen Regen.

➤ **1 /** Der Bahnhof Viechtach ist Start und Ziel unserer Radtour

➤ **2 /** Von Schwibleinsberg rollen wir zur Schwarzen Regen hinab

➤ **3 /** Der Haltepunkt Gumpenried-Asbach mitten in „Bayerisch Kanada“

➤ **4 /** Am Bahnhof von Teisnach ist Halbzeit der Radtour

➤ **5 /** Ein Steak und ein Bier bestellen wir im Brauereigasthof Ettl Bräu

➤ **6 /** Steil geht's hinauf zur Burg Altnußberg

➤ **7 /** Im Adventure Camp Schnitzmühle chillen wir

➤ **8 /** Große Augen bekommen wir im Kristallmuseum

➤ **9 /** Außergewöhnliche Kunst entdecken wir in der Venusmaschine

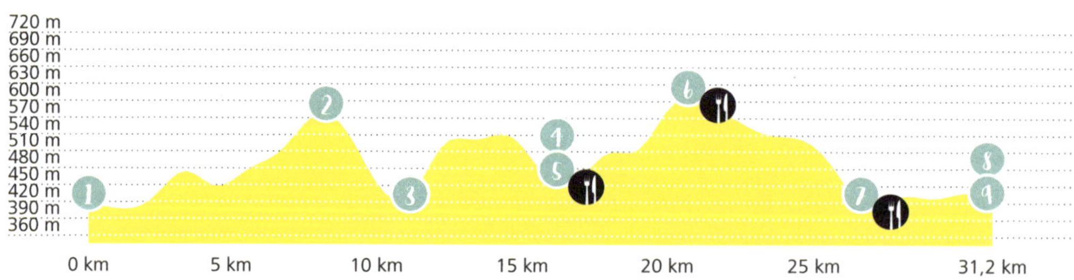

BAYERISCH KANADA

Durchs schönste Tal am Schwarzen Regen

Von Viechtach aus meistern wir markante Anstiege nach Schwibleinsberg und rollen von dort entspannt ins Tal der Schwarzen Regen an den Haltepunkt Gumpenried-Asbach. Dann geht's in den Markt Teisnach zum Gasthof Ettl Bräu wo wir ein super Steak genießen. Hinauf „kraxeln" wir zur Burgruine Altnußberg, schauen noch mal über den Bayerwald und chillen kurz vor Schluss im Urwald-Restaurant Thai Bay am Schwarzen Regen.

31 Kilometer
735 Höhenmeter
735 Höhenmeter
2 Stunden
Rundtour

CHARAKTER

Sportlich ●●●●○
Abkühlung ●●○○○
Schlemmen ●●●○○
Panorama ●●●●○

Der letzte Bahnhof der Waldbahn

Am 1 / Bahnhof Viechtach endet die Waldbahn, die von Plattling über Gotteszell heraufschnauft. Auf ihrem letzten Stück hinterm Markt Teisnach durchstreift sie „Bayerisch Kanada", eine an Kanadas Wildnis erinnernde, unberührte Flusslandschaft im Tal der Schwarzen Regen, bis nach Viechtach. Das schauen wir uns mal an

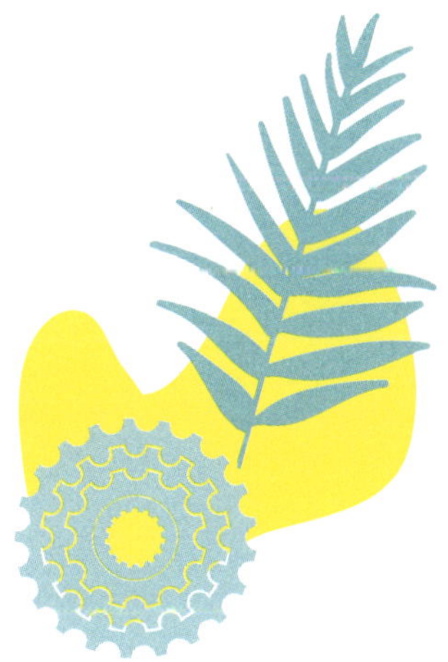

TOURENINFO / Auf asphaltierten Sträßchen und Straßen radeln wir am Schwarzen Regen bergwärts mit teils kräftigen Anstiegen und zügigen Abfahrten. Ab Teisnach haben wir den Peak zur Burgruine Altnußberg vor uns. Verkehr gibt's an der St 2636 nach Teisnach. E-Bike-Ladestationen: Viechtach Tourist-Information Stadtplatz 1

< links / Im Tal des Schwarzen Regen

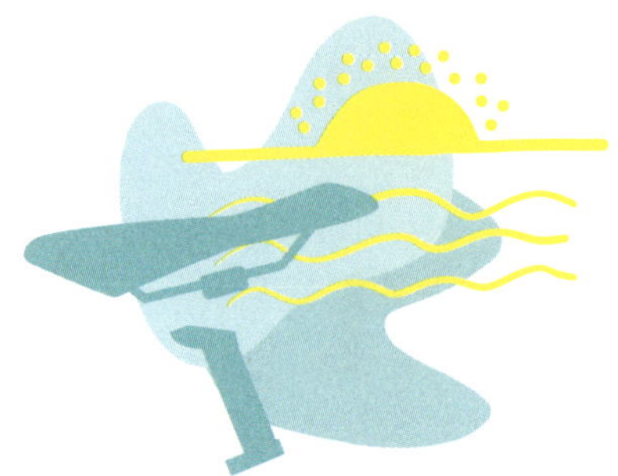

und treffen uns am Bahnhof Viechtach. Zum Ende unserer Radtour werden wir hier unser Rad auch wieder abstellen. Los geht's zum Ende der Bahnhofsgleise und rechts gleich über den Schwarzen Regen. Hier hat der Regen eine Insel geschaffen, auf der die Sportplätze des Fußballvereins liegen. Gegenüber schwenken wir sofort in die Straße Am Regen ein und radeln zum Weiler Grossenau.

Am Schwarzen Regen

Am Wanderparkplatz Auberghänge halten wir uns links und folgen dem Schwarzen Regen zur Sägmühle. Hier verlassen wir das Tal und steil geht's hinauf zum Sträßchen nach Gstadt. Eine schöne Kapelle entdecken wir auf dem Weg zum Weiler Schönau, liegt noch etwas höher und punktet mit der malerisch über dem Tal gelegenen Kirche Expositur zum hl. Blut. So ziemlich am Ende von Schönau biegen wir rechts ab und radeln durch eine herrlich ruhige Landschaft zwischen Wiesen und Waldinseln hinauf nach 2 / Schwibleinsberg. Hier haben wir die „Passhöhe" erreicht und rollen hinab zur Staatsstraße. Entspannt rollt es sich weiter hinab zur Brücke über den Schwarzen Regen zum 3 / Haltepunkt Gumpenried-Asbach der Waldbahn und zum Wasserkraftwerk. Seit 1984 wird hier im Wasserkraftwerk Gumpenried Strom erzeugt. Wir stehen auch noch unter Strom, radeln den Hang hinauf. Bahn und Fluss zwängen sich durch das enge Tal, während wir über den Bergrücken entlang der Staatsstraße noch mal kräftig in die Pedale treten müssen. Am Abzweig nach Geiersthal geht's geradeaus hinunter zum 4 / Bahnhof Teisnach.

GLÄSERNE SCHEUNE

Glaskünstler Rudolf Schmid hat auf monumentalen Glaswänden Sagen und Mythen dargestellt. Eine der außergewöhnlichsten Sehenswürdigkeiten des Bayerwalds in Rauhbühl bei Viechtach, etwas nördlich unserer Route.

Bayerisch Kanada

Hier am Bahnhof Teisnach haben wir die Möglichkeit, mit der Waldbahn auf eine der schönsten Bahnstrecken Deutschlands

---

➤ rechts oben / Die Waldbahn in Bayerisch Kanada ➤ rechts Mitte / Exotische Kulinarik im Urwald-Restaurant

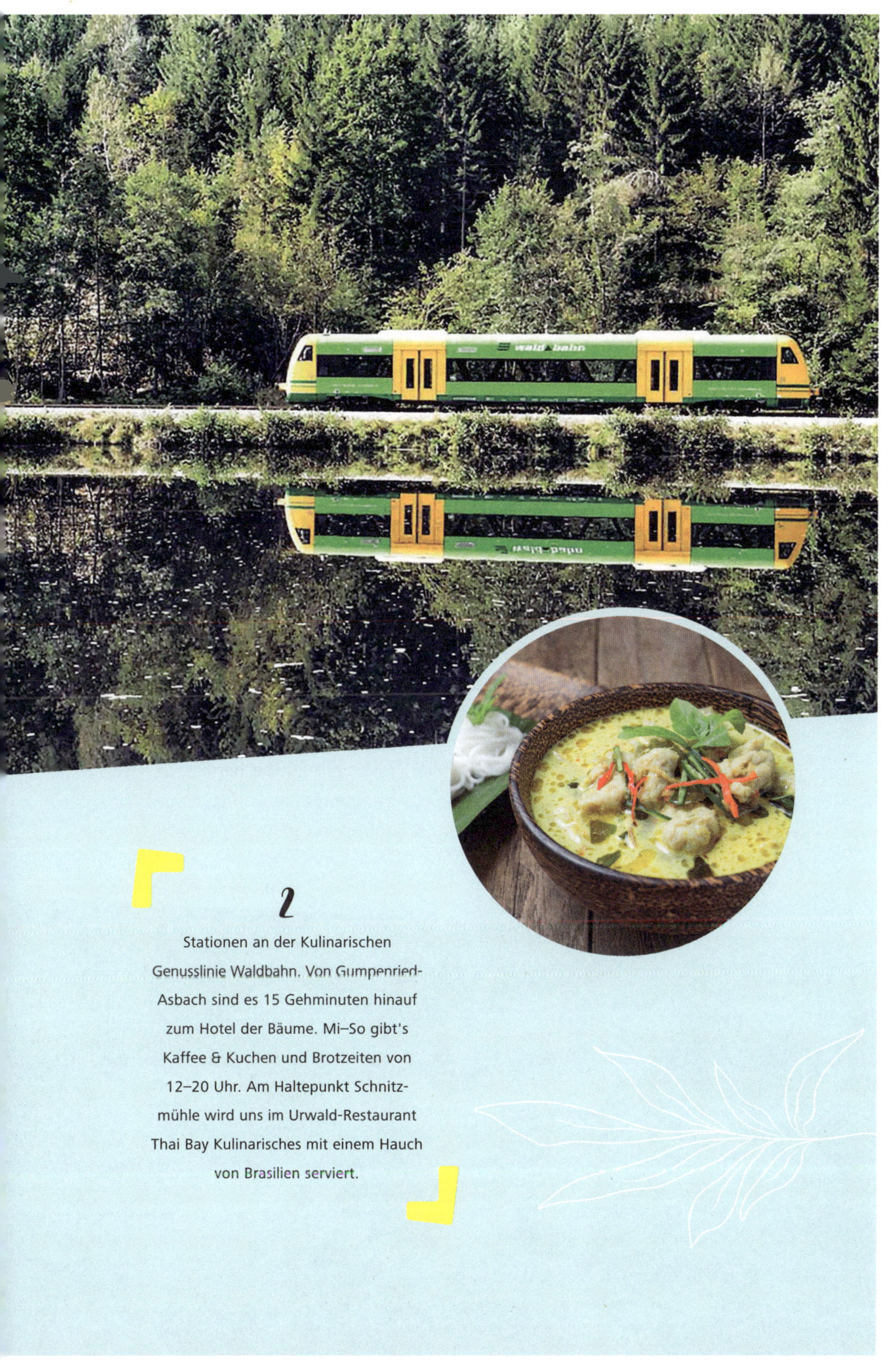

2

Stationen an der Kulinarischen Genusslinie Waldbahn. Von Gumpenried-Asbach sind es 15 Gehminuten hinauf zum Hotel der Bäume. Mi–So gibt's Kaffee & Kuchen und Brotzeiten von 12–20 Uhr. Am Haltepunkt Schnitzmühle wird uns im Urwald-Restaurant Thai Bay Kulinarisches mit einem Hauch von Brasilien serviert.

150 MASCHINEN

Im Wurzelhaus von Willi Schmid befindet sich die wohl größte und schönste Motorrad- und Raritätensammlung im Bayerischen Wald. (Tel. 09942 5636, Sedlhofer Str. 20, 94262 Kollnburg)

durch „Bayerisch Kanada" zu fahren. Unterwegs zeigt sich die unberührte Naturschönheit der Schwarzen Regen von der schönsten Seite. Eng schmiegen sich Bahn und Fluss aneinander und zwängen sich durch das enge Tal nach Viechtach. Wir kehren jetzt aber mal ein, ist ja schließlich Halbzeit auf der Tour. Ein Stückweit radeln wir am Bahnhof entlang zur Ettl-Brauerei. Daneben liegt der 5 / Brauereigasthof Ettl Bräu (Tel. 09923 8420707, Deggendorfer Str. 1, 94244 Teisnach). Hier gibt's die besten Steaks der Region.

AUSSICHT VOM BERGFRIED

Die älteste Burg im Bayerwald

Nun machen wir uns auf zur Rückfahrt nach Viechtach. Wir passieren den Bahnhof Teisnach und radeln am Kreisverkehr links hinauf nach Kammersdorf. Dort biegen wir nach Geiersthal ab. Hinterm Kreisverkehr nutzen wir den parallelen Weg zur Kreisstraße und wenden uns nach Altnußberg hinauf. Von weitem schon sehen wir die 6 / Burg Altnußberg mit ihrem hoch aufragenden Bergfried, die größte und auch älteste Burganlage im

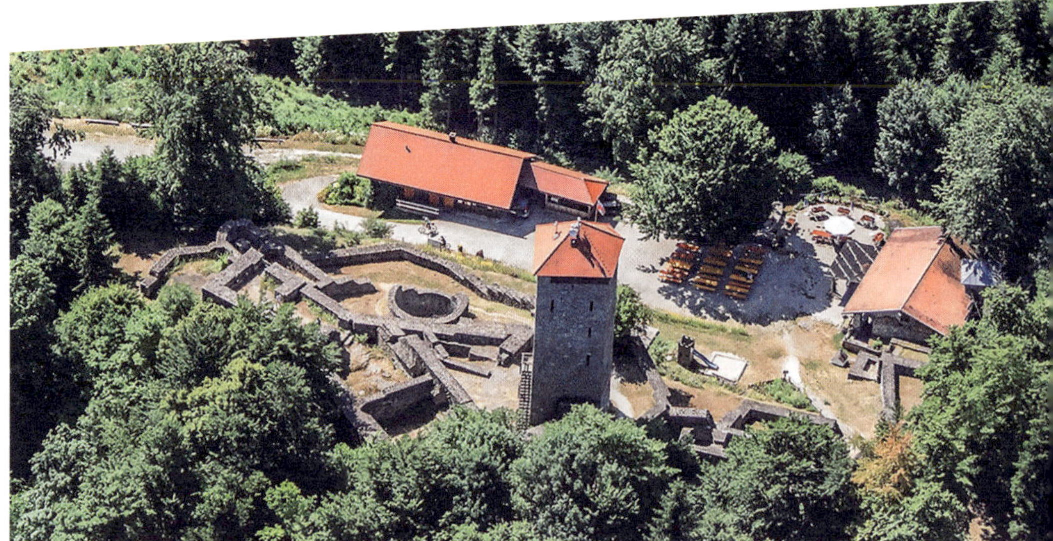

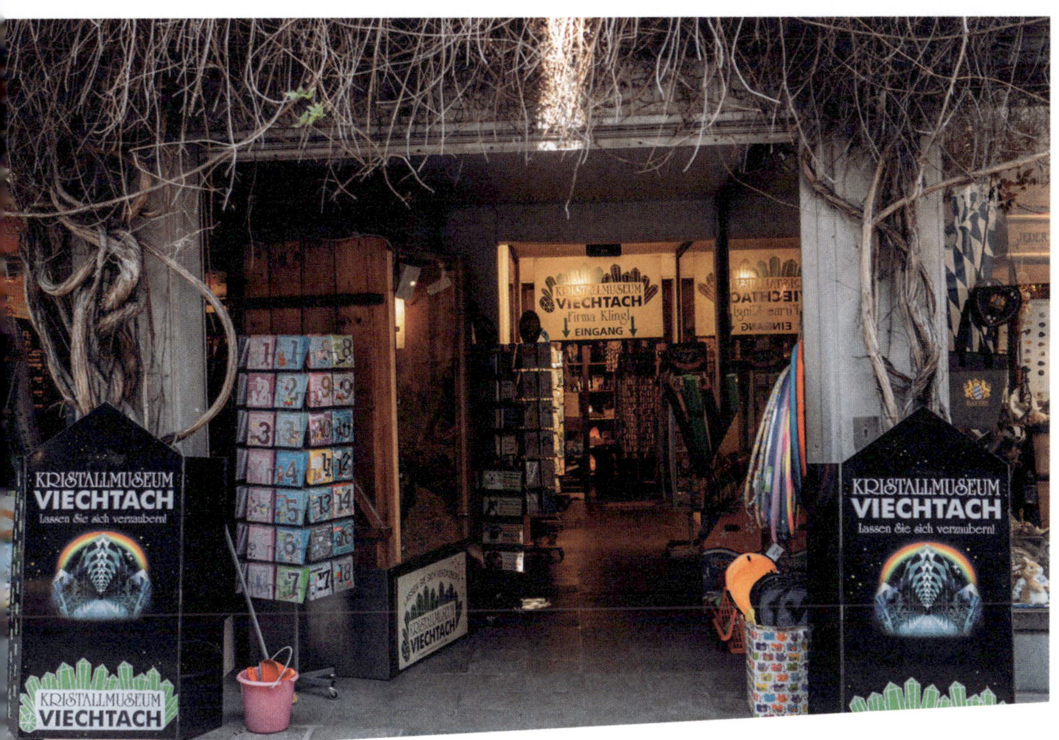

Bayerischen Wald. Ein wenig Anstrengung bedarf es nun aber doch, um die fantastische Aussicht genießen zu können. Nach der Kirche führt die Dorfstraße bergan und der Burgweg natürlich zur Burg. Endlich oben, lassen wir uns im romantischen Biergarten der Burgschänke (Tel. 09923 3099, Mi bis Fr 10–17 Uhr, Sa + So 10–18 Uhr) nieder. Der Bergfried dient heute als Aussichtsturm, der bei einer Führung durch die mittelalterliche Burg bestiegen werden kann. Mit zur Führung gehört der Besuch des Museums und die Besichtigung von Waffen, Schmuck, Hausrat und Geräte. Alles Funde, die bei Ausgrabungen an der Burg zu Tage kamen.

Chillen

Abwärts geht's viel leichter zur Einmündung in die Geiersthaler Straße. Rechts wenden wir uns zur Kreisstraße und radeln an ihr entlang bis nach Seigersdorf. Rechts schwenken wir in die Straße zum Weiler Rannersdorf ein. Hinter Rannersdorf verlassen wir das Asphaltsträßchen und radeln geradeaus durch das

1543

Bier mit Geschichte seit 1543. Im 5 / Ettl Bräu Teisnach gibt es regelmäßig Führungen vom Malzlager über das Sudhaus zu den Lagertanks und schließlich zur Abfüllung. Anschließend hocken wir bei dem einen oder anderen Bierchen im Bierstadl zusammen.

◂ links / Burgruine Altnußberg ▴ oben / Am Kristallmuseum Viechtach

FISCHLEDER & DESIGN

Im offenen Atelier von Anatol Donkan können wir in der Billergasse 8 in Viechtach alles über die Herstellung von Fischleder, Verwendung und die Kultur der Nanai erfahren.

EXOTISCHE BAYERISCHE KÜCHE

Waldstück. Am Waldrand stoßen wir auf den Abzweig nach Pignet und die Pneus surren geradeaus wieder über Asphalt durch Fischaitnach. Rechts unter uns an der Mündung der Aitnach in den Schwarzen Regen liegt der Haltepunkt Schnitzmühle der Waldbahn. Sie führt hier in einem Bogen um den Campingplatz und das Urwald-Restaurant herum. Im Thai Bay, so heißt das coole Restaurant, gibt's vegetarisch, vegane Küche, „upgradebar" mit Fisch und Fleisch. Die Gartenterrasse ist die Oase im 7 / Adventure Camp Schnitzmühle (Tel. 09942 94 81–0, Schnitzmühle 1, 94234 Viechtach). Ein perfekter Platz, um einen handgemachten Flat White zu schlürfen.

KM 26 & 30

Im Kanadier machen wir eine leichte Wildwassertour auf dem Schwarzen Regen und paddeln von Gumpenried über Schnitzmühle nach Viechtach durchs Bayerische Kanada 7 / Adventure Camp Schnitzmühle (Vit & fun, Tel. 09942 904460, Schnitzmühle 1 oder Stadtplatz 1, 94234 Viechtach).

Endspurt

Wieder oben, radeln wir rechts bis zur Kurve unseres Asphaltsträßchens und fahren geradeaus nach Schlatzendorf. Die Schwarzholzstraße führt uns zur Einmündung in Schlatzendorf. Rechts gelangen wir zur Nußbergerstraße und geradeaus zur Dr.-Schellerer-Straße. Hier schwenken wir ein und folgen ihr im Linksbogen an den 1 / Bahnhof Viechtach.

Liebenswertes

Viechtach hat mehr zu bieten als Endstation von Bayerisch Kanada zu sein. Z.B. das 8 / Kristallmuseum am Stadtplatz (Tel. 09942 5497, Linprunstraße 4, 94234, Mo–Fr von 9.00–18.00 Uhr, Sa und So von 10.00–16.00 Uhr), wo vor uns über 1000 Kristalle und Mineralien von Opalen, Rubinen bis hin zu Diamanten in Szene gesetzt werden. In der Bäckergasse 3 entdecken wir die 9 / Venusmaschine von Reinhold Schmid. Der Rundgang führt uns an Schmids Glasbildern und einzigartigen Reproduktionen vorbei zum liebenswerten Wochenendcafé Venus, geöffnet Fr–So von 9–17 Uhr. Wenige Schritte weiter, in der Bäckergasse 18, stoßen wir auf Antikes und Wertvolles aus längst vergangenen Tagen, im Nostalgiehaus, erbaut 1839.

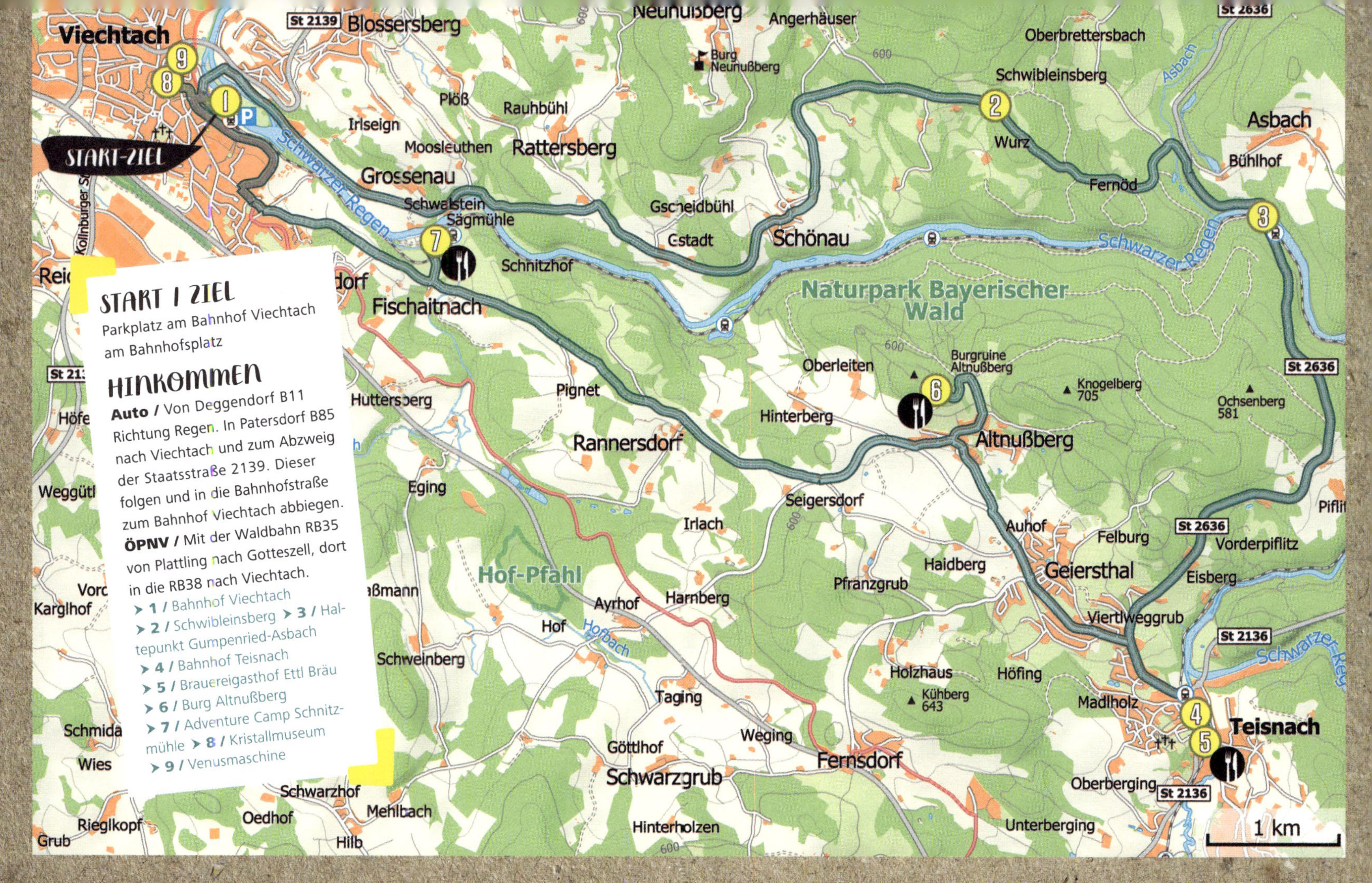

START / ZIEL

Parkplatz am Bahnhof Viechtach am Bahnhofsplatz

HINKOMMEN

Auto / Von Deggendorf B11 Richtung Regen. In Patersdorf B85 nach Viechtach und zum Abzweig der Staatsstraße 2139. Dieser folgen und in die Bahnhofstraße zum Bahnhof Viechtach abbiegen.
ÖPNV / Mit der Waldbahn RB35 von Plattling nach Gotteszell, dort in die RB38 nach Viechtach.

➤ **1** / Bahnhof Viechtach ➤ **2** / Schwibleinsberg ➤ **3** / Haltepunkt Gumpenried-Asbach ➤ **4** / Bahnhof Teisnach ➤ **5** / Brauereigasthof Ettl Bräu ➤ **6** / Burg Altnußberg ➤ **7** / Adventure Camp Schnitzmühle ➤ **8** / Kristallmuseum ➤ **9** / Venusmaschine

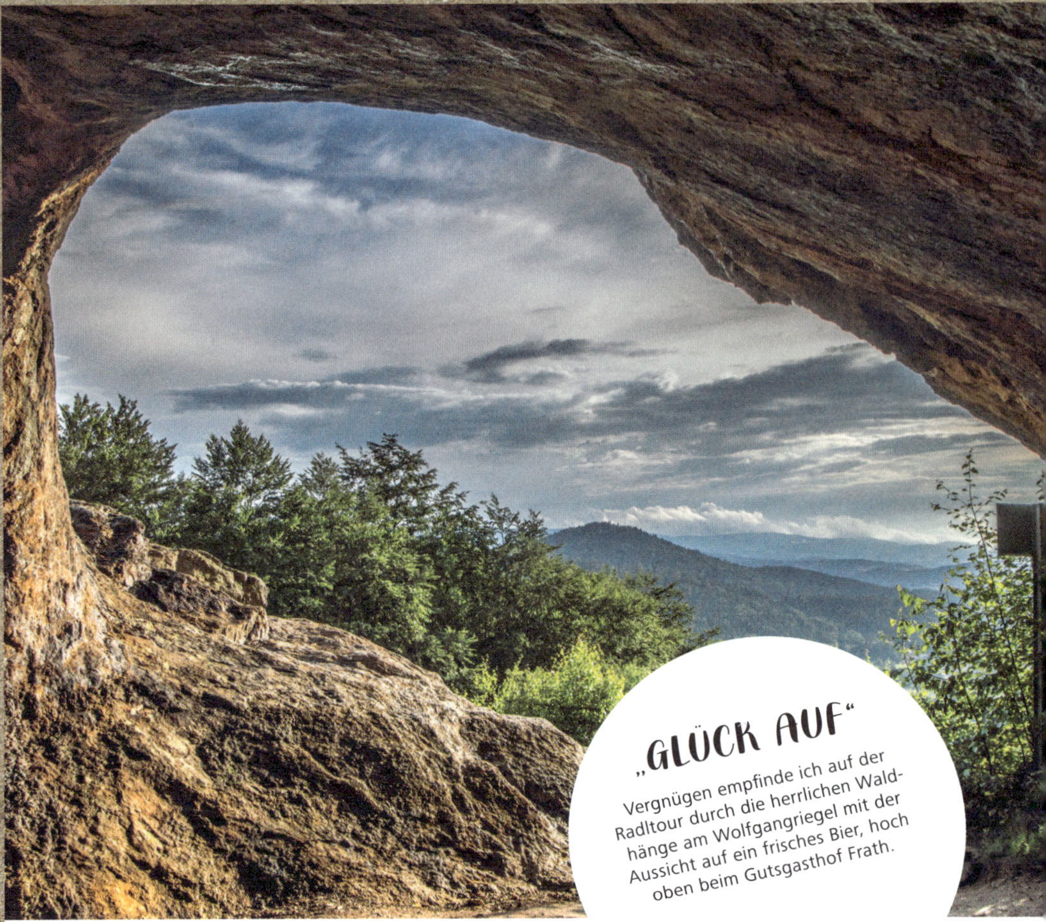

„GLÜCK AUF"

Vergnügen empfinde ich auf der Radltour durch die herrlichen Waldhänge am Wolfgangriegel mit der Aussicht auf ein frisches Bier, hoch oben beim Gutsgasthof Frath.

➤ **1 /** Gleich hinterm Bahnhof Bodenmais erfrischen wir uns im Silberberg-Freibad

➤ **2 /** Unterhalb von Böbrach hören wir den Rothbach rauschen

➤ **3 /** Von der Bergstraße schauen wir ins Tal nach „Bayerisch Kanada"

➤ **4 /** Wir radeln nach Drachselsried im schönen Zellertal

➤ **5 /** Am Gutsgasthof Farth können wir einkehren und die Kinder dürfen beim Melken und Füttern helfen

➤ **6 /** An der Silberberg-Talstation üben wir uns im Bogenschießen

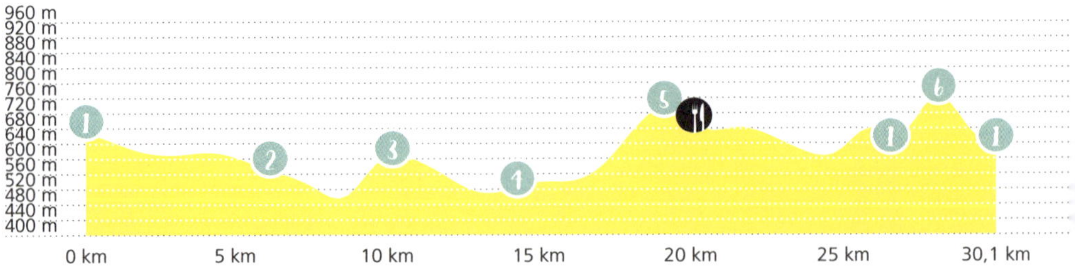

AUFS „GRÜNE DACH“ GESCHAUT

Rund um den Wolfgangriegel mit Arber-Blick

Vom Bahnhof Bodenmais radeln wir ins Tal des Rothbachs und an seinem Hang entlang nach Böbrach. Unterhalb des 880 m hohen Wolfgangriegel geht's ins Tal des Schwarzen Regen, an Asbach vorbei, nach Grafenried und Drachselsried. Hinter Frathau wird's steil, denn wir erklimmen den Berghang des Wolfgangriegel bis zum Gutsgasthof Frath und kehren ein. Der Rückweg führt uns durch den schattigen Wald nach Bodenmais.

30 Kilometer
755 Höhenmeter
755 Höhenmeter
2 Stunden
Rundtour

Am Ende der Waldbahn

Es trifft sich gut, wenn wir mit der Waldbahn anreisen, denn am 1 / Bahnhof Bodenmais beginnt die Radlrundtour um den Wolfgangriegel. Nach erfolgreicher Umrundung des Berges kommen wir hierher zurück. Gleich hinterm Bahnhof liegt der Kurpark und ein paar Schritte weiter das Silberberg Frei- und Hallenbad

CHARAKTER

Sportlich ●●●●○
Abkühlung ●●●○○
Schlemmen ●●●○○
Panorama ●●●●●

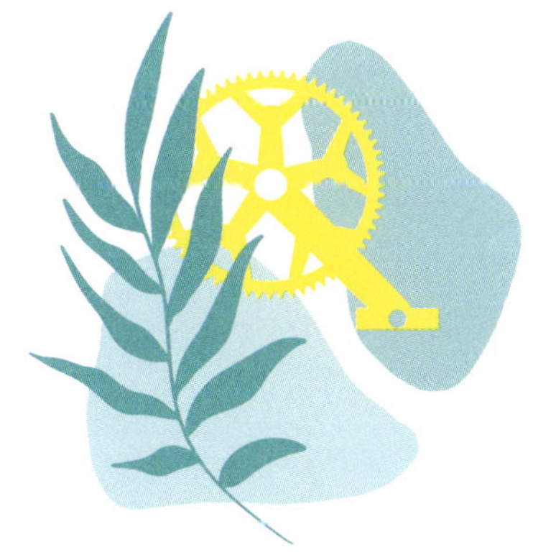

TOURENINFO / Von Bodenmais geht's zu Beginn ohne größere Steigung auf asphaltierten Sträßchen über Böbrach Richtung Asbach. Dort wechseln wir auf unbefestigte Wege und radeln nach Drachselsried. Auf Asphalt geht's sehr steil zum Gutsgasthof Frath hinauf und auf breiten Waldwegen zurück nach Bodenmais. E-Bike-Ladestationen: Bodenmais am Rathaus/Tourist-Information.

< links / Am Silberberg mit Blick zum Harlachberg

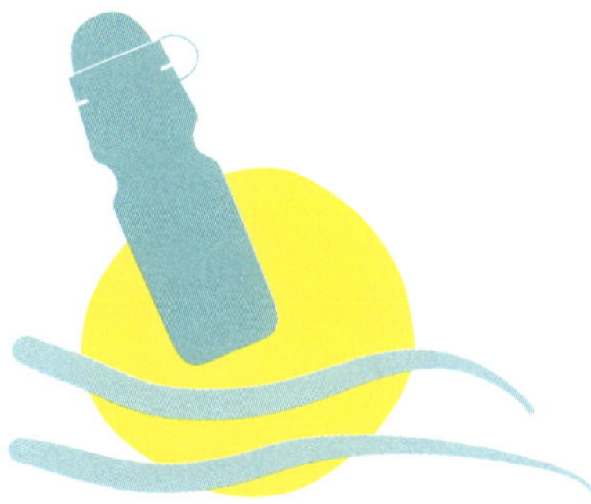

am Südhang des Großen Arber. Bis hierher hat es die Grün-Gelbe Waldbahn geschafft. Von Plattling kommt sie über Deggendorf, Regen und Zwiesel Richtung Bayerisch Eisenstein heraufgeschnauft. In Zwiesel zweigt die 14,5 km lange Nebenstrecke nach Bodenmais ab. Eigentlich gibt es drei Waldbahnen, die hiesige Länderbahn, die Regentalbahn und noch die Spiegelauer Waldbahn, die alle vor gut 100 Jahren nur ein großes Ziel hatten: die Lieferung von Bauholz aus dem Woid an die heimische Sägeindustrie. Heute führen die drei Bahnen durch romantische Täler zu wunderschönen touristischen Zielen.

STEILER PILGERWEG

Von 2 / Böbrach führt ein Pilgerweg steil hinauf zum wunderbaren Wallfahrtskirchlein St. Wolfgang am Wolfgangriegel. Brauereibesitzer aus Eck Martin Müller erbaute sie 1776 zu Ehren des hl. Bischofs Wolfgang.

Brotzeitstüberl

Am Anfang der Tour werden wir dem ausgeschilderten Radwanderweg mit der schwarzen 32 folgen. Der beginnt in der Bahnhofstraße gleich beim Rathaus von Bodenmais. Wir folgen erstmal der Bahnhofstraße entlang der Ladenzeile zum Friedhof. Wir umrunden ihn und schwenken in die Waldglashüttenstraße ein. An der Straße Am Wiesengrund geht's dann rechts hinab über die Wiese zur Staatsstraße und queren sie. Nach wenigen Radumdrehungen biegen wir links ab und radeln um die Bergnase herum. Auf dem Radweg radeln wir entlang der Straße am Weiler Kothinghammer vorbei, hier gibt's ein uriges Brotzeitstüberl, und durch Sternhammer nach Böbrach. Wir passieren die Brücke an der Staatsstraße und erreichen die Bodenmaiser Straße, die uns rechts zum Rathaus von 2 / Böbrach führt. Links geht's vorbei und nach der Pfarrkirche rechts in die Asbacher Straße hinein.

Ins Zellertal

Auf dem Sträßchen verlassen wir Böbrach, radeln talwärts an den Waldrand. Hier halten wir uns rechts, immer noch der „32"

➤ rechts oben / Das Freibad Bodenmais ➤ rechts Mitte / Führung im Bergwerk Silberberg

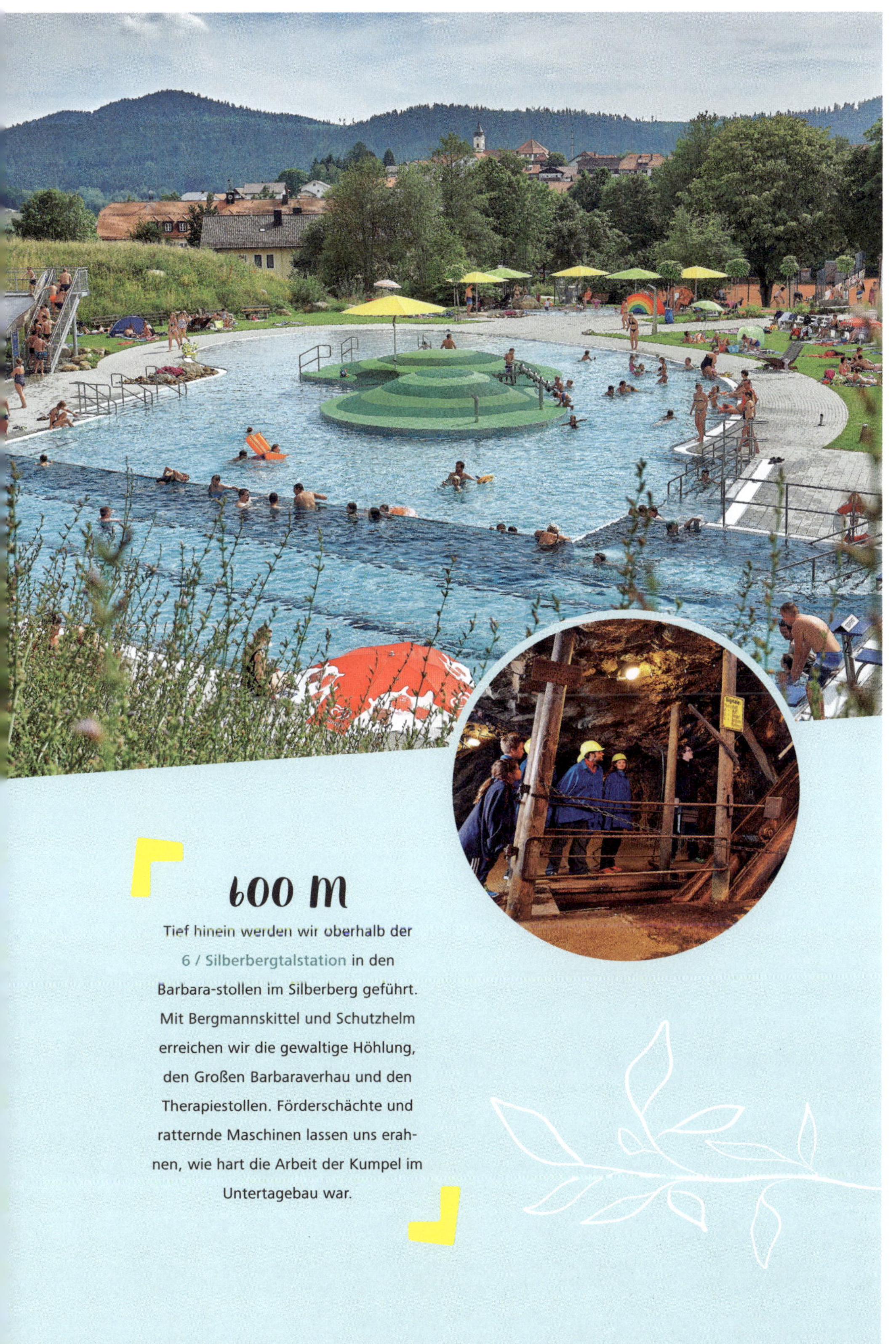

600 m

Tief hinein werden wir oberhalb der 6 / Silberbergtalstation in den Barbara-stollen im Silberberg geführt. Mit Bergmannskittel und Schutzhelm erreichen wir die gewaltige Höhlung, den Großen Barbaraverhau und den Therapiestollen. Förderschächte und ratternde Maschinen lassen uns erahnen, wie hart die Arbeit der Kumpel im Untertagebau war.

KANADA

Unterhalb von Asbach beginnt Bayerisch Kanada. Richtung Viechtach ist das Tal des Schwarzen Regens am schönsten und erinnert mit seiner wildromantischen Art an Kanada.

nach. Oberhalb des Schwarzen Regen stoßen wir auf die Lichtung mit den wenigen Häusern von Rettenberg. Wir tauchen wieder in den Wald ein und kommen zum Abzweig nach Asbach. Hier radeln wir nun geradeaus und das Sträßchen wird zum Schotterweg. Schon bald erkennen wir die Häuser an der 3 / Bergstraße oberhalb von Asbach. Geradeaus lenken wir unser Rad auf den Schotterweg in den Wald. Er führt uns erst leicht bergauf am Hang entlang, dann talwärts nach Grafenried. Auf dem Asbacher Weg fahren wir an die Staatsstraße und dort rechts bis an den Kapellenweg. Links rollen wir hinab über die weite Talaue des Asbaches ans Zufahrtssträßchen der Kläranlage. Rechtsherum surren nun unsere Pneus ans Gewerbegebiet von Drachselsried. Rechter Hand erkennen wir die Fußgängerbrücke über der Staatsstraße. Dort queren wir die Straße und radeln nach 4 / Drachselsried hinein zur Tourist-Information.

DIE SONNENTERRASSE RUFT

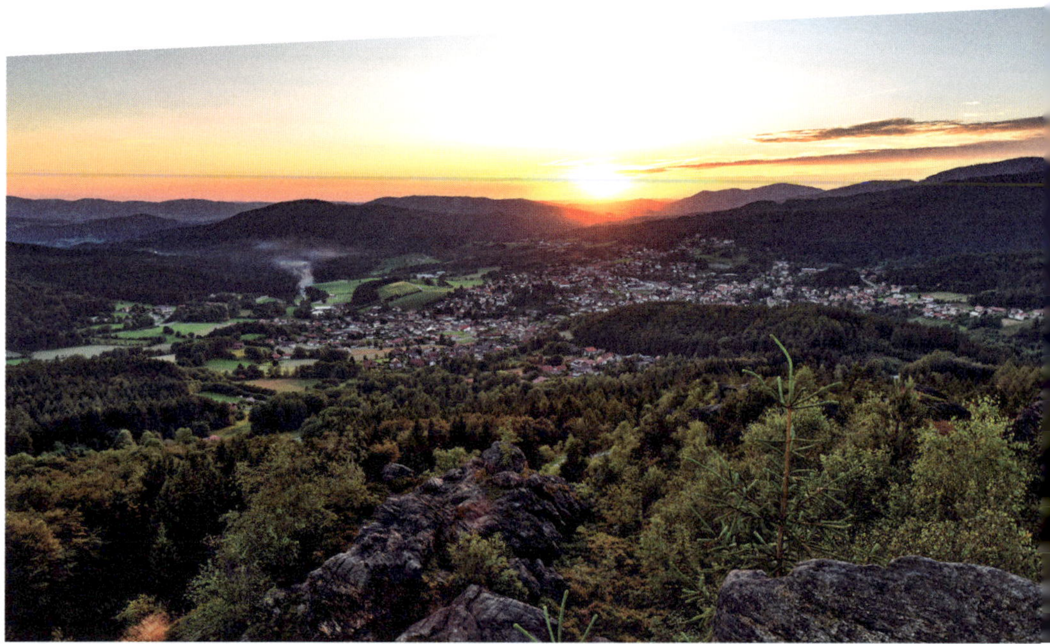

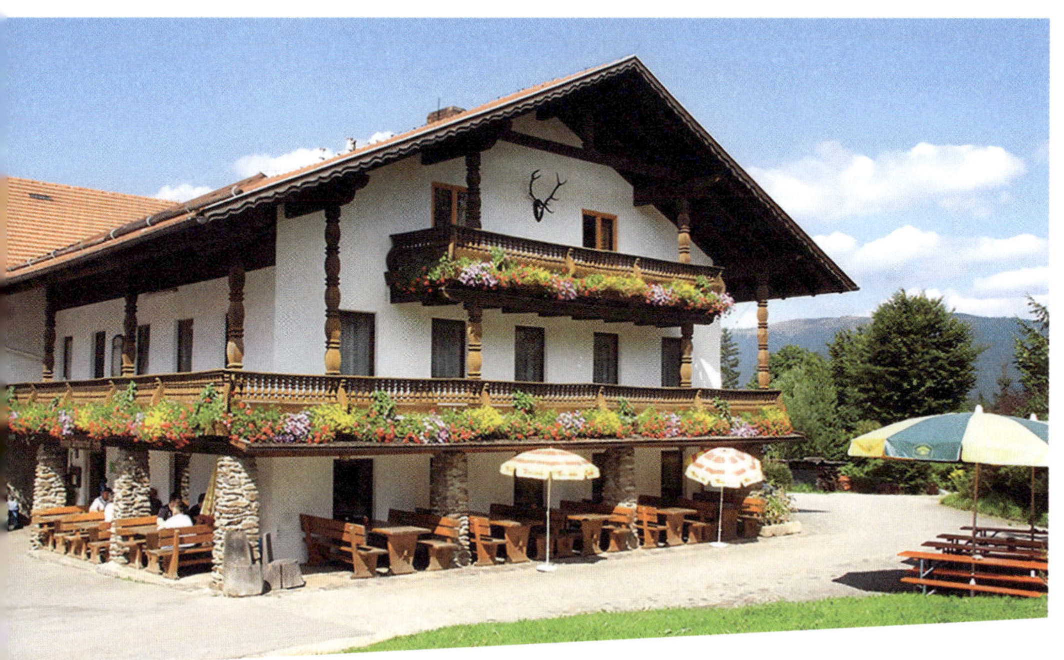

Ein frisches Bier

Hier wenden wir uns nach rechts in die Zellertalstraße, die dann in die Bodenmaiser Straße übergeht. Ohne Wegemarkierung geht's nun auf der Straße durchs Tal nach Frathau. An der Einmündung radeln wir rechts am Sägewerk vorbei zur Staatsstraße. Das Sträßchen gegenüber führt uns hinauf zum 5 / Gutsgasthof Frath (Tel. 09945 387, Mo ist Ruhetag außer an Feiertagen, Frath 5, 94256 Drachselsried). Steil geht es jetzt den bewaldeten Hang hinauf. Die Aussicht auf ein frisches Bier auf der Sonnenterrasse mobilisiert unsere Kräfte. An der scharfen Kurve nochmal rechts und es ist bald geschafft.

Geschafft

Vom Gutsgasthof geht's zurück nach Bodenmais. Zunächst radeln wir zurück bis zur scharfen Kurve und biegen hier rechts auf den Schotterweg ein. Die Wegemarkierung schwarze „38", die Drachselsrieder Höhenrunde, führt uns am Hang unterhalb des Sternknöckel entlang Richtung Mais. Am Waldrand vor Mais biegen wir scharf rechts ab zu den Häusern von Wald. Hier gibt's noch eine schöne Einkehr, den Gasthof Sternknöckel. Nun fol-

736 m

Am Wolfgangriegel empfängt uns der 5 /Gutsgasthof und Bauernhof Frath. Hier dürfen die Kühe noch auf die Weide, wobei der tägliche „Aus- und Eintrieb" vor allem für Kinder ein spannendes Erlebnis ist. Wer sich traut, darf auch das Melken probieren und beim Füttern helfen.

< links / Abendstimmung in Bodenmais ^ oben / Der Gutsgasthof Frath unterm Wolfgangriegel

ACHT-TAUSENDER

Oberhalb des Kellertales führt die Etappe N13 des Goldsteig-Qualitätswanderwegs über acht traumhafte Tausender-Gipfel von Eck zum König des Bayerischen Walds, dem Großen Arber.

gen wir kurz der „13" talwärts am Weiler Bergwinkl vorbei zur Staatsstraße. Von hier geht's mit der schwarzen „32" hoch zur Waldhüttenstraße, dort links und um den Friedhof herum zurück zum 1 / Bahnhof Bodenmais.

ERST AUF, DANN IN DEN BERG

Echt Bomoas

Nach Kondition folgt Kultur und Spaß. Schauen wir uns um im Kurort Bodenmais. Schnell werden wir fündig und radeln zum Silberbergwerk. Von der Bahnhofstraße geht's rechts zur Arberseestraße direkt zur 6 / Silberbergtalstation. Mit dem Sessellift geht es zügig zur Station am Stolleneingang. Der Rundgang mit Führung durch den 600 Meter langen Barbarastollen dauert ca. 45 Minuten. Mit Helm und Kittel geht's über Brücken und Treppen zu beeindruckenden Maschinen und Förderschächten. Hat täglich von 10–16 Uhr geöffnet. Wieder am Tageslicht, ist es nicht mehr weit zum 955 m hohen Gipfel des Silberbergs. Von hier oben öffnet sich der Blick ins Zellertal. Umgeben von den Höhenzügen zum Weißen Regen und zum Schwarzen Regen erstreckt es sich über Drachselsried, Arnbruck bis nach Bad Kötzting. Neben der Mittelstation der Silberbergbahn erwartet uns schon die Bergmann-Schänke. Mit einem „Glück auf" werden wir begrüßt. Anschließend geht's dann durch rasante Kurven und lang gezogene Geraden auf der Sommerrodelbahn mit dem Schlitten oder dem Tube zur Talstation zum Bogen-Parcours. Auf dem Trainingsplatz üben wir uns in der uralten Jagdtradition des Bogenschießens, bevor wir auf dem 4,5 km langen Parcours mit Pfeil und Bogen auf 3D-Ziele schießen. Während des Rückwegs zum Bahnhof kommen wir am Café Winklstüberl (Tel. 09924 3129760, Arberseestraße 25, 94249 Bodenmais) vorbei, das direkt an der Arberseestraße liegt. Außer montags genießen wir die hauseigene Backkunst bei einem atemberaubenden Ausblick auf Bodenmais von der Balkonterrasse oder vom Erdgeschoss.

15 m

Die Rißloch-Wasserfälle am Großen Arber sind die höchsten im Bayerischen Wald. In fünf Stufen stürzt das Wasser durch die Felsen der Rißlochschlucht hinunter. Vom Parkplatz am Rißlochweg in 1 / Bodenmais führt ein Wanderweg zum Wassererlebnis im Naturschutzgebiet.

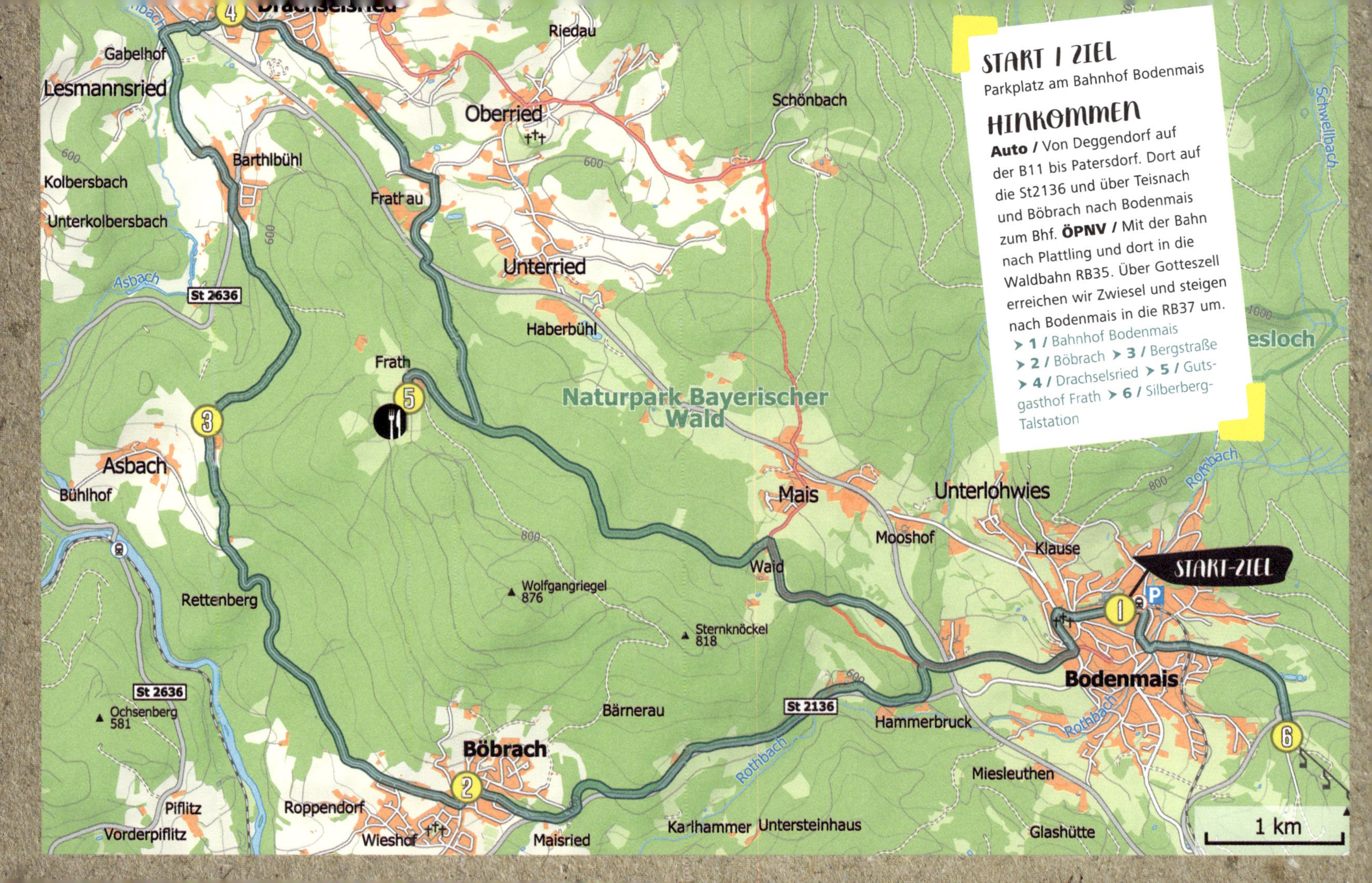

START | ZIEL

Parkplatz am Bahnhof Bodenmais

HINKOMMEN

Auto / Von Deggendorf auf der B11 bis Patersdorf. Dort auf die St2136 und über Teisnach und Böbrach nach Bodenmais zum Bhf. **ÖPNV /** Mit der Bahn nach Plattling und dort in die Waldbahn RB35. Über Gotteszell erreichen wir Zwiesel und steigen nach Bodenmais in die RB37 um.

➤ **1 /** Bahnhof Bodenmais ➤ **3 /** Bergstraße ➤ **2 /** Böbrach ➤ **5 /** Gutsgasthof Frath ➤ **4 /** Drachselsried ➤ **6 /** Silberberg-Talstation

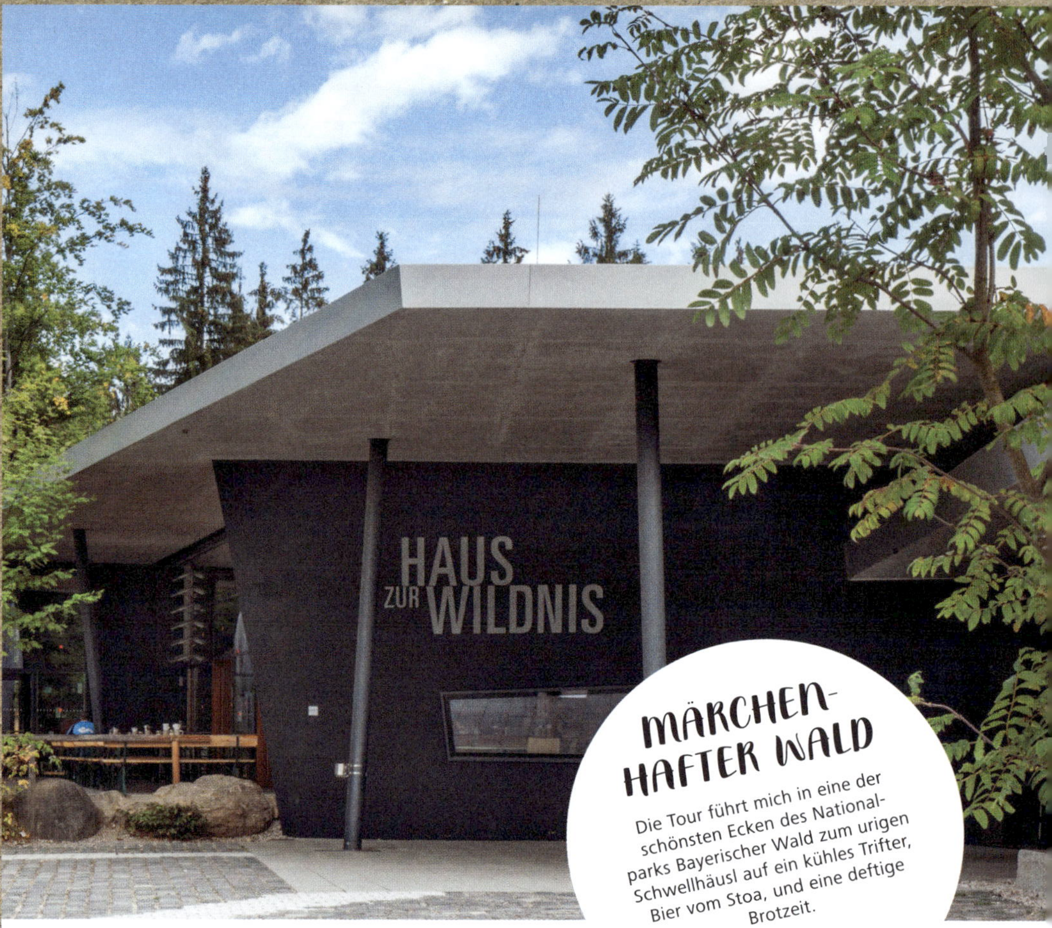

MÄRCHEN-HAFTER WALD

Die Tour führt mich in eine der schönsten Ecken des Nationalparks Bayerischer Wald zum urigen Schwellhäusl auf ein kühles Trifter, Bier vom Stoa, und eine deftige Brotzeit.

➤ **1 /** Wir treffen uns zur Radtour am Bahnhof Zwiesel

➤ **2 /** Staunend machen wir vor der Glaspyramide halt

➤ **3 /** In der Bärenhöhle beim Bauernhaus-Museum kehren wir ein

➤ **4 /** Am Dorf Kreuzstraßl sind wir dem Großen Falkenstein ganz nah

➤ **5 /** In der Zwieslerwaldhaus-Alm gibt's a Musi, a Gsangl, a Gspoaß

➤ **6 /** Wir stellen unser Rad am Schwellhäusl ab und trinken ein Felsenbier

➤ **7 /** Vom Haus zur Wildnis haben wir einen super Blick zum Falkensteinmassiv

➤ **8 /** Glaskunst bewundern wir im Theresienthaler Museumsschlösschen

➤ **9 /** Heiß wird's uns während der Hüttenbesichtigung in der Kristallglasmanufaktur Theresienthall

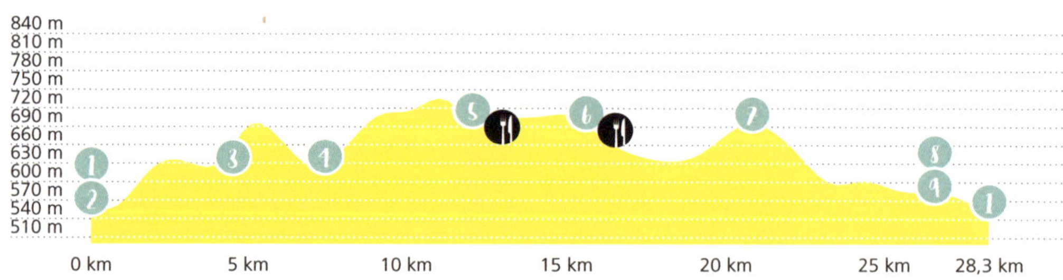

Kaiserschmarren

Radeln unterm Großen Falkenstein

„Fein Glas und gut Holz sind Zwiesels Stolz". Wir folgen dem Sprichwort und kommen gleich an der Glaspyramide vorbei. Hinauf geht's nach Lindberg zum Bauernhaus-Museum, bevor wir unterhalb des Großen Falkensteins in den Woid abtauchen. Wir kommen zum urigen Schwellhäusl und machen Rast. Am unteren Ende des Schmalzbachtales erreichen wir das Haus zur Wildnis im Nationalparkzentrum Falkenstein kurz vorm Ziel in Zwiesel.

28 Kilometer
495 Höhenmeter
495 Höhenmeter
2 Stunden
Rundtour

Charakter

Sportlich ●●●○○
Abkühlung ●●○○○
Schlemmen ●●●○○
Panorama ●●●○○

Weinkelche

Wir treffen uns am 1 / Bahnhof Zwiesel und kehren auch hierher zurück in die Stadt, in der sich so ziemlich alles um Glas dreht. Direkt vom Bahnhofsplatz geht's durch die Dr.-Schott-Straße an der Glashütte Zwiesel-Glas entlang zur acht Meter hohen 2 / Glaspyramide. 93.665 Weinkelche wurden lose ohne Klebstoff

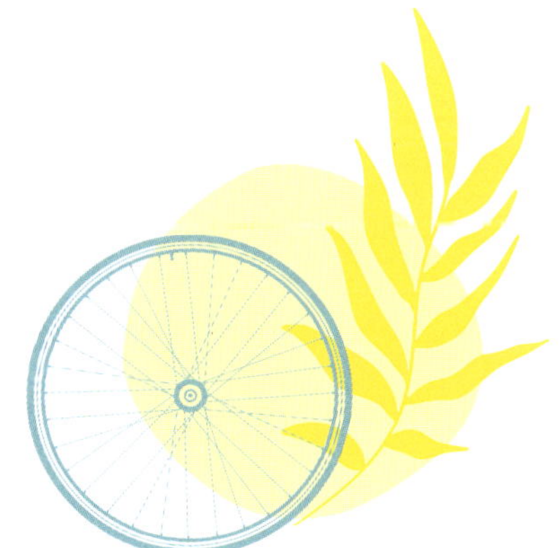

Toureninfo / Wir spüren das ständige Auf und Ab der Strecke, die überwiegend auf unbefestigten, aber guten Wegen geführt ist. Zu Beginn und am Schluss in Zwiesel radeln wir auf oder neben Straßen. E-Bike-Ladestationen: Zwiesel, Bräustüberl, Regener Straße 6; Zwiesel-Kautzenbach, eBike Bayerwald, Kühbergweg 10; Zwieselerwaldhaus, Waldhausstraße

◀ links / Das Haus zur Wildnis im Nationalparkzentrum Falkenstein

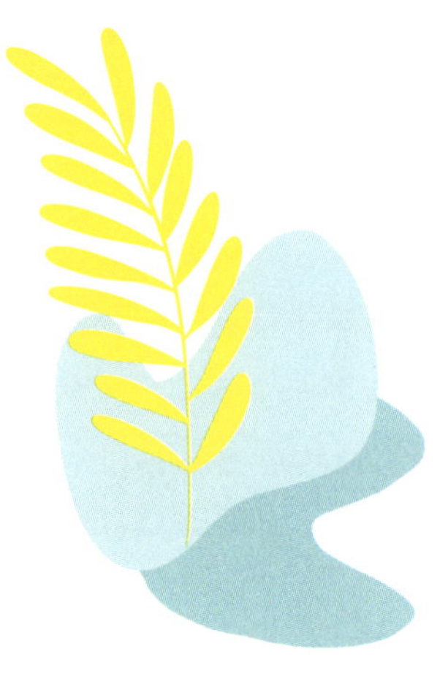

übereinandergestapelt und mit einem Mantel aus Glas umhüllt. Ein tolles Motiv für ein Erinnerungsfoto. Bald erreichen wir die Brücke, wo der Kleine Regen und der Schwarze Regen zusammentreffen. Links radeln wir über den Stadtplatz am Dampfbräu (Tel. 09922 4737, Stadtplatz 6, 94227 Zwiesel) vorbei, wo über dem Eingang der Slogan zu lesen ist „Essen wie Gott in Bayern". Hat mittwochs Ruhetag. Ein Stück weiter kommen wir an der wunderschönen Glaskapelle vorbei. An der Oberzwieselauer Straße geht's rechts am Friedhof entlang, bergauf, heißt dann Franz-Betz-Straße und rechts unter der Straßenbrücke hindurch nach Lindberg.

HÖLLBACH

Am Großen Falkenstein liegt das Felsengebiet Höllbachspreng im urtümlich-düsteren Wald, einem Wasserfall und haushohen Felswänden. Ein schwerer Wanderweg führt hindurch.

Das leibliche Wohl

Erstmal durchschnaufen und dann der Zwieseler Straße in das Dorf folgen. Rechts zweigt die Kramerstraße ab, die uns zum 3 / Bauernhaus-Museum (Tel. 09922 5034713, Zwieseler Str. 4, 94227 Lindberg) führt. Drei wunderschön hergerichtete, typische Häuser stehen mitten im Dorf: das Museumshaus, das Wirtshaus „Zur Bärenhöhl" und die Kapelle. Können wir von Mi–Fr sowie Sa + So jeweils von 13–18 Uhr besichtigen. Das Wirtshaus mit drei alten Stuben und Biergarten hat auch für uns einen Platz unter schattigen Bäumen.

Großer Falkenstein voraus

Wir treffen wieder auf die Lehener Straße und radeln links aufwärts. Bald zweigt sie von der Kreisstraße links ab und verkürzt den Straßenbogen. Die Kreisstraße hat uns wieder und führt zur Straßenkreuzung in Oberlindbergmühle. Wir halten das Rad geradeaus und erreichen Lindbergmühle. Nomen est omen: Hier gibt's das Gasthaus Zur Mühle. Der nächste Flecken heißt 4 / Kreuzstraßl und liegt an der Grenze zum Nationalpark Bayerischer

---

➤ rechts oben / Im Bauernhaus-Museum Lindberg ➤ rechts Mitte / Eine typische Bauernstube

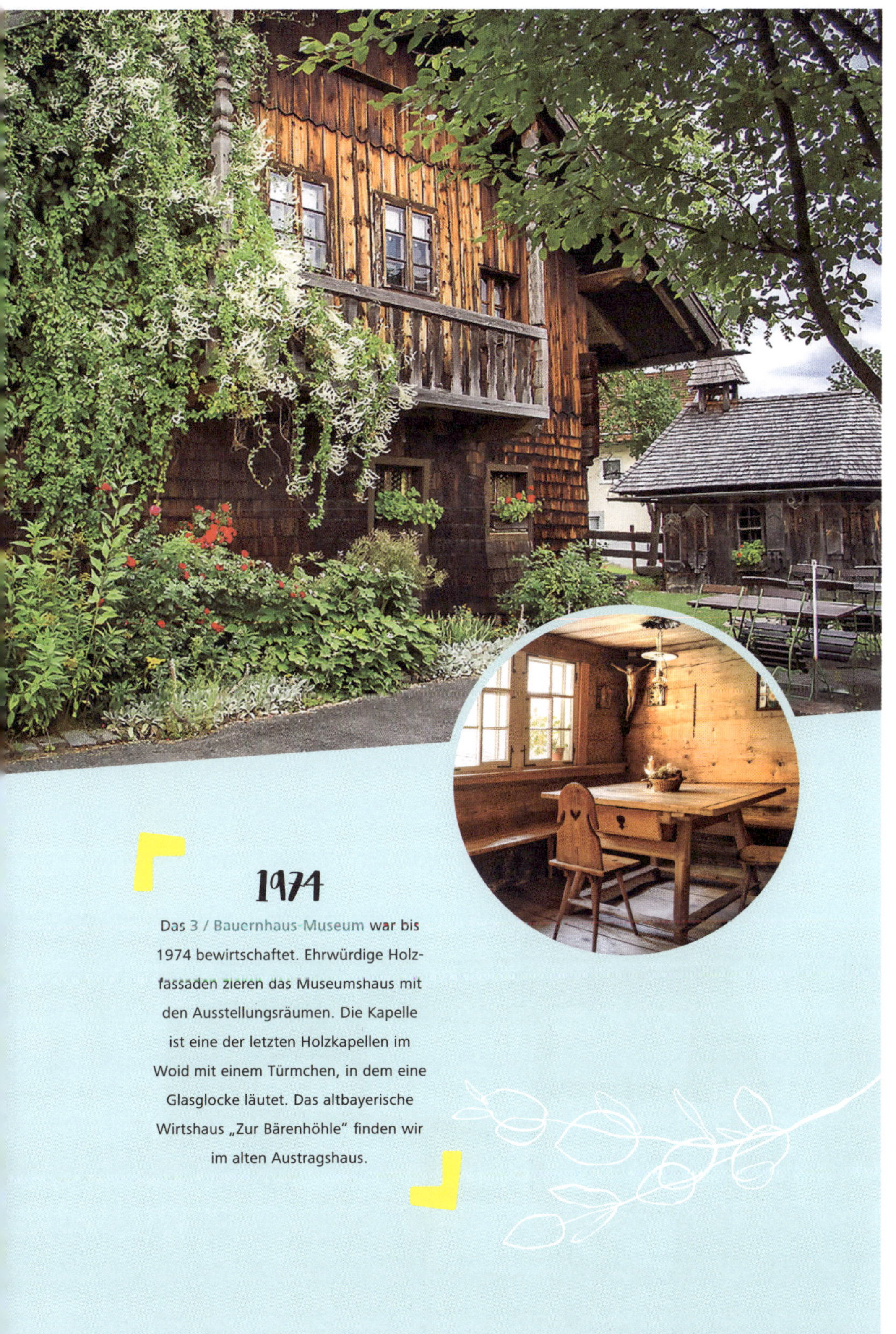

1974

Das 3 / Bauernhaus-Museum war bis 1974 bewirtschaftet. Ehrwürdige Holzfassaden zieren das Museumshaus mit den Ausstellungsräumen. Die Kapelle ist eine der letzten Holzkapellen im Woid mit einem Türmchen, in dem eine Glasglocke läutet. Das altbayerische Wirtshaus „Zur Bärenhöhle" finden wir im alten Austragshaus.

GOLDENER HERBST

Die Landschaft zeigt sich am 6 / Schwellhäusl in aller Farbenpracht. Eine Radtour entlang des Schwellbaches im goldschimmernden Blätterwald wird zum besonderen Erlebnis.

GIPFELBLICK VOM FALKENSTEIN

Wald. Nehmen wir den Ortsnamen beim Wort und wenden uns an der Kreuzung nach links Richtung Schleicher. Am nächsten Abzweig, ist der Weg mit Nr. 2, geht's rechts ab in den Wald. Rechts über uns thront der 1315 m hohe Große Falkenstein. Unterm Gipfel bietet das tolle Schutzhaus Falkenstein von Mai bis Oktober die Möglichkeit der Übernachtung. Der Gipfelblick ist einfach überwältigend. Wir queren zahlreiche Quellbäche, die zum Schleicherbach links unter uns fließen. Mal auf, mal ab erreichen wir das Dorf Zwieslerwaldhaus. 200 m links liegt die 5 / Zwieslerwaldhaus-Alm (Tel. 09925 9038599, Zwieslerwaldhaus 1, 94227 Lindberg), ein uriges Brotzeitstüberl, in dem es wunderbaren Kaiserschmarren gibt, von Donnerstag bis Sonntag ab 11 Uhr.

Do geht ma s'Herz af

Wir radeln ins Dorf hinein und an der Zollhausstraße links. Sie führt hinab an eine Bachbrücke. Gegenüber geht's nun steil bergwärts zum höchsten Punkt unserer Tour, 720 m hoch. Zum Glück erwartet uns am Ende der Abfahrt das 6 / Schwellhäusl (Tel. 09925 460, Schwellhäusl 310, 94252 Bayerisch Eisenstein).

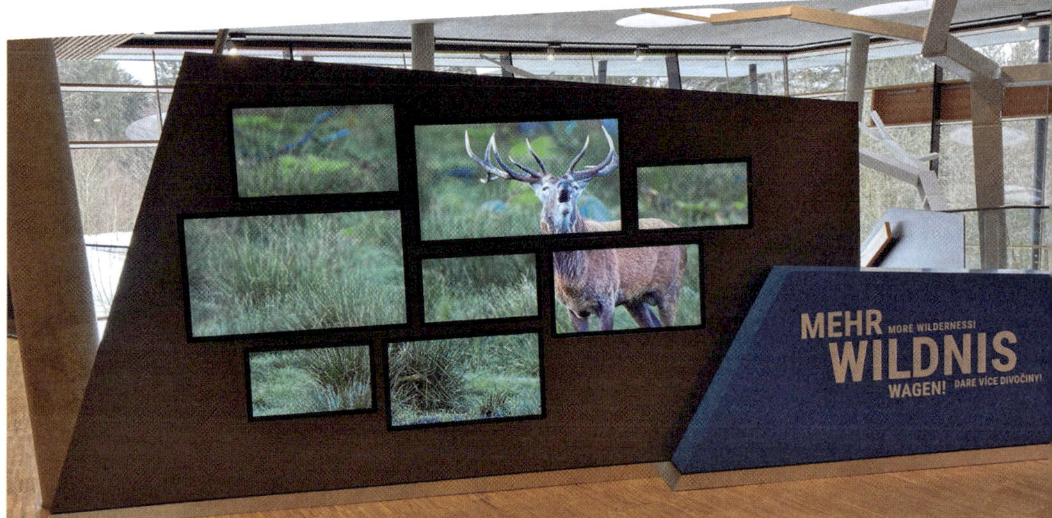

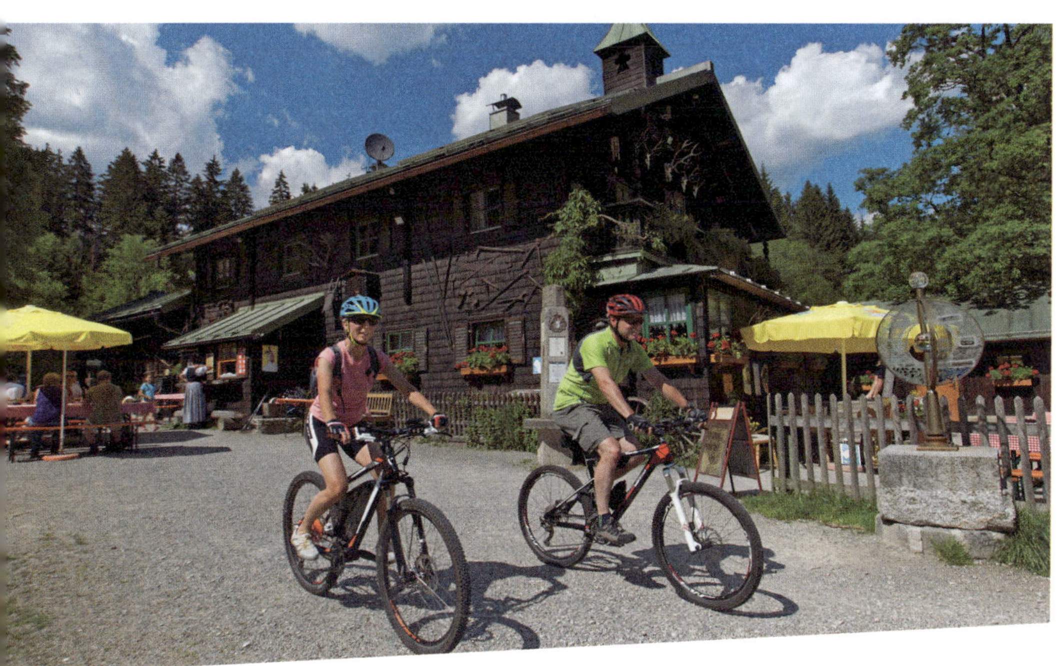

Eine urige Almhütte mit Biergarten mitten in der Natur, die keinen Ruhetag kennt und in der wir ab Mai von 10–18 Uhr Brotzeiten und deftige bayerische Gerichte bestellen können. Ihren Beinamen Trifter-Klause führt sie, seit von hier oben aus „dem Inneren der Waldungen" Holz zur Regen getriftet wurde. Ein Kanal, der führt heute noch Wasser in den Schwellteich, brachte zusätzlich Wasser in den Schwellteich, vom dem die Baumstämme gen Zwiesel befördert wurden.

Schöne Stunden vergehen auch

Die Felsen-Sonnenuhr am Schwellhäusl erinnert uns an die Zeit, die hier schneller zu vergehen scheint. Nach gemütlicher Einkehr brechen wir auf. Durch das weite Schmalzbachtal geht's recht flott talwärts zur Brücke der Großen Deffernik. Geradeaus queren wir die Waldhausstraße und erreichen die Gleise der Grün-Gelben Waldbahn.

Haus zur Wildnis

Kurz geradeaus, dann geht's zum 7 / Haus zur Wildnis (Tel. 09922 50020, Eisensteiner Str. 20, 94227 Lindberg), rechts

KM 21

Das 7 / Haus zur Wildnis fasziniert durch seine Form und der Aussichtsturm durch den Panoramablick zum Arber, Falkenstein und Rachel. Im Tier-Freigelände treffen wir zwei einstige Bewohner des Bayerwalds: Wildpferde und Urrinder.

< links / Die Ausstellung im Haus zur Wildnis ^ oben / Mit dem Rad beim Schwellhäusl

MUSEUMS-SCHLÖSSCHEN

Wir besichtigen eine der schönsten Glassammlungen weltweit. Es sind dies die prunkvollen Gläser der einstigen „Königlich Bayerisch privilegierten Krystallglas-Fabrik" Theresienthal.

WURZELGANG IM HAUS ZUR WILDNIS

ziemlich steil bergauf. Schon allein dessen einzigartige Architektur ist faszinierend, gewährt sie doch selbst im Inneren stets einen Blick auf den 1315 Meter hohen Großen Falkenstein. Einer der Höhepunkte im Haus zur Wildnis ist der Wurzelgang, in dem die Bodenbewohner im Fokus stehen. Täglich geöffnet von 9 bis 18 Uhr. Das Tier-Freigelände bietet neben Luchs und Wolf auch Wildpferde und Urrinder. Ein bequemer gut zwei Kilometer langer Rundweg führt zum hölzernen Aussichtsturm am Wolfsgehege und zur Steinzeithöhle. Natürlich gibt es im Besucherzentrum ein Wirtshaus mit kulinarischen Spezialitäten aus dem Bayerischen Wald.

1836

Seitdem gestalten internationale Produkt-Designer in Form, Dekor und Applikation die Kollektion der 9 / Kristallglasmanufaktur Theresienthal. Wir schauen Glasmachern, Schleifern, Graveuren, Malern während der Hüttenbesichtigung zu.

Handarbeit

Wir radeln zurück, wie gekommen, ins Tal zur Waldbahn und biegen scharf links ab. An der Bahnunterführung geht's nach Ludwigsthal hinein. Gleich links hält die Waldbahn. Wenige Radumdrehungen weiter erreichen wir die B11 und radeln auf dem parallel geführten Radweg Richtung Zwiesel. In Theresienthal stoßen wir neben der Bundesstraßenbrücke auf die Kreisstraße. Unter der Brücke hindurch geht's zum 8 / Theresienthaler Museumsschlösschen (Mai–Okt., Tel. 09922 1030, Theresienthal 15, 94227 Zwiesel), in dem man Glas aus der ehemaligen Krystallglas-Fabrik aus den Epochen von Historismus, Jugendstils und Funktionalismus bewundern kann. Direkt dahinter kommen wir an der 9 / Kristallglasmanufaktur Theresienthal (Tel. 09922 500930, Lagerverkauf: Theresienthal 27, Hüttenbesichtigung: Theresienthal 25, 94227 Zwiesel) vorbei, in der die Geschichte der Manufaktur erzählt wird und eine Glashütte besichtigt werden kann.

Ziel

Wir radeln nach Zwiesel hinein bis zur Rabensteiner Straße an der Brücke über den Großen Regen. Zum 1 / Bahnhof Zwiesel biegen wir rechts ein und folgen dann der Bahnhofstraße zum Parkplatz am Bahnhofsplatz. Ziel erreicht.

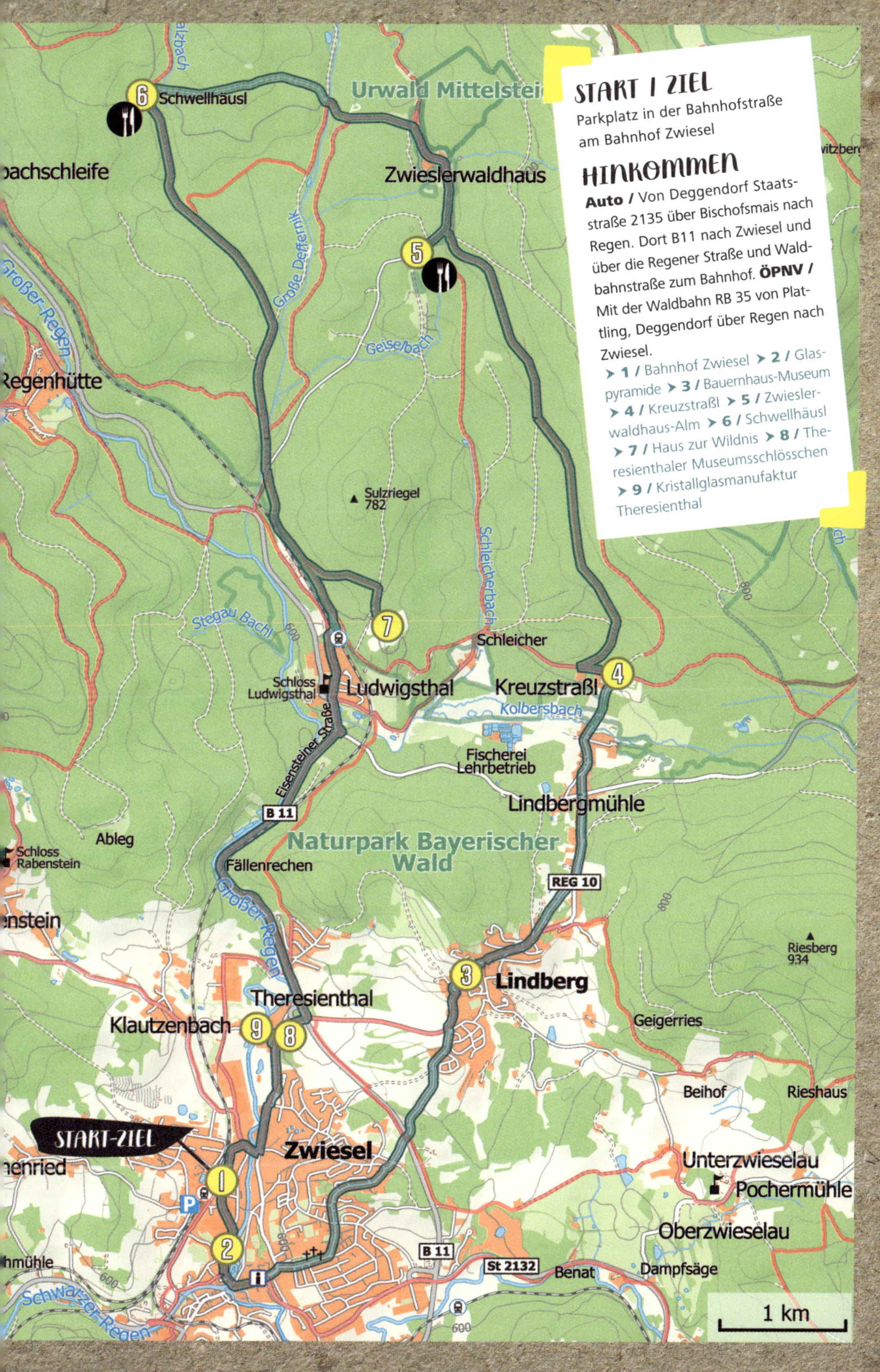

START / ZIEL

Parkplatz in der Bahnhofstraße am Bahnhof Zwiesel

HINKOMMEN

Auto / Von Deggendorf Staatsstraße 2135 über Bischofsmais nach Regen. Dort B11 nach Zwiesel und über die Regener Straße und Waldbahnstraße zum Bahnhof. **ÖPNV /** Mit der Waldbahn RB 35 von Plattling, Deggendorf über Regen nach Zwiesel.

➤ **1 /** Bahnhof Zwiesel ➤ **2 /** Glaspyramide ➤ **3 /** Bauernhaus-Museum ➤ **4 /** Kreuzstraßl ➤ **5 /** Zwieslerwaldhaus-Alm ➤ **6 /** Schwellhäusl ➤ **7 /** Haus zur Wildnis ➤ **8 /** Theresienthaler Museumsschlösschen ➤ **9 /** Kristallglasmanufaktur Theresienthal

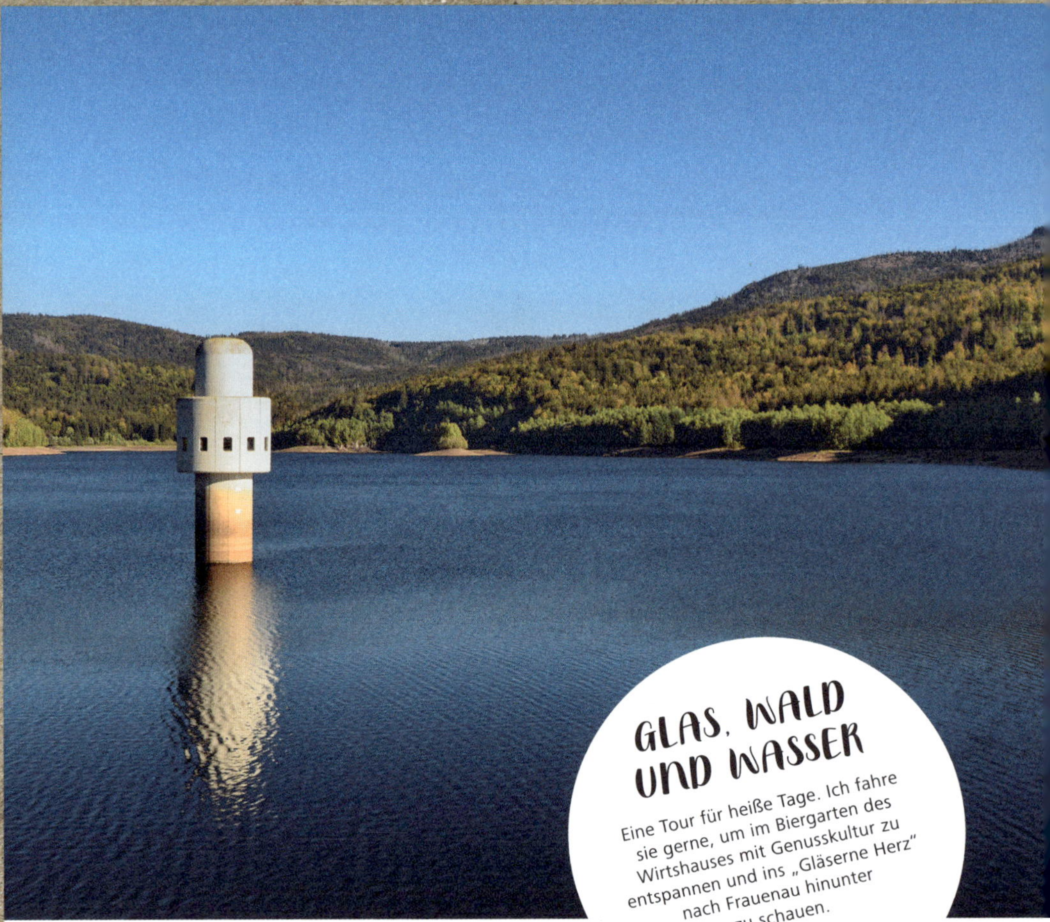

GLAS, WALD UND WASSER

Eine Tour für heiße Tage. Ich fahre sie gerne, um im Biergarten des Wirtshauses mit Genusskultur zu entspannen und ins „Gläserne Herz" nach Frauenau hinunter zu schauen.

➤ **1 /** Neben dem Bahnhof Frauenau finden wir das Glasmuseum

➤ **2 /** Nach der Tour geht's ins herrliche Freibad

➤ **3 /** Ein schöner Rundweg führt vom Staudamm um den See

➤ **4 /** Im Biergarten vom „Re(h)serviert" genießen wir ein kühles Weißbier

➤ **5 /** 16 süße Arberland-Alpakas warten auf unsere Streicheleinheiten

➤ **6 /** Ab Linden lohnt auch ein Abstecher nach Spiegelau

➤ **7 /** Das Glasmuseum und die Gläsernen Gärten sind unser Highlight in Frauenau

➤ **8 /** Wir stellen unsere eigene Münze aus glühendem Glas im Glasensium der Glashütte Eisch her

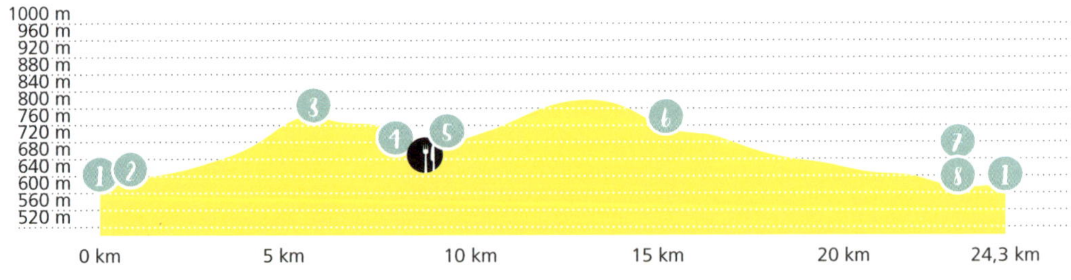

Gläserne Gärten

Den Großen Rachel im Blick

Aus der Glasmacher Stadt Frauenau radeln wir hinauf zum Trinkwasserspeicher. Oberhalb von Frauenau liegt das Gut Oberfrauenau. Hier lassen wir uns von herrlich deftigen Speisen verwöhnen. Dann besuchen wir im Alpakahof Arberland die Alpakaherde. Im Tal der Flanitz stoßen wir auf die Waldbahn. Bergab folgen wir der Flanitz zurück nach Frauenau und besuchen die Gläsernen Gärten rund um das Glasmuseum.

24 Kilometer
390 Höhenmeter
390 Höhenmeter
1:45 Stunden
Rundtour

Mariä Himmelfahrt

Unser Tourenstart ist der 1 / Bahnhof Frauenau. Hier werden wir auch wieder die einzigartige Tour beenden. Wir folgen der beschilderten Tour mit der Nummer 99. Nach entspannter Zugfahrt, falls wir mit der Waldbahn anreisen sollten, radeln wir von der Bahnhofstraße zur Hauptstraße am Bahnübergang. An der in Gelb strahlenden,

Charakter
Sportlich ●●●○○
Abkühlung ●●●○○
Schlemmen ●●●○○
Panorama ●●●○○

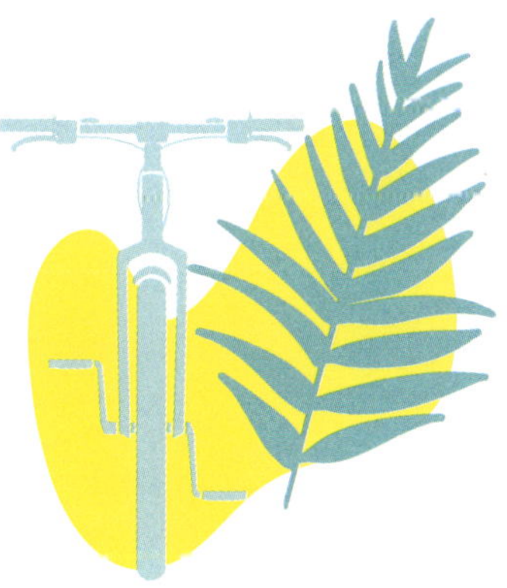

Toureninfo / Der sportliche Teil der Rundtour ist die Auffahrt zum Trinkwasserspeicher. Daher kehren wir im Wirtshaus „Re(h)serviert" ein. Leicht auf und ab auf guten Fahrwegen rollen wir nach Linden ins Tal der Flanitz und an ihr entlang nach Frauenau zurück. E-Bike-Ladestationen: Frauenau, Tourist Info/Glasmuseum Frauenau, Am Museumspark 1

◂ links / Am Trinkwasserspeicher Frauenau mit Blick zur Großen Rachel

sehenswerten Pfarrkirche Mariä Himmelfahrt, umgeben von einem ehrwürdigen Friedhof, sollten wir schon wieder halten, denn die Deckengemälde, Fresken und Altare sind wunderschön, eben Rokoko.

Wasser für Frauenau

Die Hauptstraße geht's leicht bergauf. Hinter der Tankstelle zweigt die Villastraße zum 2 / Freibad Frauenau ab. Ein spritziges Wassererlebnis mit Rutsche für die Kleinen. Einfach mal merken, und nach der Tour können auch wir hier relaxen. Bald sind wir im Dörfl und biegen am Wasserhäuslweg rechts ein. Unterhalb des Ochsenberges kommen wir zur Brücke des Kleinen Regen. Wir lenken unser Rad nach rechts, leicht aufwärts Richtung Trinkwasserspeicher. Ab dem Wanderparkplatz wird es steiler. Zwei Serpentinen führen uns auf die Krone des 80 m hohen 3 / Staudamm. Weit zieht sich der Trinkwasserspeicher ins Tal des Kleinen Regen hinein, deren Quellbäche unterhalb der Kleinen und der Großen Rachel liegen. Fast 22 Mio. m³ Quellwasser fasst der Trinkwasserspeicher. Zeit für ein schönes Bild.

BADESPASS

Mit Blick zur Großen Rachel ziehen wir im 2 / Freibad Frauenau ein paar Bahnen im Schwimmbecken.

Re(h)serviert

Ein kleines Wegstück radeln wir zurück, biegen aber an der Wegeverzweigung rechts ab und rollen zum Gut Oberfrauenau hinab, zu einem Wirtshaus der Genusskultur. Im 4 / „Re(h)serviert" (Tel. 09926 1805752, Oberfrauenau 13, 94258 Frauenau) lassen wir uns vom modernen Ambiente inspirieren und von frischen Gerichten verwöhnen. Das Wirtshaus hat von Do–Mo ab 11.30 Uhr bis 22.00 Uhr geöffnet. Die Zutaten kommen aus der Region. An ein schönes Fleckchen Heimat erinnert die Gutskapelle, an der wir anschließend vorbeiradeln und zu den 5 / Arberland-Alpakas gelangen.

➤ rechts oben / Das Freibad Frauenau ➤ rechts Mitte / Das Nasenschild, auch Ausleger genannt, am Gasthaus Re(h)serviert

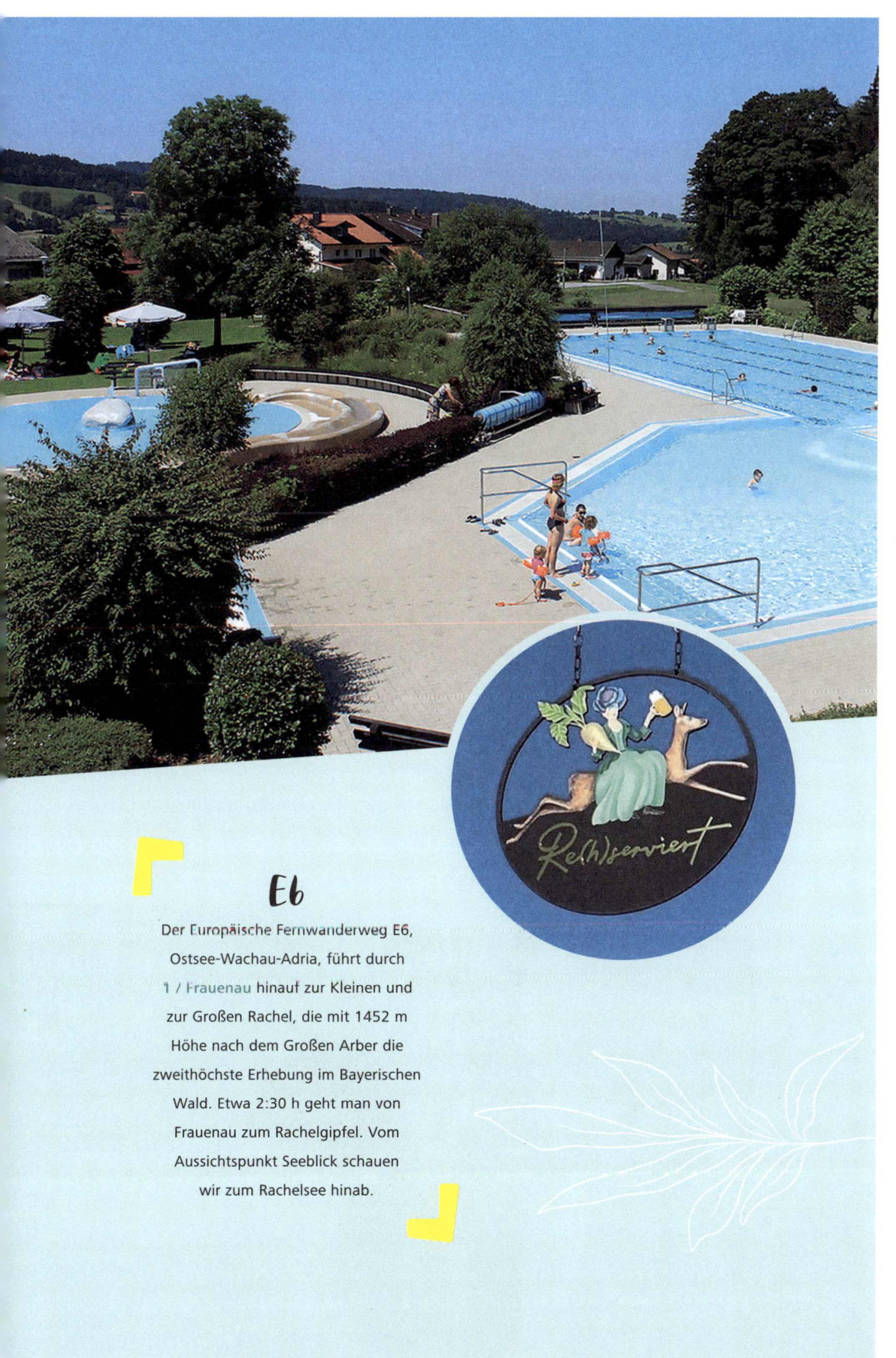

E6

Der Europäische Fernwanderweg E6, Ostsee-Wachau-Adria, führt durch 1 / Frauenau hinauf zur Kleinen und zur Großen Rachel, die mit 1452 m Höhe nach dem Großen Arber die zweithöchste Erhebung im Bayerischen Wald. Etwa 2:30 h geht man von Frauenau zum Rachelgipfel. Vom Aussichtspunkt Seeblick schauen wir zum Rachelsee hinab.

DATE MIT KUSCHELTIER

Große Kulleraugen, flauschiges Fell, ein sanftes, neugieriges Wesen. Kein Wunder, dass Alpakas als entspannte Wanderbegleiter gefragt sind.

Süß bis über die Ohren

Der Hof liegt rechts des Weges. Die Herde von 16 süßen Alpakas verzaubern uns durch ihr Wesen und ruhigen Ausstrahlung. Einfach knuddelig. Ein Alpaka-Trekking wäre ein tolles Geschenk. Die Puchermühle lassen wir links liegen und radeln am Hang mit Blick nach Frauenau wieder leicht bergauf. Die abzweigenden Wege beachten wir nicht. Im weiteren Verlauf halten wir uns rechts zur Altposchingerhütte, jetzt leicht bergab nach 6 / Linden, wo die Waldbahn den Wildbach Flanitz quert. Wir queren nun die Waldbahn und wenden uns nach rechts. Zur Info: Gleich links hinter der Kurve liegt der Haltepunkt Klingenbrunn der Waldbahn. Etwas weiter wäre der Weg in gleicher Richtung nach Spiegelau. Von Klingenbrunn fährt aber die Waldbahn auch nach Spiegelau oder zurück nach Frauenau.

AN DER WALDBAHN

Am Ufer der Flanitz

Im Tal der Flanitz radeln wir um den Flanitzhübel herum. Gegenüber schmiegt sich die Trasse der Grün-Gelben Waldbahn an

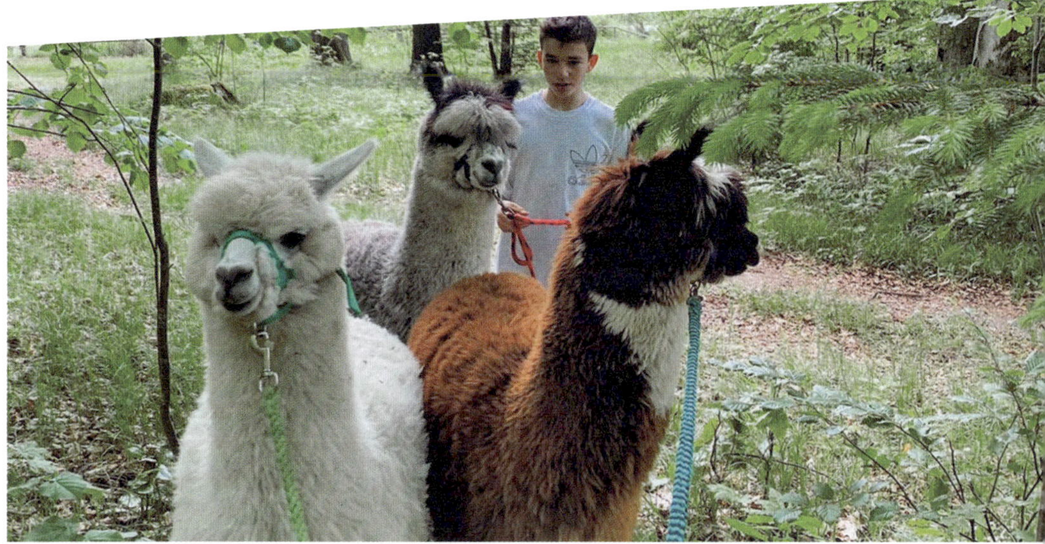

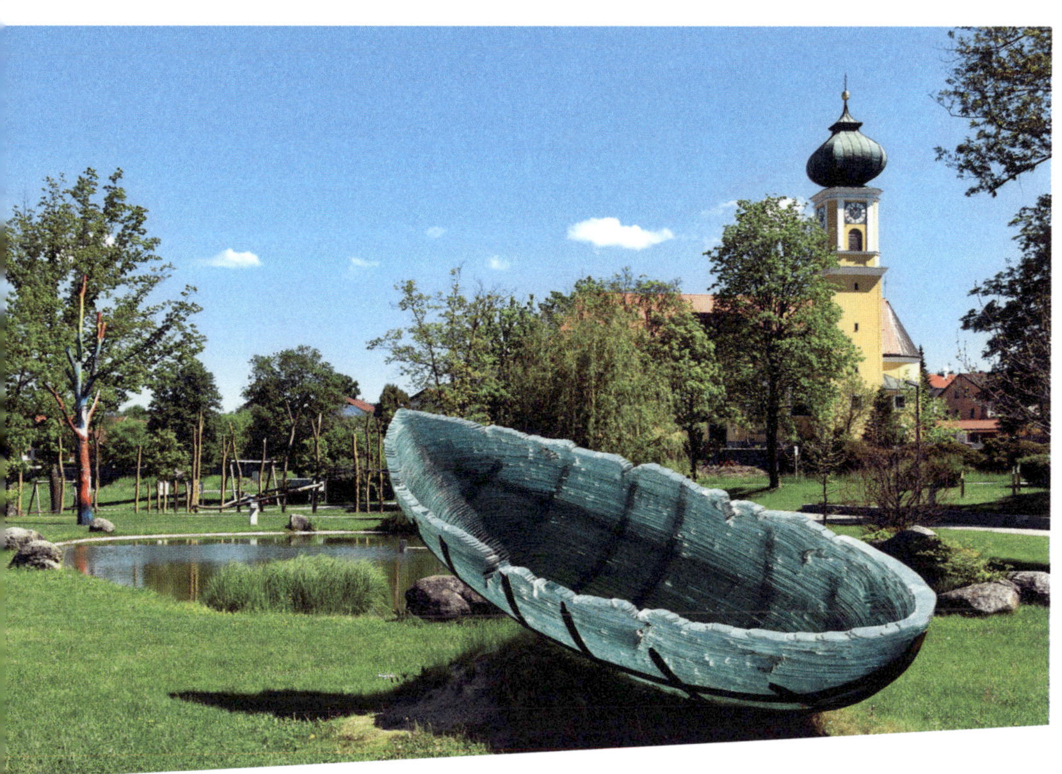

den Berghang. Die Quelle der Flanitz liegt oberhalb von Linden im Talkessel von Kleiner und Großer Rachel. Tosend bahnt sich der Bergbach seinen Weg durch das schmale Tal nach Frauenau und mündet in Zwiesel in den Schwarzen Regen. Wir erreichen die Häuser von Flanitzhütte auf einer Lichtung. Ein Weg führt uns rechts über die Flanitz. Wir folgen der Flanitz abwärts, über uns der dichte Wald, am gegenüberliegenden Ufer grüne Wiesen mit Bauminseln durchsetzt.

Das Gläserne Herz

Herrlich ruhig ist es im Tal umgeben von bewaldeten Hügeln. Noch einmal tief durchatmen, bevor wir auf die Staatsstraße einbiegen. Das letzte Wegstück teilen wir uns die Straße mit den Autos und erreichen Frauenau. Nach der Rechtskurve liegt gleich linker Hand das 7 / Glasmuseum und die Gläsernen Gärten. Frauenau bezeichnet sich gern als „Gläsernes Herz" im Nationalpark Bayerischer Wald. Lassen wir also das Rad stehen und begeben uns auf einen Spaziergang rund um das Glasmu-

27

Glas wird zum künstlerischen Werkstoff. 27 Künstler aus acht europäischen Ländern haben mit ihren monumentalen Werken aus Glas und anderen Materialien die weitlaufigen 7 / Gläsernen Gärten rund um das Glasmuseum auf eine ganz besondere Art gestaltet.

◄ links / Unterwegs mit Alpakas ▲ oben / Die Arche in den Gläsernen Gärten von Frauenau

BIXL

Aufbewahrt wurde der Schnupftabak in kleinen, flachen Fläschchen aus Glas, typisch für den Bayerischen Wald. Sie werden liebevoll „Bixl" genannt. 1200 Exponate stehen im 7 / Glasmuseum.

seum durch die Gläsernen Gärten in eine faszinierende Welt, wo Glaskunst auf Design trifft.

GLASKUNST

Das Glasmuseum

Bereits die Architektur des Hauses lässt unser Herz höherschlagen. Beginnen wir den Rundgang zu den Schauplätzen der Glaserzeugung in den frühen Hochkulturen des östlichen Mittelmeerraums. Venezianische Gläser treten ab dem 15. Jahrhundert in Konkurrenz zu den Produkten der Waldglashütten Mitteleuropas. Mit der Globalisierung und Automatisierung beginnt das Glashüttensterben im Bayerischen Wald. Den künstlerischen „Ausweg" aus der Krise brachte die Studioglasbewegung, deren europäischer Pionier der Frauenauer Künstler Erwin Eisch war. Die Öffnungszeiten sind von Dienstag bis Sonntag: 9 bis 17 Uhr. (Glasmuseum Frauenau, Tel. 09926 941020, Am Museumspark 1, 94258 Frauenau)

1600°

Um dem Glas die gewünschte Form zu geben, wird es in handgefertigte Holzformen aus heimischem Buchenholz eingeblasen. Spezialisten der 8 / Glashütte Eisch schleifen, gravieren und sandstrahlen das Glas oder bemalen es mit Gold oder Platin.

Glühendes Glas

Kurz radeln wir zurück, bis die Altglashüttenstraße rechts von der Grafenauer Straße abzweigt. Nach wenigen Radumdrehungen erreichen wir das 8 / Glasensium der Glashütte Eisch. Hier beginnt dann unsere Werksbesichtigung, zu der wir uns angemeldet haben. Direkt am Ofen beobachten wir die Verwandlung von glühendem Glas in ein kunstvolles Objekt. Mit einfachen Glasmacher-Werkzeugen und sehr geschickten Händen geht der Glasmacher mit dem eigenwilligen, zähflüssigen Material um. Während der Werksbesichtigung von Dienstag bis Samstag jeweils um 9.30 und 11 Uhr können wir im Rahmen einer Werksbesichtigung unsere eigene Münze aus glühendem Glas prägen (Glashütte Eisch, Tel. 09926 189 253, Althüttenstraße 28, 94258 Frauenau). Noch haben wir nicht ganz unser Ziel erreicht. Zurück radeln wir zum Glasmuseum und geradeaus über den Bahnübergang. Unser Ziel der 1 / Bahnhof Frauenau liegt rechts an der Bahnhofstraße.

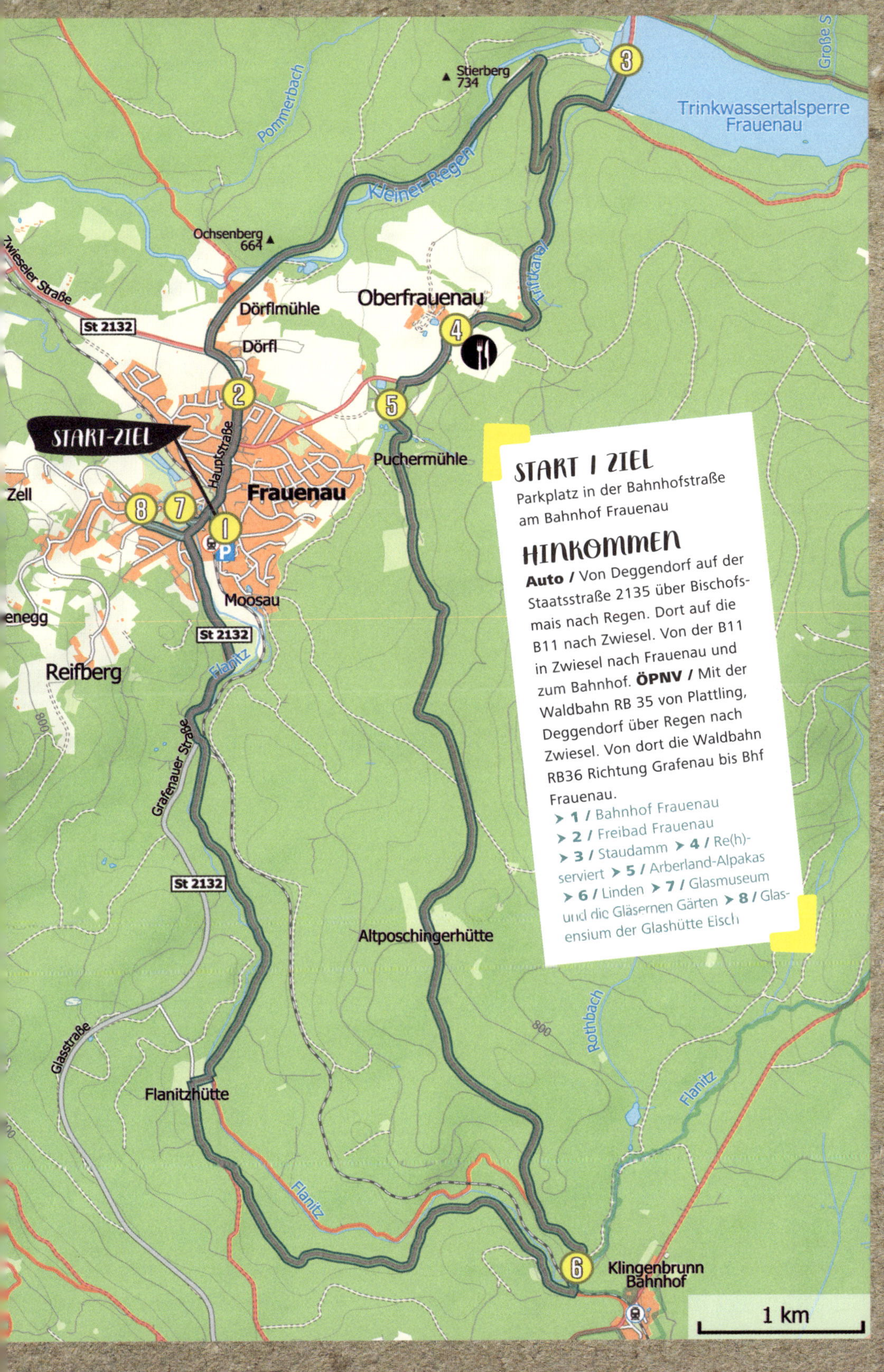
START / ZIEL
Parkplatz in der Bahnhofstraße am Bahnhof Frauenau
HINKOMMEN
Auto / Von Deggendorf auf der Staatsstraße 2135 über Bischofsmais nach Regen. Dort auf die B11 nach Zwiesel. Von der B11 in Zwiesel nach Frauenau und zum Bahnhof. ÖPNV / Mit der Waldbahn RB 35 von Plattling, Deggendorf über Regen nach Zwiesel. Von dort die Waldbahn RB36 Richtung Grafenau bis Bhf Frauenau.
➤ 1 / Bahnhof Frauenau
➤ 2 / Freibad Frauenau
➤ 3 / Staudamm ➤ 4 / Re(h)-serviert ➤ 5 / Arberland-Alpakas
➤ 6 / Linden ➤ 7 / Glasmuseum und die Gläsernen Gärten ➤ 8 / Glas-ensium der Glashütte Eisch
START-ZIEL
Stierberg 734
Trinkwassertalsperre Frauenau
Große S
Pommerbach
Kleiner Regen
Ochsenberg 664
Zwieseler Straße
St 2132
Dörflmühle
Dörfl
Oberfrauenau
Triftkanal
Puchermühle
Hauptstraße
Frauenau
Zell
Moosau
enegg
Reifberg
Flanitz
Grafenauer Straße
Altposchingerhütte
Rothbach
Glasstraße
Flanitzhütte
Klingenbrunn Bahnhof
1 km

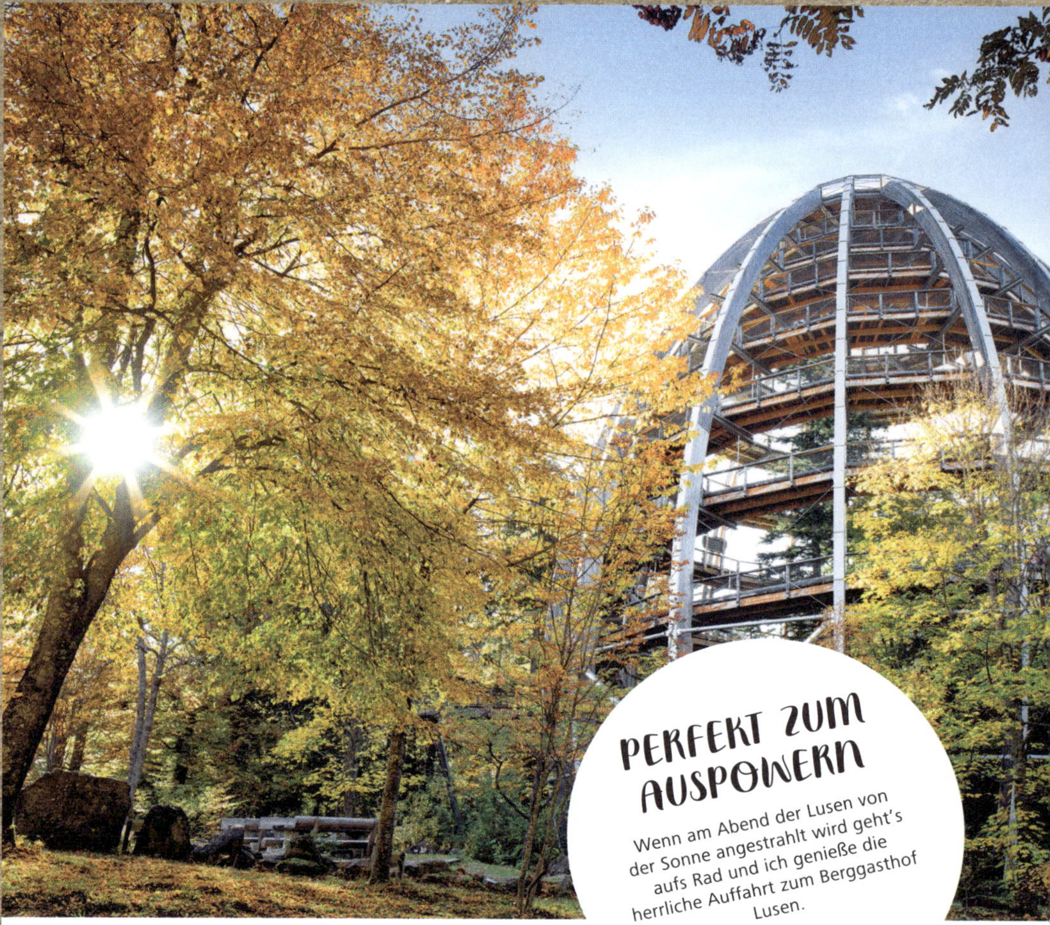

PERFEKT ZUM AUSPOWERN

Wenn am Abend der Lusen von der Sonne angestrahlt wird geht's aufs Rad und ich genieße die herrliche Auffahrt zum Berggasthof Lusen.

> **1 /** Am Parkplatz Trossel blicken wir zum Lusen hinauf

> **2 /** Die Straße nach Guglöd ist der erste kräftige Anstieg

> **3 /** Endlich können wir im Berggasthof Lusen das Glosafleisch genießen

> **4 /** Die Familie Theuerjahr hat einen eindrucksvollen Skulpturenpark geschaffen

> **5 /** Mein Highlight ist das Nationalparkzentrum Lusen

> **6 /** Im Waldgeschichtlichen Museum wird uns vom Woid erzählt

> **7 /** Wir fahren auf den Werksbahnen im Feldbahn-Museum

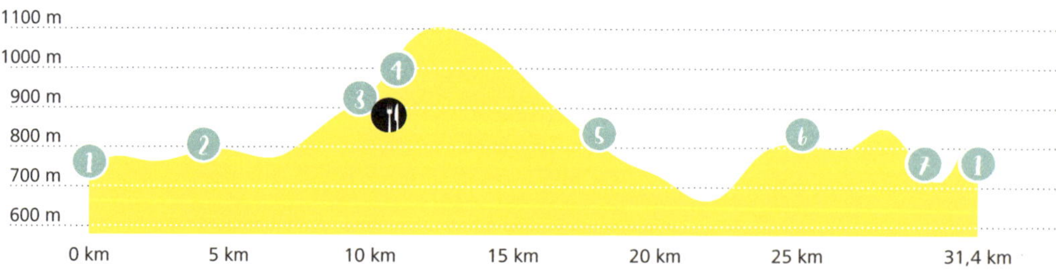

DER URWALD RUFT

Im Nationalpark am Lusen

Von Spiegelau radeln wir zum Lusen hinauf in den Nationalpark Bayerischer Wald und kehren unterwegs im Berggasthof Waldhäuser ein. Hier bestellen wir das Traditionsgericht der Region, das Glosafleisch. Auf 1111 m Höhe erreichen wir den Scheitelpunkt unserer Tour und rollen hinab zum Nationalparkzentrum Lusen mit Baumwipfelpfad und Tierpark.

31 Kilometer
745 Höhenmeter
745 Höhenmeter
2:15 Stunden
Rundtour

Richtung Lusen

Treffpunkt zu unserer Rundtour ist der 1 / Parkplatz Trossel am Beginn der Nationalparkstraße. Wir steigen direkt an der Grenze des Nationalparks Bayerischer Wald in den Sattel und am Ende der Radltour hier auch wieder ab. Schon erblicken wir im Nordosten den 1373 m hohen Lusen, liegt direkt an der Grenze zu Tschechien. Unser Feierabendride folgt dem Radwanderweg Tour 92 des Naturparks Bayeri-

CHARAKTER

Sportlich ●●●○○
Abkühlung ●●○○○
Schlemmen ●●●○○
Panorama ●●●○○

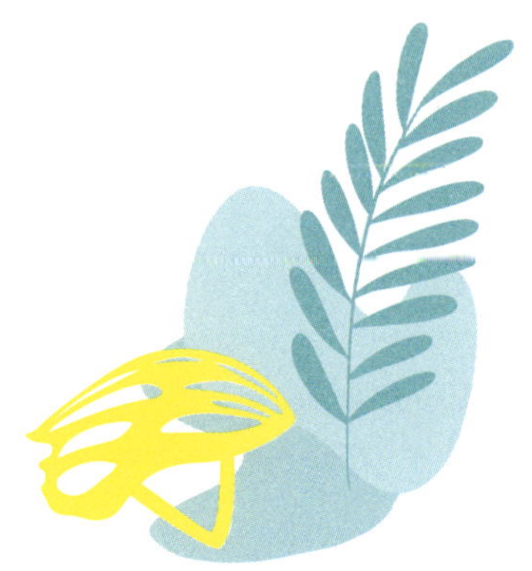

TOURENINFO / Das ist eine sportliche Tour, auf der wir uns so richtig auspowern können. Die kurze Rundtour führt uns knackig bergauf. Rund 80 % der Wege sind asphaltiert. Unterwegs können wir einkehren und auch noch einen Baumwipfelpfad meistern. E-Bike-Ladestationen: Nationalparkzentrum Lusen am P1 Parkplatz, nähe Hans-Eisenmann-Haus

< links / Das „Ei" am Baumwipfelpfad

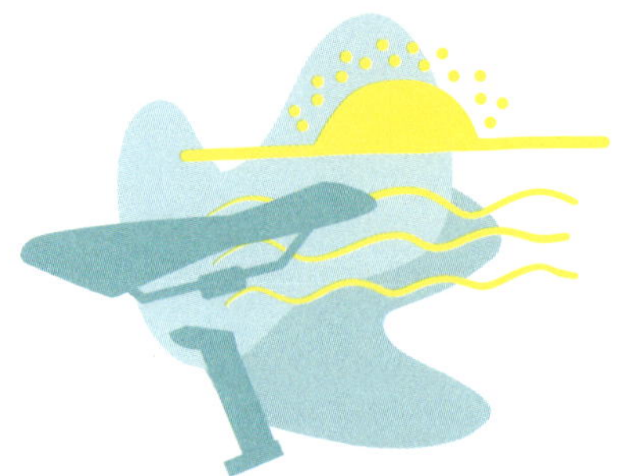

scher Wald. Zunächst radeln wir parallel der Nationalparkstraße auf dem Radweg leicht bergan. Bald kreuzen wie die Straße und fahren im Bogen zur Kreuzung mit der Straße hinab nach Riedlhütte. Riedlhütte besuchen wir später und halten uns nun entlang der Nationalparkstraße durch lichten Tannenwald zur Brücke über der Großen Ohe. Ihre Quellflüsse entspringen im Talkessel linker Hand unterhalb der Großen Rachel.

Auf nach Guglöd

100 Meter weiter queren wir die 2 / Straße nach Guglöd. Jetzt geht's steiler hinauf ins Dorf unterhalb des Guglöder Riegels. Eingerahmt vom Wald liegen die Häuser auf einer Lichtung. Wir folgen der Dorfstraße im Bogen zum Wald und stoßen auf die Kreisstraße an der Graupsäge. Links schwenken wir auf die Straße ein, die entlang der Kleinen Ohe aufwärts führt. Am Ende des Talkessels erreichen wir den Wanderparkplatz an der Fredenbrücke. Durch eine Serpentine geht's ziemlich wadenbeißig hinauf nach Waldhäuser.

KUNST IM BERGDORF

In Waldhäuser besuchen wir den 4 / Skulpturenpark der Familie Theuerjahr. Sehenswert sind die Plastiken von Heinz Theuerjahr, dem Maler, Bildhauer und Grafiker.

Zum Glashüttengeist Durandl

In der scharfen Linkskurve erkennen wir, Gott sei es gedankt, den 3 / Berggasthof Lusen mit super Terrasse (Berggasthof Lusen, Tel. 08553 2665, Lusenstr. 17, 94556 Waldhäuser). Angeboten wird von den Wirtsleuten das Glosafleisch (Glasmacherfleisch) vom Schwein mit Bratkartoffeln. Entstanden ist das Traditionsgericht in einer der zahlreichen Glashütten der Region. Wieder draußen vor dem Berggasthof schauen wir zum Lusen hinauf. Wir kommen seinem Gipfel bald recht nahe. Also radeln wir die Straße aufwärts, durch die nächste Serpentine dann entlang des Waldrandes.

➤ rechts oben / Am Gipfel des Lusen ➤ rechts Mitte / Säulenaffe im Skulpturenpark Theuerjahr

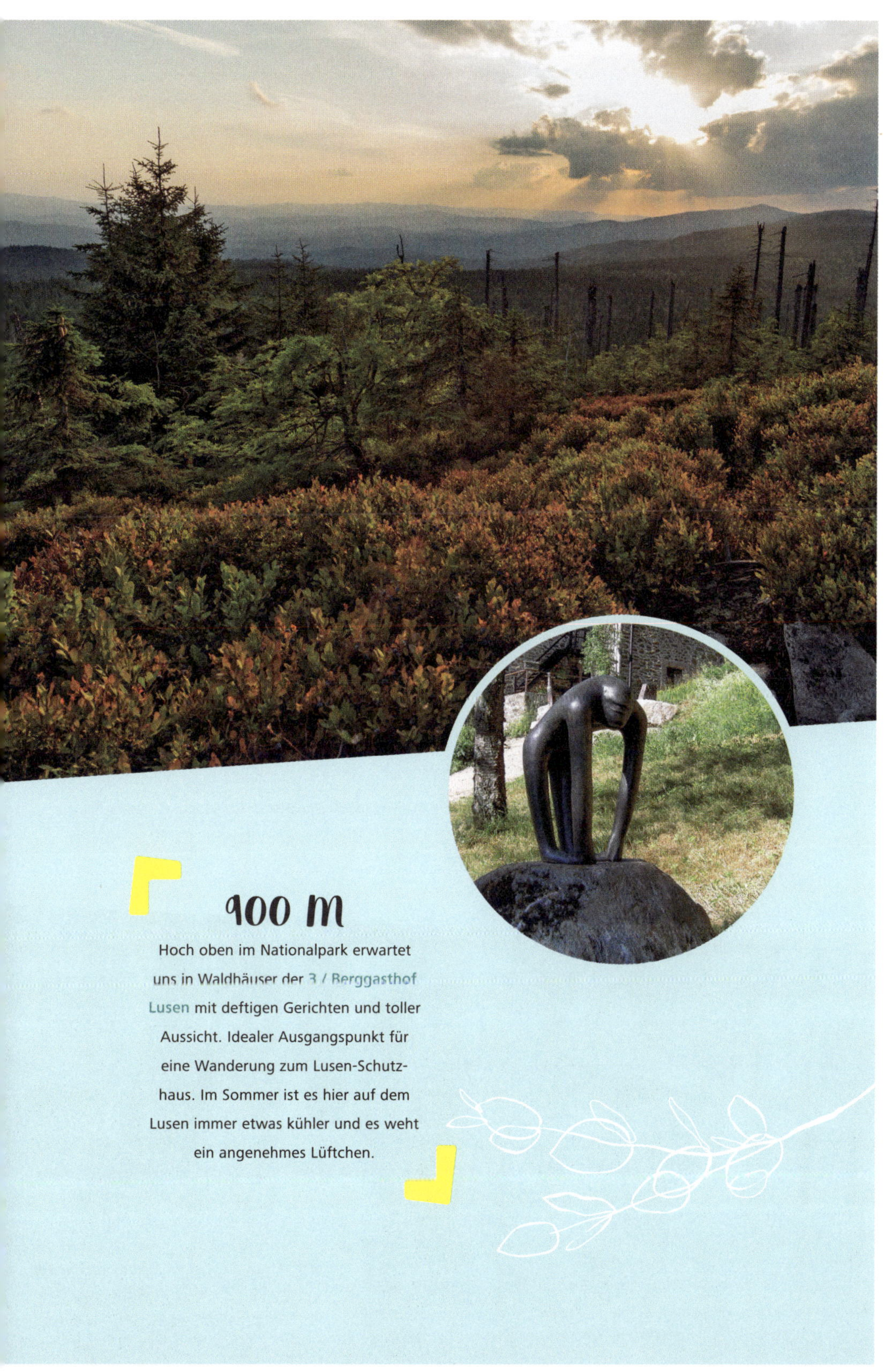

900 m

Hoch oben im Nationalpark erwartet uns in Waldhäuser der 3 / Berggasthof Lusen mit deftigen Gerichten und toller Aussicht. Idealer Ausgangspunkt für eine Wanderung zum Lusen-Schutzhaus. Im Sommer ist es hier auf dem Lusen immer etwas kühler und es weht ein angenehmes Lüftchen.

BRAUNBÄREN UND LUCHSE

Durch das Tierfreigelände am 5 / Nationalparkzentrum Lusen führt uns ein Rundweg zu den Tieren des Bayerischen Walds.

KUNST UND WILDE TIERE

Kunst am Lusen

Linker Hand liegt die Galerie und der 4 / Skulpturenpark der Familie Theuerjahr. Heinz Theuerjahr hatte sich der Kunst und dem Schwarzen Kontinent verschrieben. Im Atelier des Grafikers, Malers und Bildhauers sind zahlreiche seiner bemerkenswerten Werke zu sehen. Interessant sind die wechselnden Ausstellungen der Galerie.

Der Bär ruft

Wir verlassen Waldhäuser und nähern uns dem Scheitelpunkt der Radtour. Bei 1111 m Höhe ist er erreicht. Dort gibt es einen Wanderparkplatz und eine Schutzhütte zum Verschnaufen. Rechts biegen wir auf den Weg ab und es geht, wir glauben es kaum, abwärts. Unterhalb des links über uns liegenden Waldhäuserriegel führt der Weg am Zaun des Wildparks entlang zum 5 / Nationalparkzentrum Lusen an der Nationalparkstraße vor Neuschönau. Vom Parkplatz rechter Hand führt ein sieben Kilometer langer Rundweg durch das Tierfreigelände. Im weitläufigen

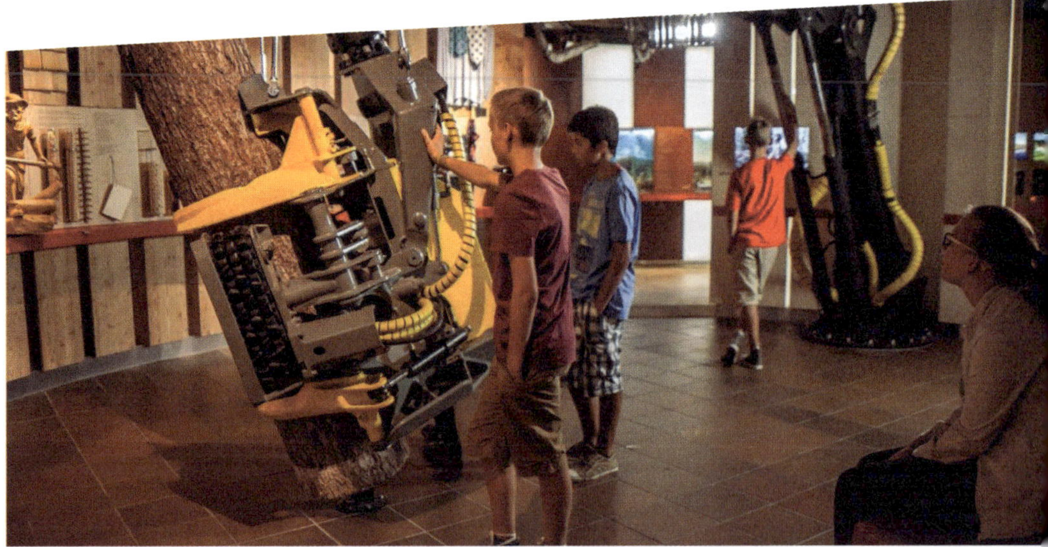

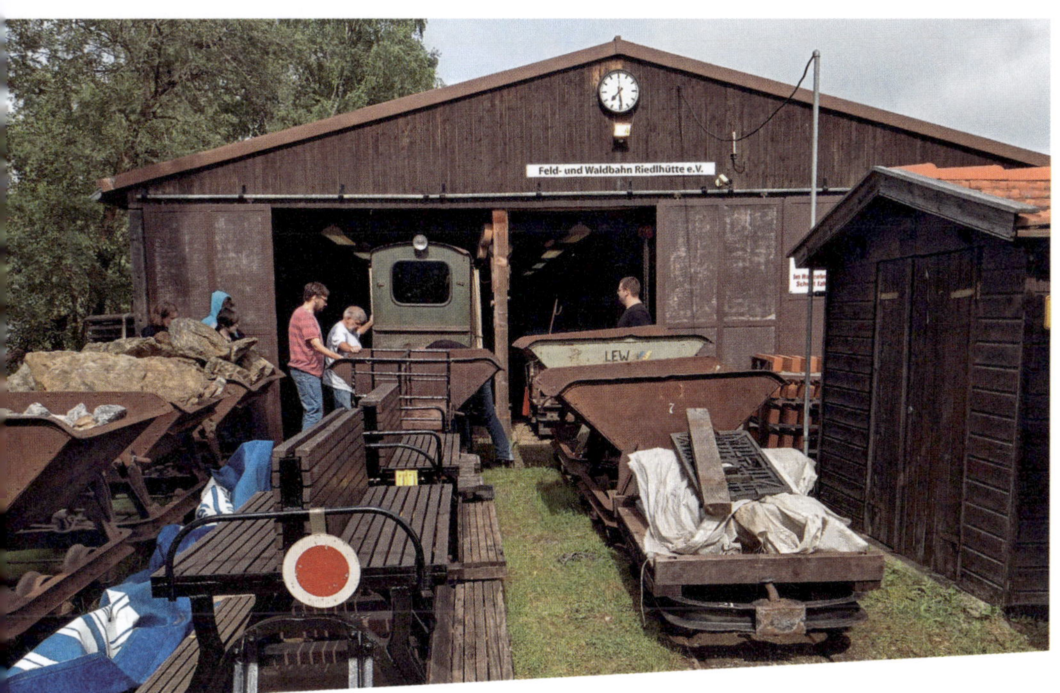

Gelände treffen wir auf den Braunbären, Rothirsch, Wildschwein, Wolf, Elch, Wisent und Luchs.

Über den Baumkronen

Vom Parkplatz führt eine Brücke zum Baumwipfelpfad (Tel. 08558 738 91–0, Böhmstraße 43, 94556 Neuschönau). Schon einmal 1300 Meter über den Baumkronen gewandert? Eine ganz ungewohnte Perspektive. In bis zu 44 Metern über dem Waldboden wandelnd, tun sich uns völlig neue Ein- und Ausblicke über den Nationalpark Bayerischer Wald auf. Architektonisch sensationell ist das Ei, der Aussichtsturm, am Baumwipfelpfad. Stufenlos geht's um einen Baum herum hinauf zur herrlichen Aussicht. Neben dem Ei steht das Hans-Eisenmann-Haus, Herzstück des Nationalparkzentrums am Lusen (Tel. 08558 96150, Hans-Eisenmann-Haus, Böhmstraße 35, 94556 Neuschönau). Interaktiv und beeindruckend führt die Dauerausstellung „Wege in die Natur – Eine Geschichte von Wald und Menschen" in die Geheimnisse des Nationalparks Bayerischer Wald ein. Nach so viel Input tut ein Kaffee im Café Eisenmann im Nationalparkhaus gut. Drumherum liegt noch das Pflanzen- und Gesteinsfreigelände.

44 m

So weit oben führt uns der hölzerne Weg des 1300 m langen Baumwipfelpfades durch die Baumkronen des Walds zum Aussichts-Baumturm „Ei". Von der Spitze blicken wir zu den Gipfeln im Nationalpark.

< links / In der Ausstellung des Waldgeschichtlichen Museums
^ oben / Der Lokschuppen im Feldbahnmuseum Riedlhütte

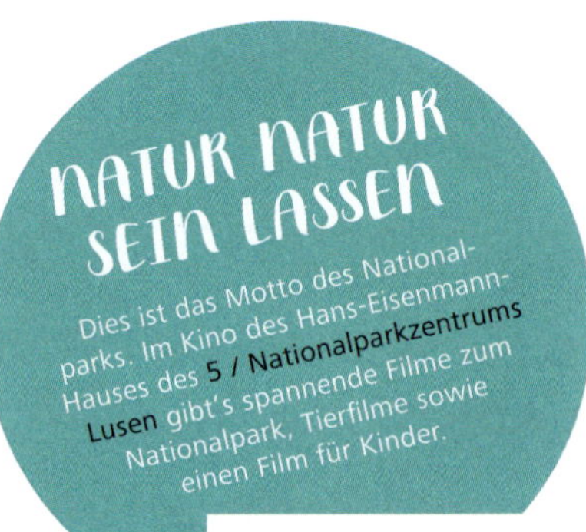

Zu den Waidlers

Genug gelaufen. Wir steigen aufs Rad und rollen durch Neuschönau. An der Genossenschaftsbank halten wir uns geradeaus zur Forstwaldstraße. Zum Waldrand hin geht's abwärts zur Schönauer Mühle an der Kleinen Ohe. Gleich hinter der Brücke verlassen wir die Straße nach links auf den Waldweg nach Haslach. Vor uns breitet sich das Gelände des Golfclubs am Nationalpark aus, mit Pats und Grüns für 18 Löcher. Rechts radeln wir zur Durchfahrtsstraße und queren sie nach schrägrechts zum Sträßchen hinauf nach Stöffelau und St. Oswald. An der großen Kreuzung mitten im Ort können wir noch einen Abstecher zum 6 / Waldgeschichtlichen Museum machen. Liegt in der Klosterallee. Dazu kurz links in den Goldenen Steig abbiegen und gleich rechts in die Klosterallee einfahren. Im Museum wird die Beziehung des „Waidlers" zu seinem „Woid", von Mensch zu Wald, unter die Lupe genommen.

AUSFLUG MIT DER EISENBAHN

Nostalgie

An der großen Kreuzung radeln wir nun geradeaus nach Höhenbrunn und biegen gleich am Ortsanfang links in die Leiten ab. An der Einmündung geht's links und dann halbrechts zwischen Bäumen aufwärts nach Reichenberg. Hinterm Dorfanger mit der schönen Dorfkapelle biegen wir rechts in die Bergstraße ein nach Riedlhütte. Vor der Ohe-Brücke entdecken wir das 7 / Feldbahn-Museum. Auf einem 600-mm-Gleis ziehen Diesellokomotiven Besucherzüge über die 1 km lange Strecke. Wagen und Lokomotiven stammen aus Salz-, Berg-, Torf- und Kraftwerken (Tel. 0151 25890652, Bergstraße, 94566 Riedlhütte). Für Kinder ein echter Spaß. Nach der Brücke wenden wir uns nach links und radeln Richtung Spiegelau. Die Geheimrat-Frank-Straße führt uns zu unserem Ausgangspunkt dem 1 / Parkplatz Trossel an der Nationalparkstraße zurück. Übrigens, der Nationalpark bietet spannende Exkursionen in die wilde Natur – ob zu Fuß, mit dem Rad oder auf Schneeschuhen – an.

600 MM

Das ist die Spurweite der Feldbahn am 7 / Feldbahn-Museum. Am Bahnhof Riedlhütte neben der Ohebrücke steht der Lokschuppen mit den alten Werksbahnen und Feldbahnwagen. Dieselgetrieben tuckern wir über die Wiesen an der Ohe.

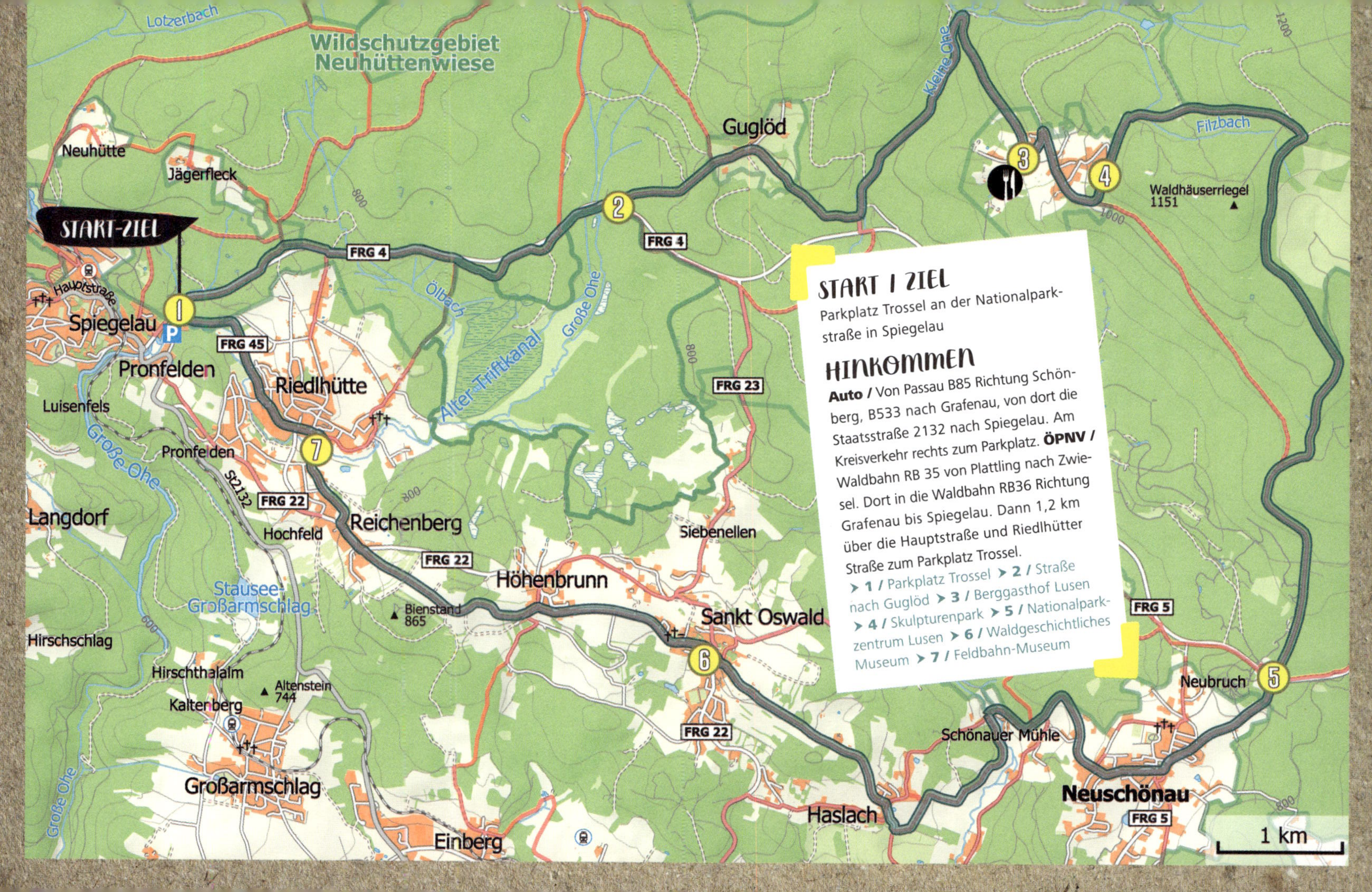

START / ZIEL

Parkplatz Trossel an der Nationalparkstraße in Spiegelau

HINKOMMEN

Auto / Von Passau B85 Richtung Schönberg, B533 nach Grafenau, von dort die Staatsstraße 2132 nach Spiegelau. Am Kreisverkehr rechts zum Parkplatz. **ÖPNV /** Waldbahn RB 35 von Plattling nach Zwiesel. Dort in die Waldbahn RB36 Richtung Grafenau bis Spiegelau. Dann 1,2 km über die Hauptstraße und Riedlhütter Straße zum Parkplatz Trossel.

➤ **1** / Parkplatz Trossel ➤ **2** / Straße nach Guglöd ➤ **3** / Berggasthof Lusen ➤ **4** / Skulpturenpark ➤ **5** / Nationalparkzentrum Lusen ➤ **6** / Waldgeschichtliches Museum ➤ **7** / Feldbahn-Museum

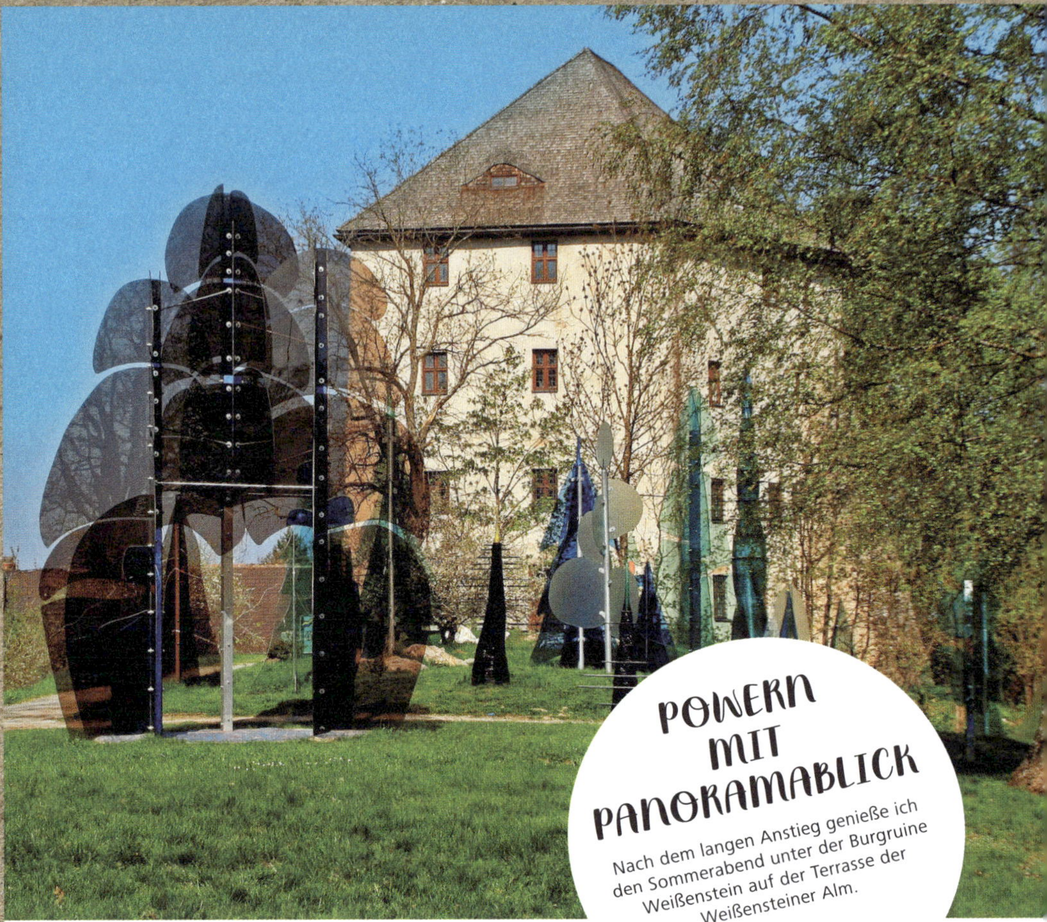

POWERN MIT PANORAMABLICK

Nach dem langen Anstieg genieße ich den Sommerabend unter der Burgruine Weißenstein auf der Terrasse der Weißensteiner Alm.

➤ **1 /** Am Bahnhof Regen startet unser Feierabend-Ride

➤ **2 /** Ein Blumenmeer erwartet uns bei der Woidroserl

➤ **3 /** Berühmte Künstler schufen die schönste Barockkirche im Bayerwald

➤ **4 /** Idyllisch zwischen Wiesen, Feldern und Wald liegt Voggenried

➤ **5 /** Entspannen mit kulinarischem Genuss an der Weißensteiner Alm

➤ **6 /** Bereits von Regen aus sehen wir die Burgruine Weißenstein

➤ **7 /** Viel Spaß haben wir in der Burgglashütte

➤ **8 /** Unsere Genusstour führt durch die Altstadt von Regen

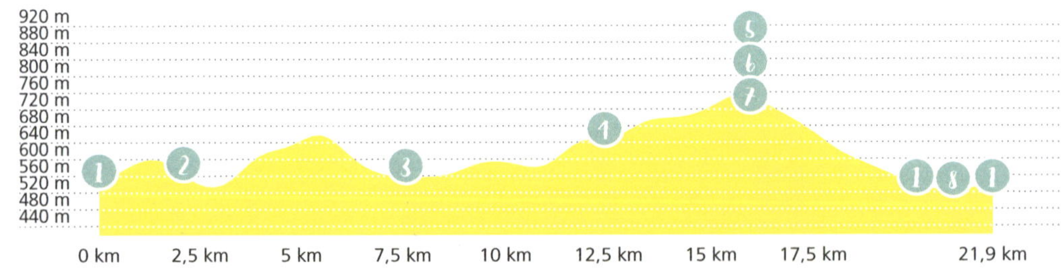

Hexenfelsen

Von Regen zur schönsten Barockkirche des Bayerischen Walds

Von Regen führt uns die aussichtsreiche Tour bergauf und bergab nach Rinchnach zur schönsten Barockkirche im Bayerwald. Dann erhebt sich vor uns der Pfahl, ein lang gestreckter Höhenzug. Auf seinem Rücken, unterhalb seiner Quarzfelsen, erreichen wir die berühmte Burgruine Weißenstein und kehren erstmal ein. Hier beginnt der Endspurt hinab nach Regen.

22 Kilometer
470 Höhenmeter
470 Höhenmeter
1:30 Stunden
Rundtour

Charakter

Sportlich ●●●○○
Abkühlung ●●○○○
Schlemmen ●●●●○
Panorama ●●●●○

Im Garten der Woidroserl

Regen, die Perle am Fluss, wie sich die Stadt gerne nennt, ist der Startpunkt unserer Rundtour. Wir treffen uns auf dem Parkplatz am 1 / Bahnhof Regen. Hier beenden wir auch die Tour. Los geht's vor zur Rinchnacher Straße. Rechts unterqueren wir die Brücke der Waldbahn und biegen gleich links in den Riedhamer Weg ein. Schon geht's bergan durch die Siedlung unterhalb des Riedberges zur Pfistermühle. Hier machen wir

Toureninfo / Von Regen radeln wir auf Asphaltsträßchen im ständigen Auf und Ab nach Rinchnach. Dann geht's aufwärts auf überwiegend unbefestigten Waldwegen zur Burgruine Weißenstein und von dort abwärts nach Regen. Die Tour erfordert schon ein wenig Kondition. E-Bike-Ladestationen: Regen, Tourist-Information Regen, Schulgasse 2, Nähe Stadtplatz

< links / Gläserner Wald an der Burgruine Weißenstein

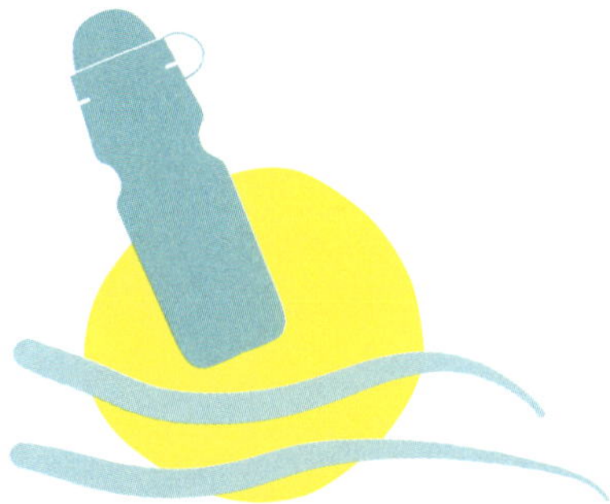

einen Abstecher zur 2 / Woidroserl, an der Straße 100 m links. Ein Schaugarten mit Hunderten von naturnahen Rosen, einer überwältigenden Vielfalt an Clematis und Blütenstauden. Hortensien, Hostas und Farne zieren die Schattenbereiche. Ein bunter Fleck mit Ideen für den eigenen Garten.

Rinchnachs berühmte Barock-Perle

Wir folgen dem Sträßchen, tangieren die Rinchnacher Ohe, radeln durch ein Wäldchen hinauf über Zapfendorf nach Hönigsgrub. Vor dem Dorf geht's im spitzen Winkel links nach Rinchnach, zur schönsten Barockkirche im Bayerischen Wald. Das Ortszentrum ist geprägt durch die über 1000-jährige Geschichte, über die auf dem historischen Rundweg rund um die atemberaubende 3 / Barockkirche St. Johannes der Täufer erzählt wird. Berühmte Asambilder, ein romanischer Taufstein, aufwändige Deckengemälde von Andreas Heindl, hochwertige Stuckarbeiten sowie der mittelalterliche Kreuzgang beeindrucken gewaltig. Falls wir die Tour am Wochenende fahren, kehren wir im Café Fledermaus ein (Tel. 09921 9707153, Fr 9–18 Uhr, Sa + So + feiertags 12–18 Uhr).

PICHELSTEINERFEST

Es zählt zu den ältesten Volksfesten in Niederbayern. Der traditionelle Pichelsteiner-Eintopf gab dem Fest mit Gondelfahrten, Wasserspielen und Fontänen seinen Namen.

Geheimnisvolle Naturschönheit

Wir verlassen die Altstadt über die Ohe-Brücke und radeln links durch die Söldener Straße bis zur Mühlbachstraße. Hier biegen wir ein und unterfahren die Bundesstraße. Aus dem Tal der Ohe erhebt sich nun vor uns der Pfahl, ein lang gestreckter Höhenzug. Er ist ein geologisches Urzeitrelikt und zieht sich durch den gesamten Bayerischen Wald. Um seine weißen Quarzfelsen, die eindrucksvoll die Erdoberfläche durchstoßen, ranken sich seit jeher Sagen und Legenden. Bei der Bevölkerung war er als „Hexenfelsen" gefürchtet.

➤ rechts oben / Orgelempore der Klosterkirche Rinchnach ➤ rechts Mitte / Bier- und Eiskeller in Regen

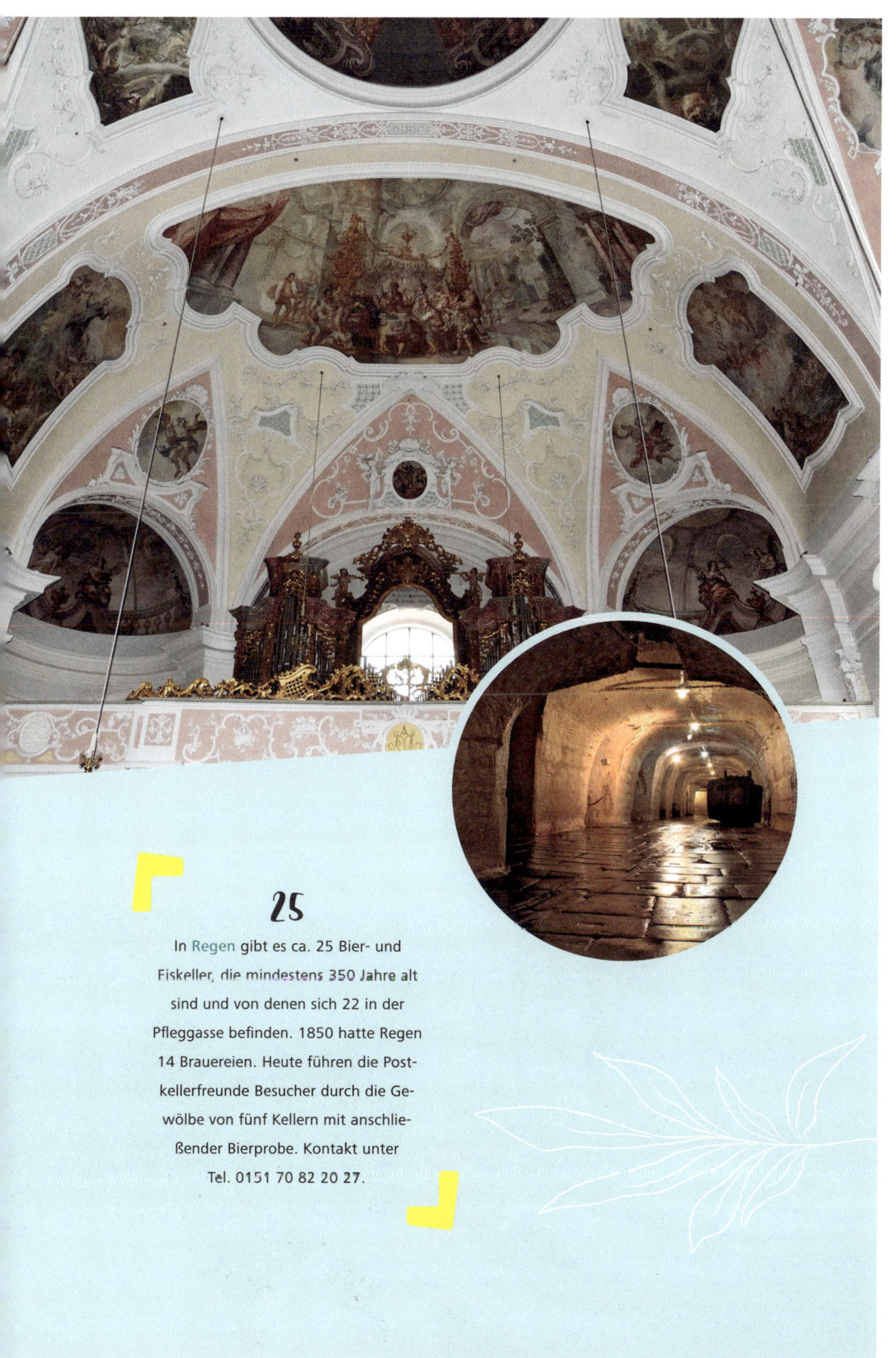

25

In Regen gibt es ca. 25 Bier- und Eiskeller, die mindestens 350 Jahre alt sind und von denen sich 22 in der Pfleggasse befinden. 1850 hatte Regen 14 Brauereien. Heute führen die Postkellerfreunde Besucher durch die Gewölbe von fünf Kellern mit anschließender Bierprobe. Kontakt unter Tel. 0151 70 82 20 27.

MALSCHULE

In der Galerie Kalina für zeitgenössische Kunst stehen die Türen für die große Welt der Kunst offen. Die kleine Malschule im Galerie-Atelier bietet Wochenend-Malseminare an.

In Weißenstein erhebt sich imposant die Burgruine Weißenstein aus dem säulenartigen Quarzgestein, 758 m hoch. Aber bis dahin müssen wir noch ein paar Kilometer bergauf radeln.

PANORAMA-BLICK INKLUSIVE

Den Felsen ganz nahe

Unser Weg führt auf dem Sträßchen bergauf, durchs Dorf Schönanger und danach durch Widdersdorf. Hinter letzterem schmiegt sich das Sträßchen kurz an einen Waldrand, wo links auch ein Hof liegt. Auf dem rechts abzweigenden Waldweg geht's nun stetig bergauf nach 4 / Voggenried. Liegt idyllisch zwischen Wiesen, Feldern und kleinen Waldinseln. Rechts, links geht's durch den Weiler und die Pneus surren wieder auf Asphalt in den Wald hinein. Immer noch führt der Weg bergauf zu einer Kreuzung mit Kapelle. Gegenüber geht's weiter durch den Wald, gut, dass er uns Schatten spendet, an die Staatsstraße. Wenige Radumdrehungen führen nach rechts, dann geht's schon links hinauf. Der Weg wird schmäler und führt bald links unterhalb der Quarzfelsen entlang durchs Naturschutzgebiet.

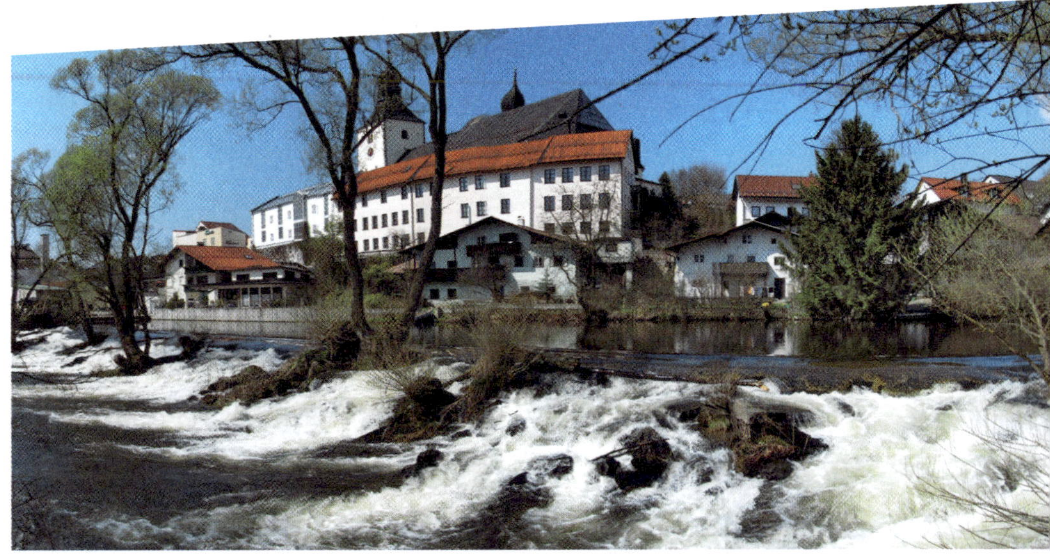

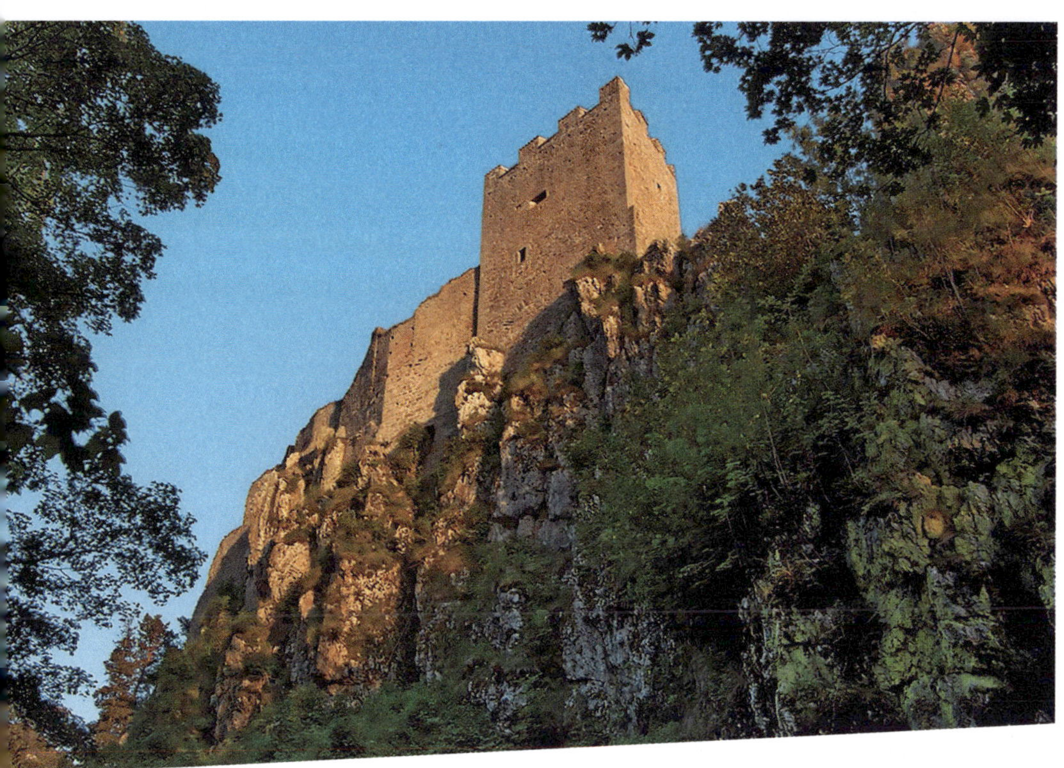

Burggeister

Endlich sind wir in Weißenstein und gleich zwei Einkehrmöglichkeiten tun sich uns auf. Die 5 / Weißensteiner Alm (Tel. 0992 19718768, Weißenstein 121, 94209 Regen) mit Holzschindeln verkleidet und super Ausblick. Genießen wir den milden Sommerabend auf der wunderschönen Sonnenterrasse mit Panoramablick zum Geisskopf und zur Breitenau, immer mittwochs bis sonntags. An der Hauptstraße unterhalb des Burgzugangs steht dann noch der Burggasthof Weißenstein (Tel. 09921 9602805, Weißenstein 32, 94209 Regen, Mi–So von 11–23 Uhr). Unser Rad „parken" wir nun auf dem Besucherparkplatz und erkunden Weißenstein zu Fuß.

Fressendes Haus

Kommen wir zu dem, was Weißenstein so einzigartig macht, die 6 / Burgruine Weißenstein auf dem Quarzfels. Zur Burg gehen wir am besten durch den Gläsernen Wald, ein einmaliges Kunstwerk mit farbigen, gläsernen Bäumen. Über die Burgbrücke er-

1727

Die einstige Klosterkirche „St. Johannes der Täufer" in Rinchnach ist die schönste 3 / Barockkirche des Bayerischen Walds, erbaut vom berühmten Baumeister Johann Michael Fischer. Es finden Führungen durch die Kirche, Brauereikeller, Oratorium und den mittelalterlichen Kreuzgang statt.

< links / Blick vom Regen zur Stadt Regen ^ oben / Burgruine Weißenstein

Galerie im Freien

Auf dem Skulpturenweg im Kurpark auf der Regeninsel erleben wir Fabelwesen, den Gläsernen Knoten, der im Sonnenlicht bunt schimmert, und einen Fischlehrpfad über heimische Fische.

Beim fressenden Haus

reichen wir das Fressende Haus. Der ehemalige Getreidespeicher war einst Wohnturm des Dichters Siegfried von Vegesack. Weil das Gebäude so viel Geld für den Unterhalt verschlang, nannte er es kurzerhand „Fressendes Haus". Heute ist der Dichterturm Museum der Stadt Regen mit wechselnden Ausstellungen. Reinschauen geht von Mai bis September von Do–So + Feiertagen von 10–16:30 Uhr. Zwischen Quarzfelsen und Burgmauern steigen wir die Treppe zum Fuße des Turms hinauf. Zuletzt besuchen wir Glasmeister Wittke in seiner kleinen 7 / Burgglashütte unterhalb der Burgbrücke. Zusammen erschaffen wir unsere eigene Glaskugel am Glasofen, macht toll Spaß.

KM 16

Die 7 / Burgglashütte in Weißenstein ist eine kleine Glasbläserei. Hergestellt werden Kugeln, Vasen, Schalen, Orchideenstäbe u.v.m. Glasbläser Michael Wittke zeigt uns gerne, wie er seine filigranen Dinge mit der Luft seiner Lunge formt.

Endspurt

Stolz steigen wir wieder aufs Rad und radeln nicht die Straße hinunter, sondern biegen hinterm Haus Nummer 87, rechts geht's zum Almwirt, links ein und rollen flott den Hang bergab. An der ersten Verzweigung halten wir uns links, danach rechts zur Bundesstraße. Kurz rechts, dann queren wir die B85 nach Poschetsried. Im Linksbogen geht's am Dorf vorbei zum Eissportzentrum Regen. Die Poschetsrieder Straße führt uns hinab an die Rinchnacher Straße in Regen. Der folgen wir nun rechts durch die Bahnunterführung, am Bahnhof entlang, wer möchte kann hier bereits die Tour beenden, zum Bahnhofsweg in die Altstadt.

Genusstour

Die Genusstour führt zur Traditionsbäckerei Schnierle an der Brücke zur 8 / Altstadt, danach zur Kunstgalerie Kalina Svetlinski, Am Platzl 1, unterhalb der Stadtpfarrkirche. Wir radeln danach zur Pralinen-Manufaktur „Confiserie Naschkasterl", auch gleich neben der Kirche, Stadtplatz 15. Herzhafter sind die Gerichte im Brauereigasthof Falter mit seinen gemütlichen Stuben und einem Biergarten, Am Sand 14, am Ufer des Schwarzen Regens. Nun geht's zurück an den 1 / Bahnhof Regen.

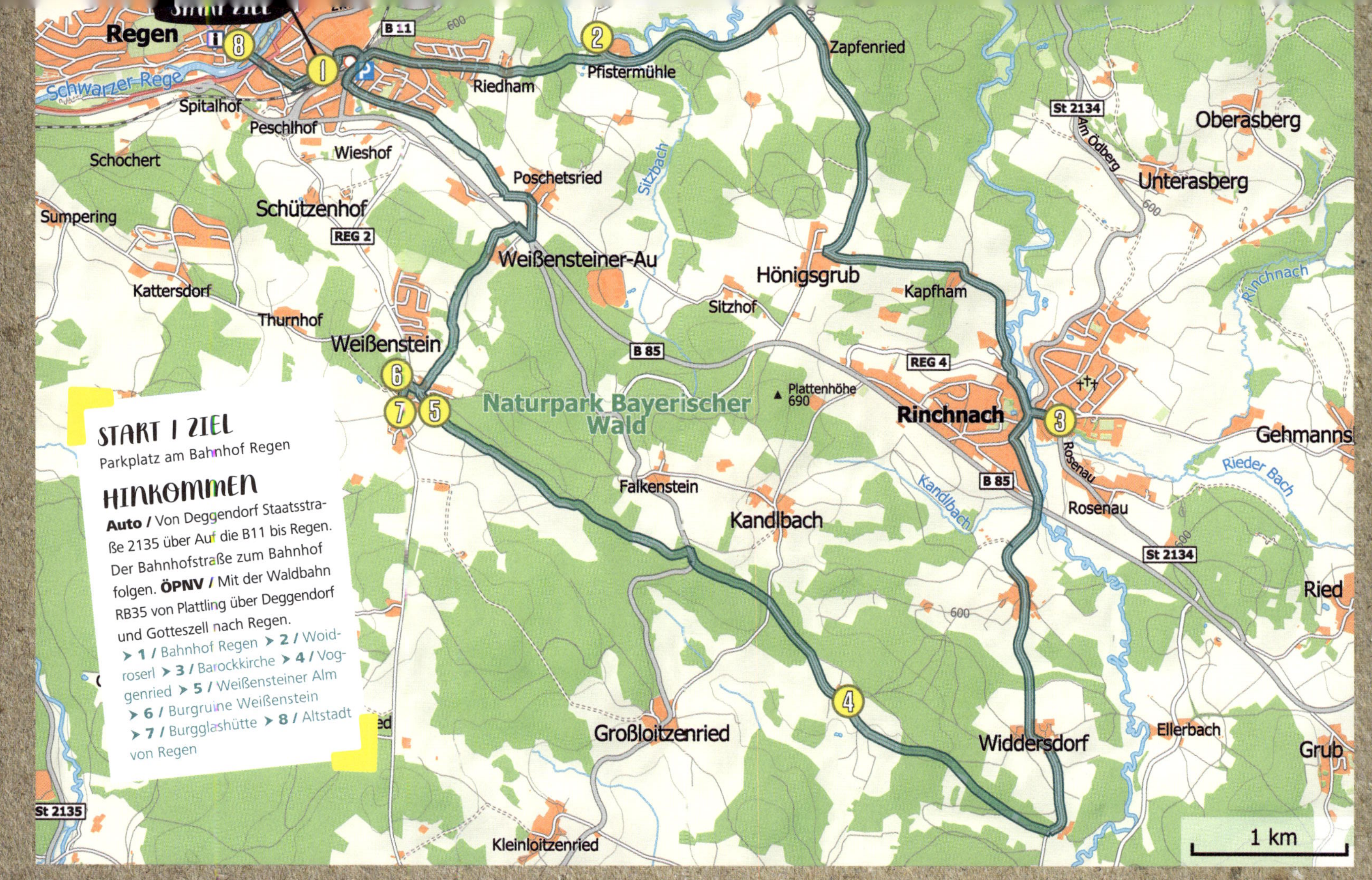

START I ZIEL

Parkplatz am Bahnhof Regen

HINKOMMEN

Auto / Von Deggendorf Staatsstraße 2135 über Auf die B11 bis Regen. Der Bahnhofstraße zum Bahnhof folgen. **ÖPNV /** Mit der Waldbahn RB35 von Plattling über Deggendorf und Gotteszell nach Regen.

➤ **1 /** Bahnhof Regen ➤ **2 /** Woidroserl ➤ **3 /** Barockkirche ➤ **4 /** Voggenried ➤ **5 /** Weißensteiner Alm ➤ **6 /** Burgruine Weißenstein ➤ **7 /** Burgglashütte ➤ **8 /** Altstadt von Regen

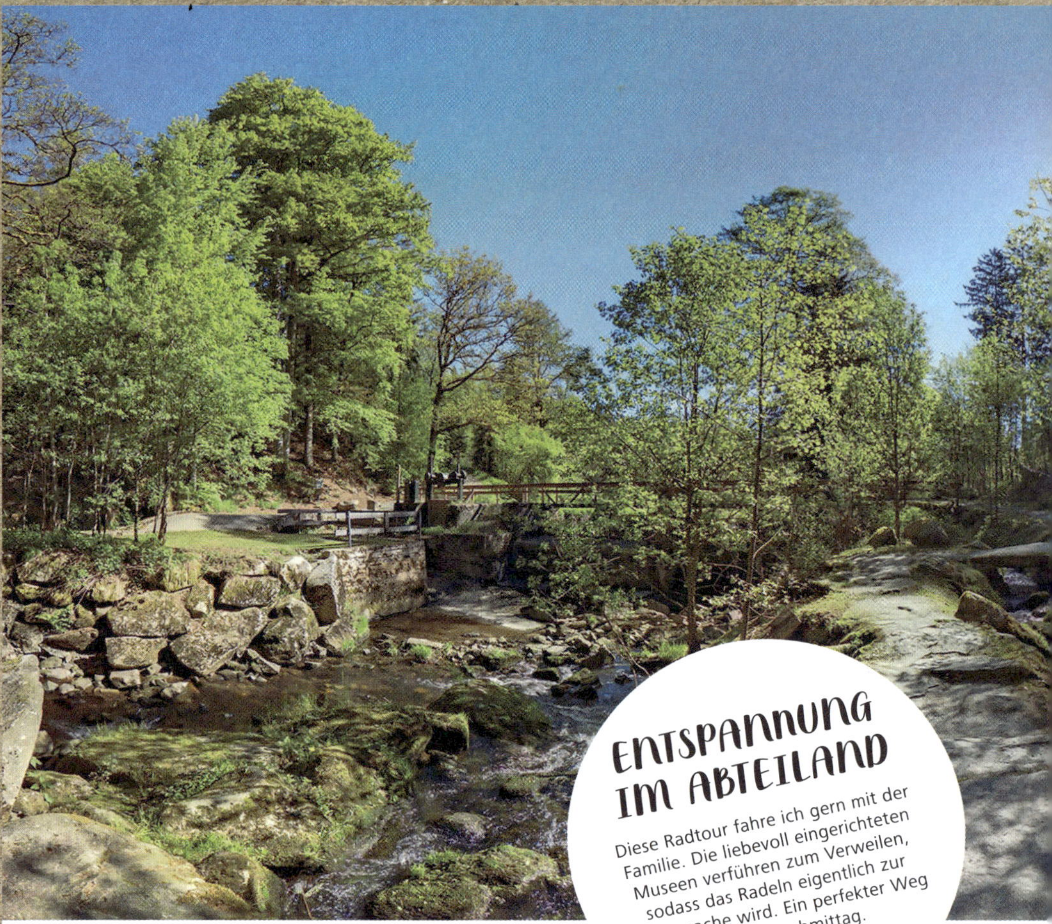

ENTSPANNUNG IM ABTEILAND

Diese Radtour fahre ich gern mit der Familie. Die liebevoll eingerichteten Museen verführen zum Verweilen, sodass das Radeln eigentlich zur Nebensache wird. Ein perfekter Weg für den Nachmittag.

➤ **1 /** Am Bahnhof Waldkirchen steigen wir aufs Rad

➤ **2 /** An die 100 Veteranen finden wir im Motorradmuseum Rosenberger

➤ **3 /** Der Wollaberg ist der Gipfel unserer Tour

➤ **4 /** Überwältigend ist die riesige Kaffeekannensammlung im Kaffeekannenmuseum

➤ **5 /** Wir rasten am Erlauzwieseler Stausee

➤ **6 /** Das Museum Goldener Steig erzählt uns Geschichten zum „Weißen Gold“

➤ **7 /** Am Marktplatz in Waldkirchen finden wir einen schönen Abschluss

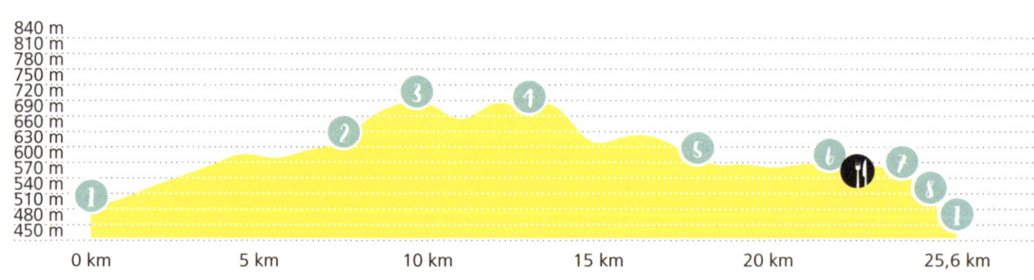

Motorrad und Kaffeekanne

Fahrspaß für Groß und Klein vom Adalbert-Stifter-Radweg zur Saußbachklamm

Unsere Radtour beginnt eher verhalten auf der ehemaligen Bahntrasse, die Richtung Haidmühle führte. Wir verlassen sie bei Jandelsbrunn und statten dem Motorradmuseum einen Besuch ab, bevor es auf den Wollaberg steil hinauf geht. Entschädigt werden wir mit einem phänomenalen Panoramablick. Wir radeln zum Kaffeekannenmuseum. Am Erlauzwieseler Stausee biegen wir zur wildromantischen Saußbachklamm ab und kehren in Waldkirchen am Marktplatz ein.

26 Kilometer
385 Höhenmeter
385 Höhenmeter
1:45 Stunden
Rundtour

Tour, die du so nie gemacht hättest

Ins Abteiland

Wer kennt das Abteiland? Ich habe das Gebiet östlich der Ilz und nördlich der Donau unter diesem Namen nicht auf dem Schirm gehabt. Es gehörte ehemals dem Kloster Niedernburg in Passau. Ein Grund, es mal mit dem Rad zu durchstreifen. Wir sind also in Waldkirchen am Bahnhof angekommen. Eventuell

Charakter

Sportlich ●●○○○
Abkühlung ●●●○○
Schlemmen ●●○○○
Panorama ●●●○○

Toureninfo / Auf asphaltierten Wegen und Sträßchen geht's erst auf der Bahntrasse leicht bergauf, dann Richtung Wollaberg. Durch eine hügelige Landschaft erreichen wir den Saußbach und fahren teils auf unbefestigten Wegen zurück nach Waldkirchen. E-Bike-Ladestationen: Tourismusbüro Waldkirchen, Marktplatz 17; Alte Hausbrennerei Penninger, Waldkirchen, Saßbach 2; Radl Egger, Normannstraße 2, Waldkirchen

◂ links / Am romantischen Saußbach bei Waldkirchen

TOUR, DIE DU SO NIE GEMACHT HÄTTEST

mit der Ilztalbahn, die sich von Passau durch das Ilztal heraufschlängelt. Einst führte die Strecke weiter über Haidmühle nach Tschechien. Der Eiserne Vorhang führte zum Abbau der Strecke.

Adalbert-Stifter-Radweg

Aus der Bahntrasse wurde ein super Radweg, auf dem der Adalbert-Stifter-Radweg nach Haidmühle ausgeschildert ist. Ein Stückweit folgen wir ihm. Bevor ich es vergesse zu erwähnen, wir kommen hierher zurück. Los geht's nun am 1 / Bahnhof Waldkirchen über die Bahnhofstraße, geradeaus unter der Straßenbrücke hindurch, leicht bergan auf dem Adalbert-Stifter-Radweg. Weite Bögen führen uns fern vom Verkehr Richtung Jandelsbrunn. Bei Reichermühle radeln wir ein kurzes Stück parallel zur Staatsstraße und dann in einem langen Linksbogen zu einem Wäldchen. Hier stoßen wir auf ein Sträßchen und verlassen den Adalbert-Stifter-Radweg nach rechts.

VETERANEN

Adler, DKW, Hercules, Horex, Kreidler, NSU, Victoria und Zündapp sehen wir aufgereiht im 2 / Motorradmuseum Rosenberger. Frau Rosenberger fährt noch mit der Zündapp über die Dörfer.

Motorradnostalgie

An der Straßenüberführung biegen wir links ab und kommen zum 2 / Motorradmuseum Rosenberger in Linden. Ein Muss für Motorradfans. Für eine Führung sollten wir uns vorher telefonisch anmelden (Tel. 08581 4694, Linden 1, 94118 Jandelsbrunn). Dann können wir auch 100 Veteranen besichtigen, von denen sage und schreibe 99 in fahrtüchtigem Zustand sind. Frau Rosenberger weiß auch so manche Anekdote zu erzählen. Wir radeln zurück an die Straßenüberführung und biegen nach Wollaberg ab. Zunächst aber fahren wir geradewegs durch Hinterwollaberg.

165 Stiegen

Vor uns erhebt sich der 80 m hohe 3 / Wollaberg mit einem Kirchlein obendrauf. Dorthin wollen wir. Rechts zur Kapelle radeln wir

---

➤ rechts oben / Im Motorradmuseum Rosenberger ➤ rechts Mitte / Turm der Wallfahrtskirche Wollaberg

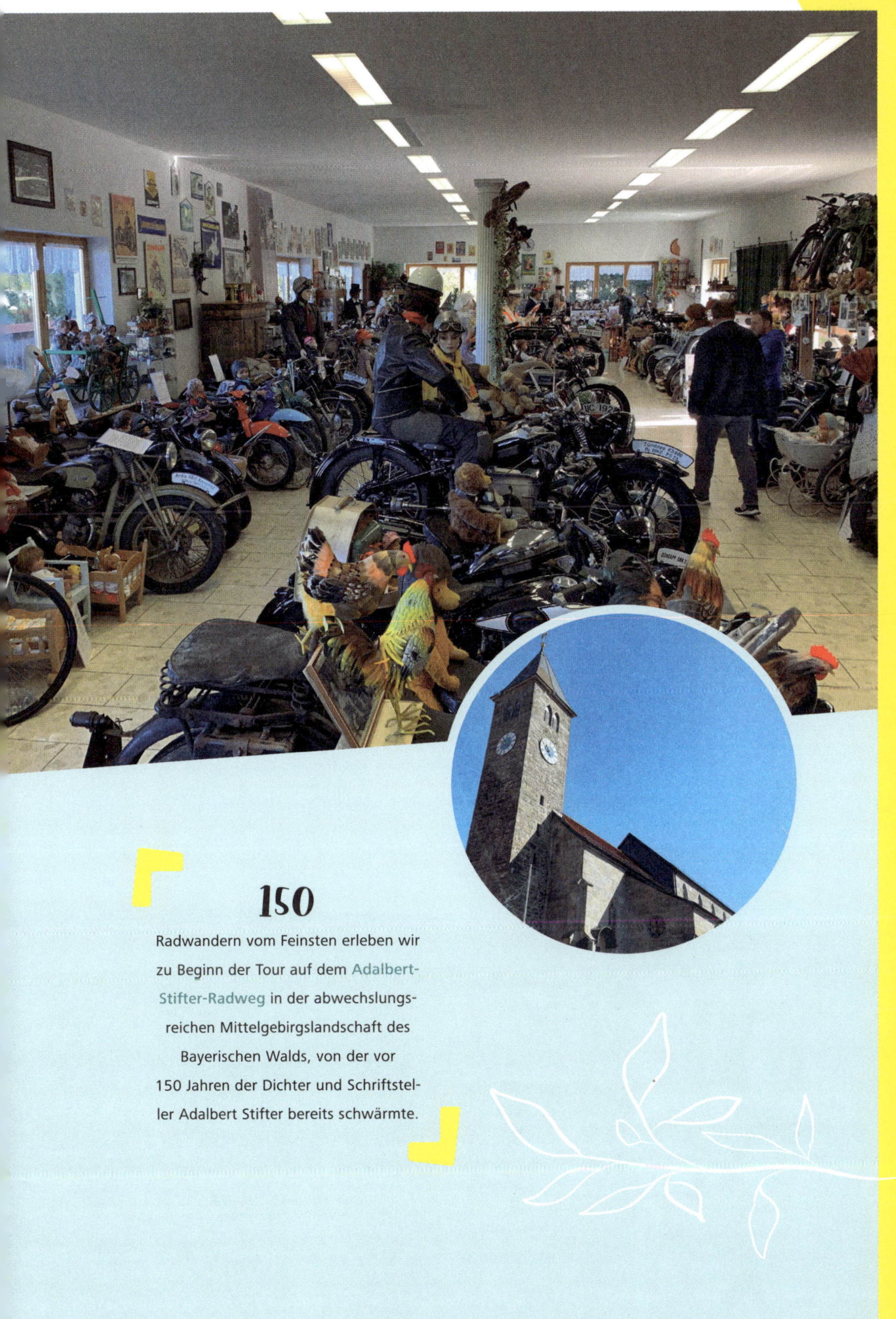

150

Radwandern vom Feinsten erleben wir zu Beginn der Tour auf dem Adalbert-Stifter-Radweg in der abwechslungsreichen Mittelgebirgslandschaft des Bayerischen Walds, von der vor 150 Jahren der Dichter und Schriftsteller Adalbert Stifter bereits schwärmte.

WALLFAHRTEN

Wie ein Kegel erhebt sich der 3 / Wollaberg und obendrauf die Wallfahrtskirche. Zu den Stiegenwallfahrten pilgern Wallfahrer 165 Stiegen unterm Geläut der Ägidius-Glocke hinauf.

um den Hügel und kommen in das Dorf Wollaberg. An der Bergstraße biegen wir links ein und erreichen die Wallfahrtskirche mit ihrem schlanken Turm. Hier oben sind wir dem Himmel näher und der Ausblick ist phänomenal. An jedem 13. des Monats finden von Mai bis Oktober die Stiegenwallfahrten statt. Man versammelt sich beim alten Pfarrhof mitten im Ortskern und wallfahrtet dann über 165 Stiegen zur Wallfahrtskirche. Wir rollen bergab und wenden uns an der Straßenkreuzung nach links. An der Kreisstraße geht's geradeaus nach Aßberg. Hinterm Dorf biegen wir rechts nach Gsteinet ab und gleich danach wieder rechts Richtung Rosenberg.

TOUR, DIE DU SO NIE GEMACHT HÄTTEST

Ein Haus voller Kaffeekannen

Gleich nach dem Abzweig liegt am Weg nach Steinberg das Deutsche 4 / Kaffeekannenmuseum von Josef Freund. Schon die Hausfassade ist beeindruckend und mit hunderten Kaffeekannen verziert. Einzigartig aber ist die Sammlung von über 4000 Exponaten aus allen Epochen und Stilrichtungen. So weit das Auge reicht, sind Kaffeekannen und Zubehör liebevoll und

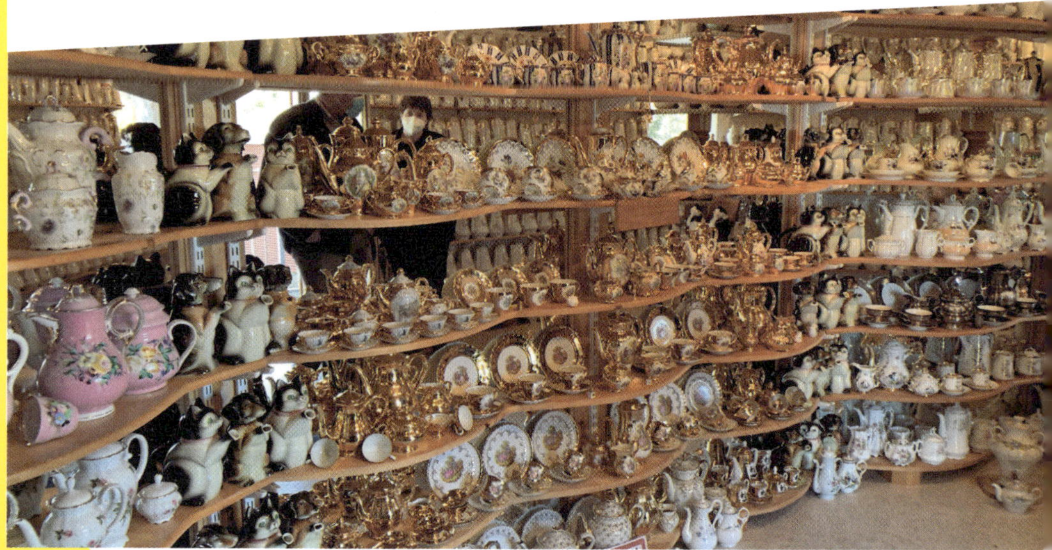

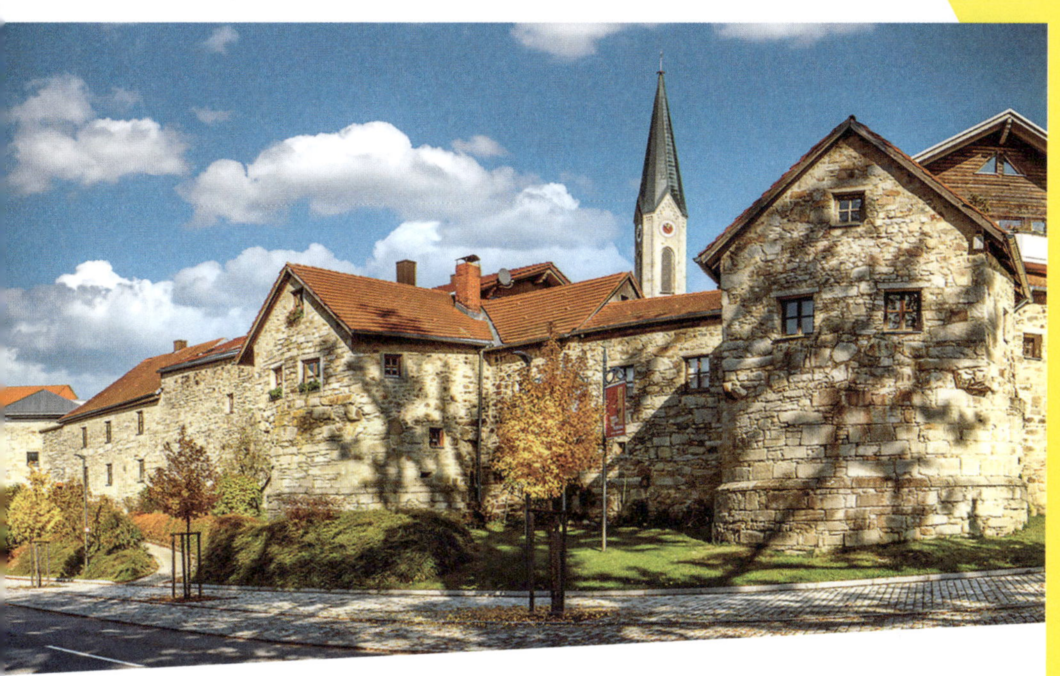

fein säuberlich zu einem Gesamtkunstwerk zusammengestellt. Auch hier sollten wir uns vorher für eine Besichtigung anmelden (Tel. 08583 501, Rosenberg 25, 94118 Jandelsbrunn). Auf geht's zum Weiler Rosenberg und gleich am ersten Hof rechts einbiegen. Sofort links und wieder rechts geht's über Wiesen und Felder nach Grundmühle. An der Straßeneinmündung fahren wir rechts durch das lang gezogene Dorf Grund zum Ferienpark Jägerwiesen.

Wildbach-Romantik

Am Parkplatz beim 5 / Erlauzwieseler Stausee halten wir und lassen unseren Blick über den idyllischen See schweifen. Gegenüber liegt der Kurpark von Waldkirchen mit der Seebühne am Ufer. Im „Restaurant am See" machen wir mal Rast. Unser Weg führt nun am Ufer des Stausees entlang zur Forellenzucht am anderen Ende des Sees. Wir umfahren die Forellenzucht nach links und radeln sofort rechts zum Saußbach hinab. Wir unterfahren eine Straßenbrücke und schlängeln uns wie der Wildbach selber um den Karoliberg herum zum Sträßchen beim Fischerhäusl. Oben auf dem Karoliberg liegt das Freizeitparadies der Waldkirchner mit Freibad, Hallenbad und Eissporthalle.

1939

Die wildromantische Bachlandschaft der Saußbachklamm wurde 1939 zum Naturschutzgebiet. Je nach Jahreszeit erleben wir sie lieblich und romantisch oder aber wild und rebellisch. Wir kehren in der 6 / Halleralm am Wildbach ein.

< links / Die Sammlung von Kaffeekannen im Museum von Josef Freund
^ oben / Die Stadtmauer von Waldkirchen am Goldsteig-Museum

GOLDENER STEIG

Das 7 / **Museum Goldener Steig** finden wir in einem Wehrturm der mittelalterlichen Ringmauer. Drinnen erleben wir die Geschichte des Handels mit dem „Weißen Gold".

Die Halleralm am tosenden Bach

Rechter Hand erreichen wir einen Parkplatz, von dem ein Wanderweg zur wildromantischen Saußbachklamm hinabführt, zu einem der schönsten Naturgebiete des Bayerischen Walds. Wir radeln ein Stück geradeaus und biegen dann links ein. Oberhalb der Klamm und der Saußbachleite erreichen wir bald Waldkirchen. Auf halbem Weg führt ein kurzer Fußweg von rund 100 m hinab zur 6 / Halleralm in der Saußbachklamm. Ist eine kleine putzige Hütte mit Tischen und Bänken am tosenden Bach. Hier gibt's kleine Gerichte und ein kühles Bier. Hat aber nicht immer geöffnet. Wir schieben unser Rad wieder nach oben und fahren nach Waldkirchen hinein.

KM 24

Ein tolles Erlebnis ist die Stadttour durch Waldkirchen. Eine App führt uns vom mit bunten Giebelhäusern gerahmten Marktplatz zu 15 Video- und Audiostationen, an denen wir verwegene Draufgänger, altes Säumervolk und die hohe Geistlichkeit treffen.

Goldsteig

Graben heißt die Ortsstraße, auf der wir zur Altstadt radeln. Gleich links an der Ringmauerstraße sehen wir das 7 / Museum Goldener Steig (Tel. 08581 19433, Büchl 22, 94065 Waldkirchen, geöffnet von Mai–Oktober Fr, Sa, So von 14–18 Uhr). Eingebettet in die imposante Stadtmauer erwartet uns dort die Geschichte zum Salzhandel zwischen Bayern und Böhmen. Der Weg des „Weißen Goldes" führte auf dem verkehrsreichsten mittelalterlichen Saumhandelsweg Süddeutschlands von Böhmen durch Waldkirchen nach Passau an der Donau. Früher trugen Saumpferde die Salzsäcke, heute tragen Wanderer ihren Rucksack auf dem Goldsteig-Fernwanderweg durch den Böhmerwald und Bayerischen Wald.

TOUR, DIE DU SO NIE GEMACHT HÄTTEST

Altstadt

Wir aber radeln in die Altstadt an der Pfarrkirche St. Petrus und Paulus vorbei zum 8 / Marktplatz. Zwischen herausgeputzten Giebelhäusern wählen wir zwischen Café und Restaurant, setzen uns und sehen den Menschen beim Flanieren zu. Es ist nicht mehr weit zum Bahnhof. Vom Marktplatz radeln wir zur Bahnhofstraße und folgen ihr rechts über die Straßenbrücke zum Ziel, dem 1 / Bahnhof Waldkirchen.

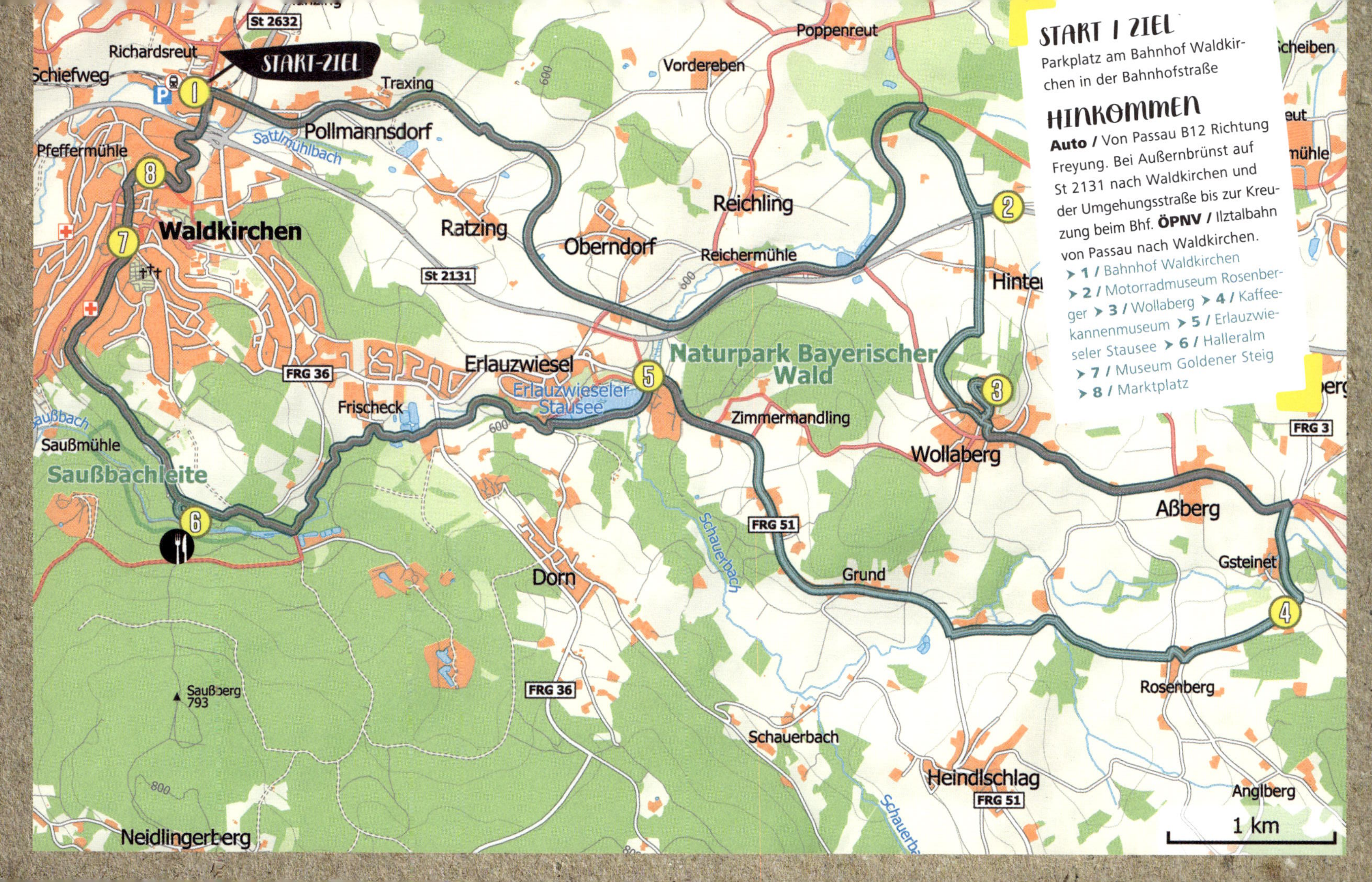

START / ZIEL

Parkplatz am Bahnhof Waldkirchen in der Bahnhofstraße

HINKOMMEN

Auto / Von Passau B12 Richtung Freyung. Bei Außernbrünst auf St 2131 nach Waldkirchen und der Umgehungsstraße bis zur Kreuzung beim Bhf. **ÖPNV /** Ilztalbahn von Passau nach Waldkirchen.

➤ **1 /** Bahnhof Waldkirchen ➤ **2 /** Motorradmuseum Rosenberger ➤ **3 /** Wollaberg ➤ **4 /** Kaffeekannenmuseum ➤ **5 /** Erlauzwieseler Stausee ➤ **6 /** Halleralm ➤ **7 /** Museum Goldener Steig ➤ **8 /** Marktplatz

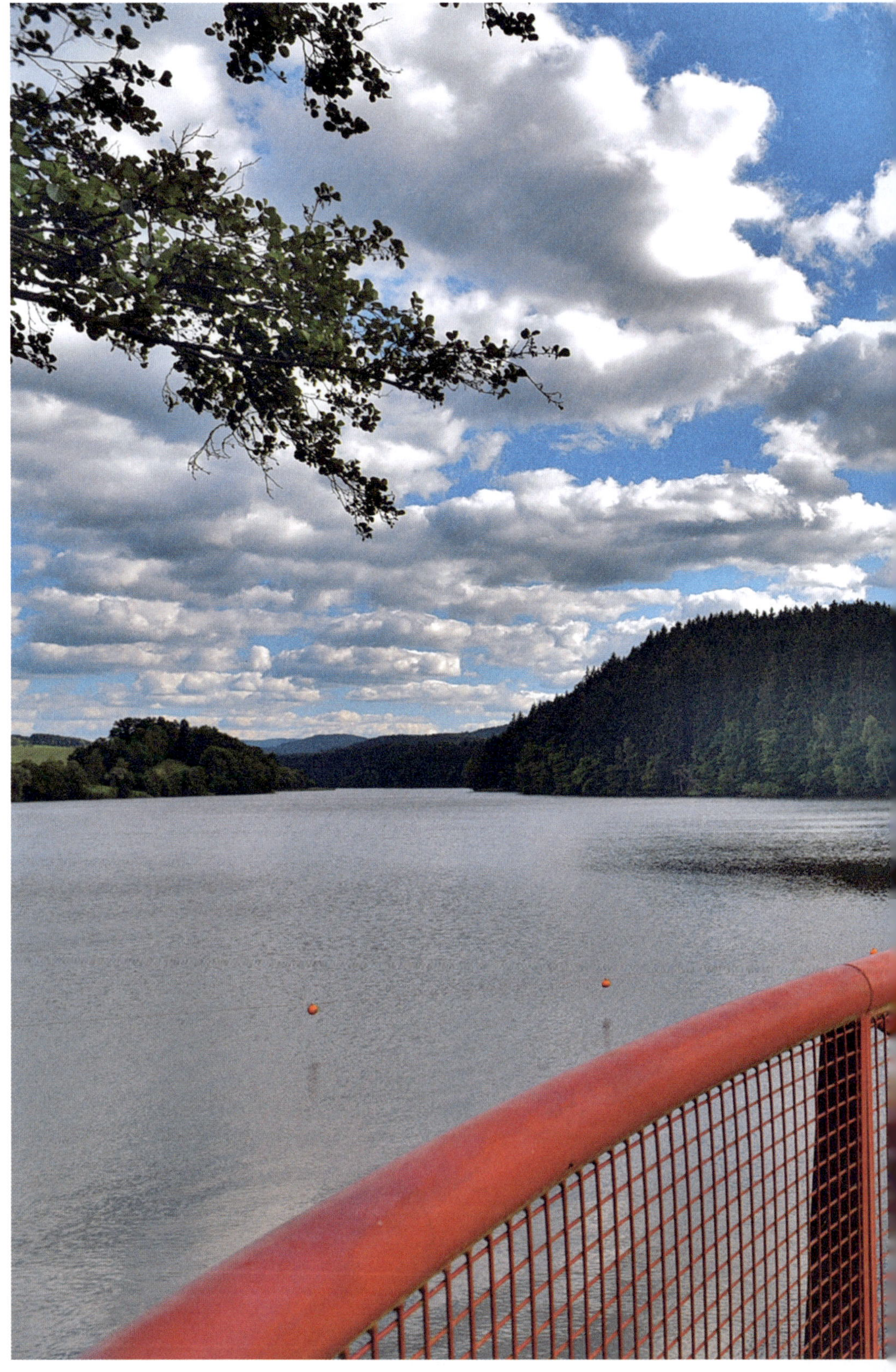

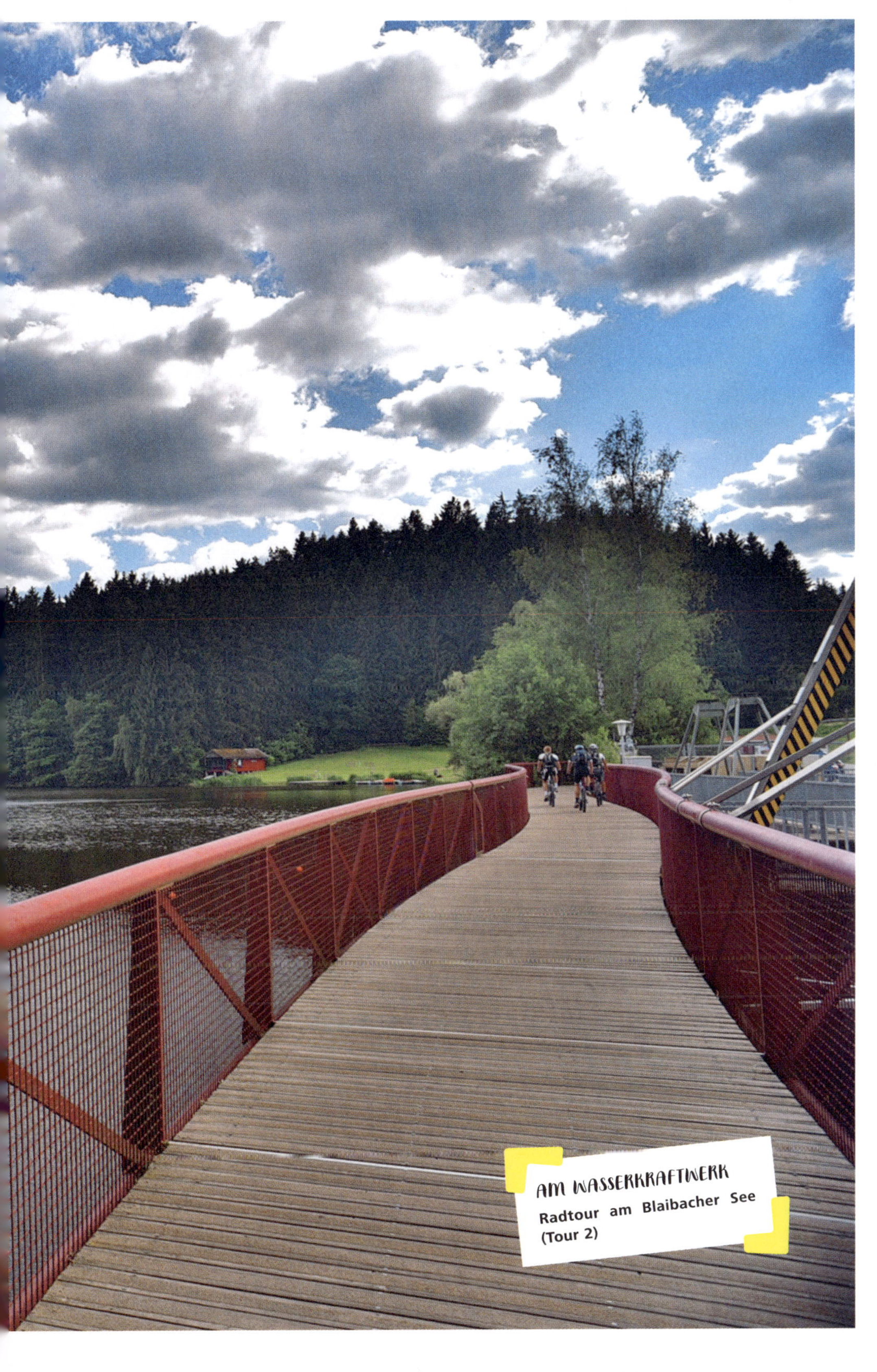

AM WASSERKRAFTWERK

Radtour am Blaibacher See (Tour 2)

MEHR ERFAHREN

SPANNENDE TAGESTOUREN, DIE JEDER SCHAFFT

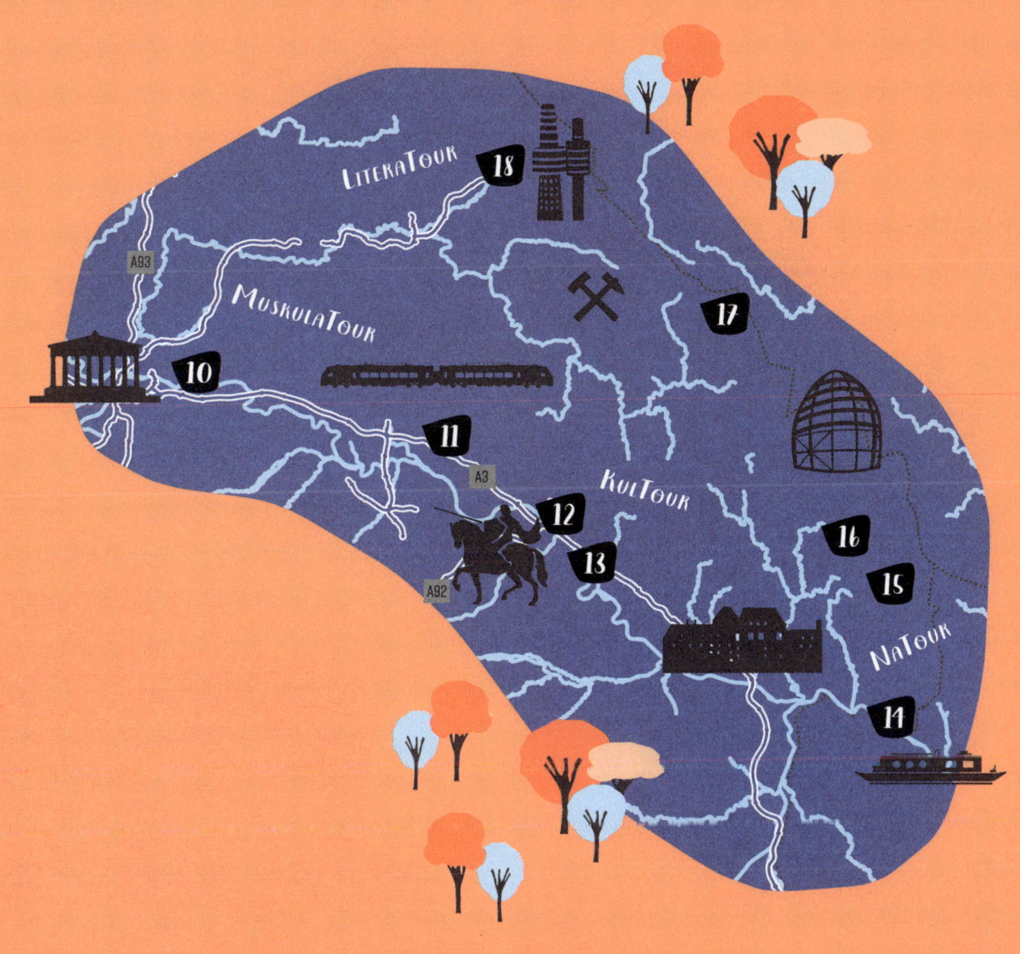

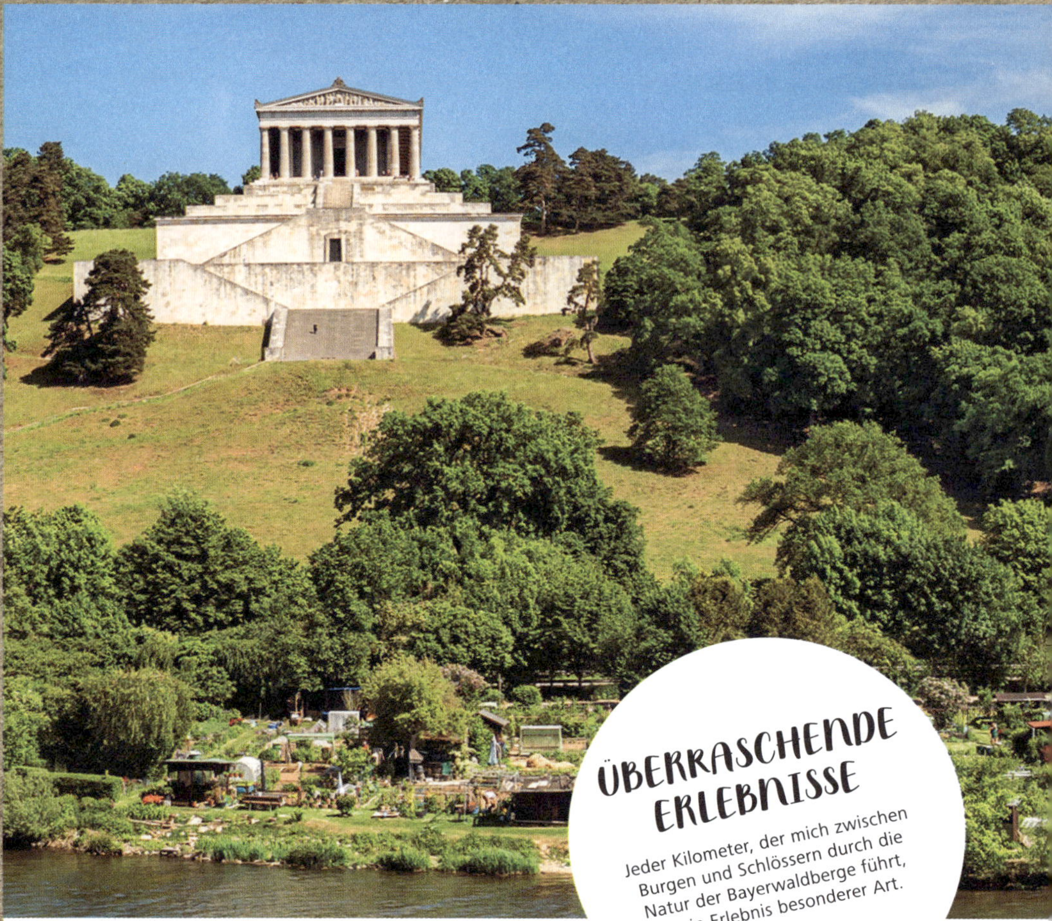

Überraschende Erlebnisse

Jeder Kilometer, der mich zwischen Burgen und Schlössern durch die Natur der Bayerwaldberge führt, ist ein Erlebnis besonderer Art.

➤ **1 /** Am Parkplatz beim Festplatz satteln wir auf und starten zur Tour

➤ **2 /** Gleich zu Beginn geht's zur Ruine Burg Donaustauf

➤ **3 /** Im Inneren der Walhalla sehen wir Büsten bedeutender Deutscher

➤ **4 /** Vom Gasthaus Hammermühle sind es 300 m zum Jagdschloss

➤ **5 /** Mitten im Otterbachtal stoßen wir auf den „Koreawirt"

➤ **6 /** In Schillertswiesen wechseln wir auf die Bahntrasse

➤ **7 /** Der Gasthof Zur Post war Poststation des Fürstenhauses Thurn und Taxis

➤ **8 /** In der Burg Falkenstein erleben wir Theaterabende

➤ **9 /** Wilde Natur sehen wir am Höllbach

➤ **10 /** Am Nepal Himalaya Pavillon sind wir dem Dach der Welt gefühlt ganz nah

➤ **11 /** Am Schloss Wiesent setzen wir uns ins Café

➤ **12 /** In Bach probieren wir vom Landwein

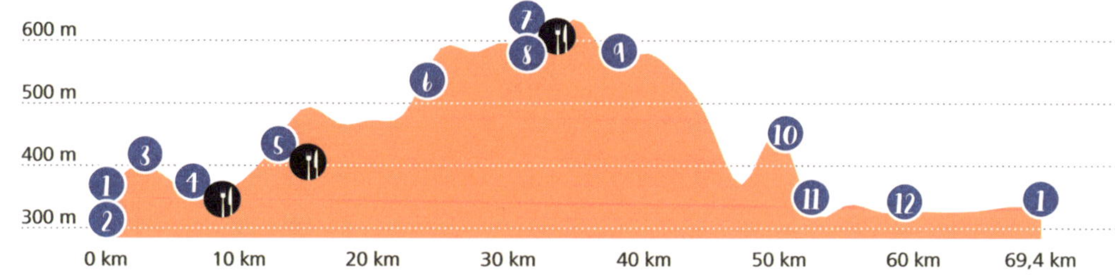

HELDENTEMPEL

Bayerische Akropolis, Burgen und Schlösser: Zwischen Donaustauf und Falkenstein

In Donaustauf genießen wir den Blick von der Walhalla über den Gäuboden, radeln anschließend durch das Tal des Otterbaches und machen beim Koreawirt Rast. Auf ruhigen Kreisstraßen erreichen wir Schillertswiesen und rollen auf einer Bahntrasse zur Burg Falkenstein. Retour geht's ins Wiesenttal und hinauf zum Nepal-Himalaya-Pavillon, hinab zur Donau und an ihr entlang zurück nach Donaustauf.

69 Kilometer
1165 Höhenmeter
1165 Höhenmeter
4:45 Stunden
Rundtour

CHARAKTER
Sportlich ●●●●○
Abkühlung ●●○○○
Schlemmen ●●●○○
Panorama ●●●●○

Burgenblick

Wir starten zu unserer Tour auf dem 1 / Parkplatz beim Festplatz in Donaustauf. Hoch über uns sehen wir die Mauerreste der Burg Donaustauf. Sie werden wir am Ende der Radrundtour

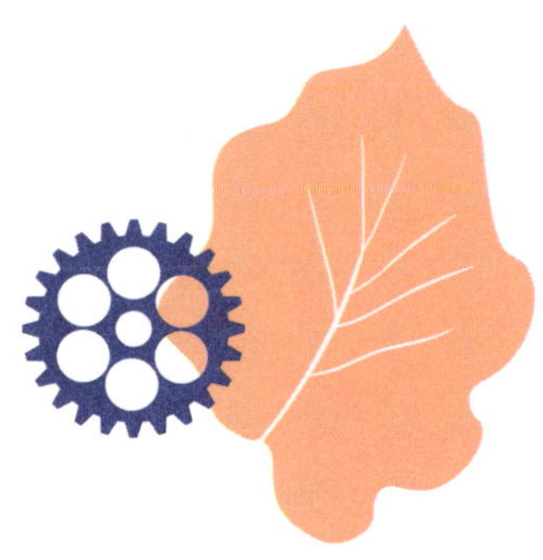

TOURENINFO / Bergauf geht's zur Walhalla und dann auf schmalem Waldweg am Ottersbach entlang. Auf ruhigen Kreisstraßen immer leicht bergauf, erreichen wir die Schillertswiesen. Auf einer Bahntrasse geht's fast eben nach Falkenstein. Zum Tannerl fahren wir auf breitem Waldweg und anschließend auf Asphaltsträßchen nach Donaustauf. E-Bike-Ladestationen: Donaustauf, Die Kupferpfanne Hotel und Landgasthof, Lessingstraße 46–48; Donaustauf, Weingarten Flori-Der Brotzeithof, Walhallastraße 8; Markt Falkenstein, Rathausparkplatz Falkenstein, Marktplatz 1; Wiesent, Bahnhofstraße 15, beim Kinderhaus Nähe Rathaus; Wiesent, Gaststätte Liebl, Schlossplatz 7

◂ links / Die Walhalla – Heldentempel überm Donautal

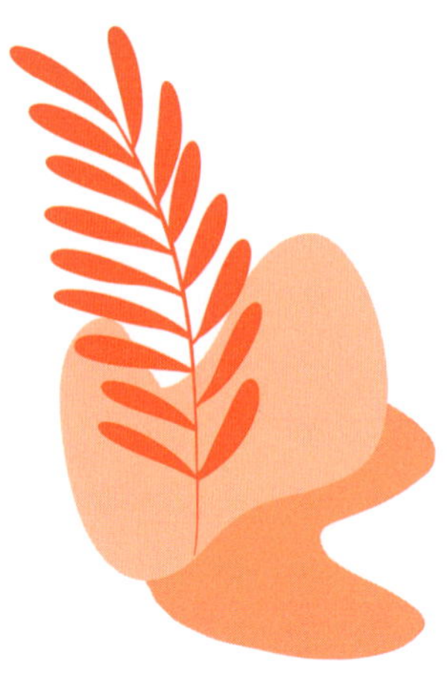

wieder sehen. Bevor wir in die Bayerwaldberge aufbrechen richten wir unser Augenmerk auf die ehrwürdige 2 / Burg. Wir radeln durch die Kolpingstraße zur Taxisstraße und gehen links durch das Burgtor zur Ruine. Die Mauerreste geben einen herrlichen Blick auf die Auwälder an der Donau, die Walhalla und den Höhenzug des Scheuchenberges frei.

Darf's ein wenig Exotik sein?

Auf der Burgenstraße geht's zurück an die Wörther Straße und links zum Chinesischen Turm. Ja, nicht nur München hat einen Chinesischen Turm. Schon um 1800 gab es in Donaustauf etwas Exotik, ein bemaltes, chinesisches Sommerhaus des Fürstenhauses Thurn und Taxis. Anlässlich der Einweihung der Walhalla wurde aus dem Sommerhaus ein zweistöckiger Turm mit Laternendach. Super schönes Fotomotiv.

JAGDLUST

Im stilvollen Jagdschloss zeugen noch heute über 2000 Geweihe von der Jagdlust der Fürsten zu Thurn und Taxis. In den holzgetäfelten Clubräumen erwarten uns wertvolle Fayencekamine.

Monument überm Gäuboden

Links führt die Walhallastraße bergauf zur 3 / Walhalla, zur „bayerischen Akropolis". Die Walhalla innen ist prunkvoll, ein gigantischer Saal. Die monumentale Größe soll die Wichtigkeit der Personen zeigen, die verewigt sind. König Ludwig I. ließ sie anfertigen. Nun rollen wir zurück an den Abzweig und rechts die Weinbergstraße hinab. Kurz vor der Staatsstraße biegen wir auf den Waldweg nach Dachsberg ein. Linker Hand sehen wir das 4 / Gasthaus Hammermühle (Tel. 09403 96840, Thiergartenstraße 1, 93093 Donaustauf) und fahren darauf zu. Ein Sträßchen dort führt zum fürstlichen Jagdschloss des Hauses Thurn und Taxis.

Zum Koreawirt

Ein schmaler Weg, auf dem auch der Donaustaufer Burgensteig markiert ist, führt uns am Rande des Ottersbacher Talgrundes nach Ober-

---

➤ **rechts oben / Der Chinesische Turm in Donaustauf**
➤ **rechts Mitte / Blick von der Walhalla ins Tal**

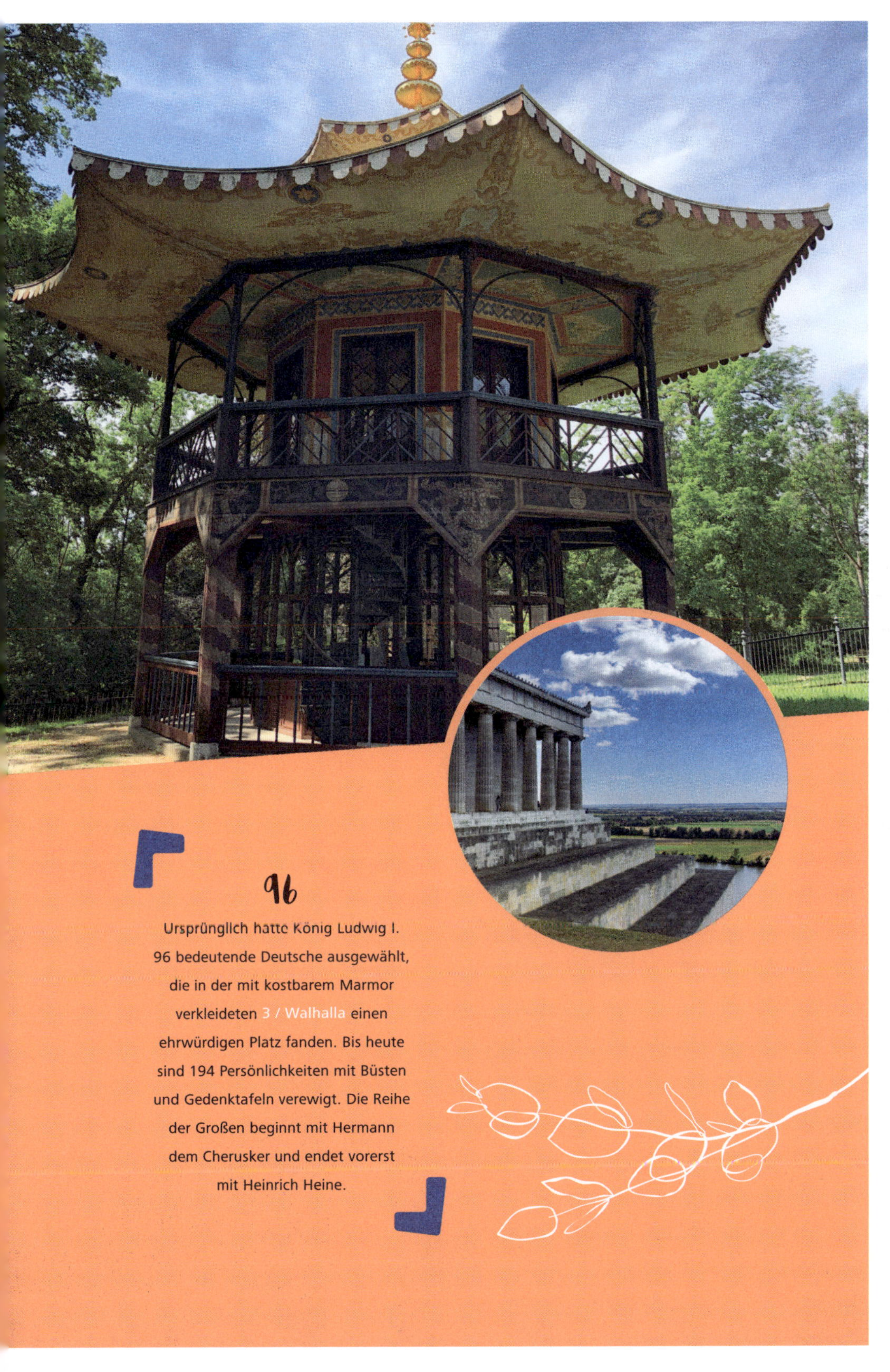

96

Ursprünglich hatte König Ludwig I. 96 bedeutende Deutsche ausgewählt, die in der mit kostbarem Marmor verkleideten 3 / Walhalla einen ehrwürdigen Platz fanden. Bis heute sind 194 Persönlichkeiten mit Büsten und Gedenktafeln verewigt. Die Reihe der Großen beginnt mit Hermann dem Cherusker und endet vorerst mit Heinrich Heine.

CHILL AREA

Beim 5 / „Koreawirt“, ist die Waldgaststätte im idyllischen Otterbachtal, schlägt der Pfau für uns ein Rad. Im Sommer gibt's hier Musikevents auf der Freilichtbühne oder im Stadl.

lichtenwald, sehen wir gegenüber. Von links kommt ein breiter Weg durchs Tal und führt uns zum Wanderparkplatz Eichelmühle. Hier verlassen wir den Burgensteig-Wanderweg und erreichen auf unserer Talseite Bruckhäusl und die Waldgaststätte Ottersbachtal (Tel. 09408 555, Bruckhaus 1, 93177 Altenthann), bekannt als 5 / „Koreawirt“.

MIT DEM RAD AUF DER SCHIENE

Die alte Bahntrasse

Der Ottersbach ist weiterhin unser Begleiter. An der Lichtung mit der Brücke überm Karlswiesbach steigt unser Weg bergan und biegt auf der Kuppe links nach Forstmühle ab. Die Staatsstraße führt uns kurz nach rechts zur Einmündung der Straße nach Siegenstein. Sie schlängelt sich durchs Ottersbachtal bis nach Süssenbach. Mitten im Dorf kommen wir zur Expositurkirche St. Jakob Maior und fahren auf der Falkensteiner Straße nach 6 / Schillertswiesen. Hier hielten einmal die Züge, die von Regensburg nach Falkenstein heraufschnauften. 1984 kam das Ende des Schienenverkehrs und aus der Bahntrasse wurde ein feiner Bahnradweg, der Falkenstein-Radweg. Wir sorgen dann mal für Radverkehr, zweigen beim Ortsende von Schillertswiesen links

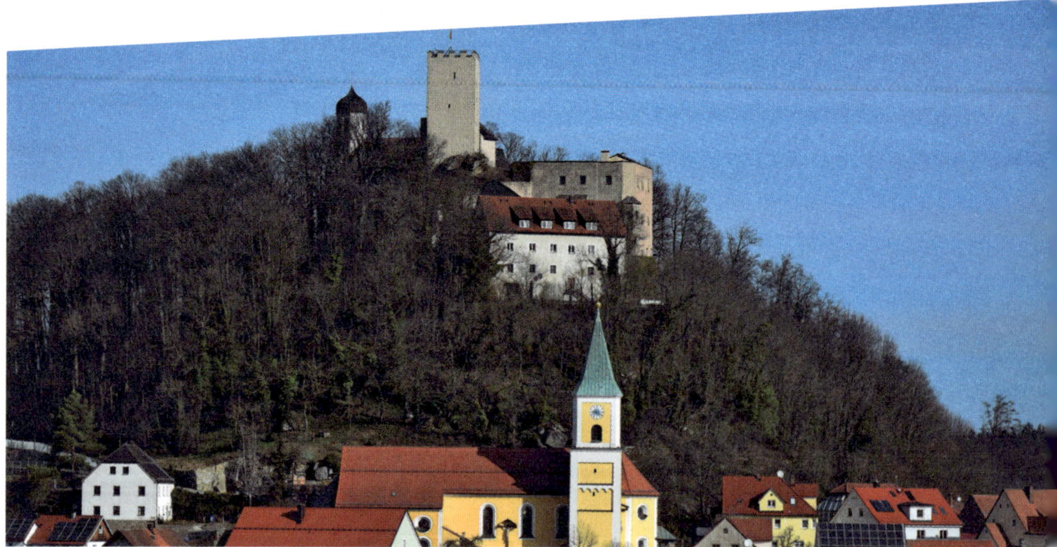

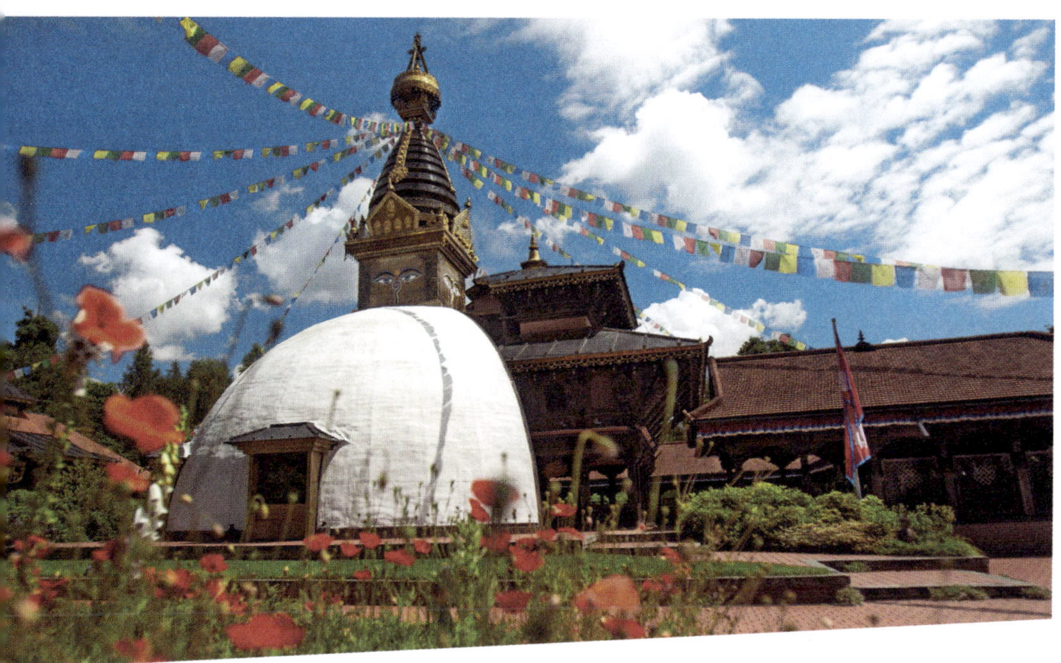

ab und erreichen nach wenigen Radumdrehungen den Falkenstein-Radweg. Rechts radeln wir nach Falkenstein. An der „Bahnstation" Gfäll erreichen wir die Staatstraße und ab hier schlängelt sich die Bahntrasse an der Straße entlang nach Falkenstein.

Burghofspiele

Sie geht in die Regensburger Straße über, auf der wir den Marktplatz und den 7 / Gasthof Zur Post (Tel. 09462 213, Marktpl. 8, 93167 Falkenstein) erreichen. Das Haus war einst Poststation des Fürstlichen Hauses von Thurn und Taxis. Dann lassen wir uns einmal „fürstlich" bewirten. Von hier aus sind es nur 300 Meter zum Wahrzeichen des Vorderen Bayerischen Walds, 8 / Burg Falkenstein. Trutzig auf einem Granitkegel steht die Veste inmitten eines der größten und schönsten Natur- und Felsenparks Bayerns. Also radeln wir mal hinauf, vom Marktplatz aus links durch die Burgenstraße zum Burgtor. Der romantische Burghof ist jeden Sommer Kulisse für unterhaltsame Theaterabende.

Gruß aus Nepal

Dann machen wir uns mal auf den Rückweg, zuerst zum Marktplatz und am Gasthof Zur Post vorbei in die Regensburger Straße.

KM 35

Der Falkensteiner Schlosspark zählt zu den größten Natur- und Felsenparks Bayerns. Er ist eine Stätte unberührter Natur direkt am Fuße der Burg mit Baumriesen und wuchtigen Felstürmen. Auf markierten Wegen durchwandern wir ihn und erreichen 8 / Burg Falkenstein.

< links / Burg Falkenstein über Markt Falkenstein ^ oben / Der Nepal-Himalaya-Pavillon bei Wiesent

Kurz hinterm Marktplatz zweigt gleich die Tannerlstraße ab. Sie geht in die Arracher Höhe über und führt uns zur Straubinger Straße. Rechts gelangen wir zum Wanderparkplatz und biegen zum Wald ein. Der breite Waldweg bringt uns zum Tannerl, an die kleine Wallfahrtskirche mitten im Wald. Am anderen Ende des Waldes liegt das Dorf Ruderszell. Wir radeln geradewegs hindurch nach Postfelden zum Hofcafé „Zur Hölle", hat leider nur an Wochenenden geöffnet. Ein Stück weiter erreichen wir den Wanderparkplatz am Weg zu den Felsenmeeren am 9 / Höllbach. Wir radeln kurz am Ufer des Stausees entlang und biegen dann rechts auf das Sträßchen zum Dorf Zumhof ab. Wir stoßen auf die Kreisstraße und radeln geradeaus an die Straßenkreuzung mit der Staatsstraße. Gegenüber geht's nach Aumbach und am Dorfende links talwärts. Bald zweigt ein schmales Sträßchen nach Hintergrub ab und bringt uns zur Staatsstraße vor Kirnberg. Wir queren die Straße und biegen bei den ersten Häusern von Kirnberg links nach Dietersweg ab. Wir radeln durchs Dorf ins Tal der Wiesent. Kurz vor der Neumühle zweigt ein breiter Waldweg ab, der uns steil bergwärts durch eine Serpentine an die Staatsstraße führt. Links radeln

HÖLLE UND PARADIES

Von Postfelden führt uns der 9 / Höllbach in eine urwüchsige Landschaft. Bizarre Granitfelsen ragen aus dem Bach und an den Hängen sehen wir ein Meer mächtiger Granitblöcke.

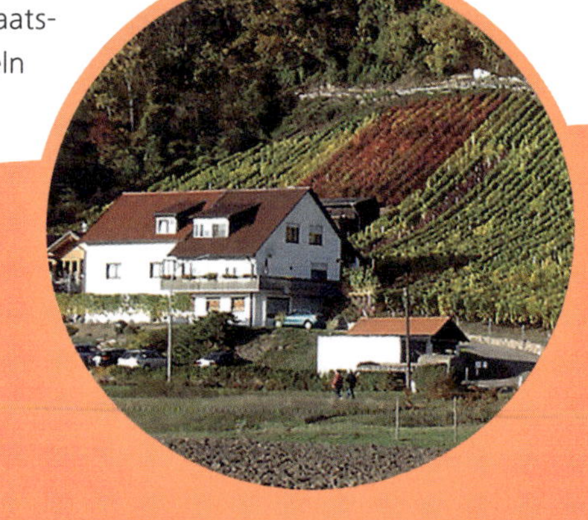

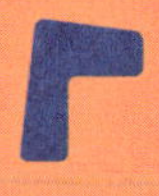

KM 59

In 12 / Bach wird seit dem 8. Jahrhundert Wein angebaut. Baierwein galt damals als Volksgetränk. Der Adel hingegen bevorzugte Weine aus Österreich und Italien. In der Weinstube Eibl kosten wir den Baierwein (Tel. 09403 606, Hauptstraße 70, 93090 Bach an der Donau).

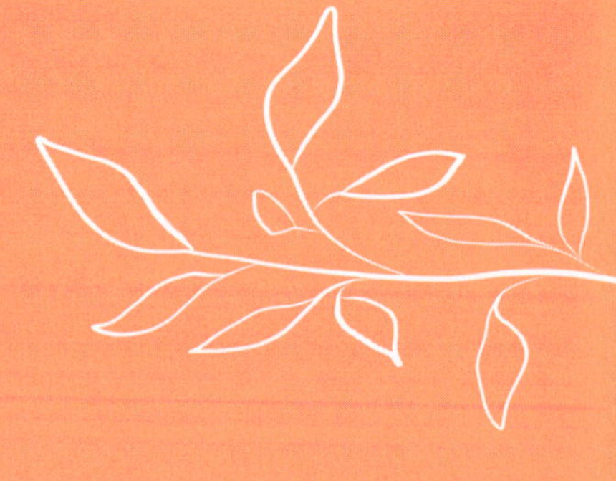

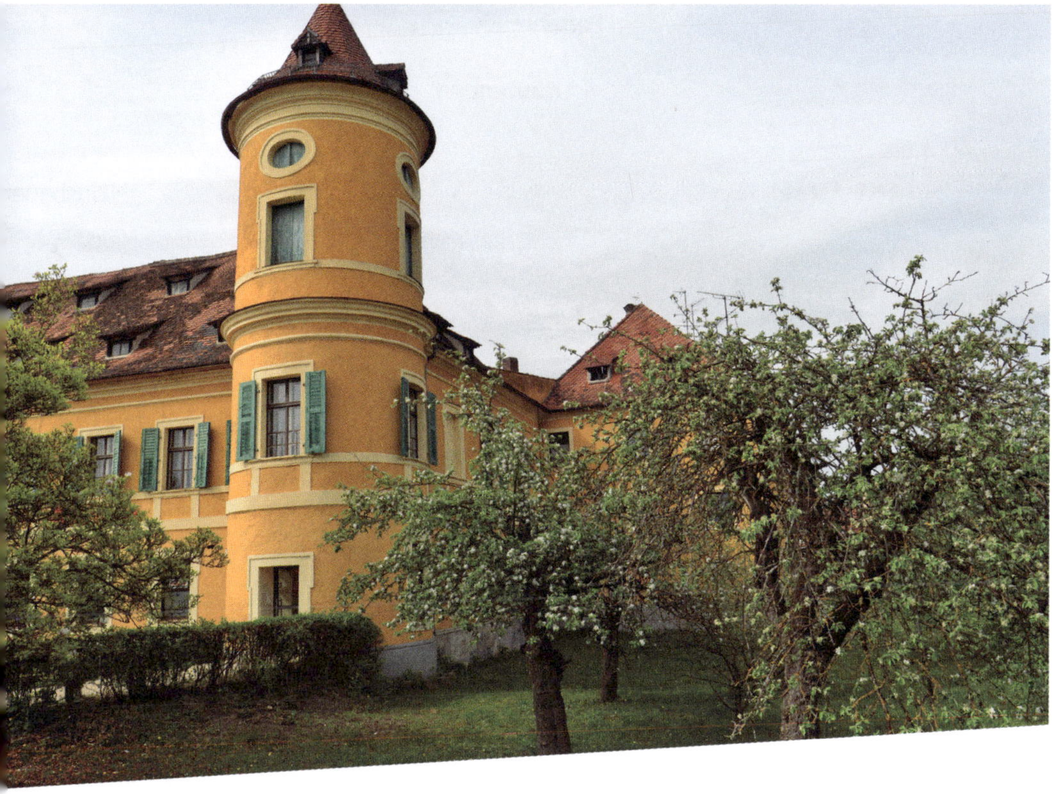

wir zum imposanten 10 / Nepal Himalaya Pavillon mit herrlichem Japan- und Himalayagarten. Den müssen wir besichtigen.

Baierwein

Wir rollen nach Wiesent hinab und auf der Frauenzeller Straße in die Ortsmitte zum 11 / Schloss Wiesent am Schlossplatz. Gelb getüncht, mit den grünen Fensterläden, beherbergt es ein Café. Vom Schlossplatz biegen wir in die Regensburger Straße ein. Am Kreisverkehr geht's geradeaus auf der Staatsstraße nach Kruckenberg. Hier radeln wir nun mit der Wegemarkierung des Donau-Radweges links ans Ufer der Donau. Richtung Regensburg folgen wir der Donau an Frengkofen und 12 / Bach vorbei, hier wird übrigens Wein angebaut, nach Demling. Unterhalb des Scheuchenberges fahren wir parallel zur Staatsstraße und sehen über uns bereits die Walhalla. Das Ziel ist nahe, noch einmal unter der Straßenbrücke hindurch und wenig später rechts auf der Brücke über die Straße nach Donaustauf abbiegen und wieder rechts zum 1 / Parkplatz beim Festplatz.

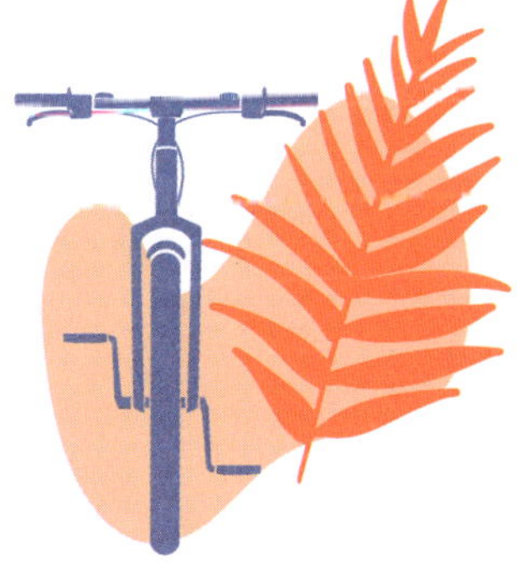

< links / Weinstube Eibl in Bach an der Donau ^ oben / Schloss Wiesent

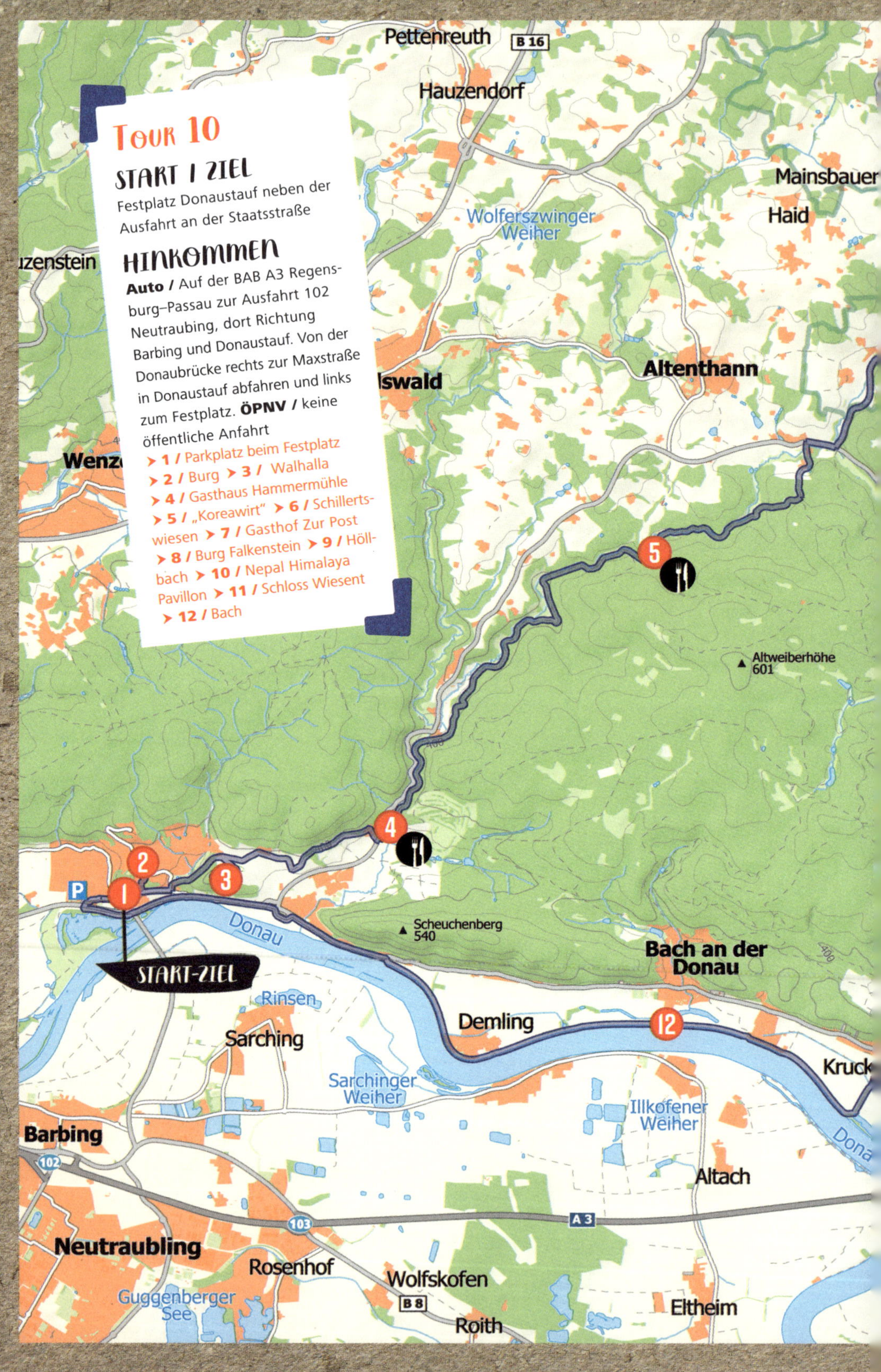
Tour 10
START / ZIEL
Festplatz Donaustauf neben der Ausfahrt an der Staatsstraße
HINKOMMEN
Auto / Auf der BAB A3 Regensburg–Passau zur Ausfahrt 102 Neutraubing, dort Richtung Barbing und Donaustauf. Von der Donaubrücke rechts zur Maxstraße in Donaustauf abfahren und links zum Festplatz. ÖPNV / keine öffentliche Anfahrt
› 1 / Parkplatz beim Festplatz › 2 / Burg › 3 / Walhalla › 4 / Gasthaus Hammermühle › 5 / „Koreawirt" › 6 / Schillertswiesen › 7 / Gasthof Zur Post › 8 / Burg Falkenstein › 9 / Höllbach › 10 / Nepal Himalaya Pavillon › 11 / Schloss Wiesent › 12 / Bach
Pettenreuth
B 16
Hauzendorf
Mainsbauer
Haid
Wolferszwinger Weiher
Altenthann
Altweiberhöhe 601
Scheuchenberg 540
Donau
START-ZIEL
Bach an der Donau
Rinsen
Sarching
Demling
Sarchinger Weiher
Illkofener Weiher
Barbing
Altach
Neutraubling
Rosenhof
Wolfskofen
Guggenberger See
B 8
Roith
Eltheim
A 3
102
103

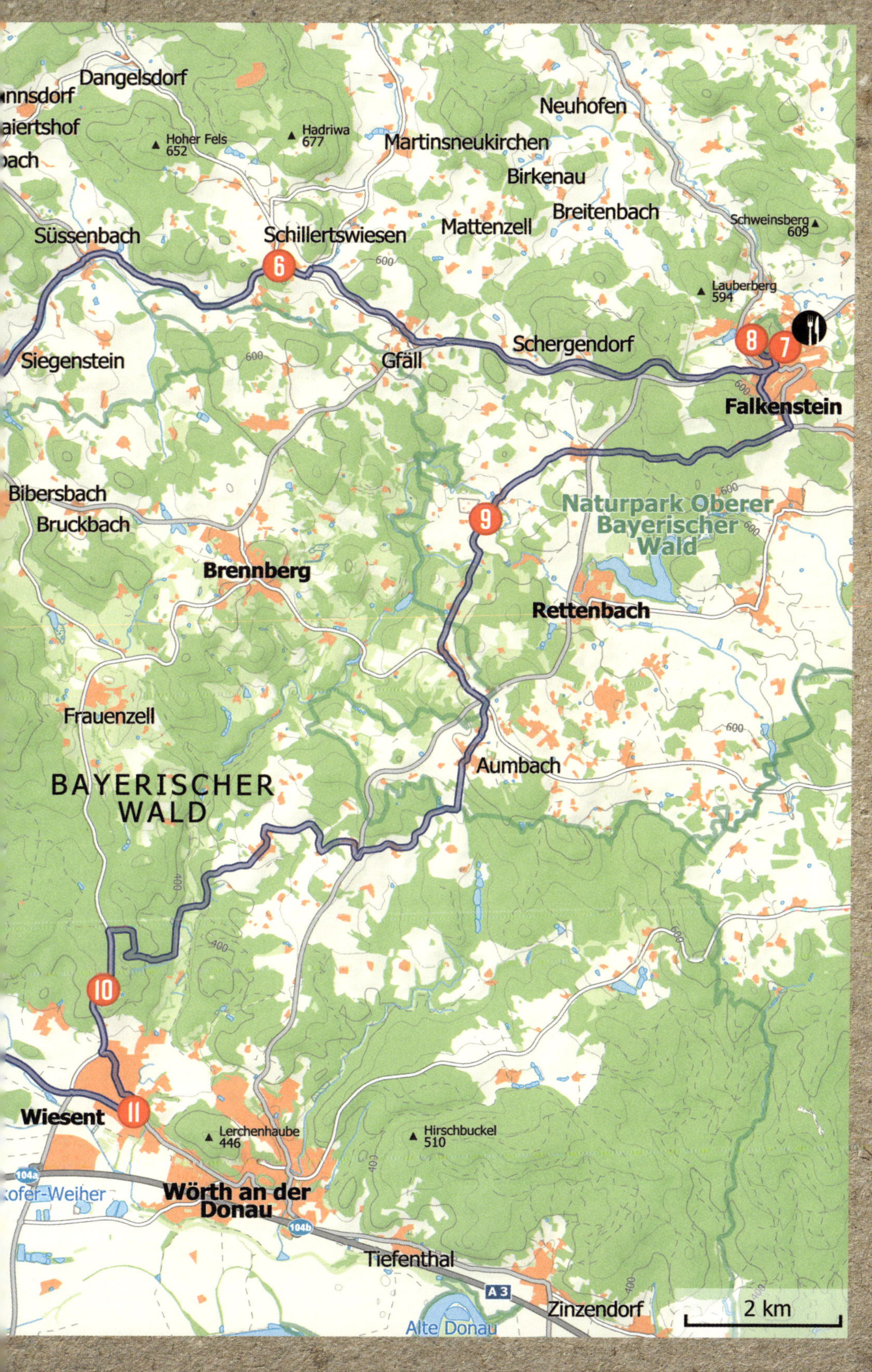

nnsdorf
Dangelsdorf
aiertshof
ach
Hoher Fels
652
Hadriwa
677
Neuhofen
Martinsneukirchen
Birkenau
Breitenbach
Mattenzell
Schweinsberg
609
Süssenbach
Schillertswiesen
6
600
Lauberberg
594
8
7
Schergendorf
Siegenstein
600
Gfäll
600
Falkenstein
Naturpark Oberer Bayerischer Wald
600
600
9
Bibersbach
Bruckbach
Brennberg
Rettenbach
Frauenzell
600
Aumbach
BAYERISCHER WALD
400
400
500
10
Wiesent
11
Lerchenhaube
446
Hirschbuckel
510
400
104a
104b
Kofer-Weiher
Wörth an der Donau
Tiefenthal
A 3
400
400
Zinzendorf
2 km
Alte Donau

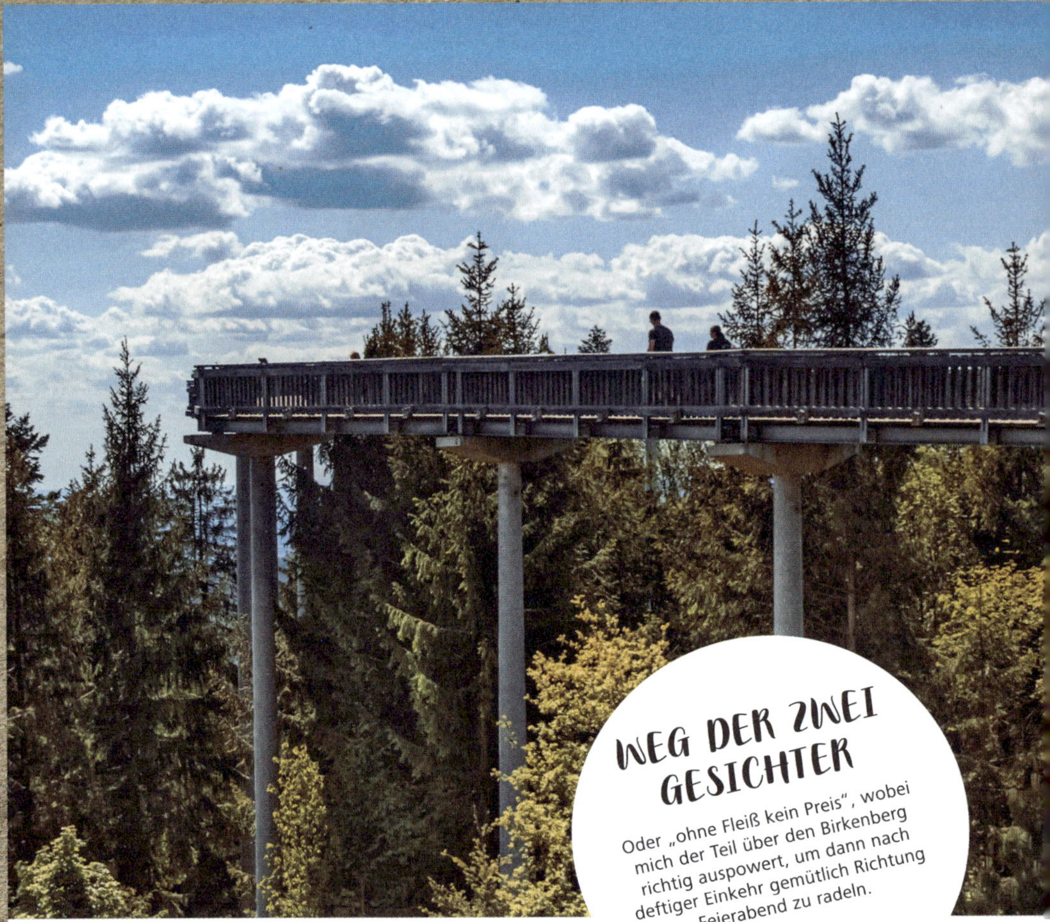

WEG DER ZWEI GESICHTER

Oder „ohne Fleiß kein Preis“, wobei mich der Teil über den Birkenberg richtig auspowert, um dann nach deftiger Einkehr gemütlich Richtung Feierabend zu radeln.

➤ **1 /** Von Hunderdorf aus radeln wir in die Bayerwaldberge

➤ **2 /** In Windberg bewundern wir den Sternenhimmel der Klosterkirche

➤ **3 /** Am Birkenberg kehren wir im Wirtshaus „Die Ewigkeit“ ein

➤ **4 /** Am Abenteuerpark „Waldwipfelweg“ ist die Aussicht grenzenlos

➤ **5 /** Die Bulldog-Oldtimer auf dem Maierhof erzählen uns einzigartige Geschichten

➤ **6 /** Die Schlossgaststätte Laumer in Altrandsberg ist Scheitelpunkt unserer Tagestour

➤ **7 /** In Konzell-Süd kommen wir am alten Backsteinbahnhof vorbei

➤ **8 /** Am Mühlenmuseum sehen wir ein mächtiges Wassermühlrad

➤ **9 /** Unter der alten Brücke hören wir das Rauschen der Menach

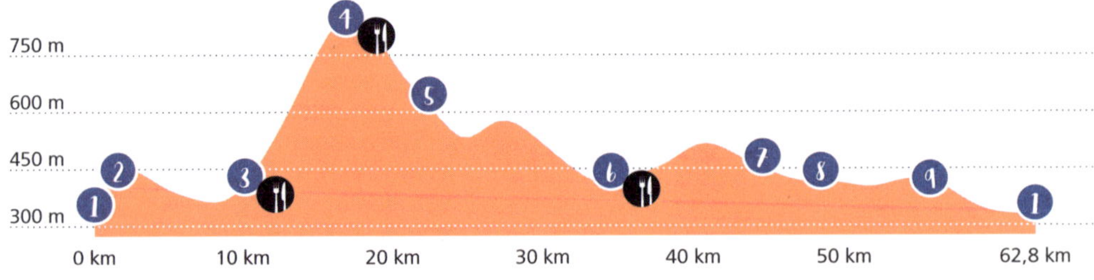

Höhen und Tiefen

Über den Birkenberg ins Menachtal

Zunächst haben wir einen anstrengenden Teil zu bewältigen. Über Windberg und Neukirchen geht's steil bergwärts über den Birkenberg zum Waldwipfelweg mit herrlicher Aussicht. Anschließend schauen wir im Oldtimer-Bulldog-Museum vorbei und bewundern weltberühmte Kunstobjekte beim Schloss Altrandsberg mit Einkehr. Wohl gestärkt machen wir uns dann auf und rollen gemütlich auf dem Donau-Regen-Radweg zurück nach Hunderdorf.

63 Kilometer
1245 Höhenmeter
1245 Höhenmeter
4:30 Stunden
Rundtour

Charakter

Sportlich ●●●●○
Abkühlung ●●○○○
Schlemmen ●●●○○
Panorama ●●●●○

Königin der Sterne

Wir treffen uns in 1 / Hunderdorf auf dem Parkplatz am Lindfelder Weg neben der Staatsstraße. Hier führt der Donau-Regen-Radweg entlang, auf dem wir zum Schluss der Radtour vom Bayerwald herab zurückkommen. Unser Weg führt aber zunächst einmal nach Windberg. Auf der Windberger Straße gegenüber radeln

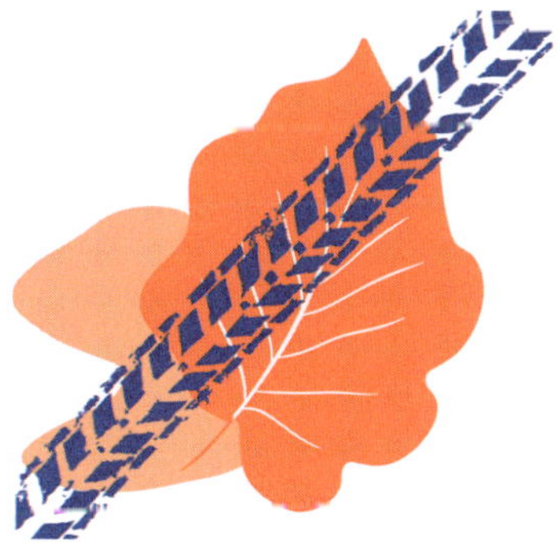

Toureninfo / Unsere Radtour führt fast ausschließlich auf asphaltierten Straßen und Wegen in die Bayerwaldberge. Es gibt zahlreiche Anstiege und Abfahrten, davon zwei, die besonders steil sind. Der erste beginnt bei Leithen bis auf 600 m hinauf und der zweite hinter Grafling nach Greifling bis auf 800 m hinauf. E-Bike-Ladestationen: Gemeinde Windberg, Amtshaus, Dorfplatz 2

◂ links / Weite Blicke am Waldwipfelweg

wir bergauf nach 2 / Windberg zum Kloster am Dorfplatz. Die Klosterkirche überrascht uns mit wunderschöner Deckenmalerei. Über 400 Sterne zieren die Kirche als Symbol für die Kirchenpatronin Maria, die „Königin der Sterne".

Windbeutel

Am Dorfplatz gibt's leckere Windbeutel, passen so richtig nach Windberg. Die werden uns in der Richter- und Musikantenschänke serviert. Außerhalb liegt die Wallfahrtskirche Hl. Kreuz mit Einsiedelei. Der Weg dorthin führt uns an Stationen eines Kreuzwegs neben der Kreuzbergstraße entlang. Eine wunderschöne Wallfahrtskirche mit einer Nachbildung der Pilatustreppe, der Heiligen Treppe Roms. Wir rollen zurück und biegen rechts nach Starzenberg und Haselquanten ab. Auf der Staatsstraße geht's über Au vorm Wald nach Wegern. Nach rechts verlassen wir die Staatsstraße und stoßen auf die Brücke am Bogenbach in Steinburg. Unser Weg führt rechts am Bogenbach entlang Richtung Neukirchen. Bald geht's den Hang hinauf und dann links wieder hinab über den Bogenbach nach Neukirchen.

ABENTEUER

Neben dem 4 / Abenteuerpark „Waldwipfelweg" in Maibrunn gibt's im Tal Richtung St. Englmar den spektakulären Bayerwald-Coaster, eine 1000 m lange Sommerrodelbahn.

Ewigkeit

An der Staatsstraße biegen wir rechts ein und radeln nur kurz bis zum Abzweig Gut Haggn. Links fahren wir durch die Eventlocation nach Bühel und stoßen auf die Kreisstraße. Wir erreichen Inderbogen und das urige 3 / Wirtshaus „Die Ewigkeit" (Tel. 09961 9438383, Inderbogen 4, 94362 Neukirchen). Hier macht die Einkehr spaß, Do–Sa ab 18 Uhr, So ab 11 Uhr. Nun liegt der Prünsterberg vor uns. Rechts beginnt die Auffahrt zum Etappenziel Hungerszell. Kurz verschnaufen für die Bergwertung am Birkenberg, die über Münchszell zum 4 / Abenteuerpark „Waldwipfelweg" führt.

➤ **rechts oben / Der Aussichtsturm am Waldwipfelweg bei St. Englmar**
➤ **rechts Mitte / Die Klosterkirche Windberg**

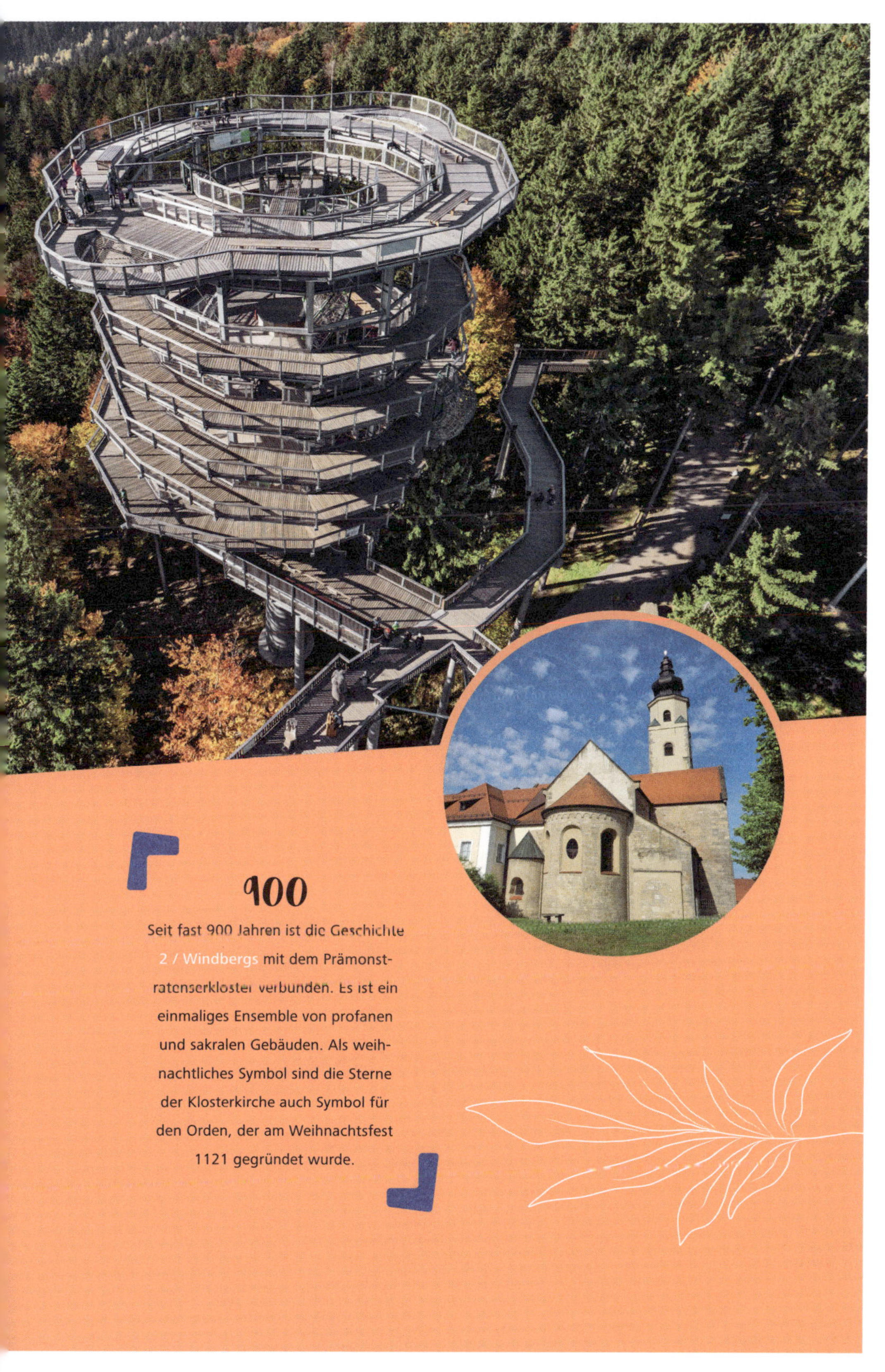

900

Seit fast 900 Jahren ist die Geschichte 2 / Windbergs mit dem Prämonstratenserkloster verbunden. Es ist ein einmaliges Ensemble von profanen und sakralen Gebäuden. Als weihnachtliches Symbol sind die Sterne der Klosterkirche auch Symbol für den Orden, der am Weihnachtsfest 1121 gegründet wurde.

BULLDOGS

Die Familie Dilger zeigt in ihrem Museum einzigartige Fahrzeuge aus vergangenen Zeiten. 20 glänzende **Bulldog-Oldtimer** stehen neben alten Motorrädern und Dreschmaschinen.

Wipfel der Gefühle

Wir rollen vom Birkenberggipfel talwärts und erreichen den Abenteuerpark. Hier gibt's eine Wald-Gaststube mit Getränken und kleinen Gerichten. Zeit für eine Erfrischung. Anschließend laufen wir über die Baumwipfel. Bis zu 30 Meter über dem Waldboden führt der Wipfelweg zum Waldturm mit der schönsten Aussicht zwischen Gäuboden und Bayerischem Wald. Weitere Attraktionen bieten riesigen Spaßfaktor für Kinder.

AUSSICHT GENIESSEN AM WIPFELWEG

Oldies

Wir radeln am Parkplatz entlang nach Maibrunn. Im Weiler biegen wir rechts ab und folgen dem breiten Waldweg Richtung Naturfreundehaus Oberhaag. Am Abzweig zum Haus radeln wir geradeaus nach Unterhaag. Auf einem Asphaltsträßchen rollen wir talwärts, bei Vornwald nach links zum Bach und bergab zum Weiler 5 / Maierhof. Hier bewundern wir im Oldtimer-Bulldog-Museum an die 20 Bulldog-Oldies, Motorräder, die die Familie Dilger zusammengetragen hat. Wir sollten uns voranmelden, Maierhof 7, Tel. 09963 910888.

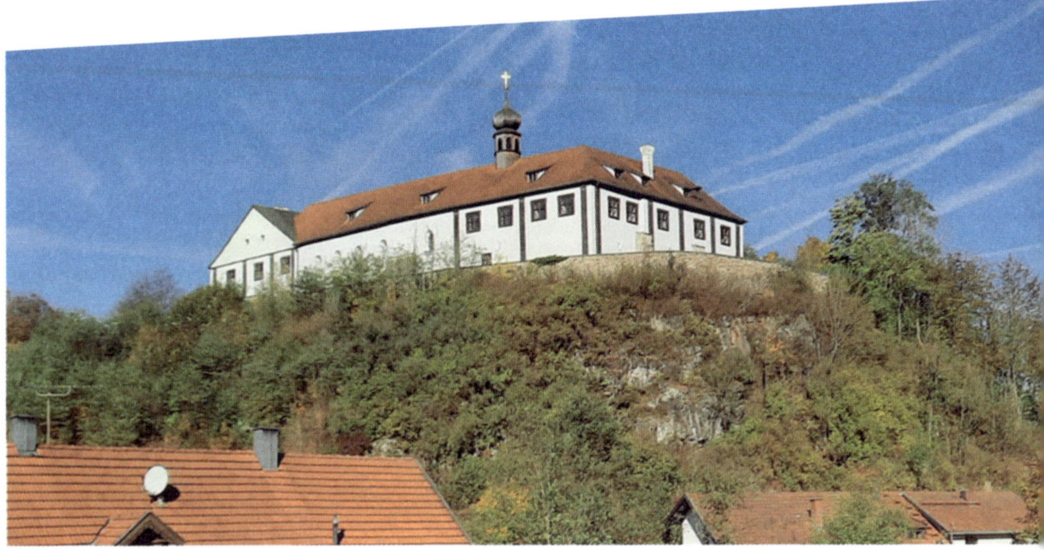

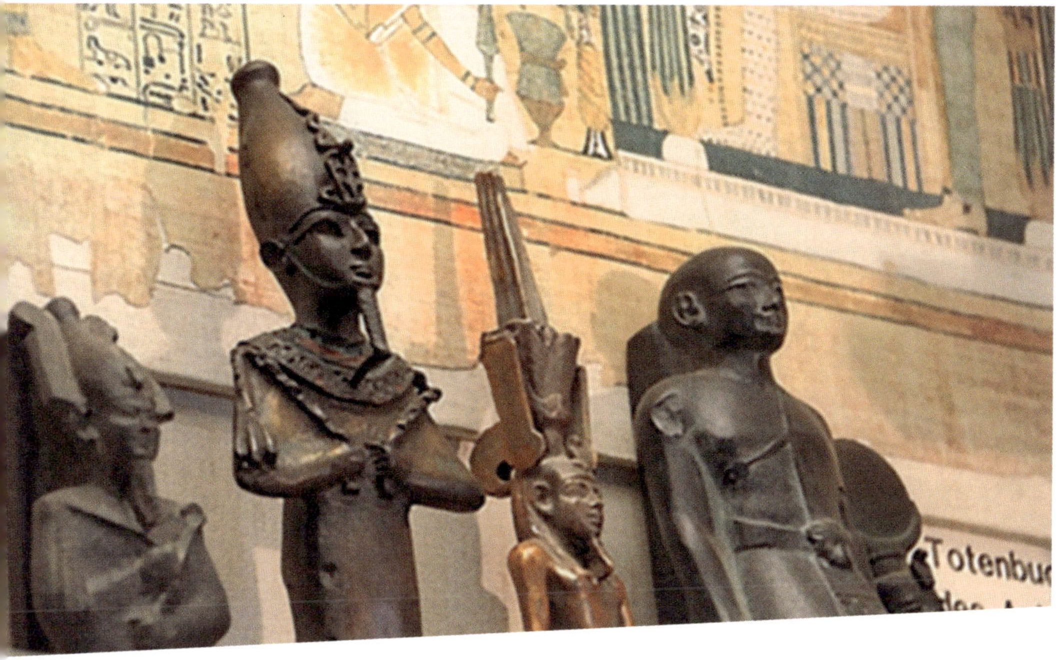

Der Pfahl

Ein kurzes Stück radeln wir zurück zur Einmündung, dort aber geradeaus und am Bach talwärts über Hinterfelling nach Kriseszell. Rechts stoßen wir auf die Kreisstraße. Gegenüber treten wir noch einmal kräftig in die Pedale hinauf nach Siegersdorf. An der Kreisstraße wenden wir uns nach links bis zum Abzweig nach Aufeld und Hubing. An der Einmündung mit der Kreisstraße geht's dann kurz nach rechts und am Waldrand gleich wieder links nach Pareszell. Vom Tal des Sandbachs fahren wir hinauf zur Hauptstraße in Moosbach. Das Dorf liegt auf einem lang gestreckten Bergrücken, dem Pfahl. Folgen wir der Hauptstraße nach rechts, würden wir zum Kalvarienberg kommen. Endpunkt eines schönen Kreuzweges, der an den Granitfelsen des Pfahl und 14 Kreuzwegstationen entlangführt.

Nofretete im Bayerwald

Wir lenken unser Rad nach links und rollen hinab zur Rummermühle. Am Ende der Straße wenden wir uns nach links zur Moosbacher Straße und erreichen den Bahnhofplatz von Altrandsberg. Hier hielten einst die Züge, die von Bogen im Donautal nach Miltach am Regen verkehrten. Heute ist die Bahntrasse ein toller Radweg, der Donau-Regen-Radweg. Wir besuchen Schloss Altrandsberg.

KM 32

Im WeltKunstMuseum Schloss Altrandsberg werden uns originalgetreue Replikate von Kunstschätzen aus den großen Museen der Welt gezeigt. Wer vermutet schon die Büste der Nofretete oder den Denker Rodin in Altrandsberg?

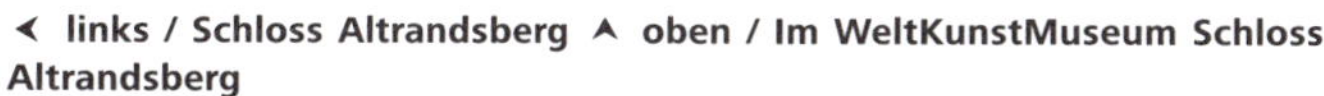

‹ links / Schloss Altrandsberg ˄ oben / Im WeltKunstMuseum Schloss Altrandsberg

Also links zur Perlbachstraße, wieder links und gleich rechts hinauf zum Schlossplatz. Neben dem imposanten Schloss hat sich das WeltKunstMuseum etabliert und zeigt weltberühmte Kunstobjekte, wie die Büsten der Nofretete und des Denkers Rodin. Natürlich originalgetreue Replikate. Zu sehen an Sonn- und Feiertagen. In der 6 / Schlossgaststätte Laumer (Tel. 09944 486, Schlosspl. 1, 93468 Miltach) machen wir dann mal Rast.

Empfangsgebäude

Bei Bahnkilometer 34,2 hielten die Züge aus Straubing nach Miltach. Übriggeblieben ist der schöne Bahnhof 7 / Konzell-Süd, Güterabfertigung und Lokomotivschuppen.

Alter Bahnhof

Nach ausgiebiger Pause satteln wir wieder auf und lassen es gemütlich angehen. Vom Schlossplatz geht's die Neurandsberger Straße hinab zur Rossweidmühle. Hier treffen wir auf den Donau-Regen-Radweg. Die Bahntrasse ist super zu befahren und führt uns in großen Bögen durch das Perlbachtal nach Wies. Gleich am Radweg sehen wir das Gasthaus „Wies Wirt". Hat leider nur Sa + So geöffnet. Anschließend geht's um Kumpfmühl herum und am Gewerbegebiet entlang durch das liebliche Menachtal. In 7 / Konzell-Süd tangieren wir die Staatsstraße und erreichen die „Bahnstation" Konzell-Süd. Der alte Bahnhof aus roten Backsteinen erinnert an die vergangene

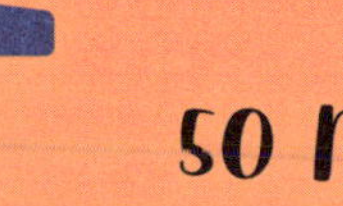

50 m

Im Tal der Menach, die hier auch Perlbach heißt, erhebt sich unterhalb der Burgruine Mitterfels der 50 m steil aufragende Teufelsfels. Vom romantischen Perlbachtal führt ein Pfad hinauf zur Ruine. Das Gefängnis der Burganlage ist jetzt ein Museum und auf der Burg residiert der Bürgermeister.

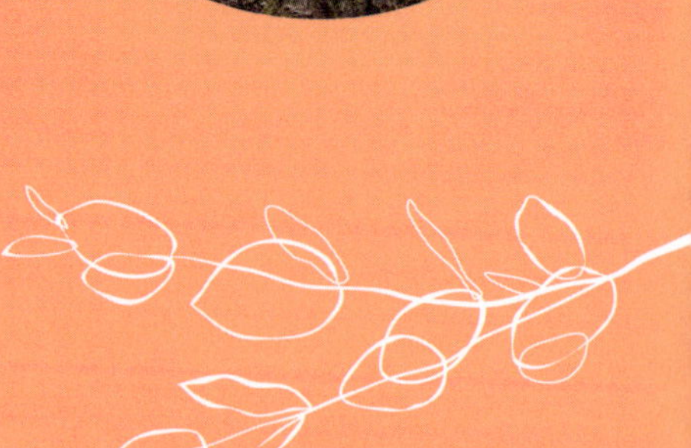

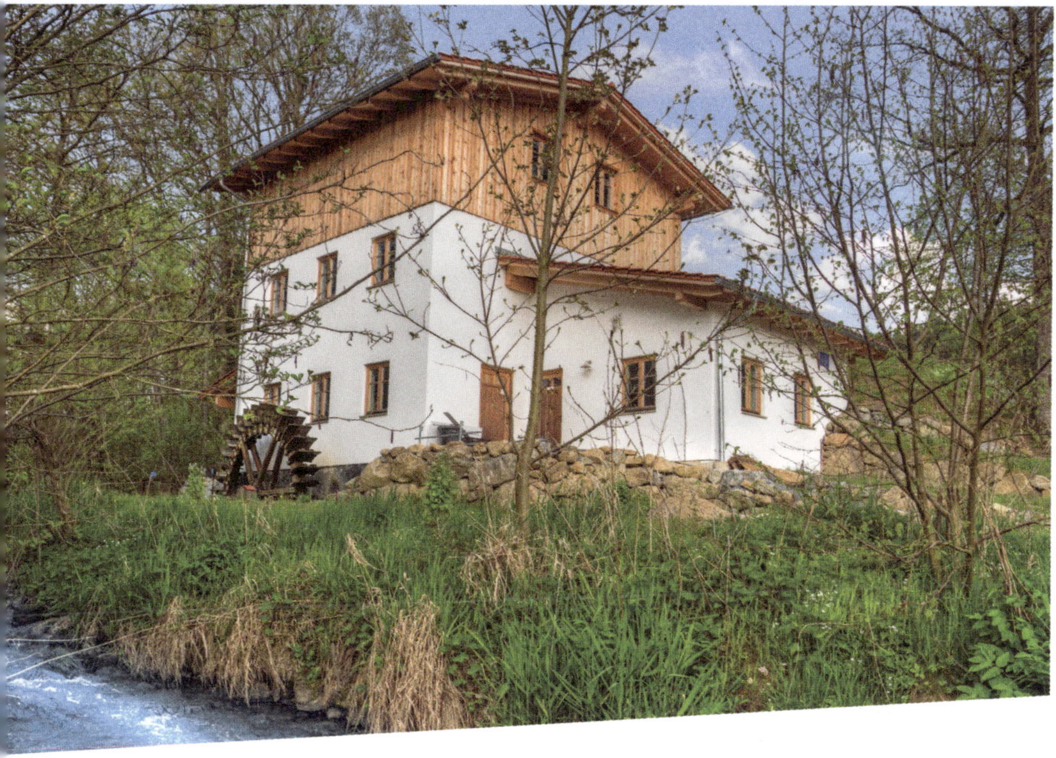

Betriebsamkeit. Eng schmiegen sich Bahntrasse, Bach und Straße aneinander nach Obermühl und Haibach.

Mühle unterm Schlossberg

Gleich hinter der Straßenbrücke stoßen wir auf ein 8 / Mühlenmuseum in neuem Gewand. Ein Museum, in dem wir die Geschichte des Mühlenwesens erzählt bekommen, während sich das mächtige Wasserrad am Haus dreht. Ist Mi 10–13 Uhr und Sa + So 14–17 Uhr geöffnet. Unser Radweg schlängelt sich nun durchs Menachtal an Haselbach vorbei nach Mitterfels zum alten Bahnhof. Hier scheint die Zeit stillzustehen. Auch wir halten ein und kehren im Gasthof Waldhof gleich beim alten Bahnhof ein. Ein beliebter Treff für Radler und Biker. An der langen 9 / Brücke, wo einst die Züge über das Menachtal schnauften, nehmen wir Abschied von der Menach und radeln auf der Bahntrasse in weiten Bögen ins Tal des Bogenbaches. Bei Ehren queren wir die Staatsstraße, blicken über die Auwiesen des Bogenbaches, fahren nach 1 / Hunderdorf hinein und direkt auf den Parkplatz am Lindfelder Weg zu. Ziel erreicht.

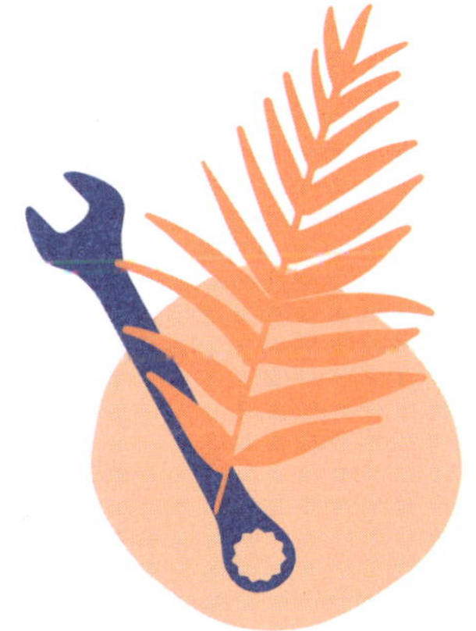

< links / Der Teufelsfelsen in Mitterfels über der Menach ^ oben / Das Mühlenmuseum Haibach

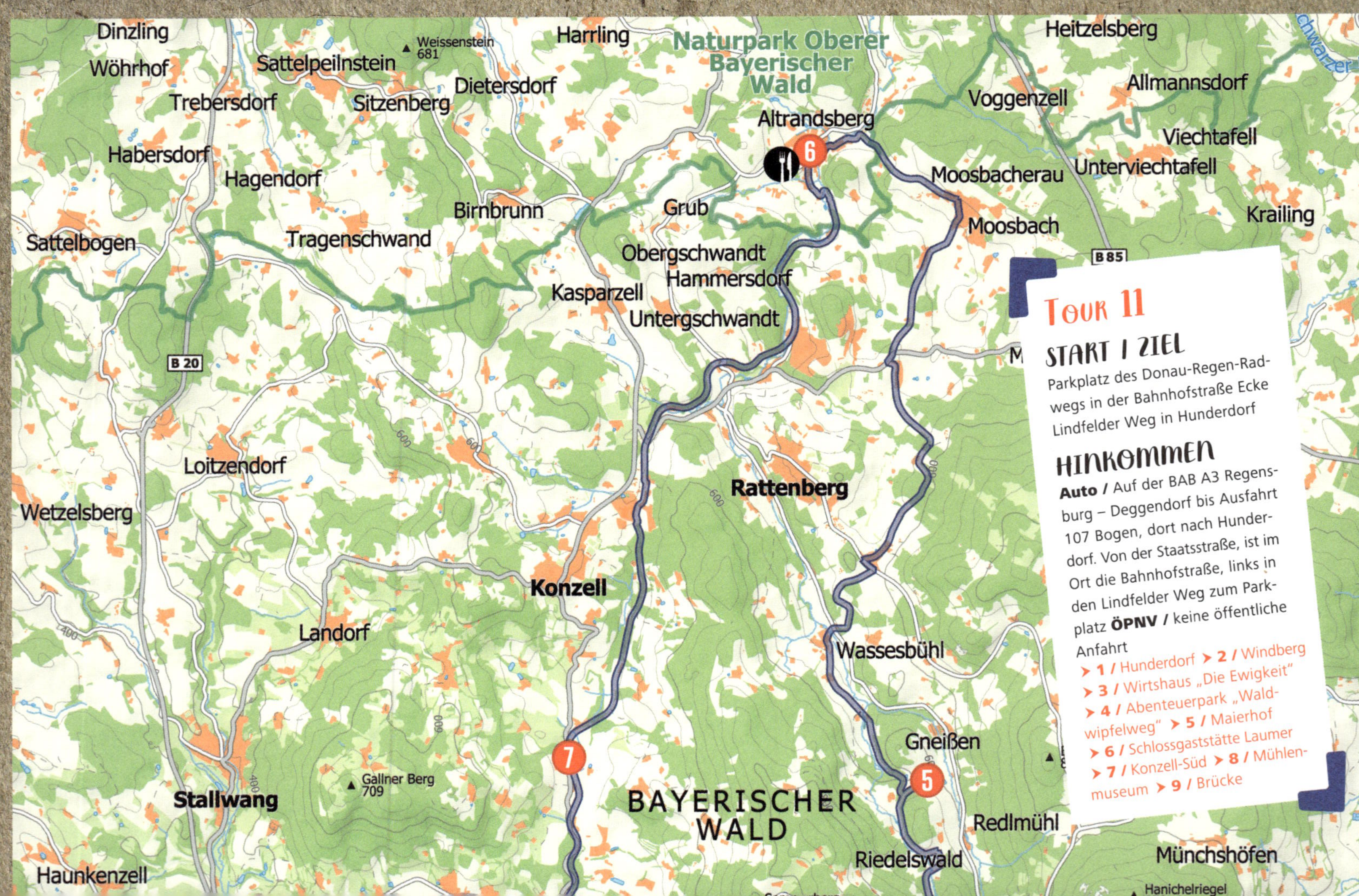

Tour 11

START / ZIEL

Parkplatz des Donau-Regen-Radwegs in der Bahnhofstraße Ecke Lindfelder Weg in Hunderdorf

HINKOMMEN

Auto / Auf der BAB A3 Regensburg – Deggendorf bis Ausfahrt 107 Bogen, dort nach Hunderdorf. Von der Staatsstraße, ist im Ort die Bahnhofstraße, links in den Lindfelder Weg zum Parkplatz **ÖPNV /** keine öffentliche Anfahrt

› **1** / Hunderdorf › **2** / Windberg › **3** / Wirtshaus „Die Ewigkeit" › **4** / Abenteuerpark „Waldwipfelweg" › **5** / Maierhof › **6** / Schlossgaststätte Laumer › **7** / Konzell-Süd › **8** / Mühlenmuseum › **9** / Brücke

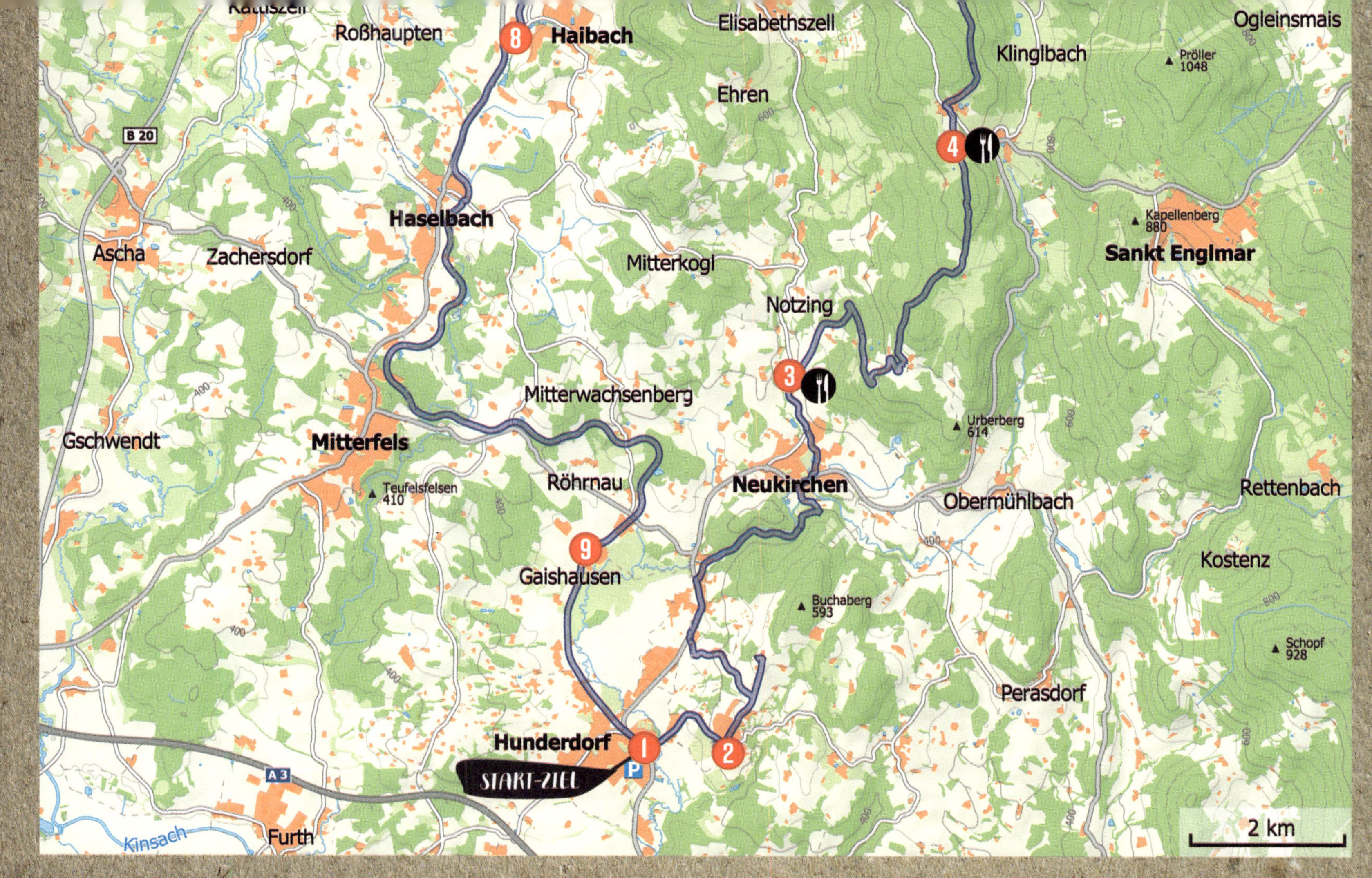
Roßhaupten
Haibach
Elisabethszell
Ogleinsmais
Klinglbach
Pröller 1048
Ehren
B 20
Kapellenberg 880
Sankt Englmar
Haselbach
Ascha
Zachersdorf
Mitterkogl
Notzing
Mitterwachsenberg
Urberberg 614
Gschwendt
Mitterfels
Teufelsfelsen 410
Röhrnau
Neukirchen
Obermühlbach
Rettenbach
Gaishausen
Kostenz
Buchaberg 593
Schopf 928
Perasdorf
Hunderdorf
START-ZIEL
A 3
Kinsach
Furth
2 km

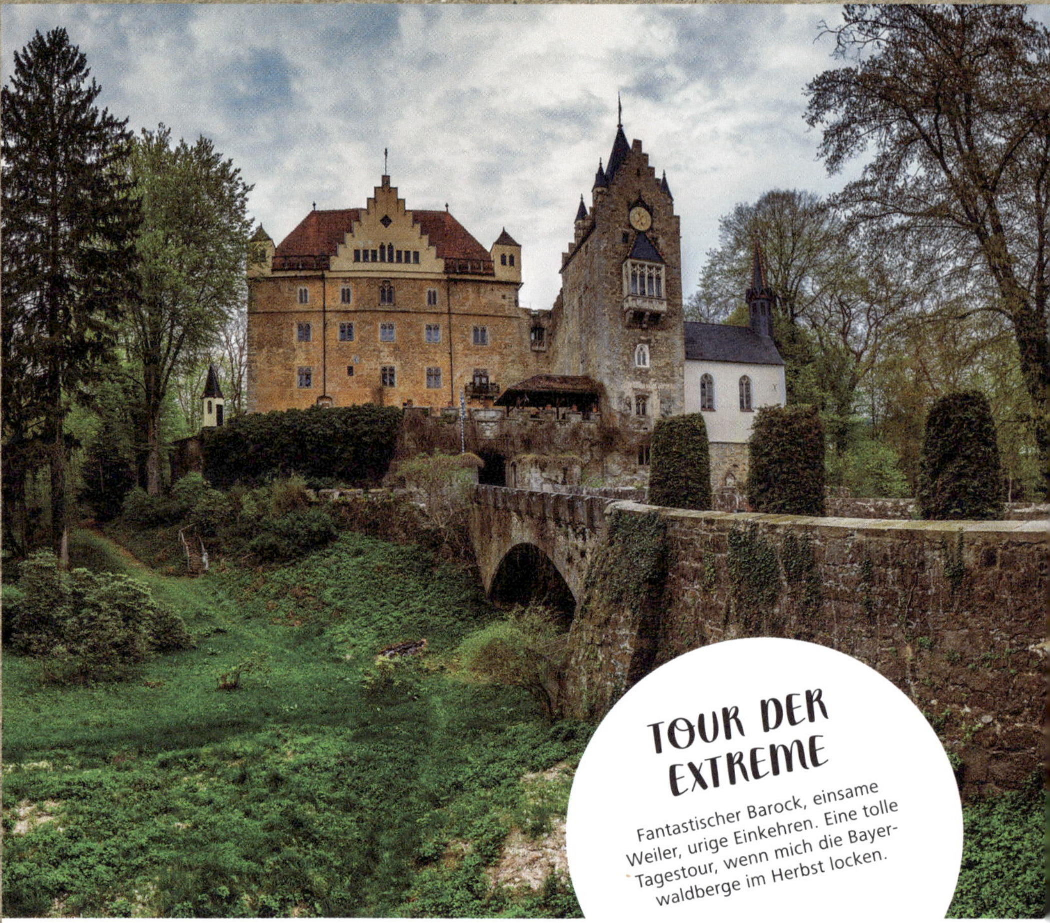

TOUR DER EXTREME

Fantastischer Barock, einsame Weiler, urige Einkehren. Eine tolle Tagestour, wenn mich die Bayerwaldberge im Herbst locken.

➤ **1 /** Das Alte Rathaus am Stadtmarkt von Deggendorf ist eine Augenweide

➤ **2 /** Vom Prälatengarten blicken wir zur Klosterkirche und zum Kloster Metten

➤ **3 /** Wir entdecken das Märchenschloss in Egg

➤ **4 /** Die Waldbahn in Grafling erinnert mich an Schweizer Bergbahnen

➤ **5 /** Eine super Aussicht gibt's an der Wallfahrtskirche St. Ulrich ins Donautal

➤ **6 /** Wir haben den Greisinger Hof sehnsüchtig erwartet

➤ **7 /** Die Dorfschänke Nadling ist immer für eine Rast gut

➤ **8 /** Den Abzweig in Klessing sollten wir nicht verpassen

➤ **9 /** Die Wallfahrtskirche am Ufersbach ist nicht zu verfehlen

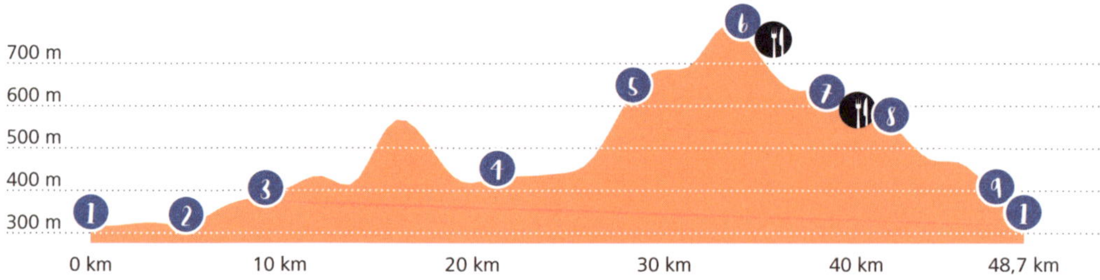

Gäuboden-Sehnsucht

Deggendorf zwischen Donautal und Bayerwaldberge

Vom Alten Rathaus am Stadtmarkt in Deggendorf radeln wir zum Kloster Metten mit der berühmten Barockbibliothek. In Egg „erstürmen" wir die märchenhafte Ritterburg Schloss Egg und umrunden dann den Butzen nach Grafling. Hier begleitet uns eine Weile die Waldbahn, bevor wir von der Wallfahrtskirche St. Ulrich die Aussicht ins Donautal genießen. Den „Höhepunkt" unserer Tour erreichen wir in Greising und kehren dort im Greisinger Hof ein, um auch die letzten Kilometer ins Donautal zu schaffen.

49 Kilometer
1115 Höhenmeter
1115 Höhenmeter
3:30 Stunden
Rundtour

Charakter

Sportlich ●●●●○
Abkühlung ●●○○○
Schlemmen ●●○○○
Panorama ●●●●○

Berühmte Barockbibliothek

Beginnen wir unsere Radtour in der herrlichen Altstadt am 1 / Alten Rathaus. Es wurde 1535 erbaut und ist eines der Wahrzeichen des Marktes Deggendorf. Am Ende der Radtour sehen wir es wieder. Von historischer Stätte starten wir und wenden uns zur Bahn-

Toureninfo / Die Tour führt fast ausschließlich auf asphaltierten Straßen und Wegen in die Bayerwaldberge. Es gibt zahlreiche Anstiege und Abfahrten, davon zwei, die besonders steil sind. Der erste beginnt bei Leithen und der zweite nach Greifling bis auf 800 m hinauf. E-Bike-Ladestationen: Tourist-Info Deggendorf, Oberer Stadtplatz 1

◂ **links / Über die Brücke zum Schloss Egg**

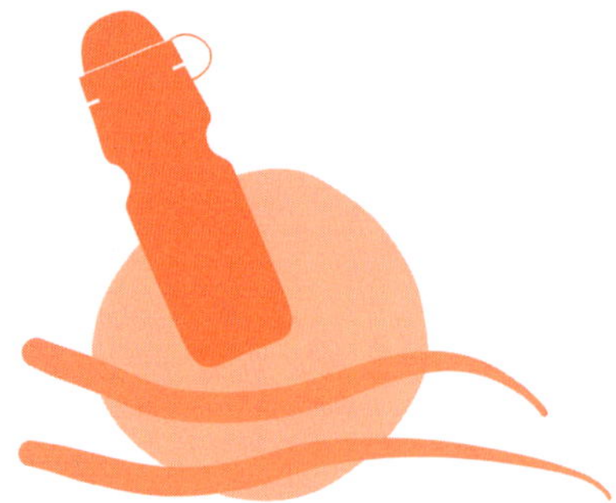

hofstraße. An der Otto-Denk-Straße geht's nach links und unter der Bahnbrücke hindurch zur Mettener Straße. Auf ihr verlassen wir Deggendorf und folgen der Radwegemarkierung des „Wolfgang-Weges" zum Kloster Metten, parallel zur Staatsstraße. In Metten heißt unsere Straße nun Deggendorfer Straße und führt uns direkt zum 2 / Kloster Metten. An der barocken Klosterkirche St. Michael vorbei gehen wir ins Kloster. Die berühmte Barockbibliothek der Benediktinerabtei Metten ist weit über die bayerischen Grenzen hinaus bekannt. Das imposante Eingangsportal im Klausurgang des Klosters gibt einem fast schon das Gefühl, den Weg in den Himmel der Wissenschaften zu nehmen. Führungen durch die barocke Klosterbibliothek finden von Di bis Sa um 10.00 Uhr und um 15.00 Uhr statt, am Sonntag nur um 15.00 Uhr.

HEISSE KNÖDEL

Die Frau des Bürgermeisters verhinderte die Erstürmung der Stadt, indem sie den Späher mit heißen Knödeln bewarf. Daher gibt es in Deggendorf die Süßspeise „Deggendorfer Knödel".

900 Jahre Geschichte

Wir radeln auf der Egger Straße halbwegs um den Klosterkomplex herum, biegen in die Karl-Kufner-Straße links ein und sofort rechts auf den Rad- und Fußweg, der im Bogen zur Straße Am Kraner führt. Sie zweigt rechts ab und stößt auf die Waldstraße. Jetzt surren unsere Pneus auf der Kreisstraße am Mettenbach bergwärts zur Schleifmühle, Frauenmühle und zur Laufmühle wo der Bach einen Teich geformt hat. Bald erreichen wir 3 / Egg und stellen unser Rad vor der Ritterburg und Märchenschloss ab. Den Außenbereich können wir selbst erkunden. Also gehen wir durch das erste Burgtor mit dem Fallgitter über die Burgauffahrt zur Zugbrücke, die bis vor ca. 150 Jahren in Funktion war. Vom Burgvorhof gelangen wir zum Innenhof, zum Ritterbrunnen und zum Burgturm, den wir erklimmen dürfen. Mit einer Führung lernen wir das Innere von Schloss Egg kennen. Der Spiegelsaal, Roter und Blauer Salon,

---

➤ rechts oben / Prälatengarten am Kloster Metten ➤ rechts Mitte / An der historischen Stadtmauer in Deggendorf

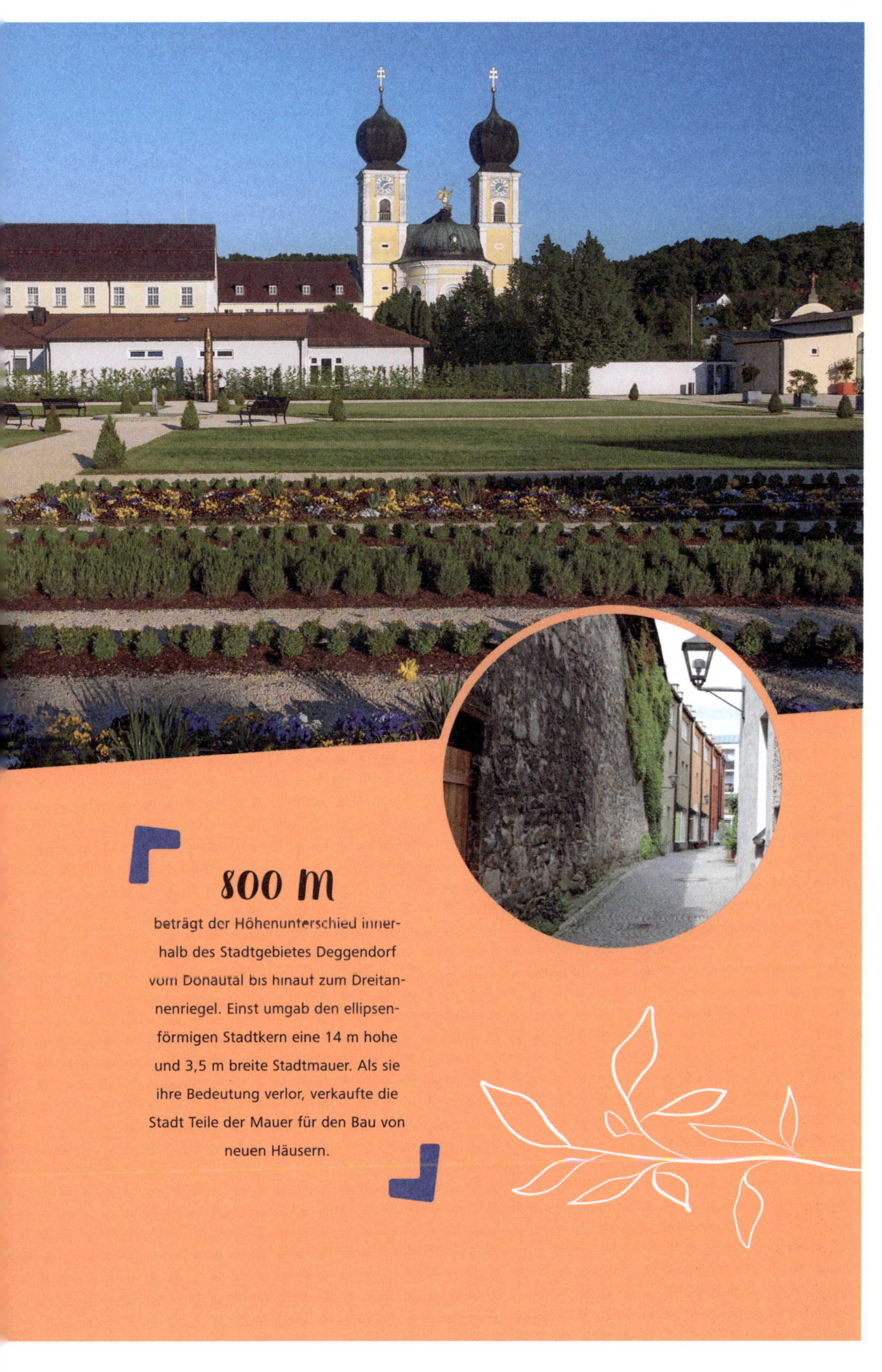

800 m

beträgt der Höhenunterschied innerhalb des Stadtgebietes Deggendorf vom Donautal bis hinauf zum Dreitannenriegel. Einst umgab den ellipsenförmigen Stadtkern eine 14 m hohe und 3,5 m breite Stadtmauer. Als sie ihre Bedeutung verlor, verkaufte die Stadt Teile der Mauer für den Bau von neuen Häusern.

Himmel der Wissenschaft und Kunst

An die 35.000 Bücher befinden sich in der durch ihre Fresken, Skulpturen und Stuckarbeiten berühmt gewordene Klosterbibliothek im 2 / Kloster Metten.

Rittersaal, Spielsaal und ein prunkvoller Konzertsaal versetzen uns in eine Märchenwelt. Besichtigungen täglich von 10–16 Uhr.

Kniebrecher zur Wallfahrtskirche

Passhöhe

Von der Staatsstraße biegen wir nach 200 m links Richtung Bernried ab und radeln nach Innenstetten. An der Straßenkreuzung wenden wir uns nach rechts und gelangen über Medernberg nach Leithen. Vor uns erhebt sich der Schachenberg, den wir jetzt bezwingen müssen. Schräg links führt das Sträßchen steil bergwärts zu den Häusern von Hauptmannsgrub. Bald haben wir die „Passhöhe" mit 620 m erreicht und rollen talwärts über Oberhirschberg und Endbogen ins Tal des Kollbachs. Gegenüber geht's den Hang hinauf nach 4 / Grafling. Auf der Dettinger Straße radeln wir zum Rathaus. Hier halten wir uns geradeaus zur Hauptstraße und folgen ihr Richtung Bahnhof Grafling-Arzting. Hinter der Bundesstraßenbrücke führt uns die Schützenstraße nach Arzting und Wühn.

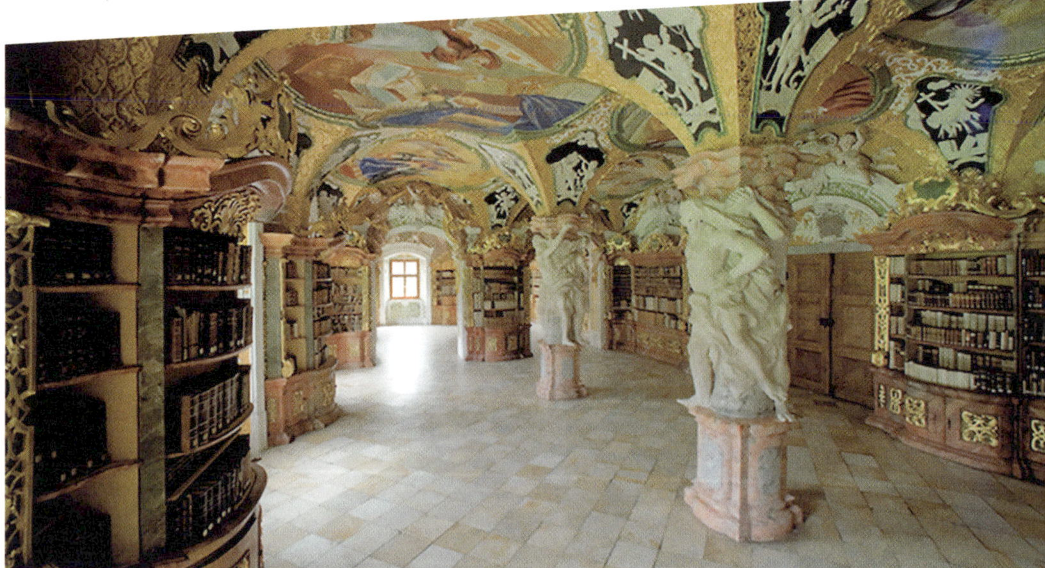

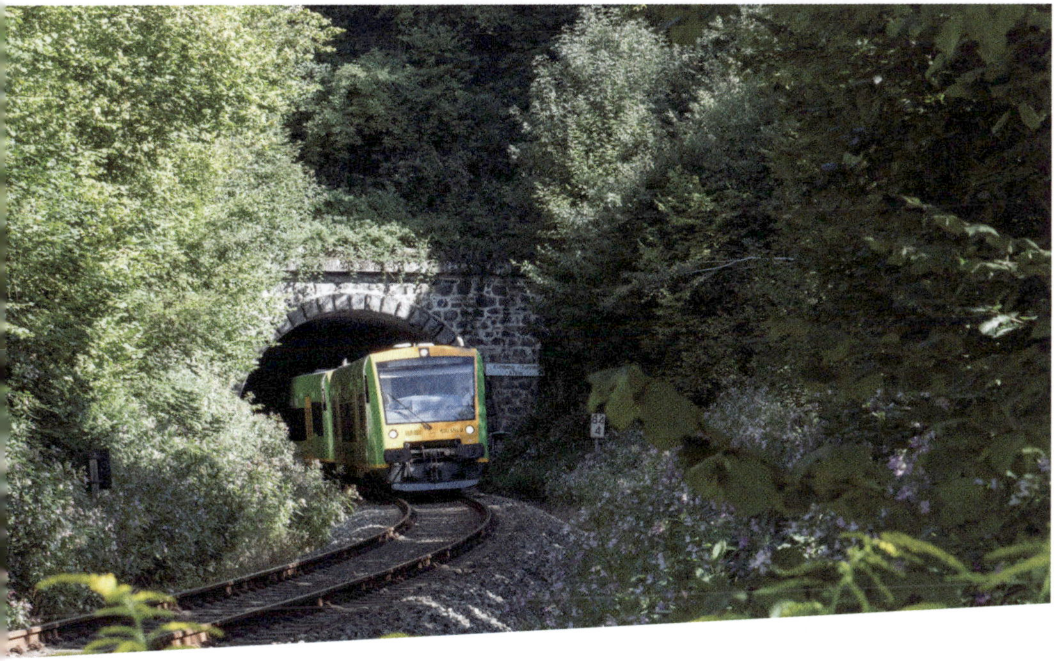

Waldbahn

Hier haben wir eventuell das Glück, dass die Waldbahn neben uns vorüberfährt und nach wenigen Augenblicken wieder über uns erscheint. Sie vollführt eine enge Kurve am Kühberg und verschwindet in einem Tunnel, bevor wir sie wieder sehen. Wir aber stoßen bald auf die Straße, die von Deggendorf heraufkommt und der wir nach Oberprechhausen folgen. Steil radeln wir neben dem „Kniebrecher", so heißt der Fußweg zur 5 / Wallfahrtskirche St. Ulrich, hinauf, eben zur besagten Wallfahrtskirche. Im Inneren fällt sofort das Deckengemälde aus dem Jahr 1754 ins Auge, aber auch die übrige barocke Ausstattung. Vom Gedenkstein bei der Kirche bietet sich eine traumhafte Aussicht ins Graflinger Tal und zur Donau. Ein schöner Platz für eine Rast.

Endlich „Höhepunkt" mit Einkehr

Zurück zur Straße geht's weiter bergwärts gleich an Oberprechhausen vorbei nach Rohrmünz. Leider rollen wir nur kurz zur Rohrmünzmühle hinab und auf dem Sträßchen weiter bergauf zum Bergdörfchen Greising unterm Hohenstein. Hier haben wir den „Höhepunkt" unserer Radtour erreicht und machen endlich Rast beim 6 / Greisinger Hof (Tel. 0991 21764, Greising 30,

KM 9

45 Meter hoch ist der Burgturm von Schloss Egg, den wir besteigen. Steinmetze holten den Granit aus den Mettener Brüchen für den Umbau der Wasserburg zum Schloss. Der Überlieferung nach konnten durstige Gesellen ihre Zechschulden beim Schlosswirt „abmeißeln".

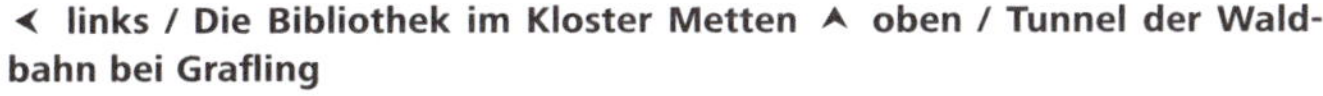

< links / Die Bibliothek im Kloster Metten ^ oben / Tunnel der Waldbahn bei Grafling

94469 Deggendorf). Dorthin geht's an der Marienkapelle vorbei und links zum Restaurant und Café. Hier gibt's Forelle aus dem eigenen Weiher und Spezialitäten aus der schwäbischen Küche. Unten an der Straße radeln wir nun talwärts an die Staatsstraße. Durchs enge Tal rollen wir hinunter zur Hackermühle, biegen links ab und sofort erneut links den Wiesenhang bergwärts. Oben in Freiberg geht's im spitzen Winkel erst rechts am Waldsaum entlang und dann über den Bergsattel durch den Wald zur 7 / Dorfschänke Nadling (Tel. 0991 37191852, Nadling 21, 94571 Schaufling), in der kleine Gerichte auf den Tisch kommen. Das Angebot nehmen wir gerne an und nehmen im Biergarten Platz. Gut zu wissen, dass es nur noch abwärts geht.

Barock am Berg

Hoch über Grafling steht die 5 / Wallfahrtskapelle St. Ulrich. Der Blick über den Gäuboden ist einzigartig. Die ehemalige Schlosskapelle überrascht uns mit wunderschönen barocken Deckengemälden.

Es geht hinunter

Von der Dorfschänke radeln wir ans Dorfende und auf dem breiten Schotterweg durch Nemering an die Staatsstraße. Auf dem Radweg parallel zu ihr erreichen wir 8 / Klessing. Hinterm Weiler biegen wir links auf die Straße nach Leoprechtstein und Breitenberg ein. Im Weiler Breitenberg geht's im spitzen Winkel links nach Mietzing.

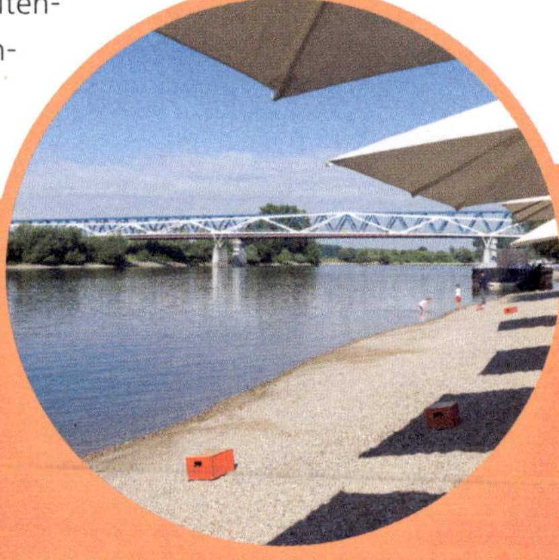

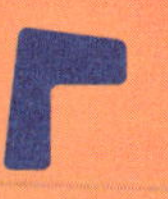

km 2282

Bei Donaukilometer 2282 bei Deggendorf mündet die Isar mit einer einzigartigen Auenlandschaft in den Fluss. Flussaufwärts am Donauufer liegt der Deggendorfer Donaupark. Hier erwarten uns Freizeit mit Strandbar und der Donausteg mit fantastischer Aussicht auf die Donau.

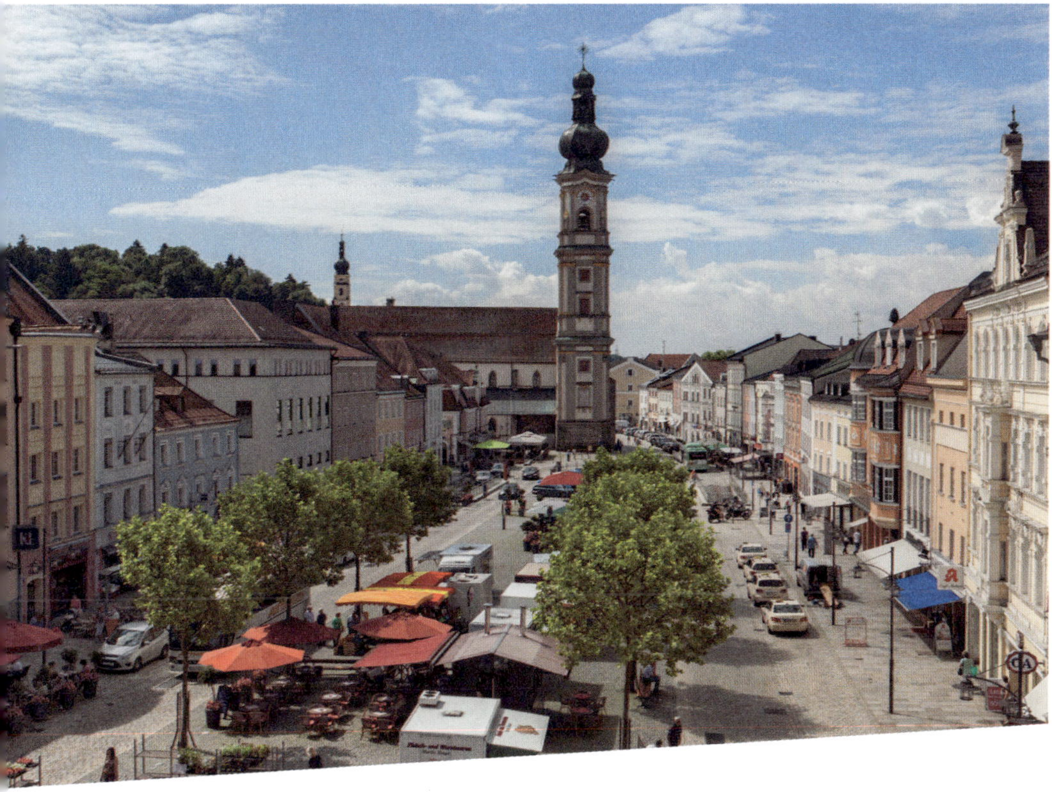

Die Straße führt Richtung Deggenau und wir verlassen sie am Abzweig nach Gailberg. Talwärts erreichen wir die 9 / Wallfahrtskirche „Zur Schmerzhaften Muttergottes" und letztendlich die Staatsstraße an der Donau.

Fast am Ziel

Wir haben es nun fast geschafft. Rechts biegen wir ein und sehen bereits den hohen Zwiebelturm der Stadtpfarrkirche Mariä Himmelfahrt. Im Innern wird „Wittelsbacher Barock" vom Allerfeinsten geboten, was man von außen nicht unbedingt erwartet. Dem Pferdemarkt entlang schauend, erblicken wir den wunderschönen Grabkirchenturm, einer der schönsten Barocktürme Bayerns und somit auch ein weiteres Wahrzeichen Deggendorfs. Das sogenanntes Heilige Grab im Gotteshaus, eine Nachbildung des Grabes Christi in Jerusalem, gab der Kirche den Namen. Wir sind am Luitpoldplatz und radeln auf das 1 / Alte Rathaus zu. Perfekte Tour.

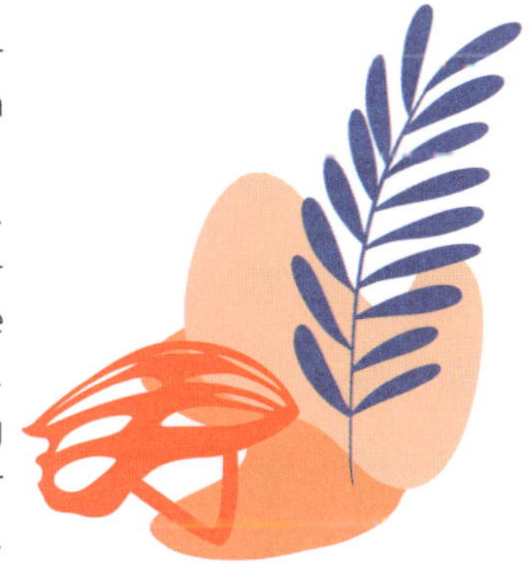

< links / Donaustrand Deggendorf mit Blick zur Fußgängerbrücke
^ oben / Der Luitpoldplatz in Deggendorf

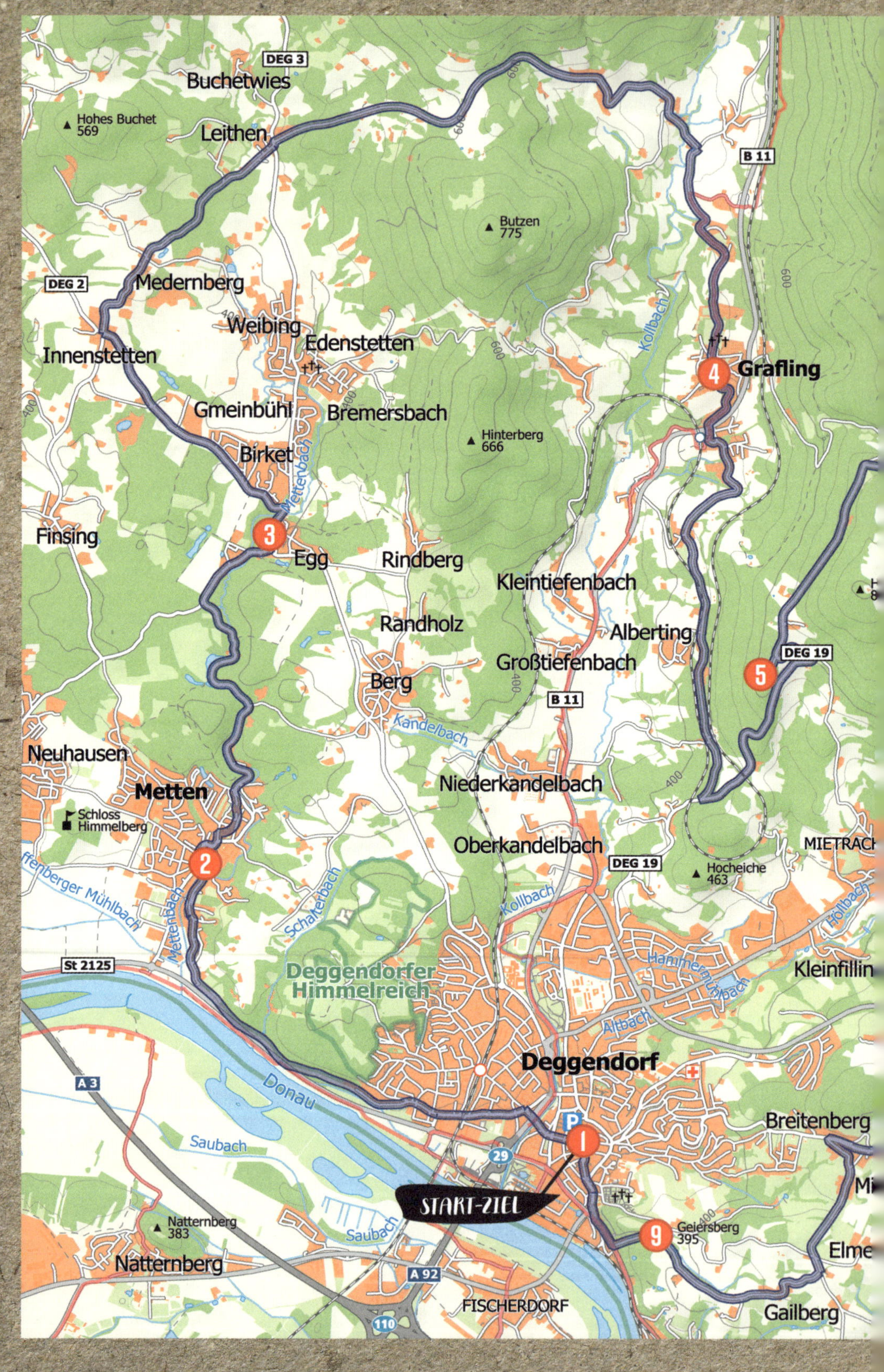

DEG 3
Buchetwies
Hohes Buchet 569
Leithen
Butzen 775
B 11
DEG 2
Medernberg
Weibing
Edenstetten
Innenstetten
Grafling
Gmeinbühl
Bremersbach
Hinterberg 666
Birket
Mettenbach
Kollbach
Finsing
Egg
Rindberg
Kleintiefenbach
Randholz
Alberting
Großtiefenbach
DEG 19
Berg
B 11
Kandelbach
Neuhausen
Metten
Niederkandelbach
Schloss Himmelberg
Oberkandelbach
DEG 19
Hocheiche 463
MIETRACH
Mettenbach
Schaffenbach
Kollbach
Hammermühlbach
Höllbach
St 2125
Deggendorfer Himmelreich
Kleinfilling
Altbach
A 3
Donau
Deggendorf
Saubach
Breitenberg
29
START-ZIEL
Natternberg 383
Saubach
Geiersberg 395
Natternberg
A 92
Elme
FISCHERDORF
Gailberg
110

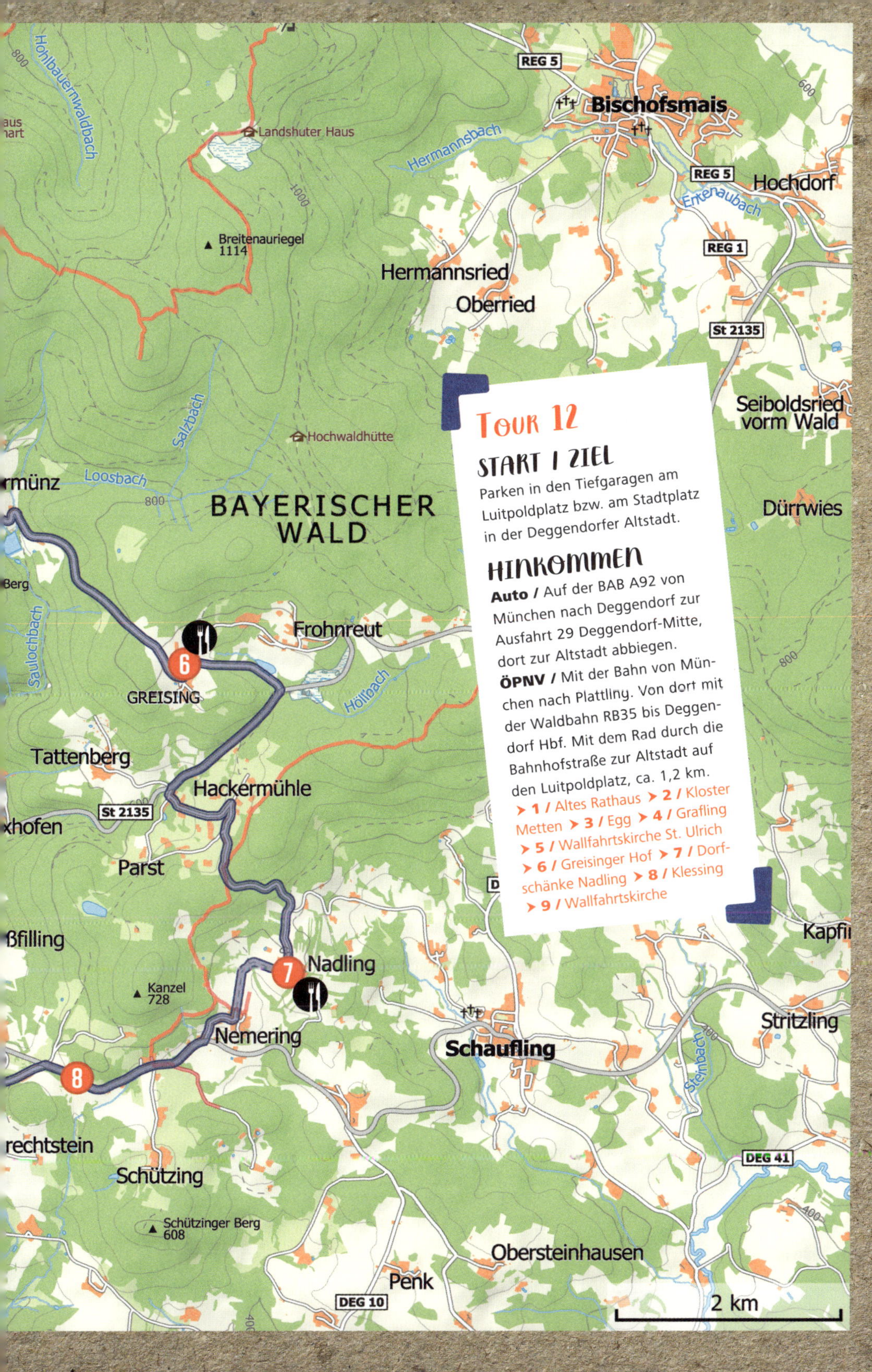

TOUR 12
START / ZIEL
Parken in den Tiefgaragen am Luitpoldplatz bzw. am Stadtplatz in der Deggendorfer Altstadt.
HINKOMMEN
Auto / Auf der BAB A92 von München nach Deggendorf zur Ausfahrt 29 Deggendorf-Mitte, dort zur Altstadt abbiegen.
ÖPNV / Mit der Bahn von München nach Plattling. Von dort mit der Waldbahn RB35 bis Deggendorf Hbf. Mit dem Rad durch die Bahnhofstraße zur Altstadt auf den Luitpoldplatz, ca. 1,2 km.
➤ 1 / Altes Rathaus ➤ 2 / Kloster Metten ➤ 3 / Egg ➤ 4 / Grafling ➤ 5 / Wallfahrtskirche St. Ulrich ➤ 6 / Greisinger Hof ➤ 7 / Dorfschänke Nadling ➤ 8 / Klessing ➤ 9 / Wallfahrtskirche
BAYERISCHER WALD
Bischofsmais
Hochdorf
REG 5
REG 1
St 2135
Hermannsbach
Entenaubach
Hohlbauernwaldbach
Landshuter Haus
Breitenauriegel 1114
Hermannsried
Oberried
Seiboldsried vorm Wald
Dürrwies
Hochwaldhütte
Salzbach
Loosbach
Saulochbach
Höllbach
Frohnreut
GREISING
Tattenberg
Hackermühle
Parst
Nadling
Kanzel 728
Nemering
Schaufling
Steinbach
Stritzling
Kapfi
DEG 41
Schützing
Schützinger Berg 608
Obersteinhausen
Penk
DEG 10
2 km

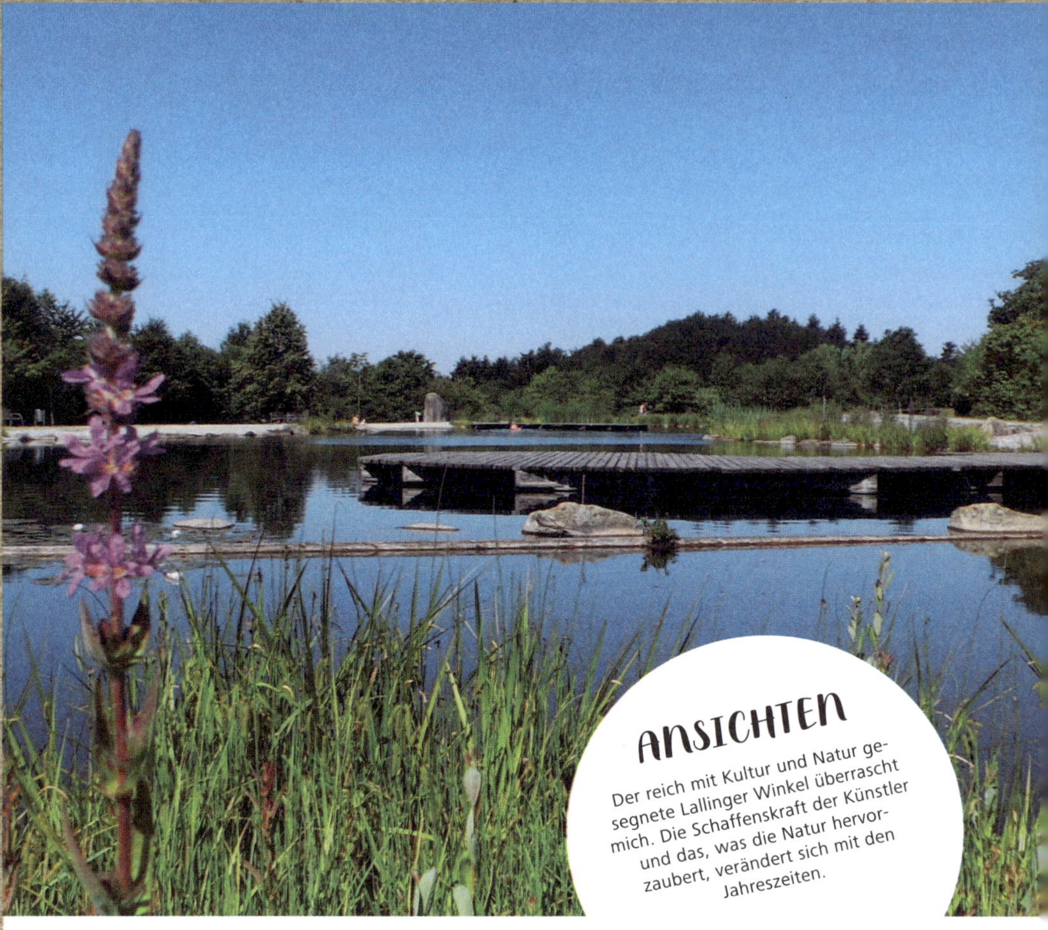

ANSICHTEN

Der reich mit Kultur und Natur gesegnete Lallinger Winkel überrascht mich. Die Schaffenskraft der Künstler und das, was die Natur hervorzaubert, verändert sich mit den Jahreszeiten.

> 1 / Die große Barockbasilika von Kloster Niederalteich beherrscht die Donauregion

> 2 / Im Tal der Ohe bei Auerbach sehen wir Auerochsen grasen

> 3 / In Stritzling bewundern wir glänzende Oldtimer

> 4 / Bei Kapfing biegen wir zu den Waidlerhäuser-Dorfensembles ab

> 5 / Im Gasthof Lallinger Hof stärken wir uns zur Rückfahrt

> 6 / Wunderschöne Keramikarbeiten sehen wir in der Töpferwerkstatt Pflugk

> 7 / Vor dem Endspurt kehren wir im Büchelsteiner Hof ein

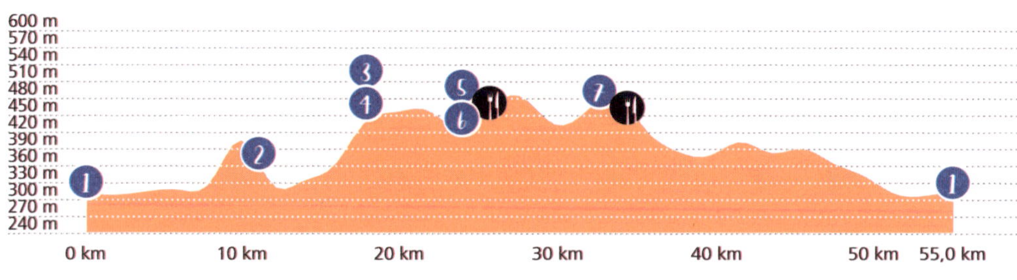

Kloster und Kunst

*Von der **Donau** in den Lallinger Winkel*

Von der Donau führt uns die Radtour durch den Lallinger Winkel an den steil aufragenden Rand des Bayerischen Waldes. Entlang der Hengersberger Ohe erreichen wir Auerbach, entdecken Oldtimer in Stritzling und Waidlerhäuser bei Lalling. Kunsthandwerk besichtigen wir in der Padlinger Mühle, bevor es anschließend talwärts in den Markt Schöllnach geht. Ab hier radeln wir auf einer alten Bahntrasse und dem Donau-Ilz-Radweg nach Niederalteich an die Donau zurück.

55 Kilometer
720 Höhenmeter
720 Höhenmeter
3:45 Stunden
Rundtour

Charakter

Sportlich ●●○○○
Abkühlung ●●○○○
Schlemmen ●●●○○
Panorama ●●●○○

Donau

Niederalteich: Wer kennt sie nicht die altehrwürdige Benediktinerabtei, das Gerhard-Neumann-Flugzeugmuseum und die Donaufähre Altaha am Donauradweg. Rund um das Kloster des heiligen Mauritius und des heiligen Nikolaus können wir das Auto parken, gleich neben den

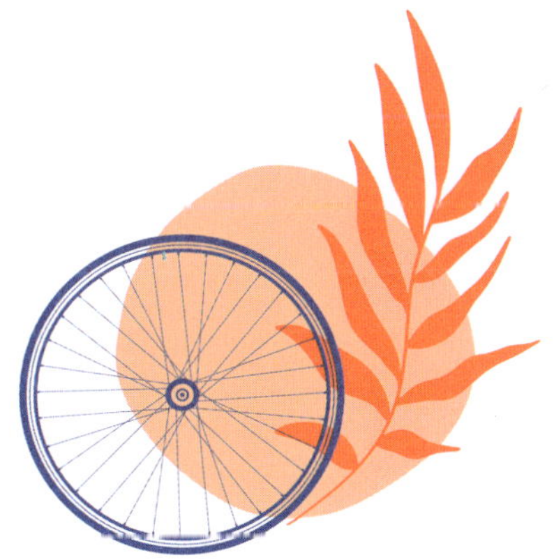

Toureninfo / Auf asphaltierten Sträßchen und entlang von Kreis- und Staatsstraßen radeln wir durchs Hügelland nach Lalling. Der Rückweg führt über kurze Abschnitte auf breiten, unbefestigten Wegen und ab Schöllnach auf einer alten Bahntrasse sanft talwärts zurück an die Donau. Keine E-Bike-Ladestationen

◂ links / Im Feng Shui Kurpark Lalling

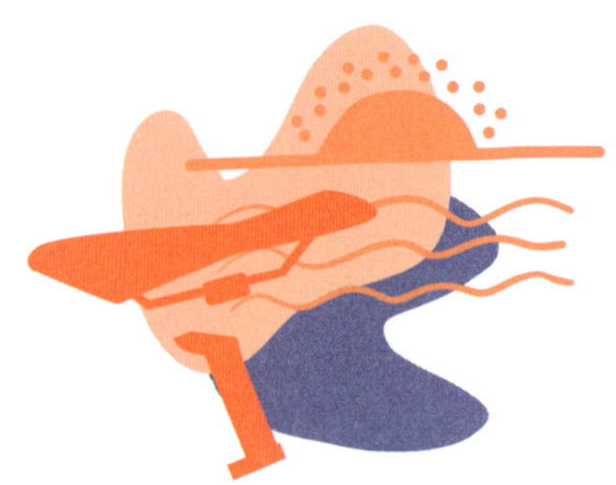

Highlights des Ortes. Das Kloster sehen wir am Ende unserer Tour wieder. Von einem der Parkplätze am 1 / Kloster Niederalteich neben der Hengersberger Straße radeln wir zur Bachstraße. Ihr folgen wir an den Ortsrand und biegen rechts ab. Uns begleitet die Radwegmarkierung des Donau-Ilz-Radweges unter der Autobahn und der Bundesstraße hindurch nach Hengersberg. Hier biegen wir von der Streiblstraße links in die Deggendorfer Straße zum Hallen- und Wellenfreibad ein. Die Erkerdinger Straße zweigt dahinter rechts ab und führt uns zum Wäldchen nahe der Grubmühle. Wir folgen dem Asphaltsträßchen links über die Hengersberger Ohe zur Grubmühle. Am Abzweig nach Zilling biegen wir ein und fahren über Ernsting nach Schweinbach. Am Ende der Straße geht's nun links hinauf nach Engolling.

PFERDESTÄRKEN

Klassische Automobile und Motorräder von einst und jetzt, mit 16 bis über 600 Pferdestärken, präsentiert uns das Fahrzeug- und Kunstmuseum Streicher. Dazwischen steht Glaskunst von Kristian Klepsch.

Auerochsen

Auf der Anhöhe rollen wir dann gleich talwärts nach Auerbach an die B533. Seit einigen Jahren sind in 2 / Auerbach auf den Wiesen der Ohe wieder Auerochsen heimisch. Es ist eine Rückzüchtung des vor über 300 Jahren ausgestorbenen Wildrindes. Wir fahren durch den Talgrund und biegen von der B533 rechts zur Sportanlage ab. Ab der Straßenkreuzung radeln wir durch das breite Ohetal nach Prechhausen. Hinterm Dorf wenden wir uns nach rechts und radeln zum Weiler Wainding. Das Asphaltsträßchen führt uns hinab an den Steinbach und im Linksbogen zur Ensbachmühle an der Staatsstraße.

Oldtimer

Hier ober enden fast alle Ortsnamen auf „ing", so auch unser nächster Weiler Urding. Ihn erreichen wir auf dem Sträßchen, das von der Staatsstraße gleich rechts abgeht. Wir nähern uns

---

➤ **rechts oben / Die Basilika der Benediktinerabtei Niederalteich**
➤ **rechts Mitte / Byzantinische Kirche in der Abtei Niederalteich**

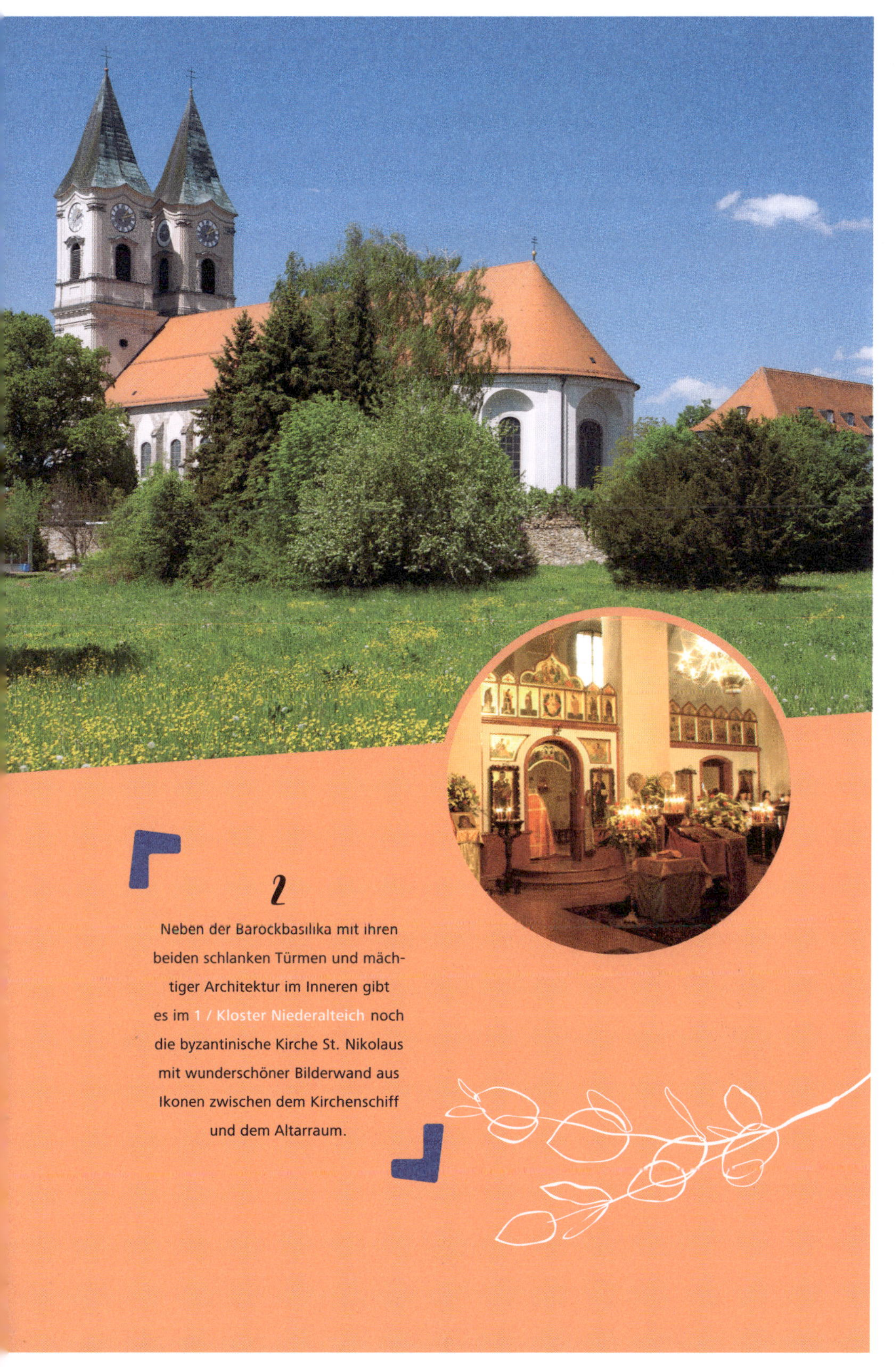

2

Neben der Barockbasilika mit ihren beiden schlanken Türmen und mächtiger Architektur im Inneren gibt es im 1 / Kloster Niederalteich noch die byzantinische Kirche St. Nikolaus mit wunderschöner Bilderwand aus Ikonen zwischen dem Kirchenschiff und dem Altarraum.

Waidler-häuser

Sie sind typisch für den **Lallinger Winkel** und ganze Dorfensembles von ihnen stehen unter Denkmalschutz. In ihnen lebten einst Menschen, die im und vom Wald lebten.

Schmankerl für Oldtimer-Fans

3 / Stritzling jenseits der Staatsstraße. Für Auto-, aber auch Motorradenthusiasten ist ein Besuch des Fahrzeug- und Kunstmuseums Streicher ein MUSS. Zahlreiche Oldtimer vom kleinen NSU Prinz bis zum legendären BMW M1 lassen unser Herz höherschlagen. Aber auch Motorradfans kommen aus dem Staunen nicht mehr heraus, wenn man die vielen Exponate sieht, die hier liebevoll zusammengetragen wurden und sich prächtig restauriert zeigen. Wir sollten aber vorher unser Kommen ankündigen, Tel. 09904 83010.

Obstschüssel Lallinger Winkel

Wir sind im tiefsten Lallinger Winkel angekommen und schwelgen in vergangenen Zeiten. Ehrwürdige, denkmalgeschützte Waidlerhäuser zieren die Region zwischen Schaufling und Hunding. In Ensbach, Gerholling, Datting und Ginn stehen ganze Dorfensembles unter Denkmalschutz. Wir kommen nach 4 / Kapfing. Im Dörfchen zweigt links ein Sträßchen zu den Dorfensembles nach Ginn und Datting ab. Sind einen Abstecher wert. Dösing, Durchfurth

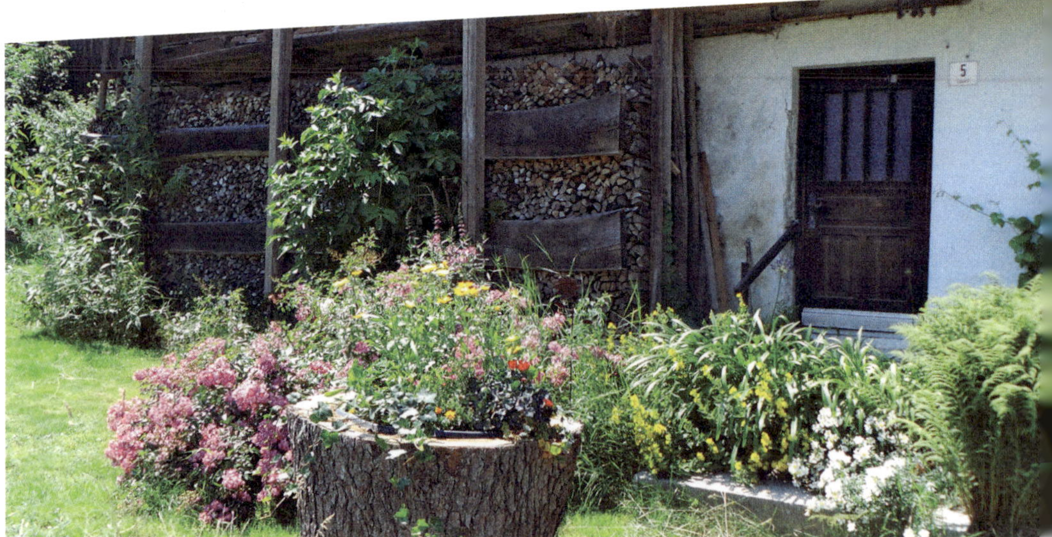

und Ranzing schmiegen sich an die steilen, bewaldeten Berghänge von Hausstein, Dattinger Berg, Hochberg und Kleinem Rachelberg. Hinter Ranzing stoßen wir auf die Kreisstraße und rollen nach Lalling talwärts. An der Bäckerei geht's nach rechts in die Hauptstraße zum Hotel und 5 / Gasthof Lallinger Hof (Tel. 09904 234, Hauptstraße 23, 94551 Lalling), ein Haus im Chaletstil. Eine Rast haben wir uns verdient.

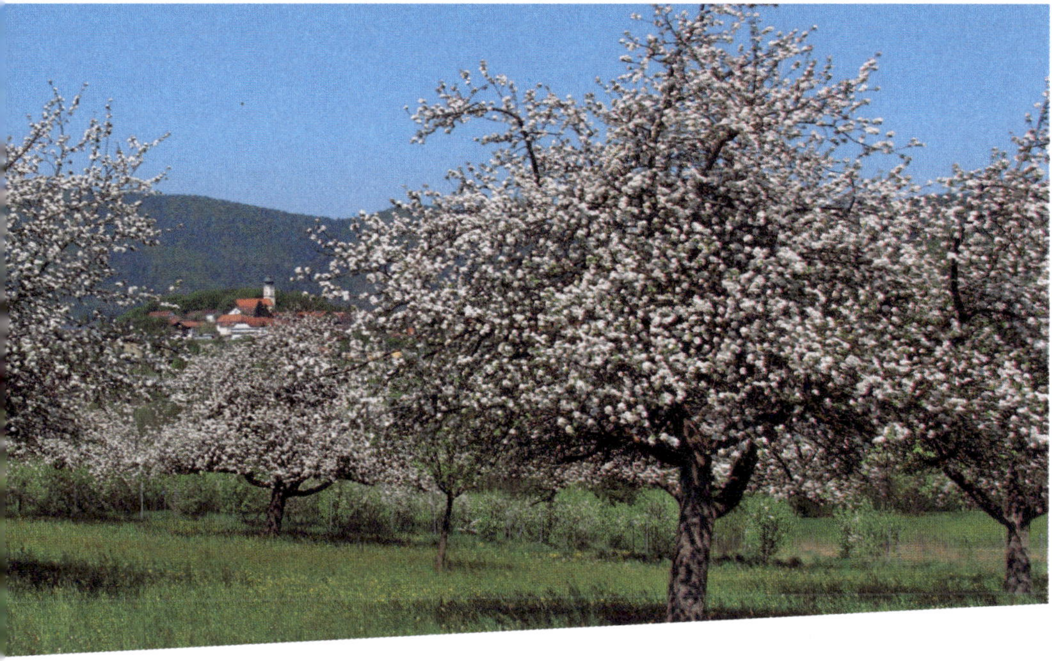

Keramik und eine Symbiose aus Metall und Organischem

Kurz fahren wir auf der Hauptstraße zurück und biegen dann rechts in den Pfarrweg Nr.2 zur 6 / Töpferwerkstatt Pflugk ein. Eine wahnsinnig einladende Ausstellung ihrer wunderschönen Handarbeiten, die wir auch kaufen können. Lassen wir uns inspirieren. Wieder zurück zur Hauptstraße und nun rechts nach Zueding und Rohrstetten zum Atelier Marcel Manche in der Hundlinger Straße 18 in Padling. Er heißt uns willkommen und wir plaudern bei einer Tasse Kaffee über Kunst, seine Skulpturen und Gemälde. Vor seinem Atelier zweigt unsere Radroute rechts zur Padlinger Mühle ab. Am Berghang gegenüber radeln wir rechts durch Kieflitz bis kurz vor die Bundesstraße. Ein breiter Schotterweg führt über den Gneistinger Bach nach Wannersdorf und an die B533. Wir biegen

Ton

Gartenkeramik, lustige Gesellen, Design-Keramik, Tassen und Schalen werden in der 6 / Töpferwerkstatt Pflugk gefertigt. Zu sehen sind die Meisterstücke des Ehepaares in einer großartigen Ausstellung. Beide veranstalten den bekannten Töpfermarkt in Lalling, immer am letzten Mai-Wochenende.

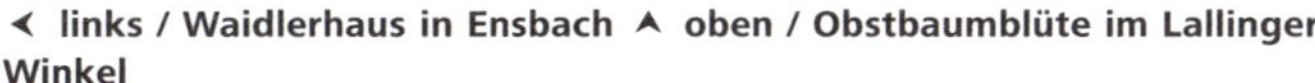

< links / Waidlerhaus in Ensbach ^ oben / Obstbaumblüte im Lallinger Winkel

auf den schmalen Weg bei der Einmüdung ein und stoßen auf die Straße, die uns nach Grattersdorf führt. Bei der Dorfkirche können wir noch mal rasten, im 7 / Büchelsteiner Hof (Tel. 09904 917, St.-Ägidius-Platz 2, 94541 Grattersdorf).

Donau-Ilz-Radweg

Die Hügellandschaft Richtung Schöllnach bringen wir auf Kreisstraßen hinter uns. Im Markt Schöllnach biegen wir auf die Waldstraße ein zur Pfarrkirche am Marktplatz. Hier zweigt die Iggensbacher Straße ab, die uns zum Wanderparkplatz an der Tiefendoblstraße führt. Wir biegen rechts ein und stoßen auf den Donau-Ilz-Radweg und die frühere Bahntrasse Hengersberg – Eging – Kalteneck. Da die Lokomotiven keine größeren Steigungen mochten, rollen wir nun sanft an Iggensbach vorbei, parallel zur Autobahn. In Schwanenkirchen schmiegt sich der Radweg ganz nah an die Häuser der Bahnhofstraße und entschwindet dann nach Hengersberg. An der Schwanenkirchener Straße findet unser cruisen ein jähes Ende. Rechts biegen wir ein und folgen aber weiterhin dem Donau-Ilz-Radweg zum Marktplatz von Hengersberg.

GOLDEN ALPACAS

Auf der Farm in Iggensbach erwarten uns ganz neugierig ein Dutzend Kulleraugen unter braun gescheckter Mähne für eine Wanderung durch die wunderschöne Natur mit dem „eigenen" Alpaka.

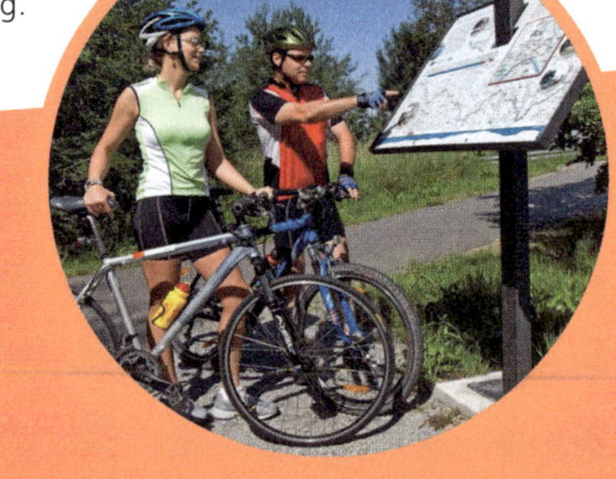

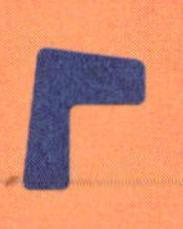

KM 55

So lang ist der Donau-Ilz-Radweg von Niederalteich nach Kalteneck. Das Besondere: Die Asphaltoberfläche auf dem Abschnitt zwischen Hengersberg und Tittling eignet sich auch für Inline-Skating und Rennräder. Ein Spaß für die Familie.

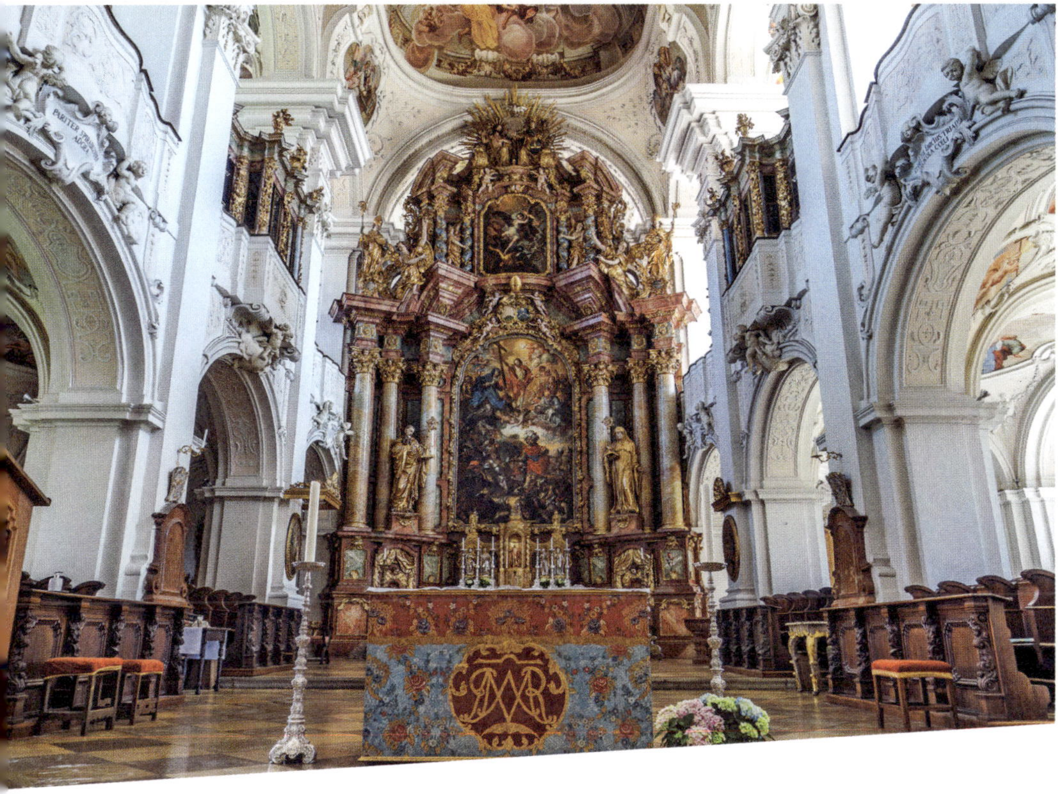

Der Marktplatz versprüht im Sommer mediterranes Flair und ist beliebter Treffpunkt von Radlern. Wer sich für die Kunst Ostbayerns erwärmt, sollte die Kunstsammlung im Spital bei der Kirche St. Nikolaus besuchen.

Zur Donau

Vom Marktplatz geht's Richtung Frei- und Hallenbad, wir biegen aber vorher von der Deggendorfer Straße links in die Streiblstraße ein. Der Donau-Ilz-Radweg führt uns über die Hengersberger Ohe wieder unter der Autobahn hindurch nach Niederalteich zum 1 / Kloster Niederalteich und unserem Startpunkt. Wenn es die Zeit zulässt, sollten wir uns noch die kostbare Klosterkirche näher ansehen. Die klösterlichen Gottesdienste werden nach dem römischen sowie dem byzantinischen Ritus gefeiert. Tun wir noch etwas für Leib und Seele und wenden uns dem Klosterhof zu, in dem deftige Brotzeiten, Kaffee und Kuchen und bayerische Schmankerln serviert werden.

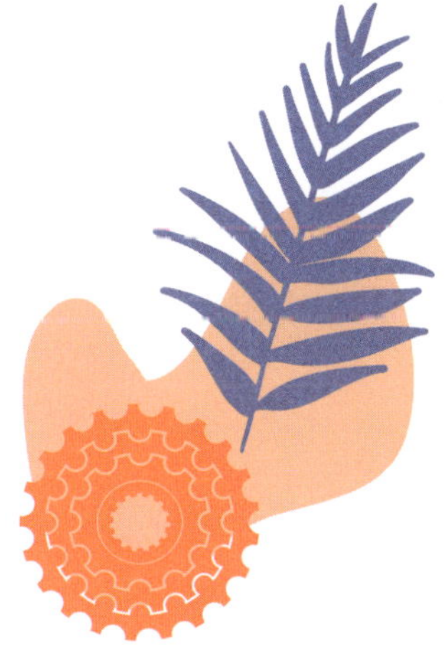

< links / Auf dem Donau-Ilz-Radweg ^ oben / Im Kirchenschiff der Basilika Niederalteich

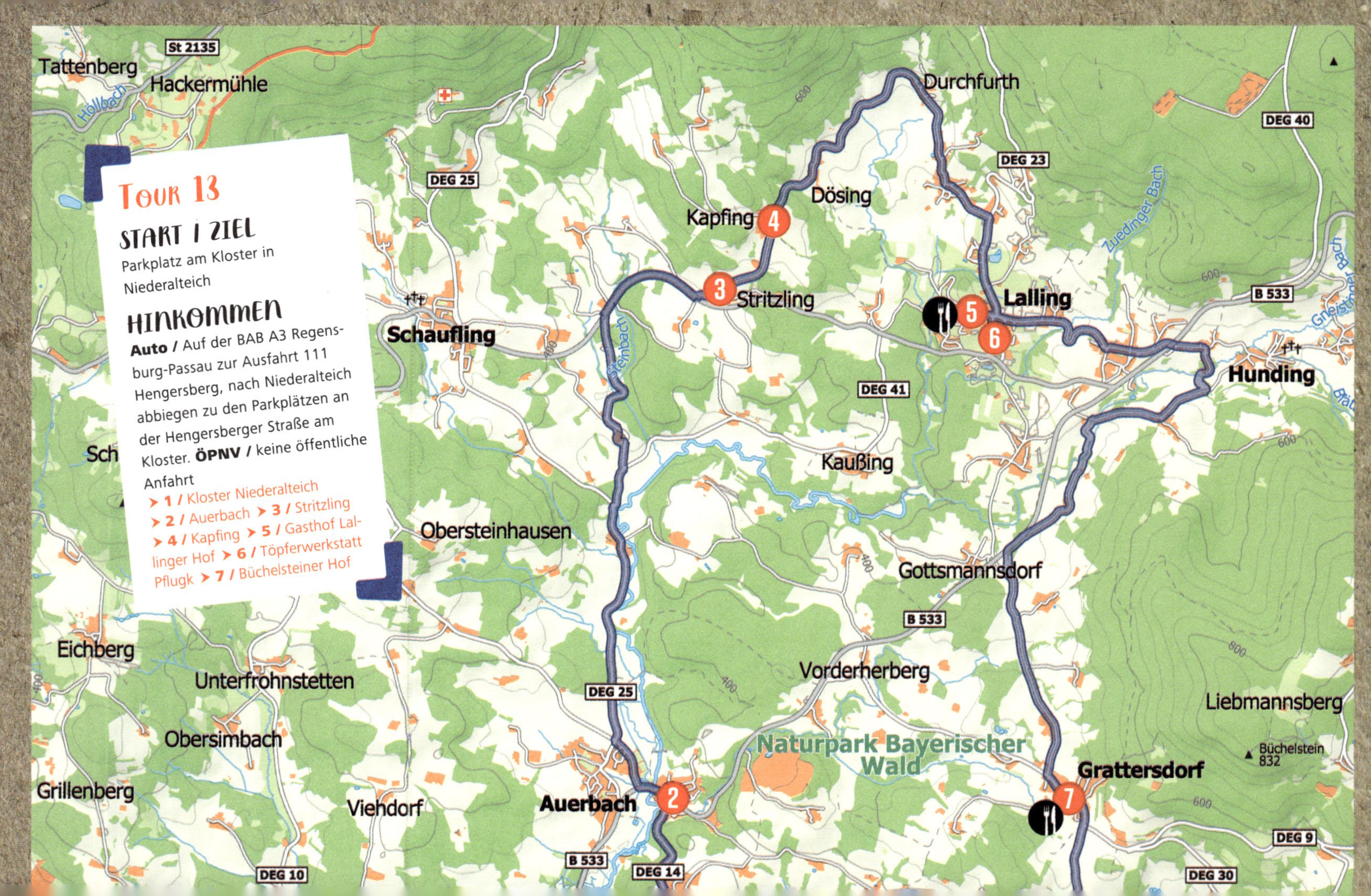
Tour 13
Start / Ziel
Parkplatz am Kloster in Niederalteich
Hinkommen
Auto / Auf der BAB A3 Regensburg-Passau zur Ausfahrt 111 Hengersberg, nach Niederalteich abbiegen zu den Parkplätzen an der Hengersberger Straße am Kloster. ÖPNV / keine öffentliche Anfahrt
➤ 1 / Kloster Niederalteich ➤ 2 / Auerbach ➤ 3 / Stritzling ➤ 4 / Kapfing ➤ 5 / Gasthof Lallinger Hof ➤ 6 / Töpferwerkstatt Pflugk ➤ 7 / Büchelsteiner Hof
Tattenberg
Hackermühle
St 2135
Höllbach
DEG 25
Schaufling
Kapfing
Dösing
Durchfurth
Stritzling
Lalling
DEG 23
DEG 40
Zuedinger Bach
Gneistinger Bach
B 533
Hunding
DEG 41
Kaußing
Steinbach
Obersteinhausen
Gottsmannsdorf
Vorderherberg
Liebmannsberg
Büchelstein 832
Naturpark Bayerischer Wald
Grattersdorf
Auerbach
Eichberg
Unterfrohnstetten
Obersimbach
Grillenberg
Viehdorf
DEG 10
DEG 14
DEG 9
DEG 30
600
400
800

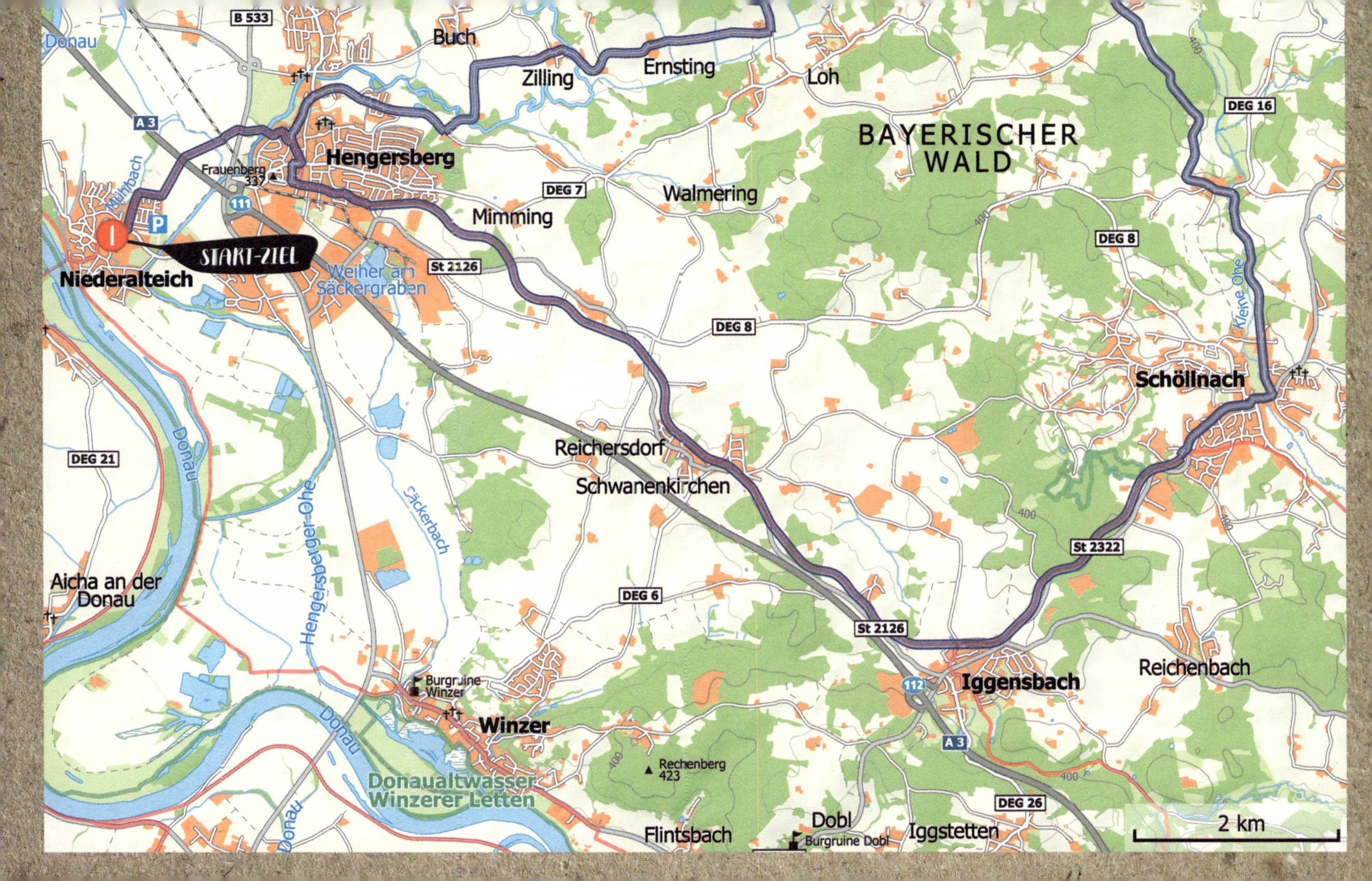

B 533
Donau
Buch
Zilling
Ernsting
Loh
DEG 16
A 3
BAYERISCHER WALD
Hengersberg
Frauenberg 337
DEG 7
Walmering
Mühlbach
111
Mimming
DEG 8
START-ZIEL
Niederalteich
Weiher am Säckergraben
St 2126
Kleine Ohe
DEG 8
Schöllnach
Reichersdorf
DEG 21
Donau
Schwanenkirchen
Säckerbach
Hengersberger Ohe
St 2322
Aicha an der Donau
DEG 6
St 2126
Reichenbach
112
Iggensbach
Burgruine Winzer
Winzer
A 3
Donau
Rechenberg 423
Donaualtwasser Winzerer Letten
DEG 26
Donau
Flintsbach
Dobl
Burgruine Dobl
Iggstetten
2 km

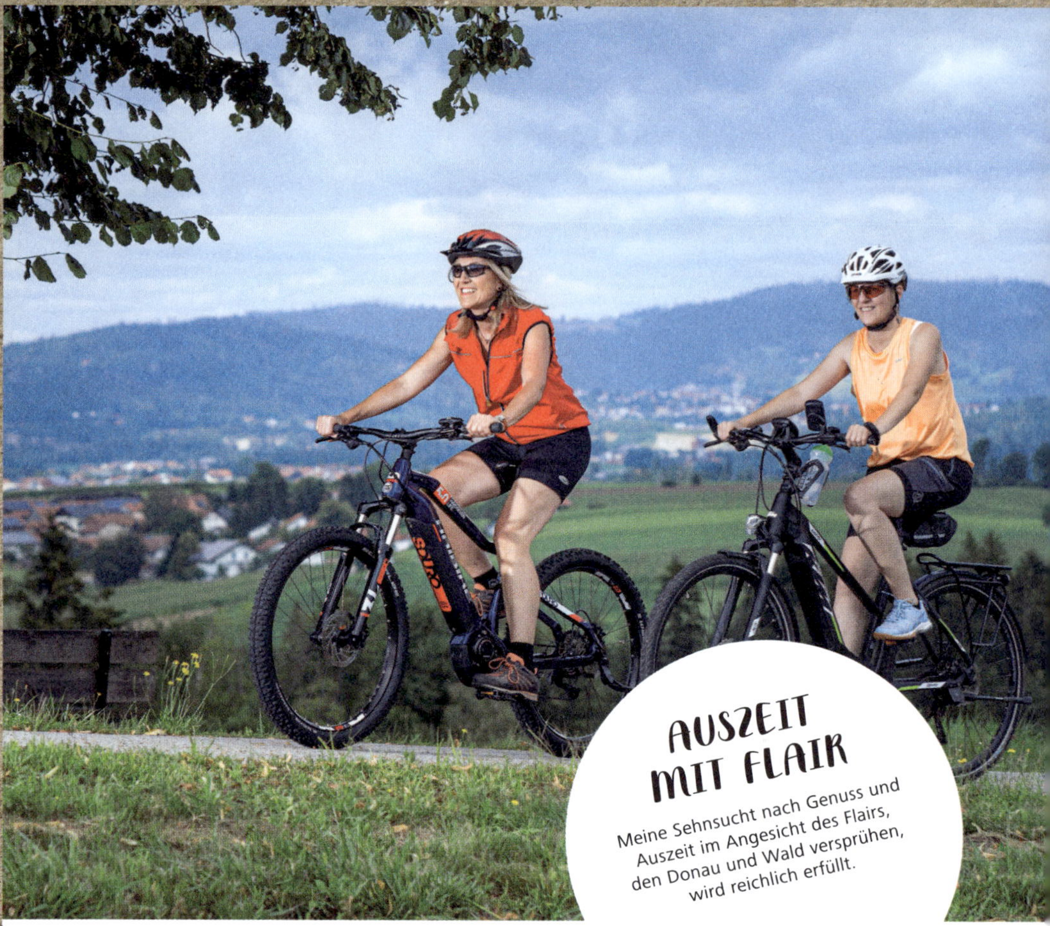

Auszeit mit Flair

Meine Sehnsucht nach Genuss und Auszeit im Angesicht des Flairs, den Donau und Wald versprühen, wird reichlich erfüllt.

> **1 /** Die Uferpromenade im Markt Obernzell finde ich großartig

> **2 /** Kurz unterwegs und im Gasthaus Kohlbachmühle kehren wir schon ein

> **3 /** Der Jochenstein gab dem Kraftwerk Jochenstein seinen Namen

> **4 /** Eine Fähre bringt uns zur Trappistenbrauerei

> **5 /** Schloss Rannariedl liegt hoch über der Donau

> **6 /** Im s' Wirtshaus Landhotel Zum Lang fühle ich mich wie Zuhause

> **7 /** Flott radeln wir durch Untergriesbach

> **8 /** In der Toasteria im Erlautal essen wir italienisch

> **9 /** Im Gasthof Kernmühle stellen wir unser Rad in der Radgarage ab

> **10 /** Im Landgasthof Zum Edlhof finden wir ein Platzerl

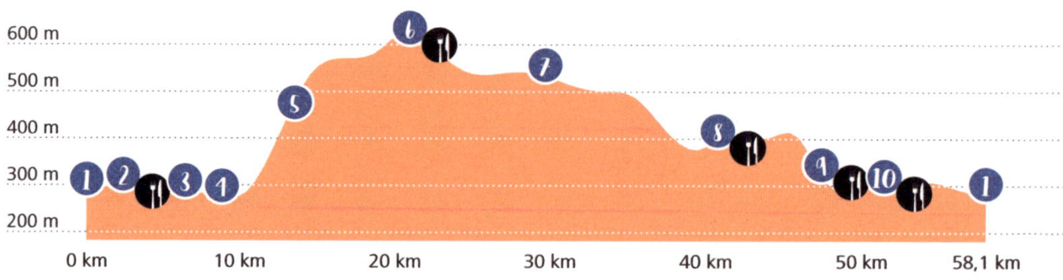

DONAU-PERLEN

An der Donau vom Abteiland ins Mühlviertel

Wir beginnen die Rundtour in Obernzell an der Donau. Ein Stück begleiten wir sie nach Österreich hinein zum Schloss Rannariedl über dem Donautal. Zurück geht's über Untergriesbach nach Schaibing und durch das romantische Aubachtal zum Gasthaus Toasteria im Erlautal. Die Eggersdorfer Teiche laden zum Baden ein. Wenig später kehren wir im Donautal Richtung Obernzell in herrlichen Wirtshäusern ein.

58 Kilometer
1001 Höhenmeter
1001 Höhenmeter
4 Stunden
Rundtour

Ziemlich eng im Tal

So richtig viel Platz hat die Donau und der Bayerische Wald dem 1 / Markt Obernzell nicht gelassen. Eng schmiegt sich die Altstadt ans Donauufer. Der Platz für ein fürstbischöfliches Schloss hat aber gereicht. Start ist in der Jochensteiner Straße auf dem Parkplatz am Schloss. Hierher kehren wir auch wieder

CHARAKTER
Sportlich ●●○○○
Abkühlung ●●○○○
Schlemmen ●●●●○
Panorama ●●●○○

TOURENINFO / Der Donauradweg führt uns ohne markante Steigung mal über Asphalt, mal auf unbefestigten Wegen. Steil geht's aus dem Donautal hinauf und auf Straßen und Sträßchen ins Aubachtal. Ein breiter Waldweg führt dort talwärts. Auf Asphalt radeln wir zur Donau hinab. Da wir durch Österreich radeln, Personalausweis oder Reisepass mitnehmen. E-Bike-Ladestation: Jochenstein, Haus am Strom, Kraftwerk 4

◂ links / Unser Radweg bei Ramesberg Richtung Untergriesbach

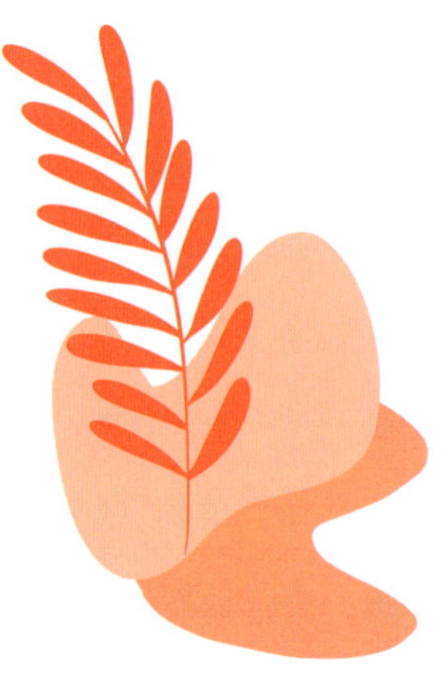

zurück. Bei der Donaufähre geht's ans Donauufer und auf dem ausgeschilderten „Donauradweg" Richtung Jochenstein. Unter den steil abfallenden Hängen der Donauleiten radeln wir auf dem separaten Radweg der Kreisstraße entlang zum 2 / Gasthaus Kohlbachmühle (Tel. 08591 320, Kohlbachmühle 1, 94107 Untergriesbach). Gleich mal einkehren. Von der herrlichen Donauterrasse beobachten wir die vorbeiziehenden Kreuzfahrtschiffe. Gegenüber auf österreichischer Seite erkennen wir weithin sichtbar Burg Vichtenstein überm Tal.

Erlebnisausstellung

Strom abwärts passieren wir den Sportboothafen Grünau und erreichen danach das 3 / Kraftwerk Jochenstein. Die Grenze verläuft mitten durchs Kraftwerk. Auf unserer Seite liegt die Donauschleuse und das „Haus am Strom", Natur & Technik im Donautal. Die Ausstellung ist verpackt in einer einzigartigen Architektur. Wir radeln am Dorf Jochenstein vorbei und kommen an die Grenze zu Österreich. Gegenüber liegt Engelhartszell mit dem berühmten Trappistenkloster und der alles überragenden Rokoko-Stiftskirche. Wer sich das Kloster ansehen möchte und eine Führung durch die Trappistenbrauerei machen möchte, der lässt sich mit der 4 / Fähre beim Uferhäusl übersetzen.

„DEM GUTEN ZEIT UND STILLE GEBEN"

ist der Leitspruch der Trappistherstellung im Stift Engelszell. Die Biere werden nach dem Vorbild der Belgischen Trappistenbrauereien gebraut.

Schloss Rannariedl

Bald erreichen wir das Dorf Kramesau und das Pumpspeicherkraftwerk Ranna. Vom über uns liegenden Stausee der Ranna schießt das Wasser in einem Stollen durch den Berg ins Maschinenhaus und treibt Turbinen an. Hier verlassen wir das Donautal und machen uns an den Anstieg zum 5 / Schloss Rannariedl. Es liegt mächtig auf dem bewaldeten Steilhang der Donauleiten.

➤ rechts oben / Das Jochenstein-Kraftwerk ➤ rechts Mitte / Die Umweltstation Haus am Strom beim Jochenstein-Kraftwerk

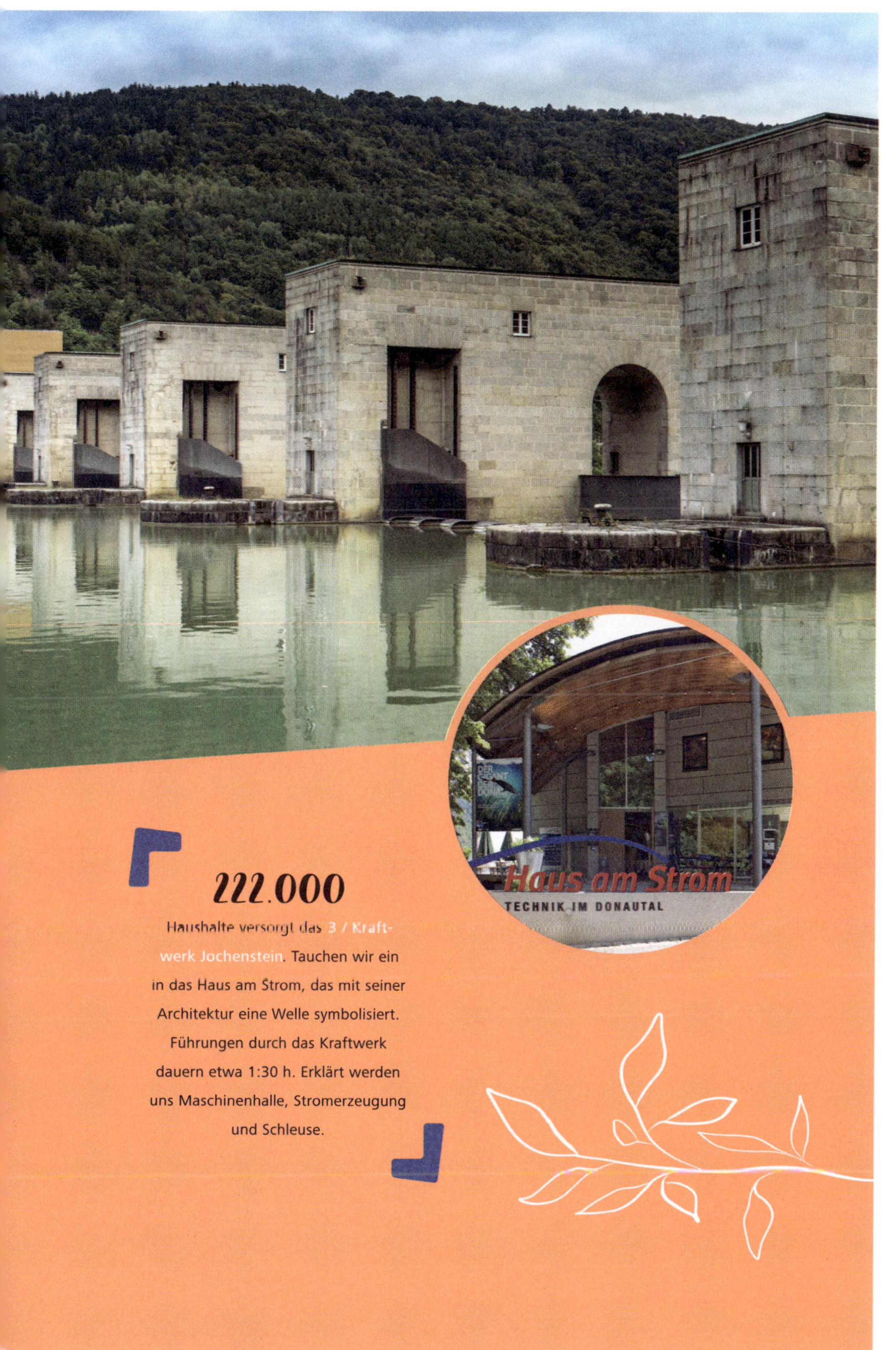

222.000

Haushalte versorgt das 3 / Kraftwerk Jochenstein. Tauchen wir ein in das Haus am Strom, das mit seiner Architektur eine Welle symbolisiert. Führungen durch das Kraftwerk dauern etwa 1:30 h. Erklärt werden uns Maschinenhalle, Stromerzeugung und Schleuse.

Wasserkraft

Neben dem Pumpspeicherkraftwerk Kramesau kehren wir in einer gemütlichen Jausenstation ein. Das Wasser vom Rannastausee oberhalb der Donau wird hier zur Stromerzeugung genutzt.

Auf dem Panorama-radweg

Links biegen wir auf das Asphaltsträßchen ein und stoßen auf die Landesstraße, die uns bergauf zum Schloss führt. Leider ist das schöne Schloss nicht zu besichtigen. Also radeln wir auf der Straße nach Dorf. Mitten durchs Dorf geht's Richtung Pühret. Vor dem Ort verzweigt sich die Straße und wir halten uns links nach Pühret hinein. Am Hotel Weiss vorbei gelangen wir über Wiesen mit Waldinseln im herrlichen Mühlviertel nach Großmollsberg, Kleinmollsberg und Haitzendorf.

s' Wirtshaus

Von hier ist die Grenze nach Deutschland ganz nah. In der Kurve zweigt ein schmaler Weg links in den Wald ab. Im Linksbogen geht's über die Grenze an die Straße nach Gottsdorf. Gleich an der Pfarrkirche kehren wir in einem echten bayerischen Wirtshaus ein, im 6 / s' Wirtshaus Landhotel Zum Lang (Tel. 08593 93300, Alte Dorfstr. 29, 94107 Untergriesbach). Mo und Di sind Ruhetage. Lassen wir es langsam angehen und radeln nun auf dem ausgeschilderten „Panoramaradweg" durch die Alte Dorf-

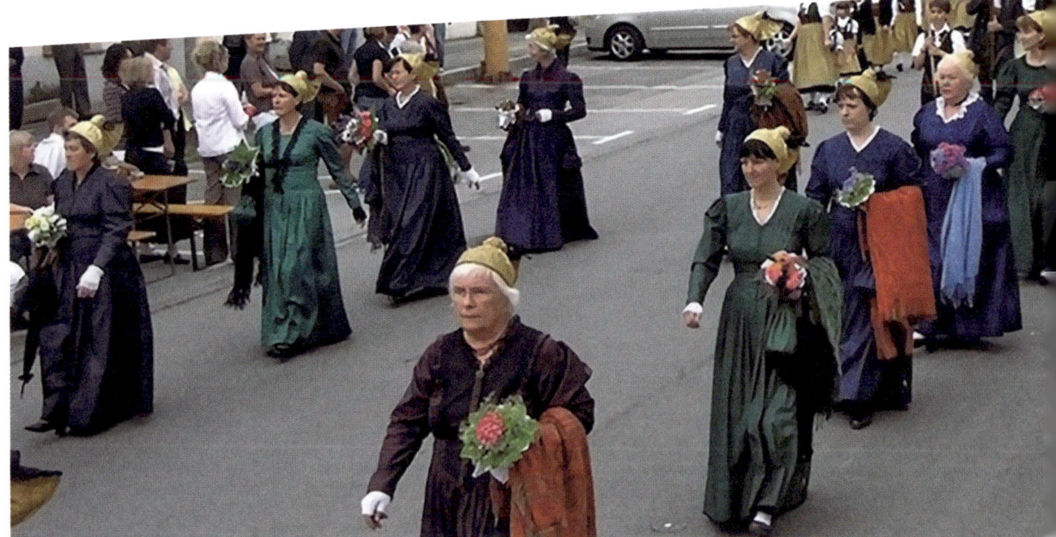

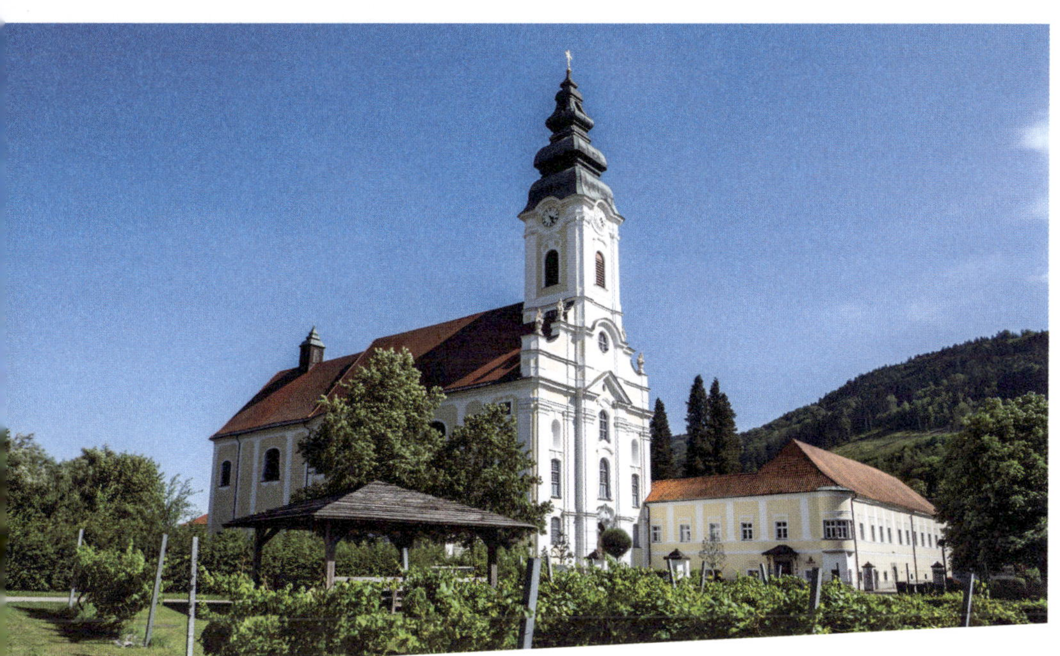

straße und biegen rechts in den Bergweg nach Ramesberg ab. An der Kreisstraße geht's kurz rechts und dann links auf das schmale Sträßchen talwärts nach Stollberg, an Rechab vorbei zur Dürrmühle.

Tälertour

Dort stoßen wir auf eine Straßenkreuzung, biegen links ab und kommen tatsächlich zu einem kleinen, aber feinen Freibad am Lämmersdorfer Graben. Hinterm Parkplatz biegen wir rechts nach Diendorf ab. Im Dorf führt der Panoramaradweg bergab zur Richtermühle und bergwärts nach 7 / Untergriesbach. Am Ortsanfang biegen wir in die Straße Brunnäcker links ein und nehmen die Pilsgasse rechts zum Marktplatz. Gegenüber fahren wir durch die Hauzenberger Straße zur Bürgermeister-Kainz-Straße. Links biegen wir ein und fahren zum Weiler Zipf. Rechts führt uns nun ein schmales Sträßchen nach Schaibing. Wir biegen auf die Schaibinger Straße ein und an der Dorfstraße rechts. Beim Gasthof Schaibing geht's rechts herum Richtung Aubach. Jetzt folgen wir der Wegemarkierung des „Donauperlen Radrundweges" ins Tal des Mühläckergraben und wenden uns links zur Aubachmühle. Wir bleiben im Tal auf dem breiten Schotterweg

GOLD

Unverwechselbar und echt ist die Goldhaubentracht der Untergiesbacher Frauen. Einst wurde sie nur bei Primizen und von der „Altfrau" bei großen Hochzeiten getragen. Heute sehen wir sie zu einer oberösterreichischen Tracht, z.B. an Heimattagen.

< links / Festumzug der Goldhaubenfrauen in Untergriesbach
^ oben / Stift Engelszell

und gelangen zum Sägewerk an der Mündung in die Erlau. Links geht's um das Sägewerk herum zur 8 / Toasteria (Tel. 0170 1169800, Bahnhof Schaibing 1, 94136 Thyrnau) am ehemaligen Bahnhof Schaibing. Von der Bahn ist außer der Brücke über der Erlau nicht mehr viel übrig. Wir stoßen auf die Staatsstraße und folgen ihr bergwärts nach Fattendorf.

WILDES ERLAUTAL

Ein schöner Wanderweg führt neben der stillgelegten Bahnlinie von der Kaindlmühle durch eine tief eingeschnittene romantische Schlucht nach Erlau an der Donau.

Hereinspaziert

Ab jetze führt ein Radweg der Straße entlang zu den Eggersdorfer Teichen. Hier gibt's ein kleines Freibad mit Kiosk und eine Tennisanlage. Entspannt rollen wir talwärts zur Straßeneinmündung. Hier biegen wir links auf den Radweg neben der Straße ein und kommen nach Satzbach. Gleich am Ortsanfang geht's links zur Grafmühle und zur Facklmühle talwärts und anschließend auf der Kreisstraße zum 9 / Gasthof Kernmühle (Tel. 08501 567, Kernmühle 1, 94136 Thyrnau) an der Donau. Das Herzstück ist die schöne Gaststube. Aber die Terrasse zur Donau liebe ich ganz besonders, umgeben von südlichem Flair.

Donaupromenade

Gleich hinter der Bahnbrücke stoßen wir nun auf

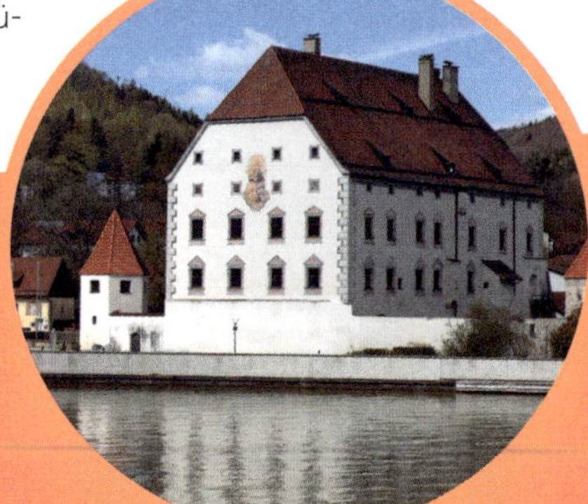

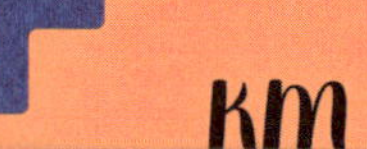

KM 58

Wir stehen vor dem Schloss Obernzell. Die Fürstbischöfe von Passau ließen im 15. Jahrhundert „In der Zell" an der Donau eine Wasserburg errichten und bauten sie im 16. Jahrhundert zu einem repräsentativen Renaissance-Schloss mit malerischem Schlossgarten aus.

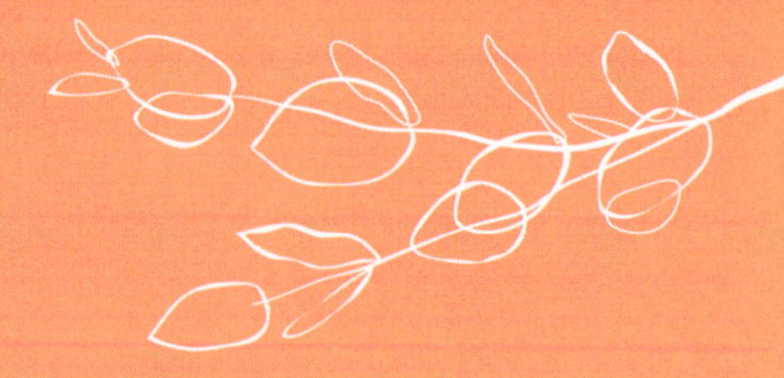

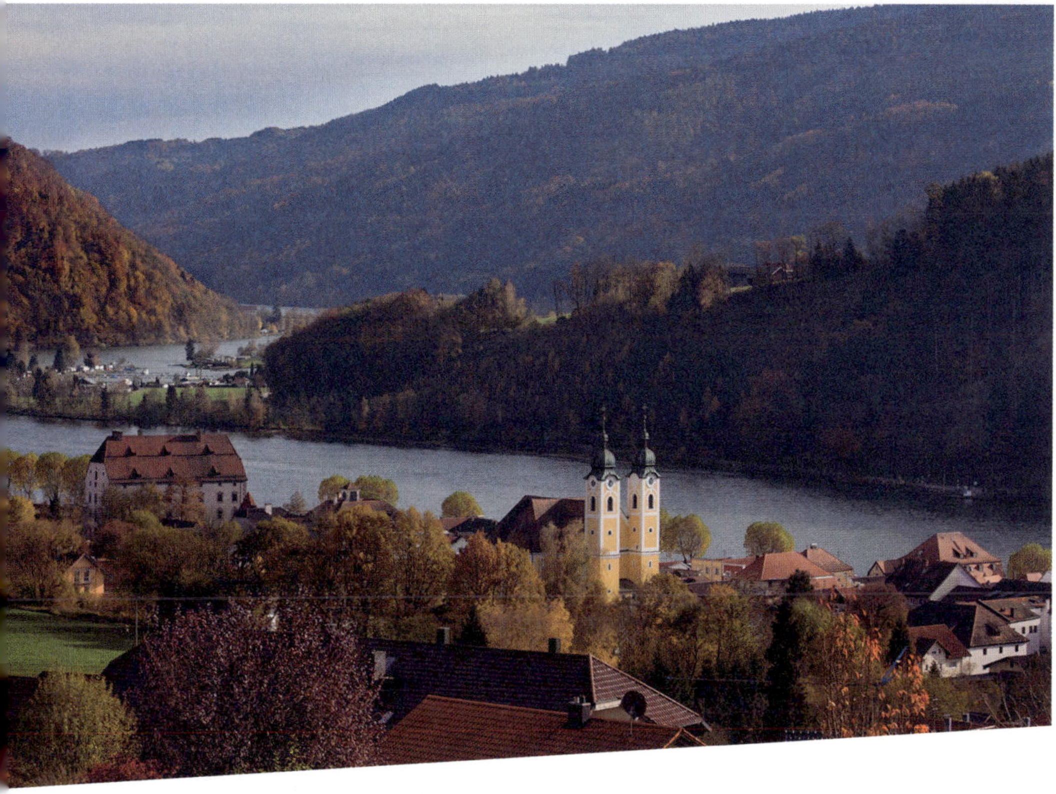

den Donauradweg. Der führt neben der Bundesstraße zum 10 / Landgasthof Zum Edlhof (Tel. 08591 466, Edlhofstraße 10, 94130 Obernzell) in Erlau. Hier herrscht bayerische Gemütlichkeit. In Erlau mündet die Erlau aus ihrer Bachschlucht in die Donau. Beide haben eine flache „Sandterrasse" geschaffen, auf der das Dorf Platz gefunden hat. Unter der steilen rund 300 m abfallenden Donauleiten kommen wir zurück nach Obernzell. Beim Campingplatz wechseln wir auf die Passauer Straße, radeln durch den schönen Marktplatz von 1 / Markt Obernzell und stoßen auf das Schloss. Wir sind zurück am Parkplatz in der Jochensteiner Straße. Bummeln wir noch durch den Markt Obernzell. Beginnen wir an der Uferpromenade, wo die Kreuzfahrtschiffe auf Augenhöhe vorbeiziehen. Wir kommen zum Schloss im malerischen Schlossgarten und besichtigen den tollen Rittersaal. Das Keramikmuseum punktet mit Exponaten der Schwarzgeschirrproduktion in Obernzell, der Fayenceherstellung aus Dießen sowie mit Nymphenburger Porzellan.

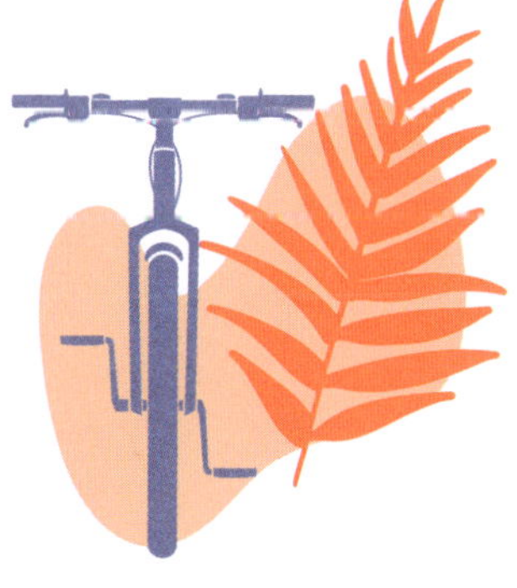

◀ links / Das Weiße Schloss von Obernzell ▲ oben / Obernzell mit Kirche und Schloss im Donautal

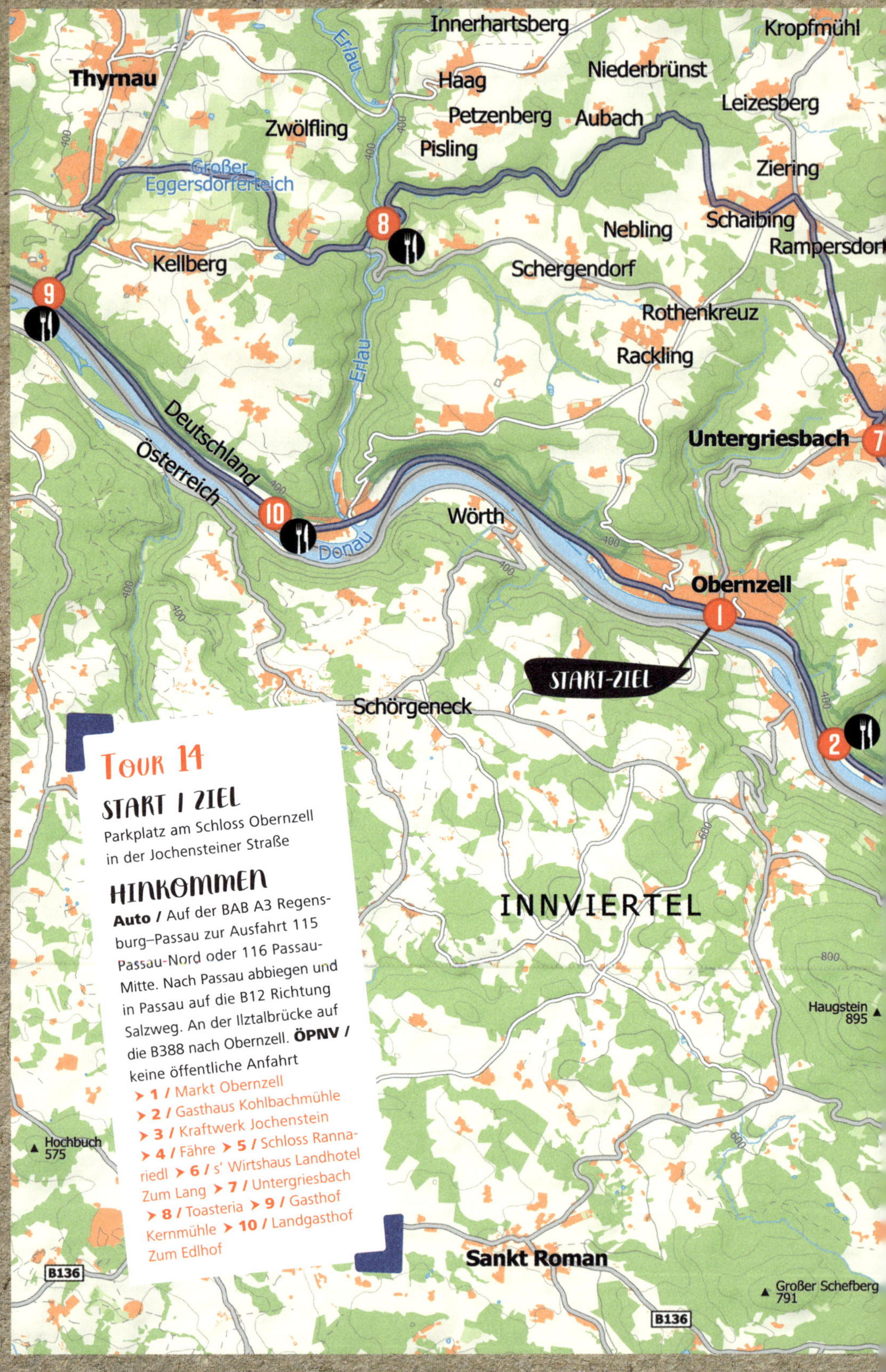

Tour 14
START / ZIEL
Parkplatz am Schloss Obernzell in der Jochensteiner Straße
HINKOMMEN
Auto / Auf der BAB A3 Regensburg–Passau zur Ausfahrt 115 Passau-Nord oder 116 Passau-Mitte. Nach Passau abbiegen und in Passau auf die B12 Richtung Salzweg. An der Ilztalbrücke auf die B388 nach Obernzell. ÖPNV / keine öffentliche Anfahrt
➤ 1 / Markt Obernzell ➤ 2 / Gasthaus Kohlbachmühle ➤ 3 / Kraftwerk Jochenstein ➤ 4 / Fähre ➤ 5 / Schloss Rannariedl ➤ 6 / s' Wirtshaus Landhotel Zum Lang ➤ 7 / Untergriesbach ➤ 8 / Toasteria ➤ 9 / Gasthof Kernmühle ➤ 10 / Landgasthof Zum Edlhof
START-ZIEL
Innerhartsberg
Kropfmühl
Thyrnau
Erlau
Haag
Niederbrünst
Leizesberg
Zwölfling
Petzenberg
Aubach
Pisling
Ziering
Großer Eggersdorferteich
Schaibing
Nebling
Rampersdorf
Kellberg
Schergendorf
Rothenkreuz
Rackling
Untergriesbach
Deutschland
Österreich
Wörth
Donau
Obernzell
Schörgeneck
INNVIERTEL
Haugstein 895
Hochbuch 575
Sankt Roman
Großer Schefberg 791
B136

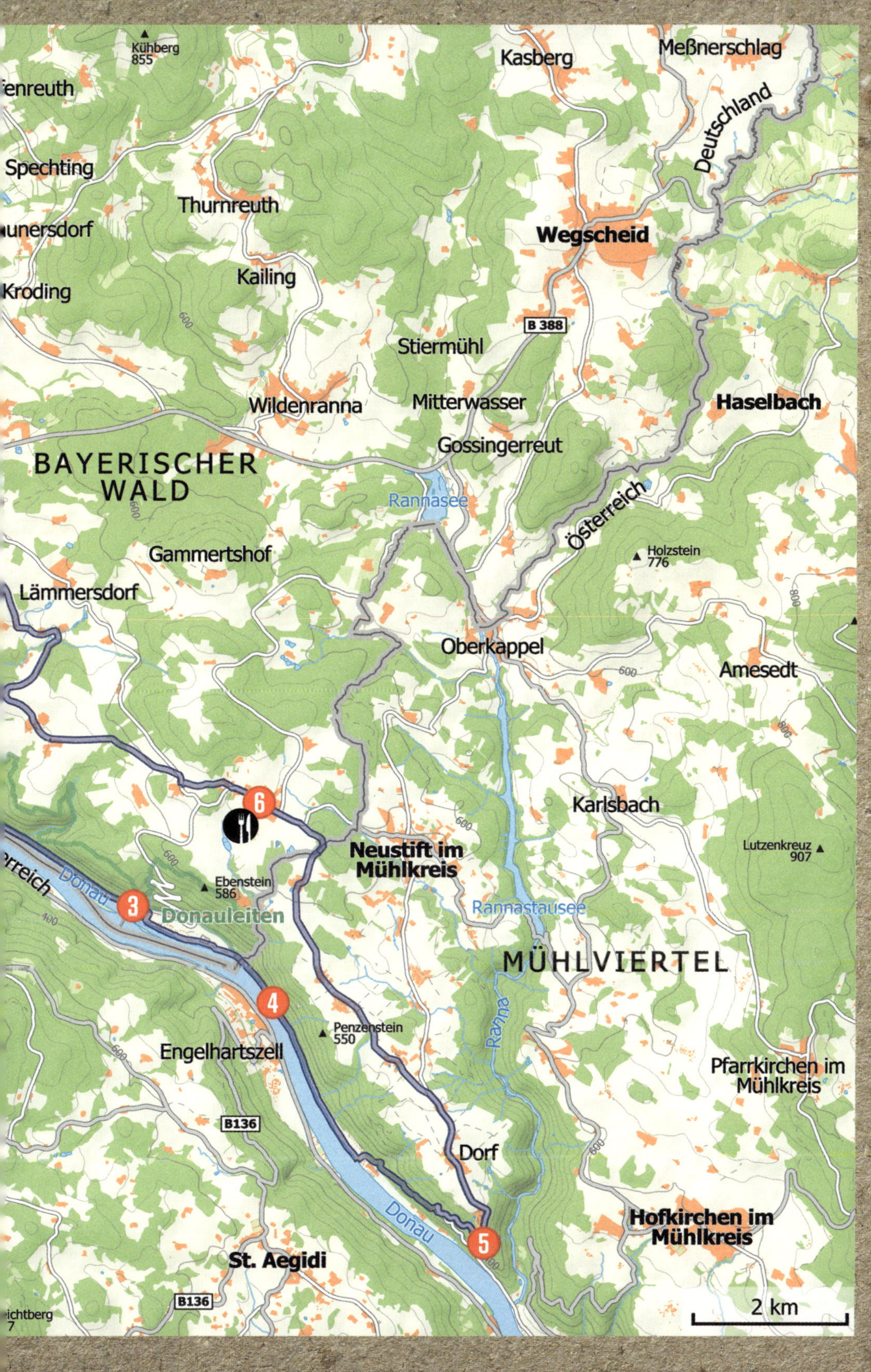
Kühberg 855
Kasberg
Meßnerschlag
Deutschland
Spechting
Thurnreuth
Wegscheid
Kailing
Kroding
B 388
Stiermühl
Wildenranna
Mitterwasser
Haselbach
Gossingerreut
BAYERISCHER WALD
Rannasee
Österreich
Holzstein 776
Gammertshof
Lämmersdorf
Oberkappel
Amesedt
Karlsbach
Neustift im Mühlkreis
Lutzenkreuz 907
Ebenstein 586
Donau
Donauleiten
Rannastausee
MÜHLVIERTEL
Penzenstein 550
Ranna
Engelhartszell
Pfarrkirchen im Mühlkreis
B136
Dorf
Hofkirchen im Mühlkreis
St. Aegidi
2 km

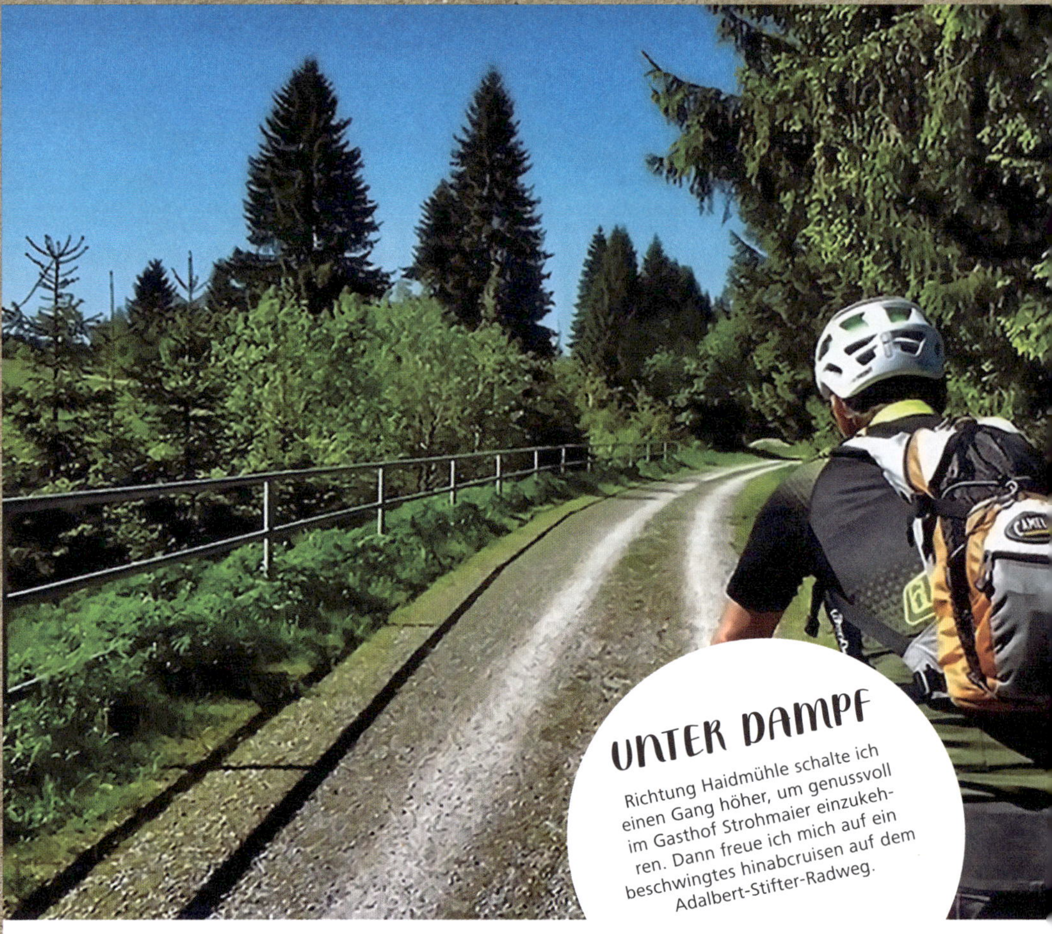

UNTER DAMPF

Richtung Haidmühle schalte ich einen Gang höher, um genussvoll im Gasthof Strohmaier einzukehren. Dann freue ich mich auf ein beschwingtes hinabcruisen auf dem Adalbert-Stifter-Radweg.

➤ **1 /** Vom Bahnhof Waldkirchen geht's Richtung tschechischer Grenze

➤ **2 /** An der Edelmühle weht uns der Duft von frischem Brot um die Nase

➤ **3 /** Ab Vorderfreundorf radeln wir durchs Waldgebiet des hohen Haidel

➤ **4 /** Von Duschlberg blicken wir hinüber zum Dreisesselberg

➤ **5 /** Wir radeln durch das Grenzstädtchen Haidmühle

➤ **6 /** Wir schauen zu unseren Nachbarn an der Grenze nach Tschechien

➤ **7 /** Endlich im Gasthof Strohmaier einkehren

➤ **8 /** Von Frauenberg ist der Dreisesselberg schnell erreicht

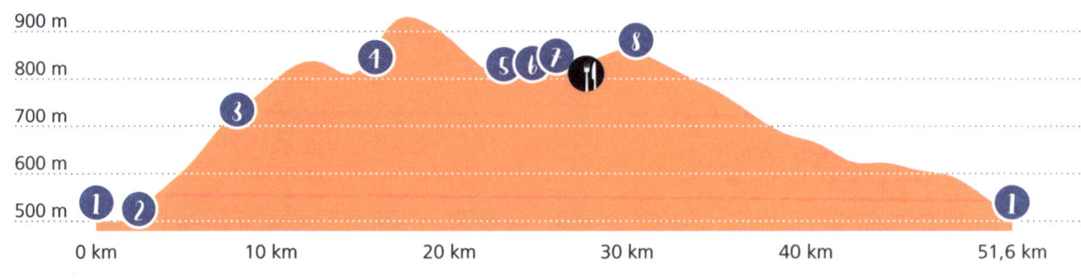

Hallo Nachbar

Unserem tschechischen Nachbarn über die Schulter geschaut

Von Waldkirchen radeln wir über den Bergrücken des Pfahl nach Vorderfreundorf gut 200 m bergwärts. Hier tauchen wir in den Duschlbergwald ein und erreichen Haidmühle an der tschechischen Grenze. Personalausweis nicht vergessen! Auf dem Adalbert-Stifter-Radweg rollen wir talwärts über Frauenberg, Neureichenau und Jandelsbrunn nach Waldkirchen zurück.

52 Kilometer
802 Höhenmeter
802 Höhenmeter
3:30 Stunden
Rundtour

Charakter
Sportlich ●●●●○
Abkühlung ●●●○○
Schlemmen ●●●○○
Panorama ●●●○○

Interkulturelle Küche

Waldkirchen ist seit 1285 Markt und wichtigstes Handelszentrum am Goldenen Steig, der alten Handelsroute nach Böhmen. In der guten Stube des Städtchens auf dem wunderschönen Marktplatz verschmelzen bayerische, böhmische und österreichische Küche zum reinen Ge-

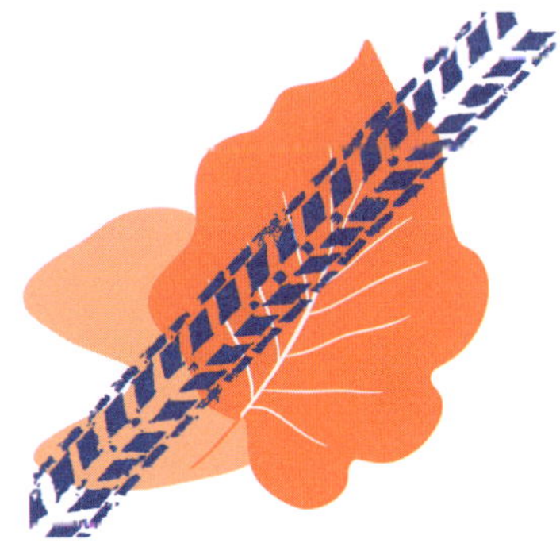

Toureninfo / Auf asphaltierten Sträßchen geht's von Waldkirchen stetig bergauf nach Duschlberg. Durch den Duschlberger Wald führen breite Waldwege ins Hochmoor von Haidmühle. Das permanente sanfte Gefälle der geschotterten Bahntrasse des Adalbert-Stifter-Radweges sorgt dann für Fahrspaß bis nach Waldkirchen. Personalausweis oder Pass mitnehmen, da wir nach Tschechien radeln. E-Bike-Ladestationen: Tourismusbüro Waldkirchen, Marktplatz 17, Waldkirchen; Tourist-Info Haidmühle, Dreisesselstr. 12, Haidmühle; Gaststätte Dreisesselalm, Frauenberg 39, Haidmühle

---

‹ links / Auf dem Adalbert-Stifter-Radweg

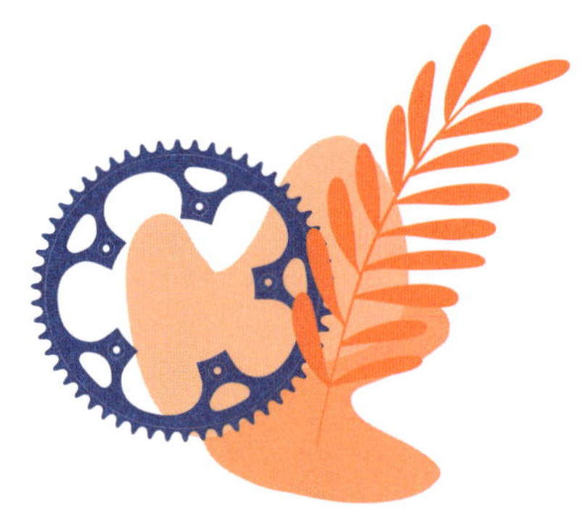

nuss. Genug geschwärmt, wir satteln auf am 1 / Bahnhof Waldkirchen der Ilztalbahn, die in Freyung ihr Ende findet. Die Bahnhofstraße führt uns erst einmal über den Bahnübergang zum Gewerbegebiet. Hier heißt die Straße immer noch Bahnhofstraße und noch dreimal queren wie die Gleise der Ilztalbahn, bis wir nach Auerbach gelangen.

Steinofenbrot

Unser Asphaltsträßchen führt uns an die Staatsstraße, der wir links zur 2 / Edelmühle folgen. Hier kommt uns der Duft von frischem Steinofenbrot aus der Brotbäckerei vor die Nase. Ein Stück geht's nun auf der Straße Richtung Böhmzwiesel. In der Straßenkurve biegen wir erst an der zweiten Straße Am Zwieselberg ein und erreichen unterm Zwieselberg wieder die Staatsstraße. Jetzt treten wir mächtig in die Pedale hinauf zur Kirche St. Konrad, sie liegt auf einer Anhöhe. Wir bleiben auf der Staatsstraße und biegen nach wenigen Radumdrehungen rechts in die Ortsstraße Am Goldenen Steig ein. An der Einmündung mit der Kreisstraße geht's rechts und gleich links auf das Sträßchen nach Pilgramsberg. Es führt uns geradewegs hindurch an eine Wegeverzweigung. Wir entscheiden uns für den mittleren Schotterweg, der in das Sträßchen Krautgärten mündet. Rechts fahren wir durch den Weiler Exenbach und biegen vor dem Waldrand links ab zur Kapelle St. Kolomann. Ein breiter Waldweg schlängelt sich nach 3 / Vorderfreundorf. Am Ortsanfang führt uns die Alte Dorfstraße rechts parallel zur Staatsstraße durch den Ort. An ihrem Ende geht's nun links an die Staatsstraße, der Dreisesselstraße.

FERNSICHT

Wenn warme Föhnwinde über die Alpen vordringen und die Luft klar ist, dann bildet die Alpenkette den Horizont. Erleben wir es am 35 m hohen Aussichtsturm auf dem Haidel bei Vorderfreundorf.

Im Abteiland

Der Berg dazu, der Dreisesselberg, liegt an der tschechischen Grenze, 1333 m hoch. Zur Zeit Kaiser Heinrichs II. war das Land

---

➤ rechts oben / Abendstimmung am Marktplatz in Waldkirchen
➤ rechts Mitte / Am Museum Goldener Steig

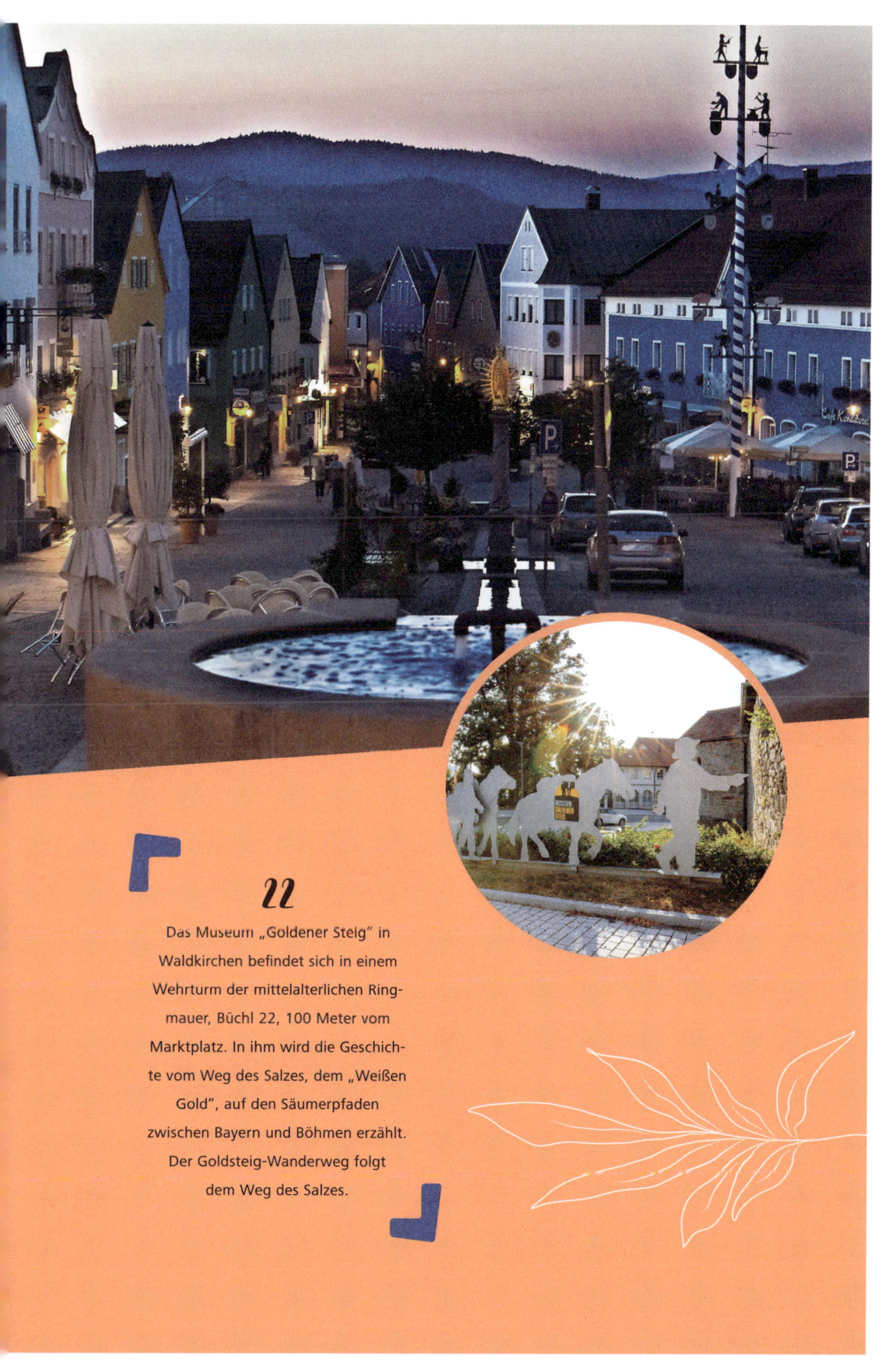

22

Das Museum „Goldener Steig" in Waldkirchen befindet sich in einem Wehrturm der mittelalterlichen Ringmauer, Büchl 22, 100 Meter vom Marktplatz. In ihm wird die Geschichte vom Weg des Salzes, dem „Weißen Gold", auf den Säumerpfaden zwischen Bayern und Böhmen erzählt. Der Goldsteig-Wanderweg folgt dem Weg des Salzes.

KALTE MOLDAU

Das Flüsschen bildet die **6 / Grenze nach Tschechien**. Während des „Kalten Krieges" war hier kein Durchkommen. Heute radeln wir hinüber in den Böhmerwald.

RICHTUNG TSCHECHIEN

als Nordwald, das Gebiet nördlich der Donau, bekannt. Im Jahre 1010 vermachte er es als „Nordwaldschenkung" dem Kloster Niedernburg in Passau. Kaiser Friedrich I. Barbarossa nahm dem Kloster das Grundeigentumsrecht 1218 aber wieder ab und vermachte das „Land der Abtei" als Reichslehen an den Bischof von Passau. Im Jahre 1803 wurden die geistlichen Besitzungen im Abteiland aufgelassen, zuerst an das Großherzogtum Salzburg und 1806 an das neu errichtete Königreich Bayern.

Hügelauf- und -abwärts

Wir verlassen Vorderfreundorf durch die Straße Fischbach, die gegenüber von der Dreisesselstraße abzweigt. Hinterm Sportplatz folgen wir dem Asphaltsträßchen nach Gschwender. Wir folgen der Radwegemarkierung schwarze 5 und grünem Grund erst mäßig, dann steiler durch den Wald hinauf und über Hinterfreundorf talwärts nach Branntweinhäuser. Kurz vor der Staatsstraße biegen wir im spitzen Winkel links ab, steil bergwärts auf

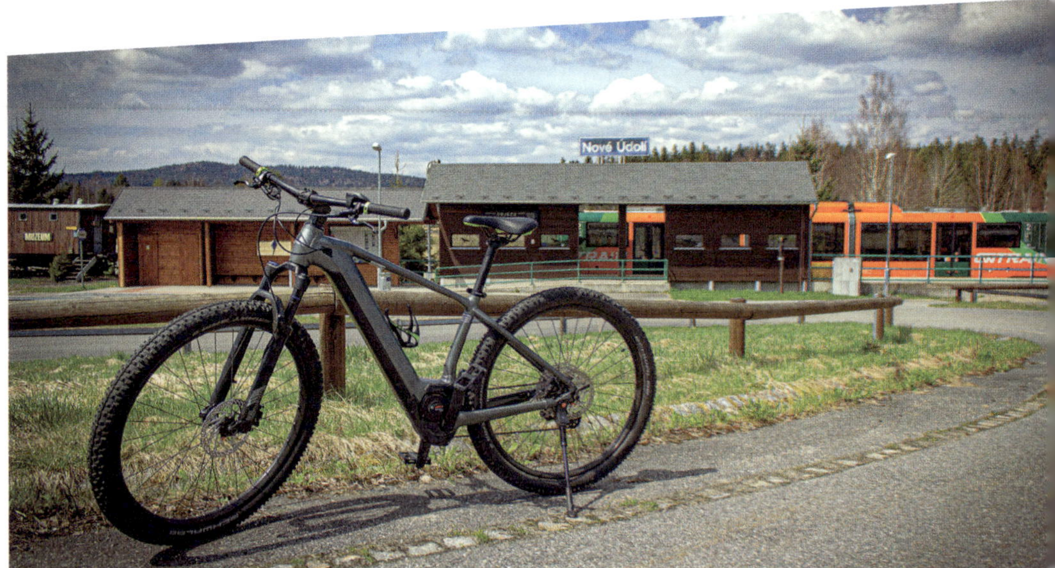

dem Asphaltsträßchen nach 4 / Duschlberg. Hier wählen wir die obere Ortsstraße am Waldrand entlang zum Wanderparkplatz am Wald.

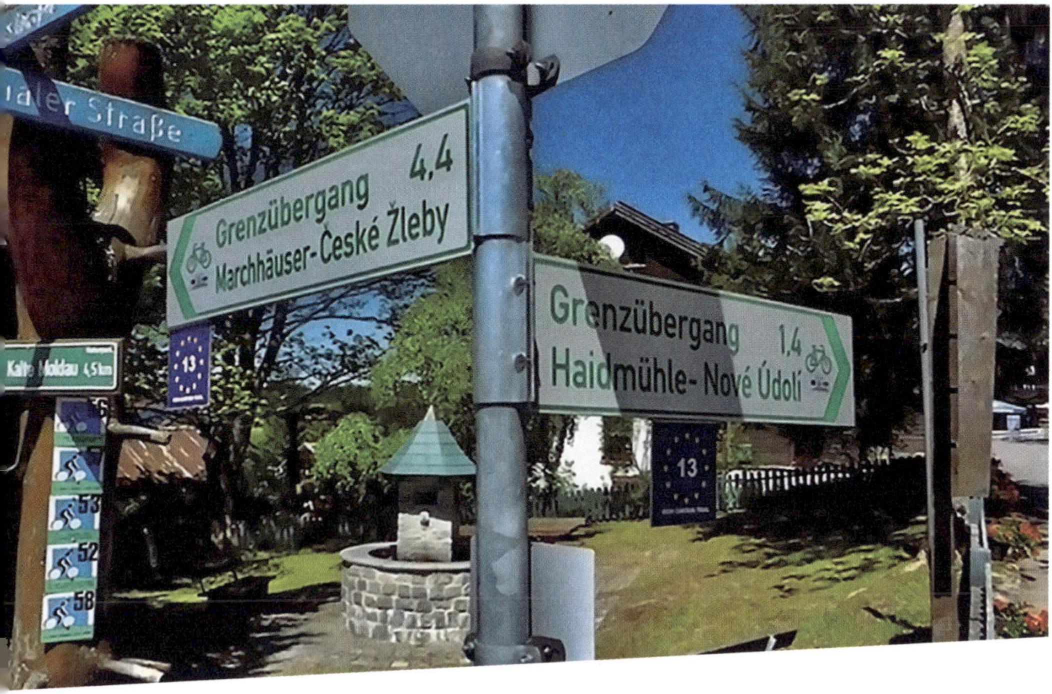

Duschlberger Wald

Die Markierung schwarze 58 führt den Hang hinauf. Am Abzweig der Nr. 58 fahren wir geradeaus und treffen sie bald wieder. Sie kommt von rechts her und führt uns talwärts über eine Lichtung zu einem Wegedreieck. Hier wenden wir uns nach rechts, weiter ohne Markierung, leicht talwärts Richtung Haidmühle. Am Waldrand treffen wir auf eine sternförmige Wegekreuzung und rollen auf dem Asphaltsträßchen nach Haidmühle. Kurz vor Haidmühle stoßen wir auf den Adalbert-Stifter-Radweg, der gemeinsam mit dem Donau-Moldau-Radweg links zur Dreisesselstraße ins Herz von 5 / Haidmühle führt.

Böhmischer Dampf

Wir fahren noch am Rathaus vorbei geradeaus in die Neuthaler Straße zur 6 / Grenze nach Tschechien. Gleich links fahren täglich Züge vom Bahnhof Nové Údolí 14 km durch den Böhmerwald

Das Gipfelkreuz des Dreisesselberges steht auf dem Hochstein, 1333 m hoch. Von 8 / Frauenberg führt eine Straße bis zum Parkplatz am Dreisesselhaus unterhalb des Gipfels. Dann sind es noch 800 m zu Fuß, die auch Kinder schaffen.

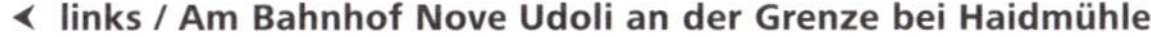

◀ **links / Am Bahnhof Nove Udoli an der Grenze bei Haidmühle**
▲ **oben / Wegweiser in Haidmühle**

nach Volary. Am Haltepunkt Tusset weiht uns dann die Informationsstelle des Nationalparks Šumava in die Geschichte des Böhmerwaldes ein. An bestimmten Tagen im Jahr dampfen Nostalgiezüge vom Bahnhof Udoli nach Volary. Zurück in Haidmühle kehren wir im 7 / Gasthof Strohmaier (Tel. 08556 490, Kirchbergstraße 25, 94145 Haidmühle, Mo + Di ist Ruhetag) ein. Der Küchenchef bereitet uns noch deftige, echte bayerische Schmankerln.

Adalbert-Stifter-Radweg

Dann nehmen wir Abschied von Haidmühle auf der Hochmoorplatte des unteren Bayerischen Waldes, zwischen Dreisessel und Haidel. Auf dem Adalbert-Stifter-Radweg geht's nach Waldkirchen zurück. Er verläuft auf der abgebauten Bahntrasse, die von Haidmühle bis nach Waldkirchen führt. 1995 wurde die Strecke stillgelegt und es entstand ein Radweg, der dem böhmischen Dichter und Schriftsteller gewidmet wurde. Am südlichen Ortsende zweigt der Radweg rechts ab und führt uns über Wiesen an den Waldrand. Uns erwarten auf knapp 27 km geschotterter Bahntrasse eine idyllische Hügellandschaft, ausge-

WAIDLERSTUBN

Bei km 34 biegen wir vom Adalbert-Stifter-Radweg nach Altreichenau ab und genießen am Dorfplatz auf der Terrasse die Abendsonne bei einem frischen Bier.

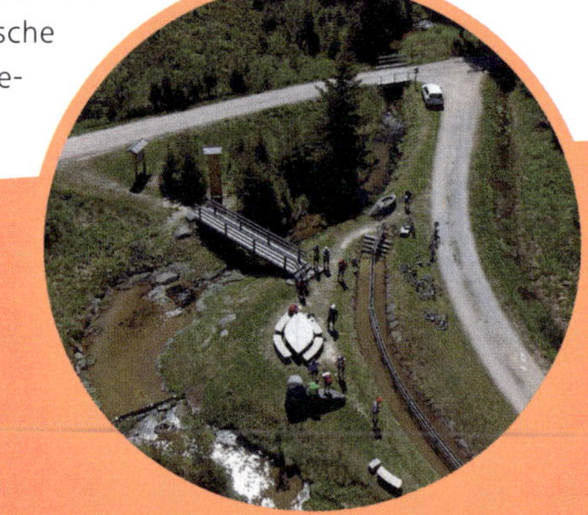

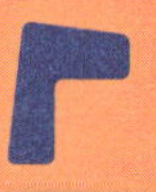

KM 44

Ein MUSS für jeden Biker. Es sind viele Raritäten wie Opel Motoclub von 1928, Obing 1924, Zündapp, BMW, NSU, die uns Frau Rosenberger in ihrem Motorradmuseum persönlich zeigt. Das Museum in Jandelsbrunn, Ortsteil Linden, beherbergt 100 alte fahrbereite Motorräder.

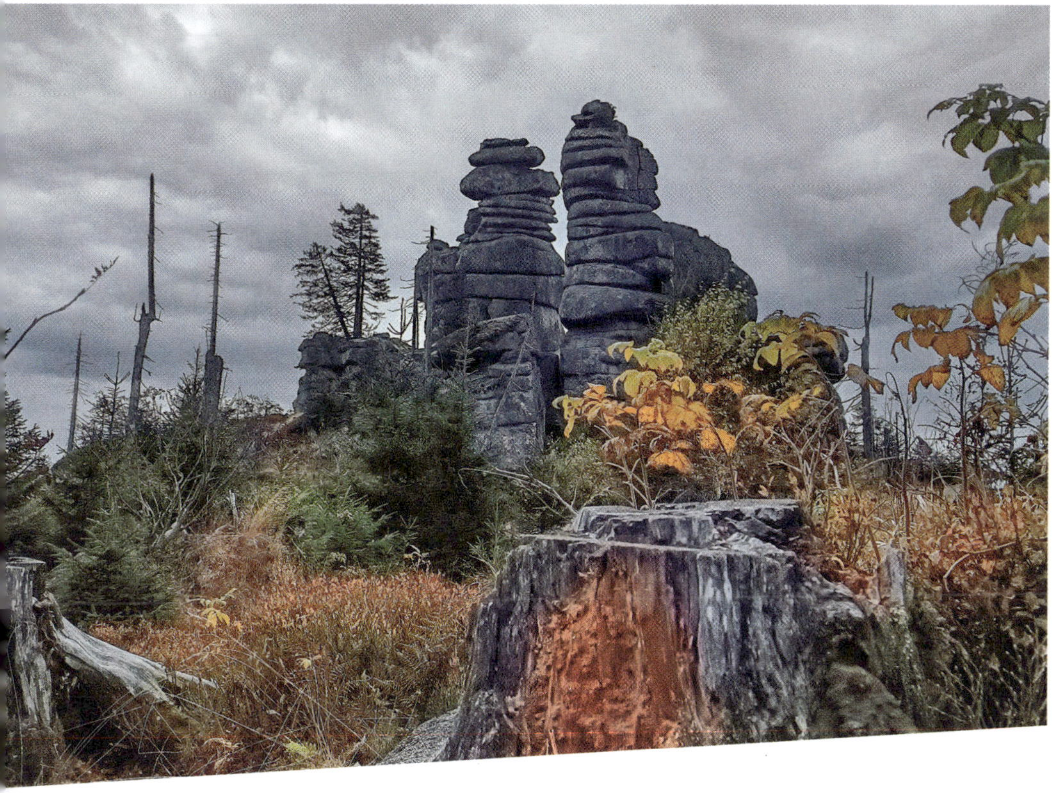

dehnte Bergwälder und emporragende Granitfelsen, alles in allem eine ursprünglich gebliebene Landschaft.

Dreisessel

Wir erreichen den Bahnhof 8 / Frauenberg. Von hier führt eine Mountainbikeroute auf den Dreisesselberg und zum Dreisesselhaus beim 1333 m hohen Gipfel. Das Dreisesselmassiv ist zweifellos der Höhepunkt des Unteren Bayerischen Waldes. Beim Berg Plöckenstein, der ist mit 1364 m die höchste Erhebung des Massivs, liegt das Dreiländereck Deutschland-Österreich-Tschechien. Die nächsten Haltepunkte wären Altreichenau und Neureichenau. Dann nähern wir uns Jandelsbrunn, blicken hinüber zur Wallfahrtskirche auf dem Wollaberg, und ehe wir uns versehen, sind wir zurück am 1 / Bahnhof Waldkirchen. Vom Bahnhof zur Altstadt ist es nur ein Katzensprung. Am Marktplatz gibt es im Restaurant „Johanns" „Gutes ganz oben". In modernem Ambiente genießen wir den Abend in stilvoller Atmosphäre mit Blick über die Dächer der Altstadt in die Bergwelt.

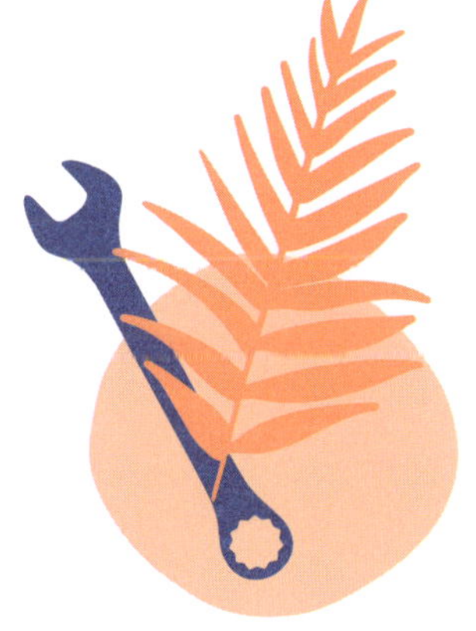

< links / Kneippanlage am Adalbert-Stifter-Radweg ^ oben / Der Gipfel des Dreisesselbergs beim Dreiländereck

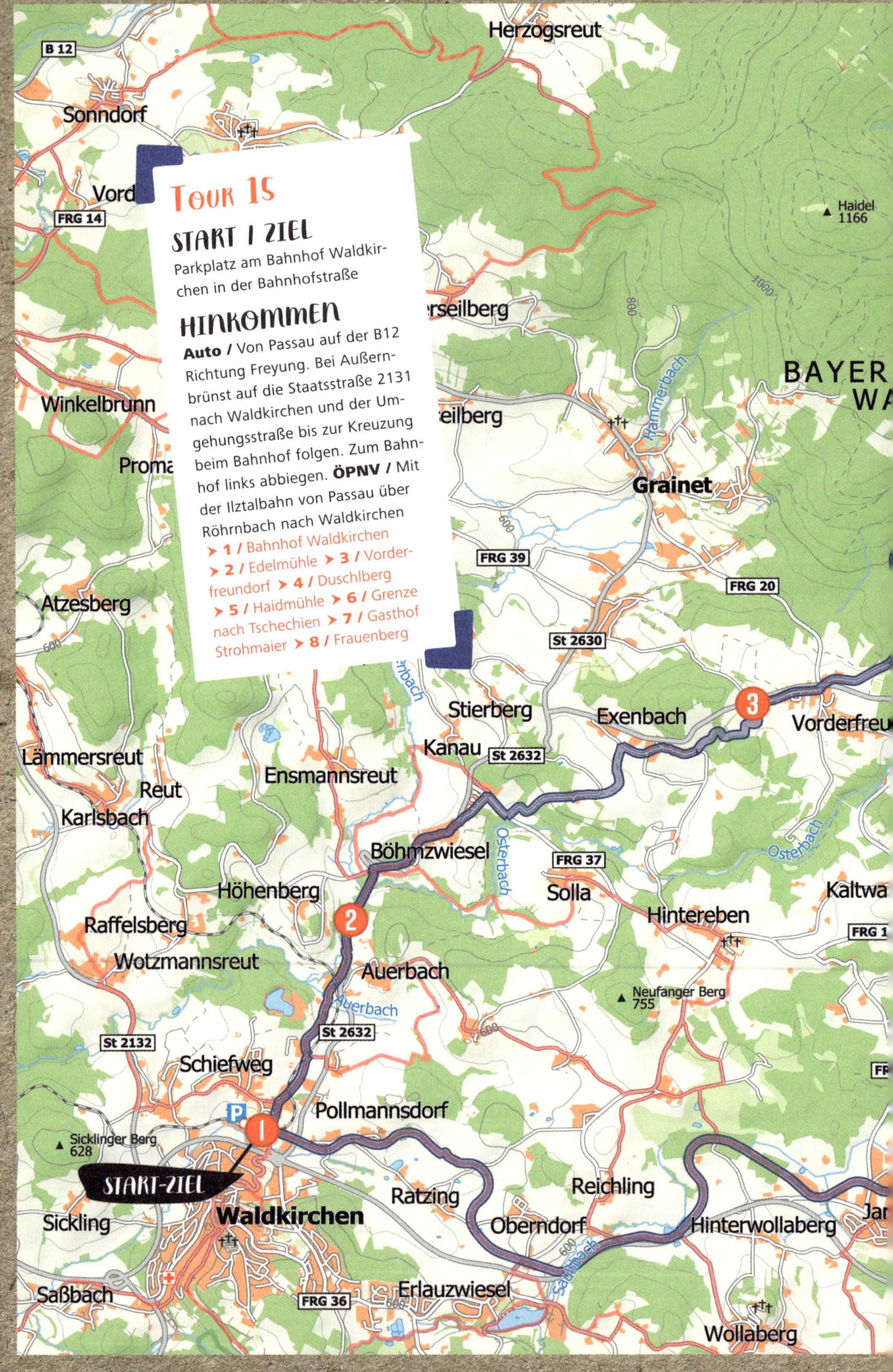
Tour 15
START / ZIEL
Parkplatz am Bahnhof Waldkirchen in der Bahnhofstraße
HINKOMMEN
Auto / Von Passau auf der B12 Richtung Freyung. Bei Außernbrünst auf die Staatsstraße 2131 nach Waldkirchen und der Umgehungsstraße bis zur Kreuzung beim Bahnhof folgen. Zum Bahnhof links abbiegen. ÖPNV / Mit der Ilztalbahn von Passau über Röhrnbach nach Waldkirchen
➤ 1 / Bahnhof Waldkirchen ➤ 2 / Edelmühle ➤ 3 / Vorderfreundorf ➤ 4 / Duschlberg ➤ 5 / Haidmühle ➤ 6 / Grenze nach Tschechien ➤ 7 / Gasthof Strohmaier ➤ 8 / Frauenberg
START-ZIEL
Herzogsreut
Sonndorf
Haidel 1166
Grainet
Winkelbrunn
Atzesberg
Stierberg
Exenbach
Kanau
Lämmersreut
Reut
Karlsbach
Ensmannsreut
Böhmzwiesel
Höhenberg
Solla
Hintereben
Raffelsberg
Wotzmannsreut
Auerbach
Neufanger Berg 755
Schiefweg
Pollmannsdorf
Sicklinger Berg 628
Reichling
Ratzing
Sickling
Waldkirchen
Oberndorf
Hinterwollaberg
Saßbach
Erlauzwiesel
Wollaberg
B 12
FRG 14
FRG 39
FRG 20
St 2630
St 2632
FRG 37
St 2132
FRG 36
Osterbach
Auerbach
Saßbach
Hammerbach

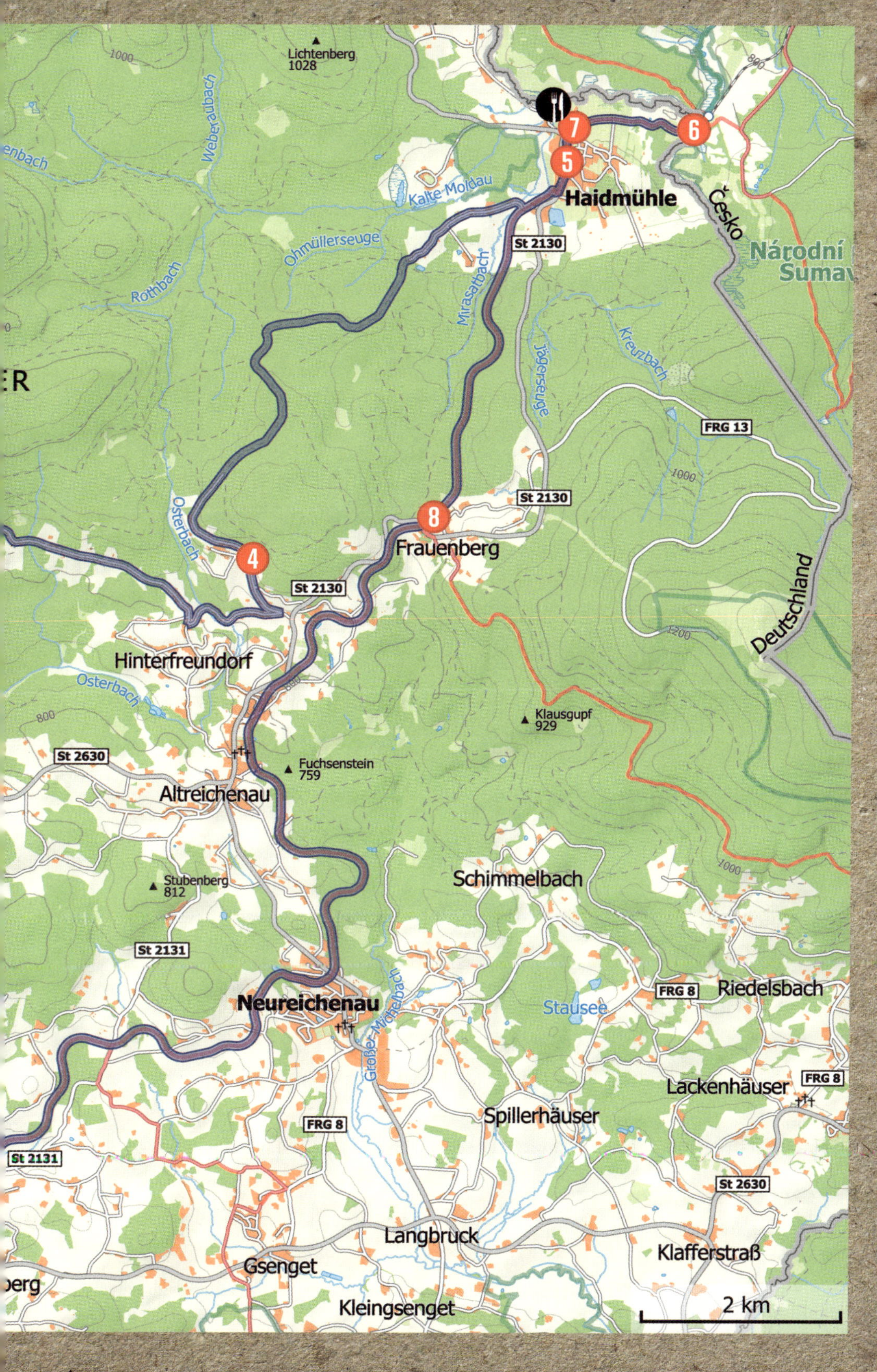

Lichtenberg 1028
Weberaubach
Kalte Moldau
Haidmühle
Česko
Národní
Šumav
Ohmüllerseuge
Rothbach
Mirasatbach
St 2130
Jägerseuge
Kreuzbach
FRG 13
Osterbach
Frauenberg
Hinterfreundorf
Deutschland
Klausgupf 929
St 2630
Fuchsenstein 759
Altreichenau
Stubenberg 812
Schimmelbach
St 2131
Neureichenau
Große Michelbach
FRG 8
Riedelsbach
Stausee
Lackenhäuser
Spillerhäuser
Langbruck
Klafferstraß
Gsenget
Kleingsenget
2 km

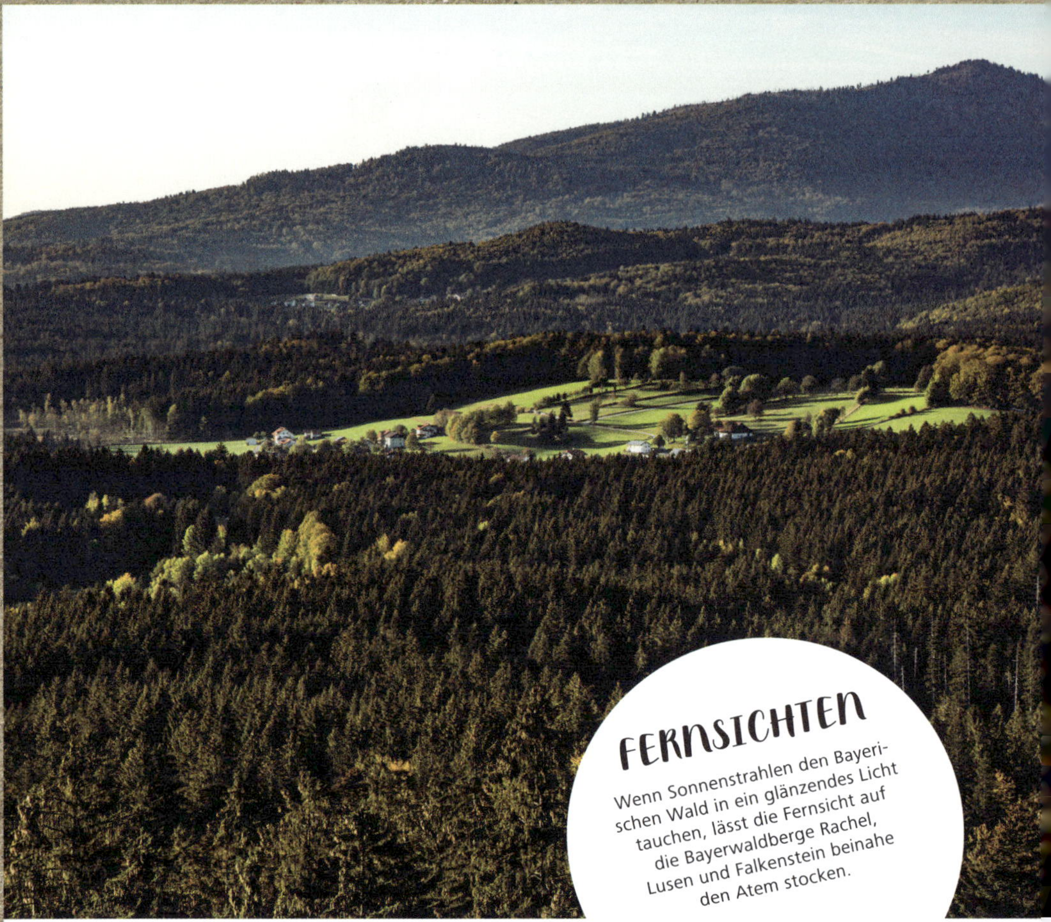

FERNSICHTEN

Wenn Sonnenstrahlen den Bayerischen Wald in ein glänzendes Licht tauchen, lässt die Fernsicht auf die Bayerwaldberge Rachel, Lusen und Falkenstein beinahe den Atem stocken.

➤ **1 /** Von Freyung aus geht's zur Nationalparktour

➤ **2 /** Schloss Wolfstein ist unser erster Stopp

➤ **3 /** Die Kreuzkapelle ist meine Landmarke

➤ **4 /** Das Nationalparkzentrum Lusen

➤ **5 /** Am Bahnhof Spiegelau sehen wir die Waldbahn kommen

➤ **6 /** Im Re(h)serviert kehren wir ein

➤ **7 /** Schloss Buchenau überrascht uns

➤ **8 /** Am Nationalparkzentrum Falkenstein haben wir den Großen Falkenstein im Fokus

➤ **9 /** Am Bahnhof Ludwigsthal endet unsere Tagestour

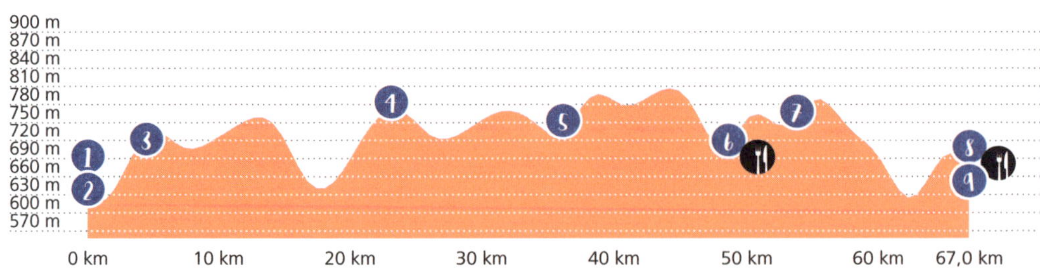

WALDFEELING

Zwischen Lusen, Rachel und Falkenstein

Von Freyung radeln wir nach Neuschönau zum Nationalparkzentrum Lusen. Unterhalb der Großen Rachel führt unsere Radtour durch den Nationalpark Bayerischer Wald nach Spiegelau. Dort queren wir die Waldbahn und kehren im Wirtshaus Re(h)serviert ein. Hinterm Trinkwasserspeicher Frauenau kommen wir zum Schloss Buchenau und erreichen unser Ziel, das Nationalparkzentrum Falkenstein in Ludwigsthal.

67 Kilometer
1240 Höhenmeter
1240 Höhenmeter
4:40 Stunden
Streckentour

CHARAKTER

Sportlich ●●●●○
Abkühlung ●●○○○
Schlemmen ●●●○○
Panorama ●●●●●

Schloss am Saußbach

Wir treffen uns in 1 / Freyung am Bahnhof der Ilztalbahn, satteln auf und radeln von der Bahnhofstraße in die Altstadt zum Stadtplatz. Links streckt sich der Kirchturm von Mariä Himmelfahrt in den Bayernhimmel, während wir die Grafenauer Straße erreichen. Sie führt uns an das 2 / Schloss Wolfstein. Früher wohnten hier die Passauer Fürstbischöfe bei

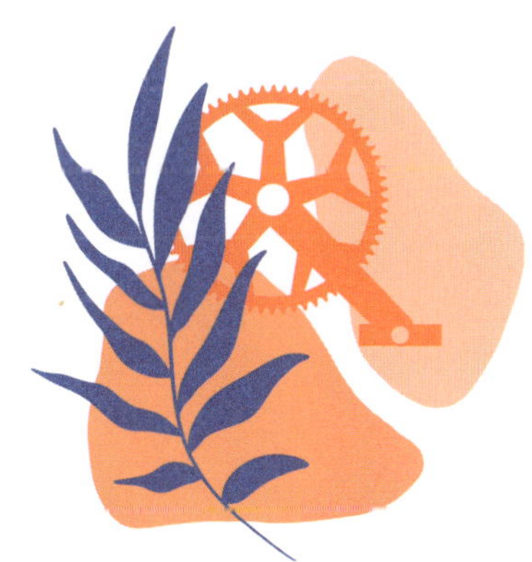

TOURENINFO / Wir radeln überwiegend über unbefestigte, aber gut befahrbare und breite Waldwege. Wenige Kilometer radeln wir auf oder an Straßen entlang. Für die rund 67 Kilometer brauchen wir schon Kondition, zumal einige kurze steile Passagen darunter sind. E-Bike-Ladestationen: Freyung, Kirchplatz bei Stadtpfarrkirche, Stadtplatz 12; Rathaus Freyung, Rathausplatz 1; Neureichenau Nationalparkzentrum Lusen am P1 Parkplatz, nähe Hans-Eisenmann-Haus

---

◂ links / Bayerischer Wald bei Neuschönau

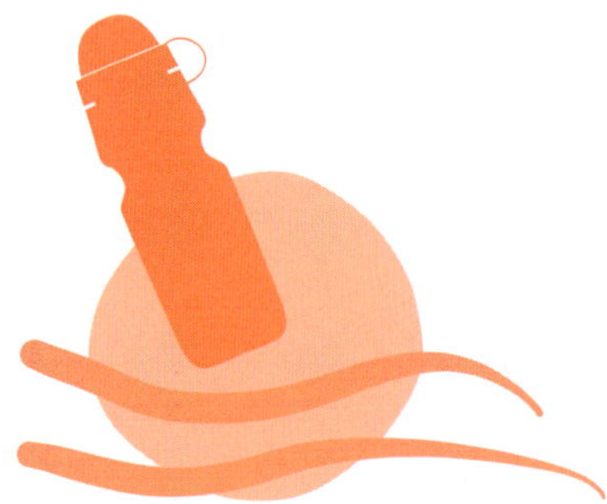

ihren Jagdausflügen, heute beherbergt es das Jagd-Land-Fluss-Museum, das das Thema Jagen in seiner ganzen Bandbreite behandelt.

Kreuzbergblick

An der Schlosszufahrt, der Wolfkerstraße, biegen wir in die Straße Pulvermühle ein und radeln über den Saußbach zur Säumerstraße in den Stadtteil Königsfeld. Wir radeln ab hier bis nach Neuschönau auf dem markierten Radweg mit der Nummer 89 nun rechts nach Ahornöd. Ein schmaler Weg führt uns zur Kreuzstraße an der B533. Wir queren die B533 nach rechts und radeln sofort links zur 3 / Kreuzkapelle. Die Wegmarkierung weist uns nach links um den Kreuzberg herum zu einem Weg links hinunter zum Saußbach und zur Kreisstraße hinauf. Der folgen wir rechts zum Abzweig nach Oberkasdorf, fahren hinauf bis kurz vor Unterkasdorf, biegen rechts ab und radeln bergwärts durch den Wald nach Kirchl.

FREIE WILDBAHN

Wildtiere, die im Bayerischen Wald heimisch sind, entdecken wir auf einem rund sieben Kilometer langen Rundweg im Wildpark beim 4 / Nationalparkzentrum Lusen.

Typische Heckenreihen

An der ersten Straße im Dorf biegen wir links ein und am Dorfende rechts zur Kreisstraße. Gegenüber geht's weiter zur Wegekreuzung bei den Sportanlagen von Hohenau. Talwärts rollen wir zur Sägmühle. Noch vor den Häusern führt unser Weg links in den Wald und oberhalb des Baches nach Schönanger. Im Ort halten wir uns links zur Straße Am Anger, die dann zur Bräustraße wird. An der Hauptstraße führt unser Weg nach schräg links in die Straße Ohetal. An der Kleinen Ohe entlang radeln wir Richtung Neuschönau, stoßen auf die Haslacher Straße, die uns nach Neuschönau hineinführt.

Auszeit am Tor zur Wildnis

Auf der Kaiserstraße radeln wir zum 4 / Nationalparkzentrum Lusen, zum Baumwipfelpfad und dem Wildpark. Hier satteln wir ab

---

➤ rechts oben / Baumturm am Nationalparkzentrum Lusen ➤ rechts Mitte / Das Jagd-Land-Fluss-Museum im Schloss Wolfstein in Freyung

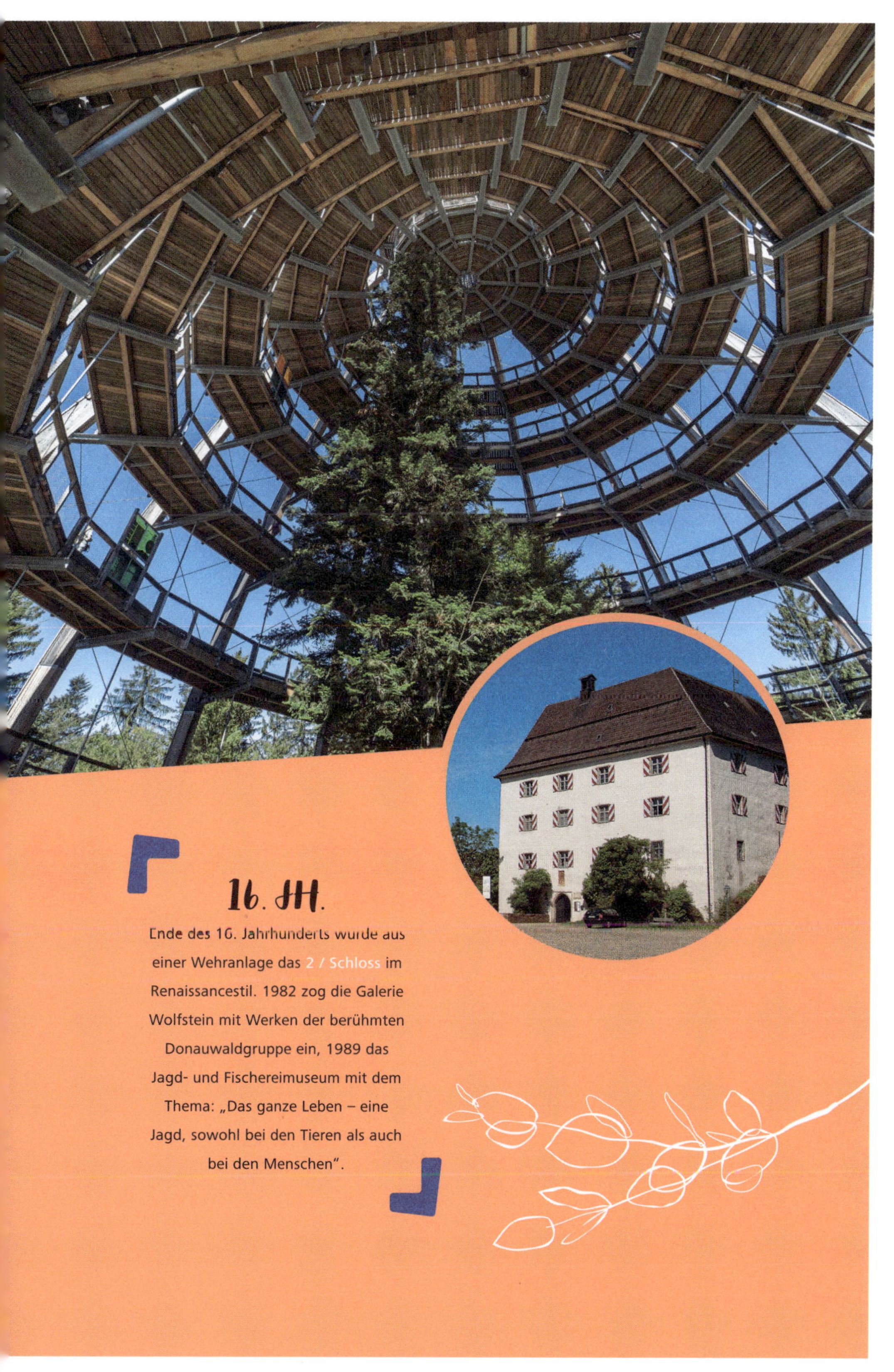

16. JH.

Ende des 16. Jahrhunderts wurde aus einer Wehranlage das 2 / Schloss im Renaissancestil. 1982 zog die Galerie Wolfstein mit Werken der berühmten Donauwaldgruppe ein, 1989 das Jagd- und Fischereimuseum mit dem Thema: „Das ganze Leben – eine Jagd, sowohl bei den Tieren als auch bei den Menschen“.

GROSSE RACHEL

Höchster Berg im Nationalpark Bayerischer Wald. Ausgangspunkte für eine Besteigung sind z.B. Klingenbrunn-Bahnhof oder die Racheldiensthütte.

und kehren erst einmal im Café Eisenmann (Tel. 08558 9749380, Hans-Eisenmann-Haus, Böhmstraße 35, 94556 Neuschönau) beim Hans-Eisenmann-Haus ein. Hat täglich geöffnet. Dann schauen wir uns auch gleich die Dauerausstellung „Wege in die Natur – Eine Geschichte von Wald und Menschen" an. Eine ganz andere Perspektive bietet der 1300 Meter lange Baumwipfelpfad in den Nationalpark. Er schlängelt sich durch die Wipfel zum gigantischen Aussichtsturm, dem Baum-Ei. Auf der 44 Meter hohen Aussichtsplattform schauen wir zu Rachel und Lusen. An der Nationalparkstraße ist der Eingang zum Wildpark. Eingebettet in die Waldlandschaft können wir in Großgehegen Luchs, Wisent und Braunbär beobachten.

BEI LUCHS UND BÄR

Waldlust

Entlang der Nationalparkstraße wechselt nun unsere Wegmarkierung. Der „Nationalpark-Radweg" führt uns durch den Nationalpark, eine faszinierende und einzigartige Waldwildnis. Wir kommen zum Weiler Schleiff und hinterm Weiler an eine Wegekreuzung. Links führt ein unbefestigter Weg in weiten Bögen durch den Wald

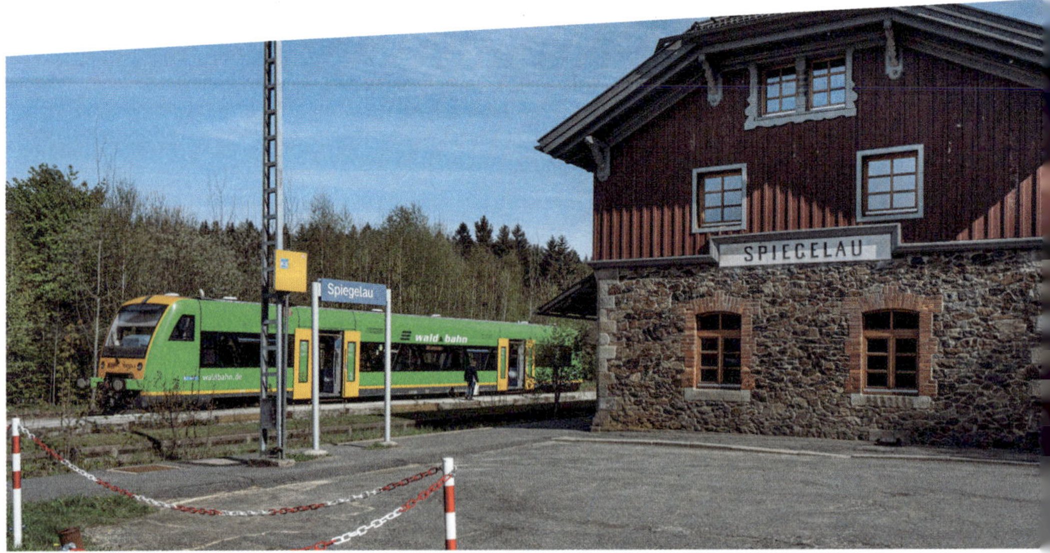

an die Straße nach Altschönau. Gegenüber folgen wir dem „Nationalpark-Radweg" über die Brücke der Kleinen Ohe an die Kreisstraße. Ihr folgen wir bis an die Anton-Hilz-Straße, die von Riedlhütte kommt. Hier queren wir die Kreisstraße, wenden uns nach links und radeln nach Spiegelau. Am Trosselweg erreichen wir die ersten Häuser. Am Ende der Ortsstraße geht's links über den Bahnübergang beim 5 / Bahnhof Spiegelau.

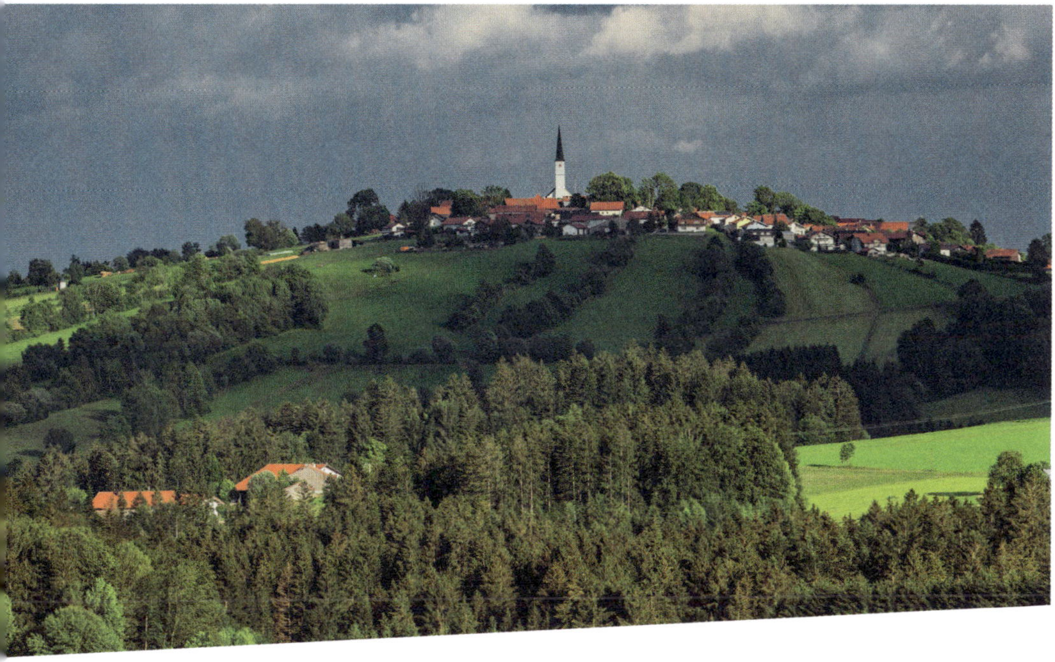

Waldbahn

Hinterm Bahnübergang biegen wir rechts ab in die Schwarzachstraße. Und vor dem nächsten Bahnübergang geht's geradeaus auf einem Waldweg leicht bergwärts, bis der Weg endet. Links biegen wir ab und erreichen den Wanderparkplatz Schneiderbach. Dem dortigen Asphaltsträßchen folgen wir rechts nach Klingenbrunn. Hier hält die Waldbahn Richtung Grafenau und Zwiesel. Nach links folgen wir dem Bahngleis und radeln durch Linden bergwärts auf einem Waldweg Richtung Altposchingerhütte und Frauenau. Zunächst treffen wir an einer Lichtung auf die abgebrochene Altposchingerhütte. Gegenüber tauchen wir wieder in den Wald ein, radeln weiterhin am Hang entlang, bis der Wald den Blick nach Frauenau freigibt.

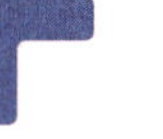

85

Der fast 85 m hohe Staudamm staut den Kleinen Regen zur Trinkwassertalsperre Frauenau mit fast 22 Mio. m³ Inhalt auf. Um den See führt ein schöner Weg mit vielen Ruheplätzen und herrlichen Ausblicken zur Großen Rachel.

< links / Am Bahnhof Spiegelau. Hier hält die Waldbahn. ^ oben / Unterm Kreuzberg

Genussvolle Einkehr

Wenig später kommen wir zum Hof der Arberland-Alpakas (Tel. 0160 3287209, Oberfrauenau 1, 94258 Frauenau) zu 16 süßen Alpakas. An der Wegeverzweigung biegen wir rechts ab nach Oberfrauenau zum 6 / Re(h)serviert (Tel. 09926 1805752, Oberfrauenau 13, 94258 Frauenau), dem „Wirtshaus der Genusskultur". Hier kehren wir ein und genießen den herrlichen Sommer im Biergarten. Der Weg führt uns nun an den Trinkwasserspeicher Frauenau. Der wird vom Kleinen Regen gespeist. Wir radeln über die Deichkrone und blicken nach rechts zur Kleinen und Großen Rachel hinauf.

RÖHRENDE GESÄNGE

Das ist das Zeichen der Hirschbrunft im September. Mit den lauten Brunftschreien werden Konkurrenten abgeschreckt und das Rudel zusammengehalten.

Schloss zwischen Rachel und Falkenstein

Links geht's nun um den Berg herum nach 7 / Buchenau zum Weißen Schloss, erbaut als Wohnsitz der Glashüttendynastie „derer von Poschinger". In Buchenau wurde von 1629 bis 1932 Glas produziert. Buchenauer Glas genoss vor allem in der Zeit des Historismus und des Jugendstils internationales Ansehen. Wir radeln durchs Dorf zur Kreisstraße und folgen ihr nach Spiegelhütte.

Unser Radweg führt ins Dorf um die kleine Kirche zurück an die Kreisstraße und dort

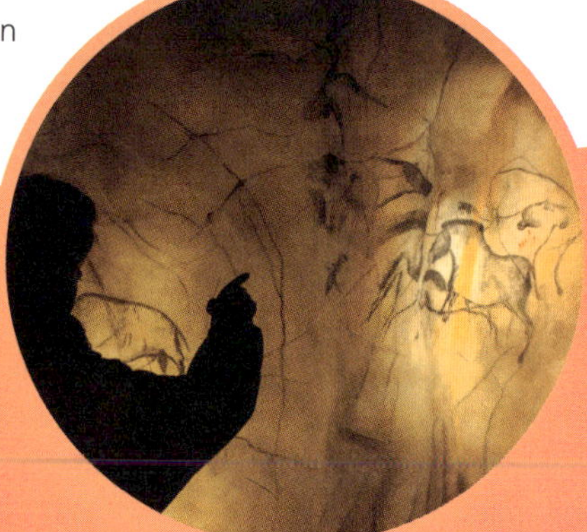

1315 m

Der Falkenstein war der Namensgeber des Nationalparkzentrums. Sein Gipfel ist allgegenwärtig, es sei denn, wir besuchen die Steinzeithöhle. Dort werden wir dank Kunstfelsenkulisse in die Altsteinzeit entführt und erleben den Wandel von Klima, Landschaft und Tierwelt von damals bis heute.

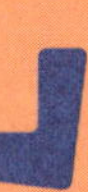

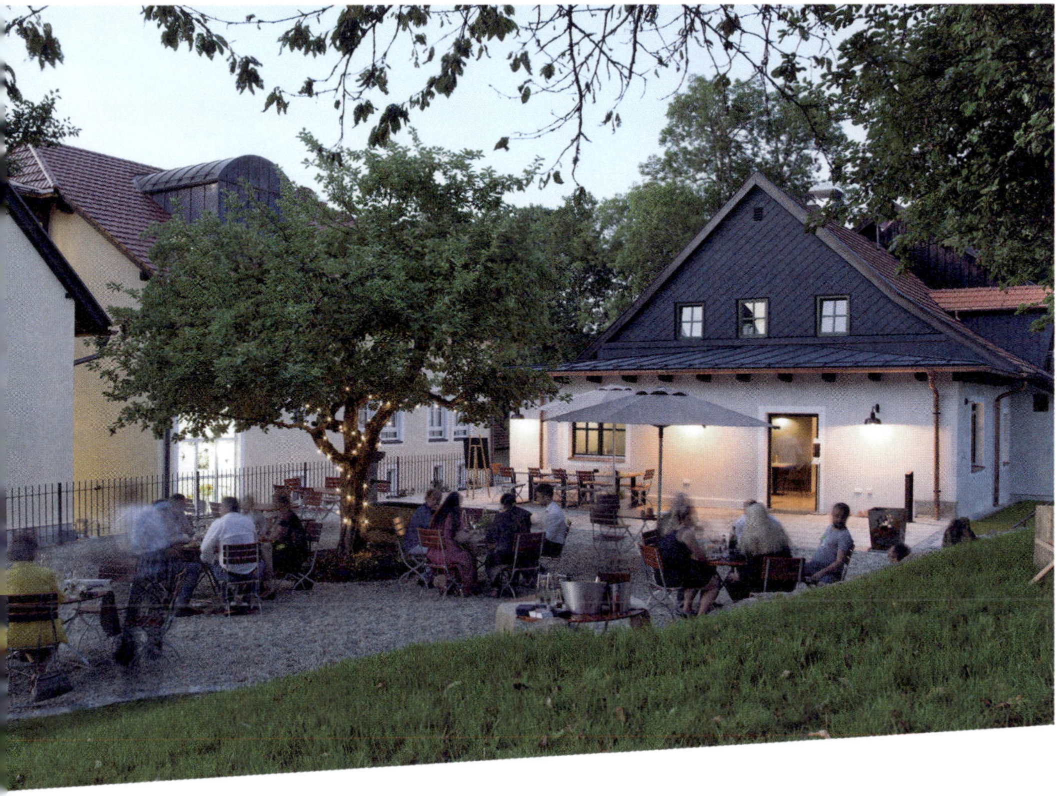

nach rechts. Am Wanderparkplatz Weiße Brücke geht's nun rechts hinauf nach Kreuzstraßl und Schleicher.

Haus zur Wildnis

Von hier führt uns ein Waldweg durch den Wildpark zum 8 / Nationalparkzentrum Falkenstein. Zum „Haus zur Wildnis" geht's ein Stück der Bahn entlang und dann rechts steil hinauf. Schon allein dessen einzigartige Architektur ist faszinierend, gewährt sie doch selbst im Inneren stets einen Blick auf den 1315 Meter hohen Großen Falkenstein. Der Kreislauf aus Werden, Wachsen und Vergehen steht in der Ausstellung im Vordergrund. Machen wir noch einen Rundgang zu Luchs, Wolf, Wildpferd und Auerochs durch den Wildpark und steigen auf den Aussichtsturm. Dann kehren wir zum Abschluss des Radl-Tages im Haus zur Wildnis ein, denn unten am Bahnhof Ludwigsthal ist das Ziel erreicht. Dorthin rollen wir ins Tal zurück und dann links der Bahn entlang zum 9 / Bahnhof Ludwigsthal.

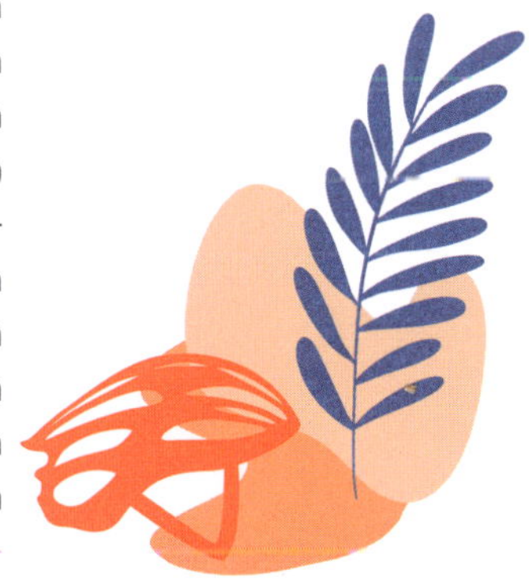

< links / Steinzeithöhle im Nationalparkzentrum Falkenstein
^ oben / Das Gasthaus Re(h)serviert

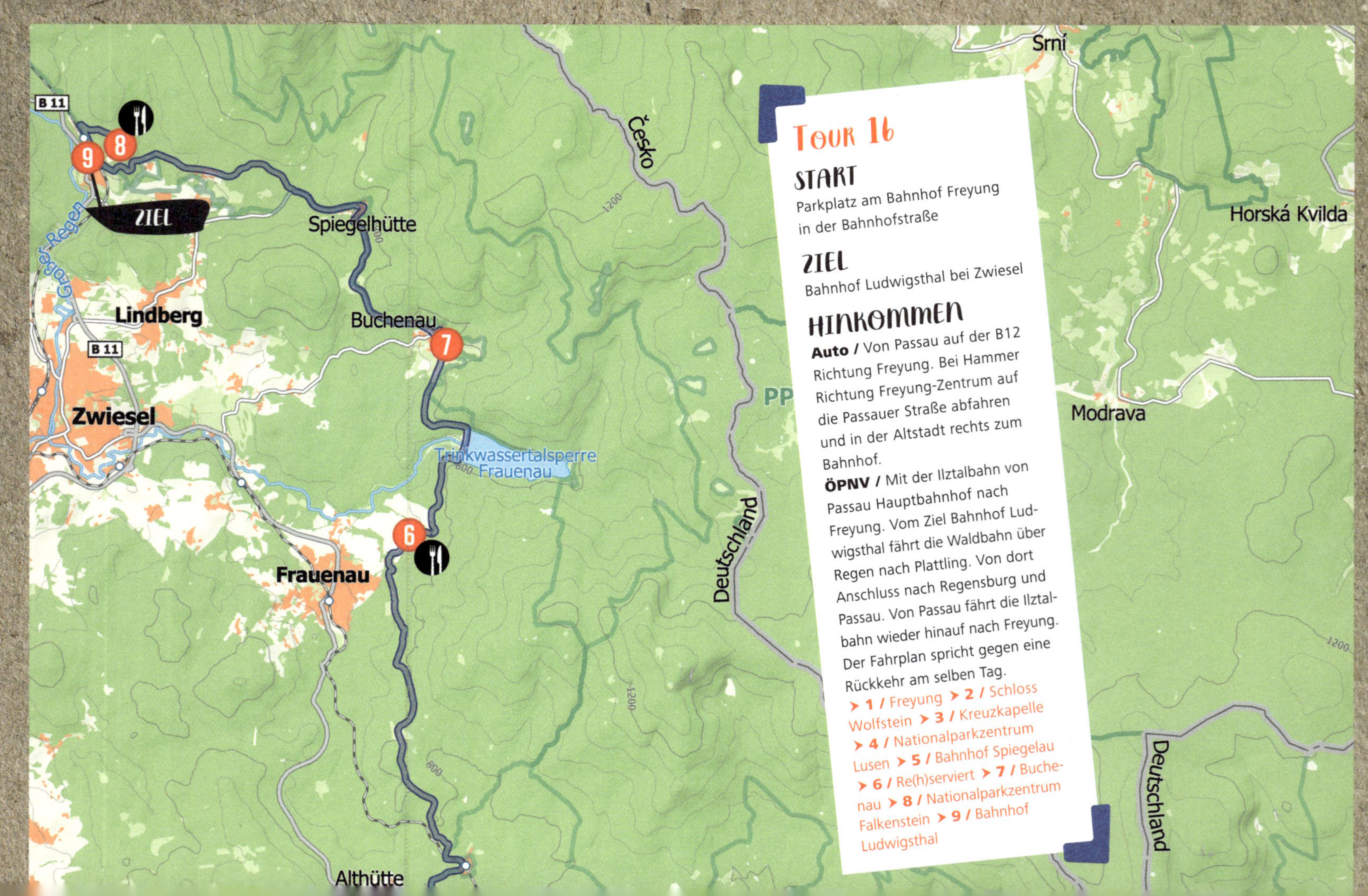

Tour 16

START

Parkplatz am Bahnhof Freyung in der Bahnhofstraße

ZIEL

Bahnhof Ludwigsthal bei Zwiesel

HINKOMMEN

Auto / Von Passau auf der B12 Richtung Freyung. Bei Hammer Richtung Freyung-Zentrum auf die Passauer Straße abfahren und in der Altstadt rechts zum Bahnhof.

ÖPNV / Mit der Ilztalbahn von Passau Hauptbahnhof nach Freyung. Vom Ziel Bahnhof Ludwigsthal fährt die Waldbahn über Regen nach Plattling. Von dort Anschluss nach Regensburg und Passau. Von Passau fährt die Ilztalbahn wieder hinauf nach Freyung. Der Fahrplan spricht gegen eine Rückkehr am selben Tag.

➤ **1 /** Freyung ➤ **2 /** Schloss Wolfstein ➤ **3 /** Kreuzkapelle ➤ **4 /** Nationalparkzentrum Lusen ➤ **5 /** Bahnhof Spiegelau ➤ **6 /** Re(h)serviert ➤ **7 /** Buchenau ➤ **8 /** Nationalparkzentrum Falkenstein ➤ **9 /** Bahnhof Ludwigsthal

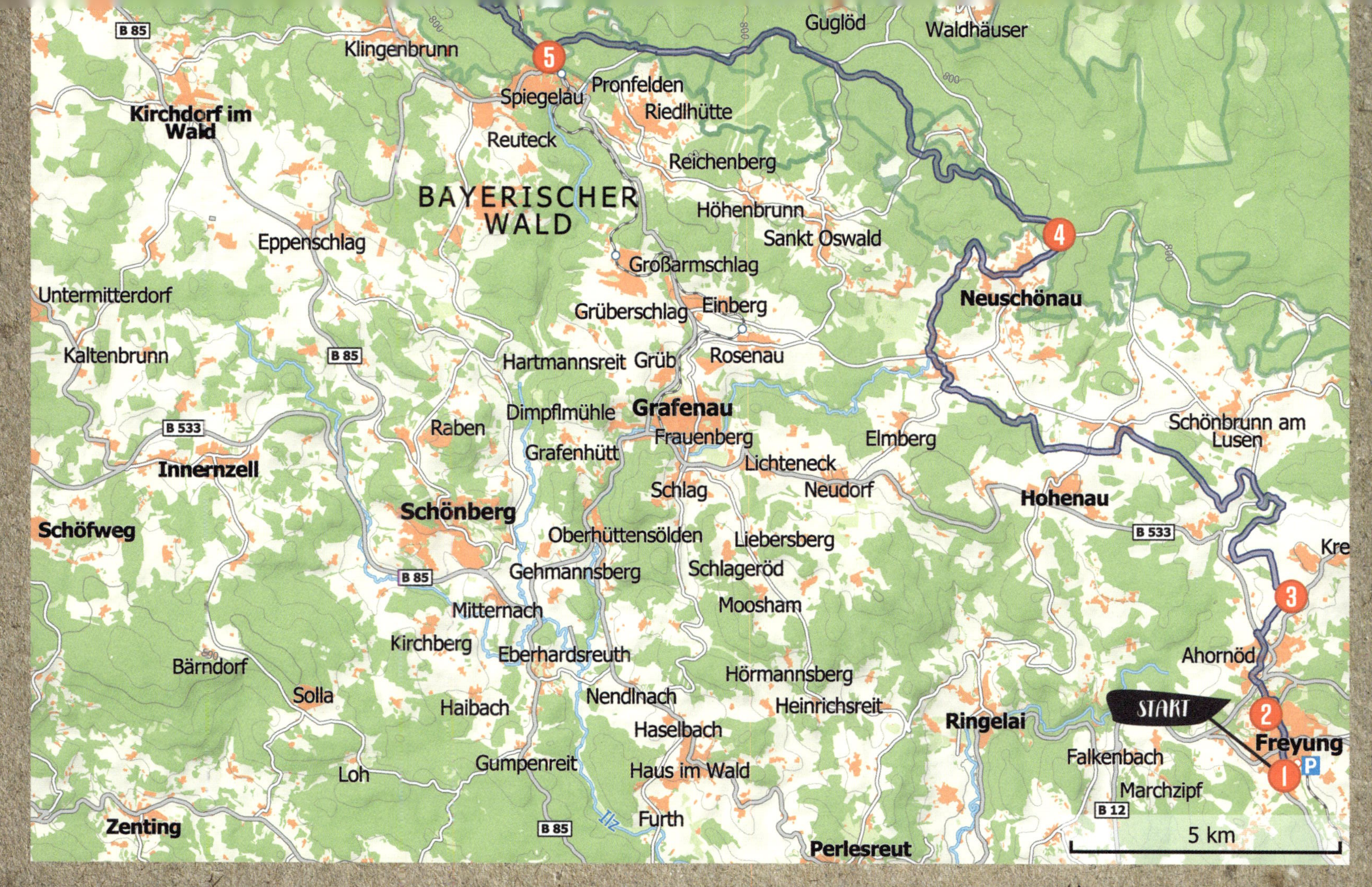
Guglöd
Waldhäuser
Klingenbrunn
5
Spiegelau
Pronfelden
Riedlhütte
Kirchdorf im Wald
Reuteck
Reichenberg
BAYERISCHER WALD
Höhenbrunn
Sankt Oswald
4
Eppenschlag
Großarmschlag
Neuschönau
Untermitterdorf
Grüberschlag
Einberg
Kaltenbrunn
B 85
Hartmannsreit
Grüb
Rosenau
Grafenau
Dimpflmühle
Raben
B 533
Frauenberg
Schönbrunn am Lusen
Elmberg
Grafenhütt
Innernzell
Lichteneck
Neudorf
Schlag
Hohenau
Schönberg
Schöfweg
Oberhüttensölden
Liebersberg
B 533
Gehmannsberg
Schlageröd
B 85
Mitternach
Moosham
3
Kirchberg
Eberhardsreuth
Ahornöd
Bärndorf
Hörmannsberg
Solla
Nendlnach
Heinrichsreit
START
2
Haibach
Ringelai
Haselbach
Freyung
Falkenbach
Gumpenreit
Loh
Haus im Wald
1
P
Marchzipf
B 12
Ilz
Furth
Zenting
B 85
5 km
Perlesreut
800

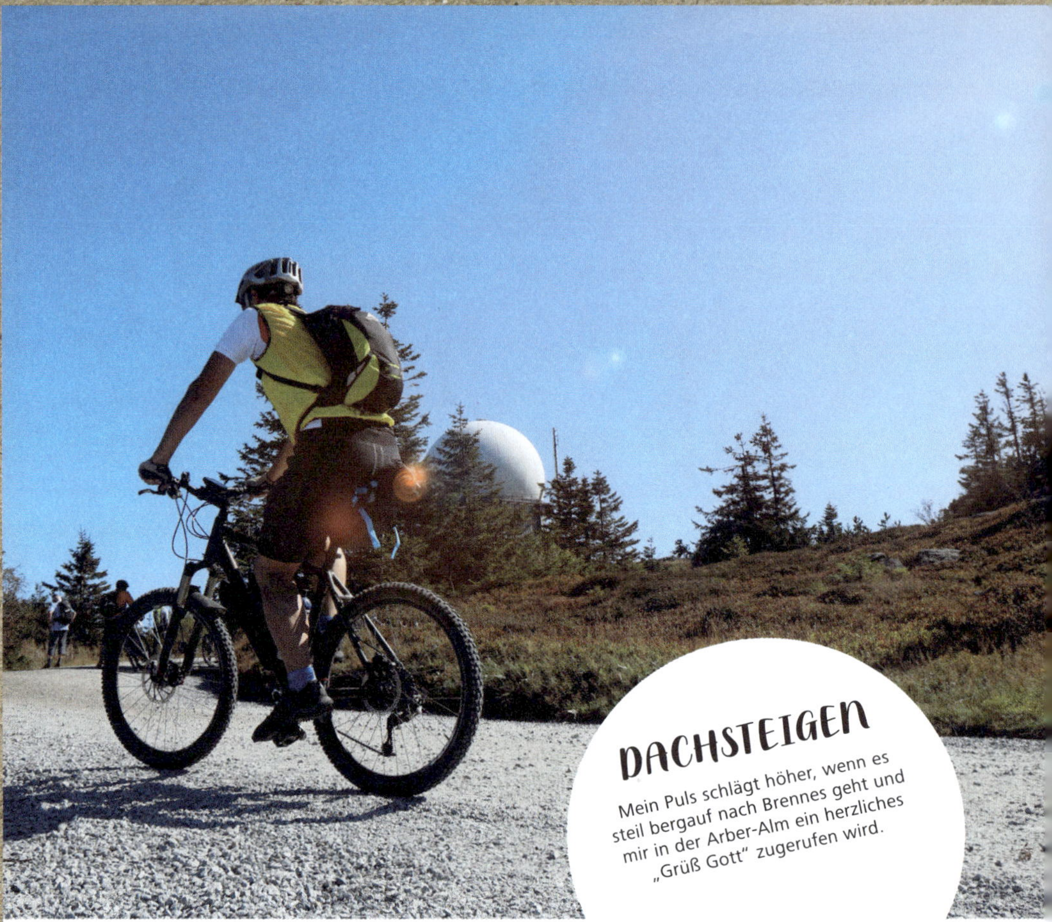

DACHSTEIGEN

Mein Puls schlägt höher, wenn es steil bergauf nach Brennes geht und mir in der Arber-Alm ein herzliches „Grüß Gott" zugerufen wird.

➤ **1 /** Am Grenzbahnhof Bayerisch Eisenstein erwartet uns die Geschichte der Bayerischen Localbahnen

➤ **2 /** Die Modelleisenbahnwelt im Museum NaturparkWelten ist genial

➤ **3 /** An der Arber-Alm haben wir den Anstieg geschafft

➤ **4 /** Gemütlich spazieren wir durch den Bayerwald-Tierpark

➤ **5 /** Im Osserbad ziehen wir einige Bahnen

➤ **6 /** Einzigartig, wie viele Handwerke uns im Bayerwald Handwerksmuseum vorgestellt werden

➤ **7 /** Zur Flugshow im Greifvogelpark Grafenwiesen nehmen wir Platz

➤ **8 /** Am Bahnhof Bad Kötzting haben wir das Ziel erreicht

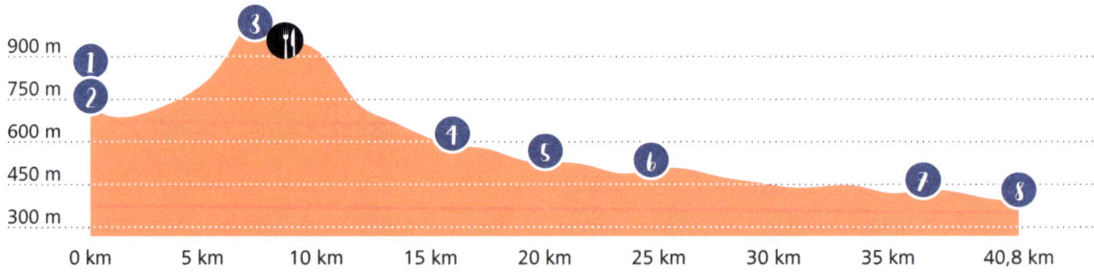

Dem Himmel nah

Lamer Winkel zwischen den Tausendern am Großen Arber und Großen Osser

Von der bayerisch-böhmischen Grenze am Bahnhof Bayerisch Eisenstein starten wir zur Tour übers grüne Dach des Bayerischen Waldes. Von fast 700 m ausgehend knacken wir die Tausender-Höhenmarke unterhalb des Großen Arbers. Talwärts führt der „Grüne Dach Radweg" durch den Lamer Winkel. Rechts wie links erheben sich die Tausender-Berge, deren Bäche den Weißen Regen auf die Spur bringen. Wir folgen ihm bis nach Bad Kötzting.

41 Kilometer
605 Höhenmeter
925 Höhenmeter
2:45 Stunden
Streckentour

Charakter

Sportlich ●●●●○
Abkühlung ●●●○○
Schlemmen ●●●○○
Panorama ●●●●●

Der geteilte Bahnhof

Am 1 / Grenzbahnhof Bayerisch Eisenstein schlägt das Herz der Eisenbahnfreunde im Dreivierteltakt. Im historischen Lokschuppen des Localbahnmuseums erwarten uns Dampf- und Diesellokomotiven sowie historische Wagen und im 2 / Museum NaturparkWelten gleich im Bahnhofsgebäude

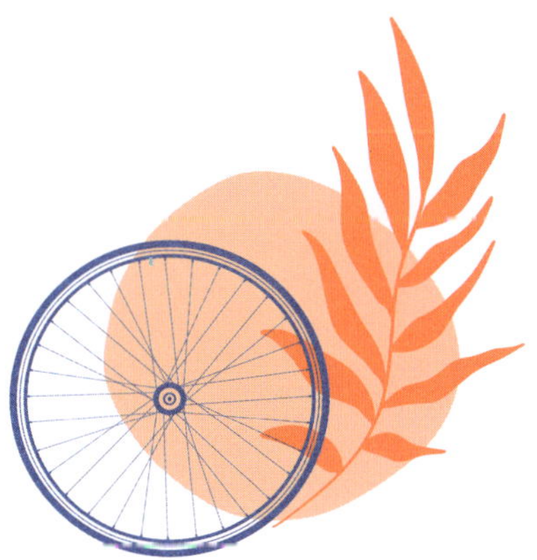

Toureninfo / Auf breiten Waldwegen radeln wir steil bergauf zum Skigebiet unterhalb des Großen Arber und steil hinab in den Lamer Winkel. Im Tal des Weißen Regen geht's ständig, aber mäßig auf asphaltierten Wegen und Straßen talwärts. Die ersten Kilometer erfordern reichlich Kondition. E-Bike-Ladestationen: Bad Kötzting, Gasthof „Zur Post", Herrenstraße 10; Lam, Tourist-Info Lam, Marktplatz1; Bayerisch Eisenstein, Tourist-Info Bayerisch Eisenstein, Schulbergstr. 1

◂ links / Am Gipfel des Großer Arber

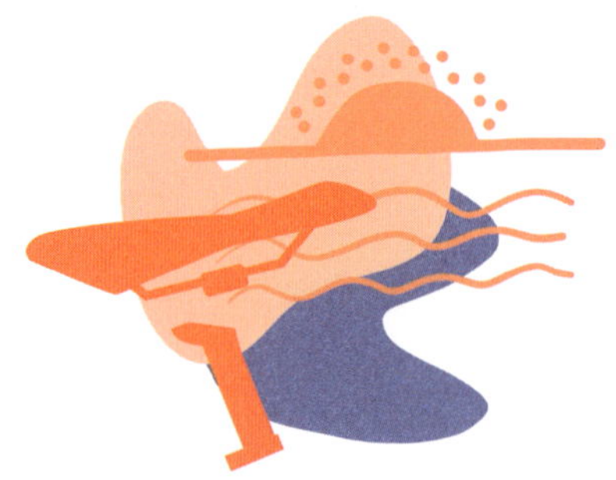

stimmen wir uns auf die Tagestour ein. Unterm Dach entdecken wir eine riesige Modelleisenbahnwelt, die das Grüne Dach widerspiegelt, im Maßstab 1:87. Im Erdgeschoss erfahren wir viel über den König des Bayerwaldes, den Großen Arber.

Arber-Alm

Nun geht's los, auf dem ausgeschilderten Radweg „Grünes Dach Radweg" vom Parkplatz an der Bahnhofstraße entlang zur Hauptstraße. Bei den Sportanlagen queren wir sie und radeln rechts über die Brücke des Großen Regen zur Eisensteinermühle. Wir folgen dem Ufer bis zum Asphaltsträßchen bei der Kläranlage. Rechts führt der Weg unterm Großen Arber über die Arberhütte, ist ein schönes, uriges Café, in den Talkessel des Teufelsbaches hinauf. Auf einem breiten Waldweg erklimmen wir den Anstieg zur Grafhütte. Vor der Hütte biegen wir links nach Brennes ab. Gut 100 Höhenmeter geht's bergwärts ins Arber-Skizentrum zur 3 / Arber-Alm (Tel. 09925 902048, Brennes 18–20, 94252 Bayerisch Eisenstein). Endlich einkehren!

AUF DEM GRÜNEN DACH

Von Brennes führen zahlreiche Wanderwege zum Kleinen Arbersee und auf den Gipfel des Großen Arber. Wir fahren mit der Gondelbahn zum Gipfel.

Wo der Weiße Regen seinen Weg beginnt

In Brennes wenden wir uns zur großen Straßeneinmündung und biegen links ab. Nach wenigen Metern zweigt links ein Waldweg ab, der uns talwärts durch eine Serpentine zur Mooshütte am Talkessel des Weidenbaches bringt. Auf dem breiten Waldweg kommen wir zu einer Wegeverzweigung, an der wir nach rechts ziemlich schnell viele Höhenmeter talwärts hinter uns bringen. Unten vereinigen sich die Hangbäche zum Weißen Regen. Das Asphaltsträßchen bringt uns nach Sommerau, auf eine Lichtung über dem Weißen Regen. Wir erreichen Zackermühle, wo die toll restaurierte Mühle mit buntem Türmchen einen super Eindruck macht. Wenige Radumdrehungen trennen uns nur noch von Lohberghütte.

➤ rechts oben / Gipfelblick zum Großen Arber ➤ rechts Mitte / Am Grenzbahnhof Bayerisch Eisenstein

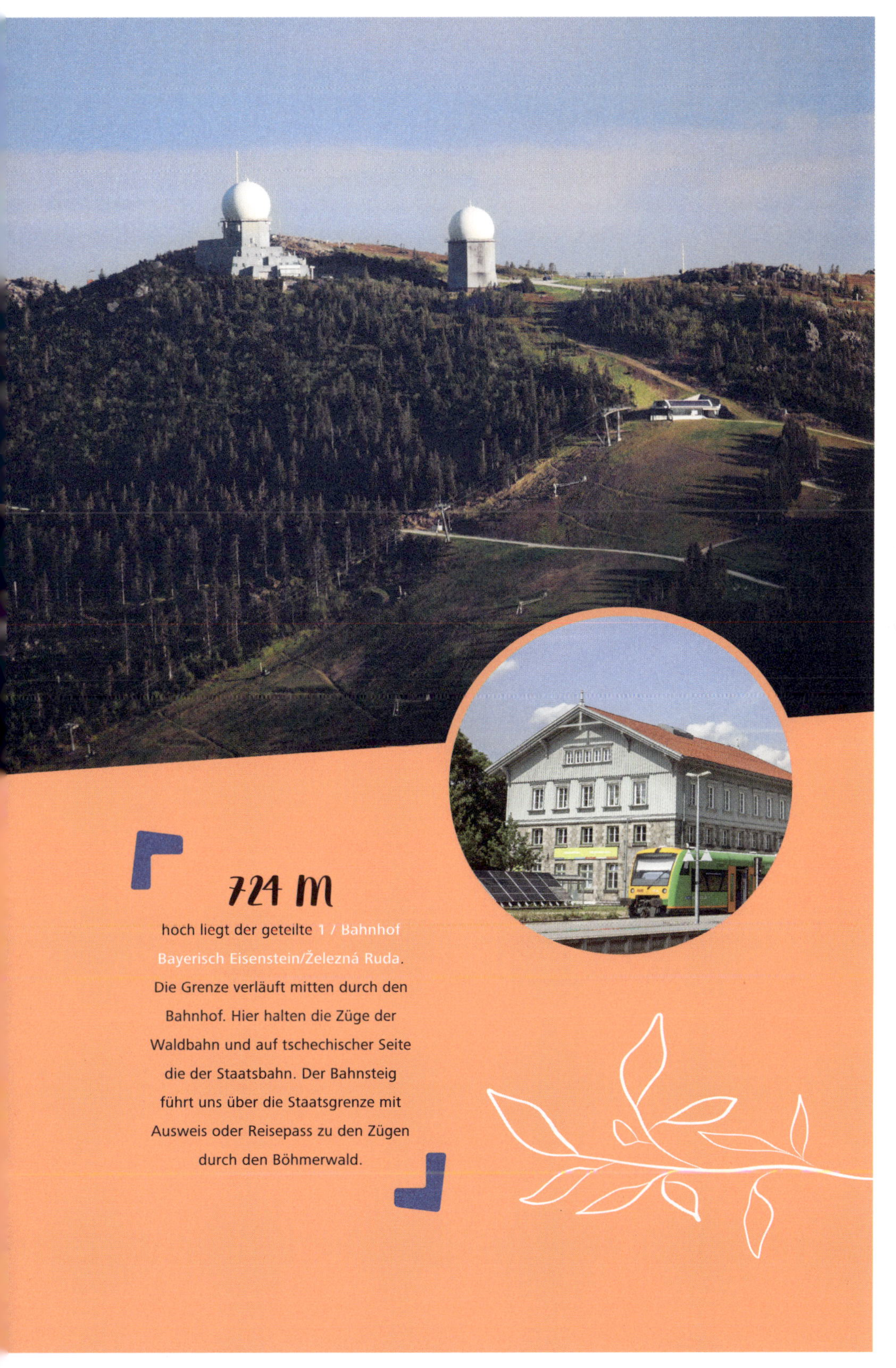

724 m

hoch liegt der geteilte 1 / Bahnhof Bayerisch Eisenstein/Železná Ruda. Die Grenze verläuft mitten durch den Bahnhof. Hier halten die Züge der Waldbahn und auf tschechischer Seite die der Staatsbahn. Der Bahnsteig führt uns über die Staatsgrenze mit Ausweis oder Reisepass zu den Zügen durch den Böhmerwald.

Wildnis erleben

Im **4 / Bayerwald-Tierpark** Lohberg können wir den Tieren „in die Augen schauen". Ganz nah sind wir den heimischen Tieren wie Luchs, Elch, Rentier und der Wisentherde.

Durch eines der letzten Hochmoore Bayerns

Lamer Winkel

Wir radeln zur Hauptstraße, der Lamer Straße, und wenden uns nach links zum 4 / Bayerwald-Tierpark in der Schwarzenbacher Straße. Ein Rundweg führt uns zum Streichelzoo, den Elchen, Reh, Rothirsch und Wisent. Wir satteln wieder auf, kommen in Schwarzenbach an der kleinen Dorfkapelle vorbei und rollen nach Neuschrenkenthal ans Ufer des Weißen Regen. Auf dem Aubachweg radeln wir über die Brücke an die Staatsstraße. Links und sofort rechts geht's nach Schrenkenthal hinein. Die Lohberger Straße bringt uns zur Arberstraße in Lam. Der Markt gab seinen Namen der Tallandschaft zwischen den Tausender-Bergen Schwarzriegel, Großer Osser, Großer Arber und Großem Riedelstein.

Kopfsprung

In Lam könnten wir im 5 / Osserbad einen Sprung ins kühle Nass machen. Das Frei- und Hallenbad liegt am Ginglmühler Weg gleich am Ufer des Weißen Regen. An der Arberstraße biegen wir links ein, queren die Staatsstraße und kommen zum Bahnhof Lam. Auf der

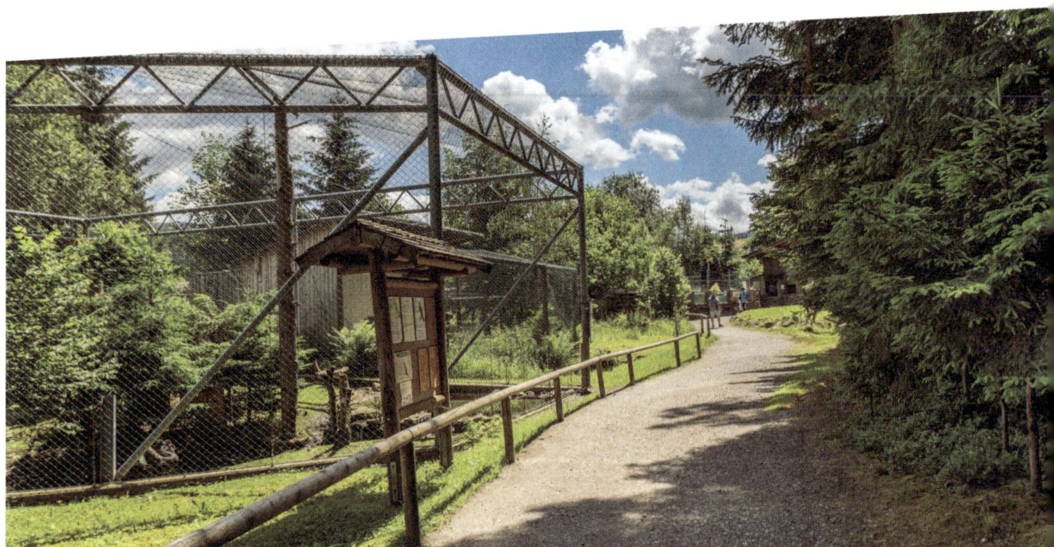

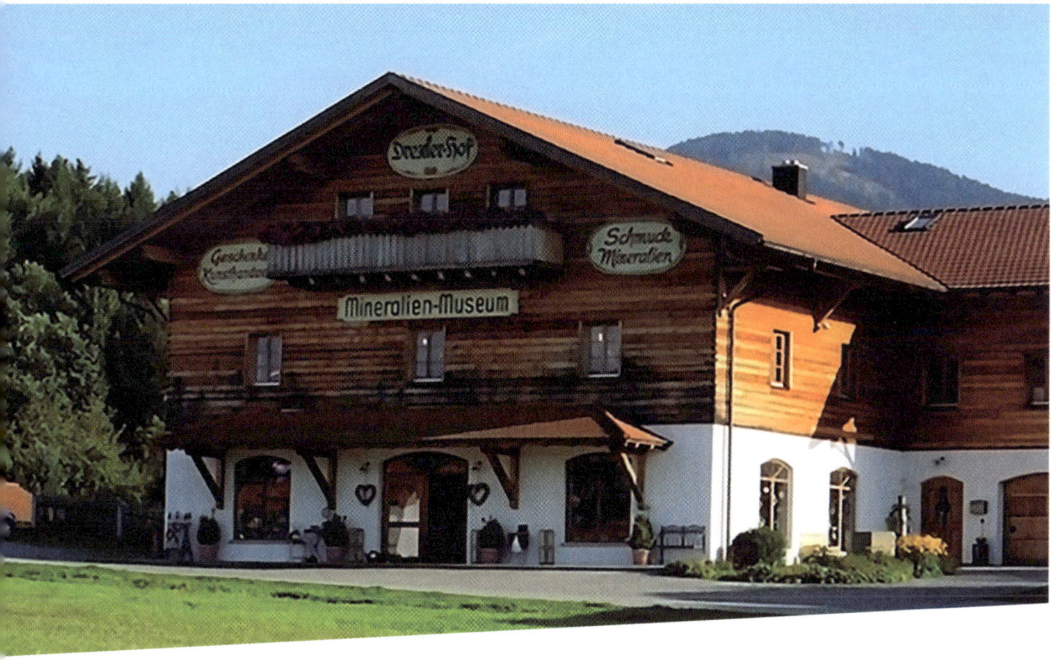

Gaberlsägstraße fahren wir erst an den Gleisen entlang und dann hinüber zur Staatsstraße. Vor der Einmündung nehmen wir nun den Radweg entlang der Straße nach Arrach. Vor dem Ort erreichen wir das Arracher Moor, eines der letzten Hochmoore Bayerns. Ein Bohlenpfad führt uns zu Fuß ab der Blockhütte durchs Moor an informativen Stationen vorbei. Zurück an der Hütte radeln wir nach Arrach hinein bis zur Eckstraße und biegen links ein.

70

Eine Besonderheit des Bayerischen Waldes ist der Bärwurz, eine hochprozentige Spezialität. Die Quelle dieser begehrten Köstlichkeit „sprudelt" in Arrach, in der Schnapsbrennerei Drexler-Hof. Dort werden über 70 Schnaps- und Likörsorten destilliert.

Bärwurzerei

Hinterm Bahnübergang zweigt die Lamer Straße ab, auf der wir gleich die Häuser des 6 / Bayerwald Handwerksmuseum erreichen. Hier gibt's „geistreiches" und kulturelles. Die Familie Drexler möchte die Zeit des alten Handwerks in den Häusern des Drexler-Hofs (Tel. 09943 903703, Hausfelder Str. 1, 93474 Arrach) unvergessen machen. Auf dem Anwesen erwarten uns ein Destillen-, Holzkunst-, Mineralien- und das Handwerksmuseum. Sonn- und Feiertage geschlossen.

Unterm Kaitersberg-Massiv

Wir kommen in Arrach am zentral gelegenen Gasthaus Aschenbrenner vorbei, bevor wir die Staatstraße erreichen. An der Einmündung biegen wir auf den parallel geführten Radweg ein und

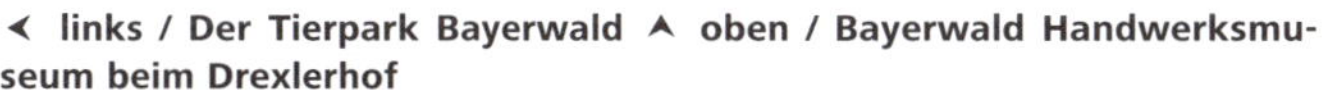

< links / Der Tierpark Bayerwald ^ oben / Bayerwald Handwerksmuseum beim Drexlerhof

radeln unter dem bewaldeten Kaitersberg-Massiv, alles Tausendergipfel mit dem überragenden Großen Riedelstein, entlang Richtung Hohenwarth. Im Ortsteil Simpering verlassen wir die Staatsstraße und folgen erst der Lamer Straße, die dann bald Hauptstraße heißt, an den Bahnhof Hohenwarth. Rechts biegen wir in die Bahnhofstraße ein und queren die Bahn zur Brücke am Weißen Regen. Gegenüber radeln wir nach links, queren die große Straße und folgen der schmalen Rimbacher Straße zum Weiler Oberzettling.

KREISE IM HIMMEL

Highlight im 7 / Greifvogelpark Grafenwiesen sind die Flugvorführungen der mächtigen Seeadler und Geier. Mit ausgewählten Vögeln gibt's nach der Flugshow ein Foto.

Flugshow

Geradeaus geht's hindurch und bei den letzten Häusern links auf den unbefestigten Weg an die Staatsstraße. Erst immer an ihr entlang macht unser Weg vor Matheshof doch eine Kurve und bringt uns ins Dorf und wieder an die Staatsstraße. Erneut fahren wir an ihr entlang jetzt nach Englmühle. Dort queren wir die Straße zum Hauserweg und lenken unser Rad links ans Ufer des Weißen Regen. Eine schöne Kapelle erwartet uns, geduckt unter einer großen Linde, beim Zittenhof. Den Weißen Regen zur Linken radeln wir zum 7 / Greifvogelpark Grafenwiesen (Tel. 09941 400507, Feßmannsdorf 31, 93479 Grafen-

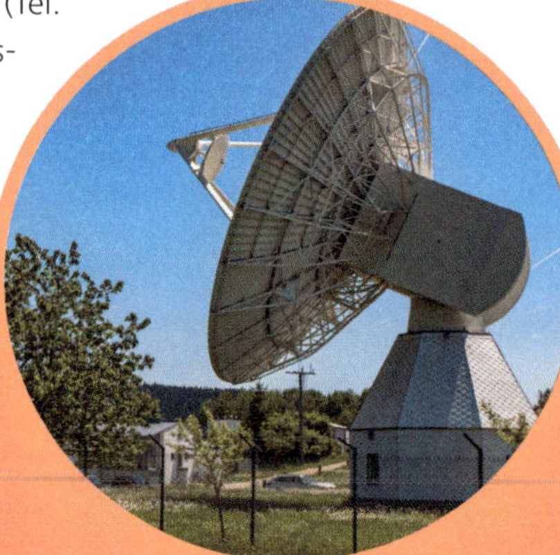

20

Geodäten ist das Dorf Wettzell ein Begriff, es liegt zwischen Bad Kötzting und Viechtach. Am dortigen geodätischen Observatorium werden Messungen mit einem 20-m-Radioteleskop zu Satelliten und Radiosternen durchgeführt, um Positionen von Punkten auf der Erde zu beobachten.

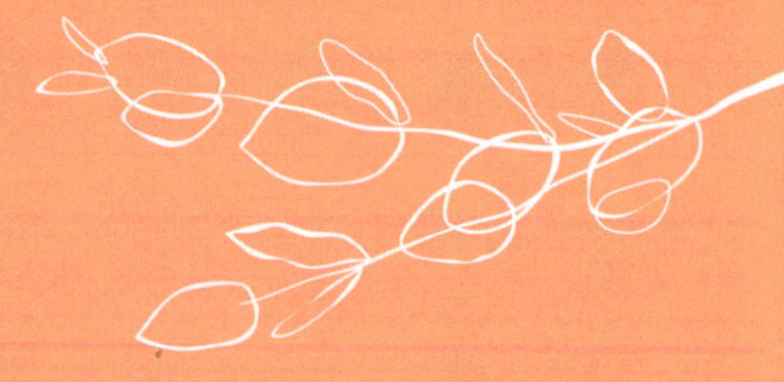

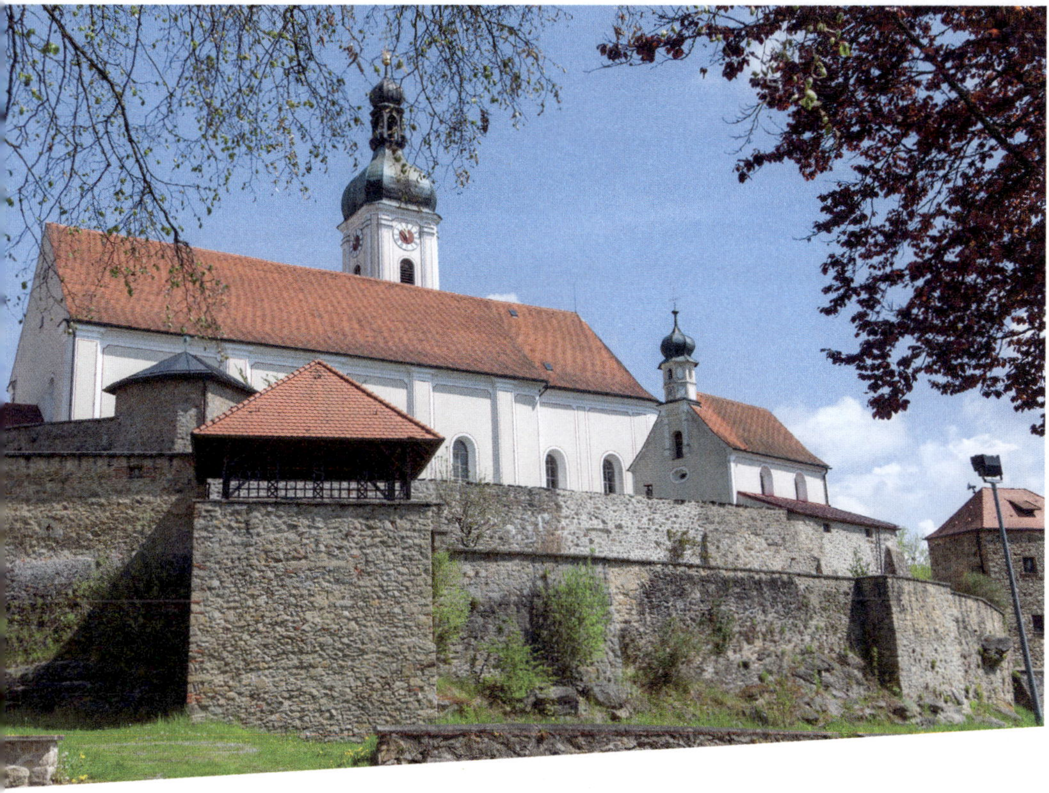

wiesen). Hier bekommen wir einen Einblick in die faszinierende Welt der Greifvögel und erleben den Seeadler während der Flugshow.

Wellenspiel wie am Meer

Wir fliegen zwar nicht weiter, sind aber bereits unserem Ziel recht nah. Feßmannsdorf passieren wir und halten uns am nächsten Abzweig links zu den Kliniken des Landkreises Cham. Dahinter erreichen wir verschiedene Schulen und kommen zur Straßenbrücke am Weißen Regen. Direkt am Ufer führt unser Weg unter der Brücke hindurch am Rande der Altstadt entlang zur überdachten Fußgängerbrücke, die die Aquacur Badewelt Bad Kötzting mit der Altstadt verbindet. Unterhalb der Kirchenburg Bad Kötzting queren wir die Ludwigstraße, radeln über den Parkplatz und durch die Bahnunterführung in den Kurpark. Wir folgen dem Radweg um das Stadion herum und geradeaus zur Reithalle. Hinterm Bahnübergang biegen wir rechts ab zum 8 / Bahnhof Bad Kötzting. Ziel erreicht.

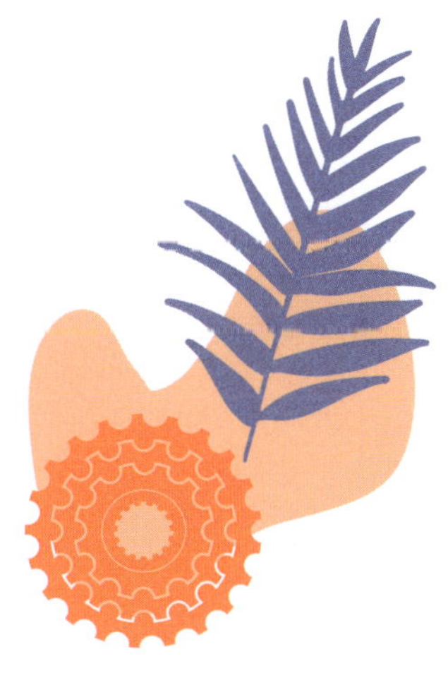

< links / Geodätisches Observatorium Dorf Wettzel ^ oben / Kirchenburg Bad Kötzting

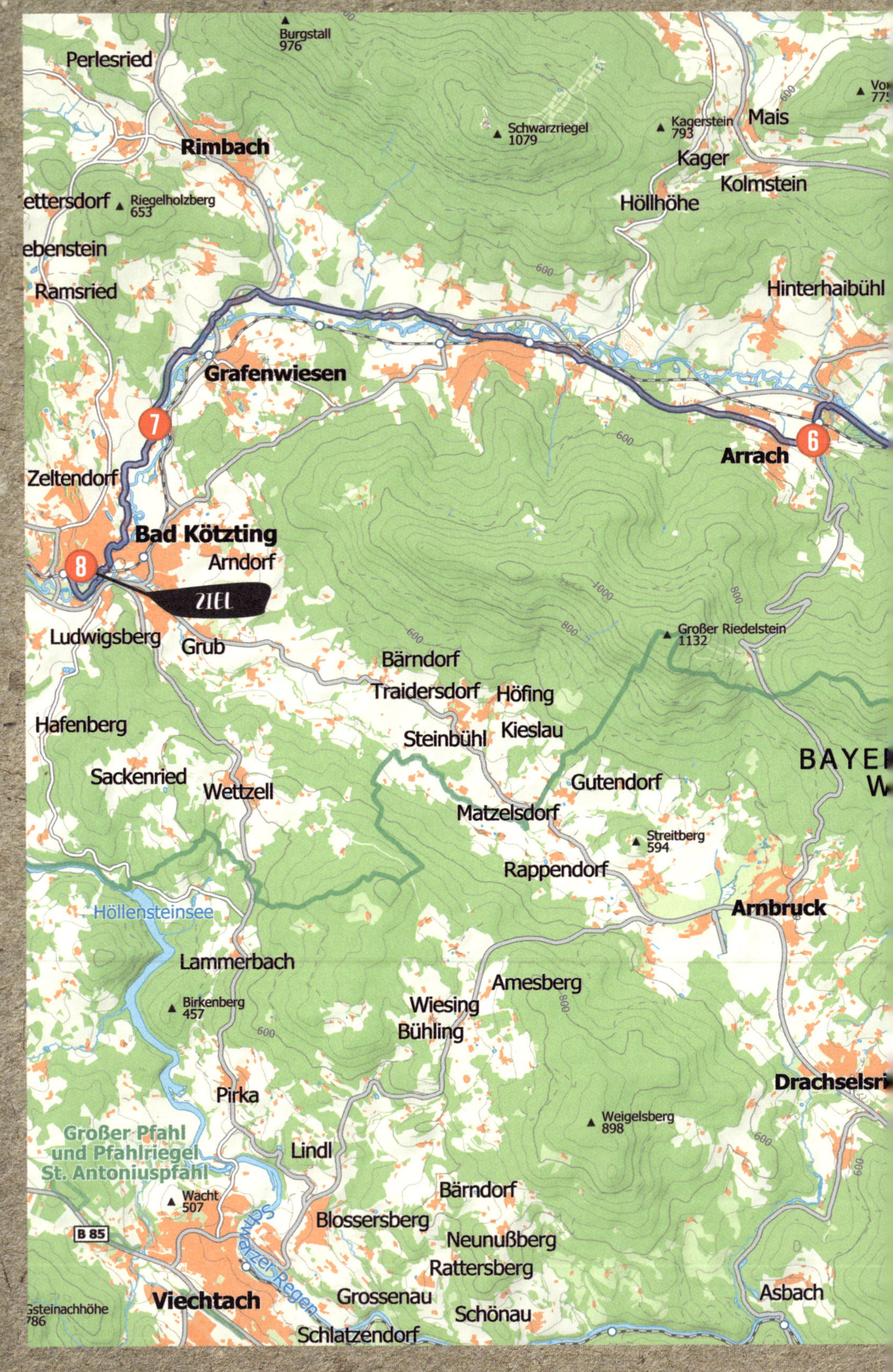

Burgstall 976
Perlesried
Schwarzriegel 1079
Kagerstein 793
Mais
Rimbach
Kager
Kolmstein
Riegelholzberg 653
Höllhöhe
Hinterhaibühl
Ramsried
Grafenwiesen
7
6
Arrach
Zeltendorf
Bad Kötzting
Arndorf
8
ZIEL
Großer Riedelstein 1132
Ludwigsberg
Grub
Bärndorf
Traidersdorf
Höfing
Hafenberg
Steinbühl
Kieslau
Sackenried
Wettzell
Gutendorf
Matzelsdorf
Streitberg 594
Rappendorf
Arnbruck
Höllensteinsee
Lammerbach
Amesberg
Birkenberg 457
Wiesing
Bühling
Pirka
Weigelsberg 898
Großer Pfahl
und Pfahlriegel
St. Antoniuspfahl
Lindl
Bärndorf
Wacht 507
B 85
Blossersberg
Neunußberg
Schwarzer Regen
Rattersberg
Grossenau
Asbach
Viechtach
Schönau
Schlatzendorf

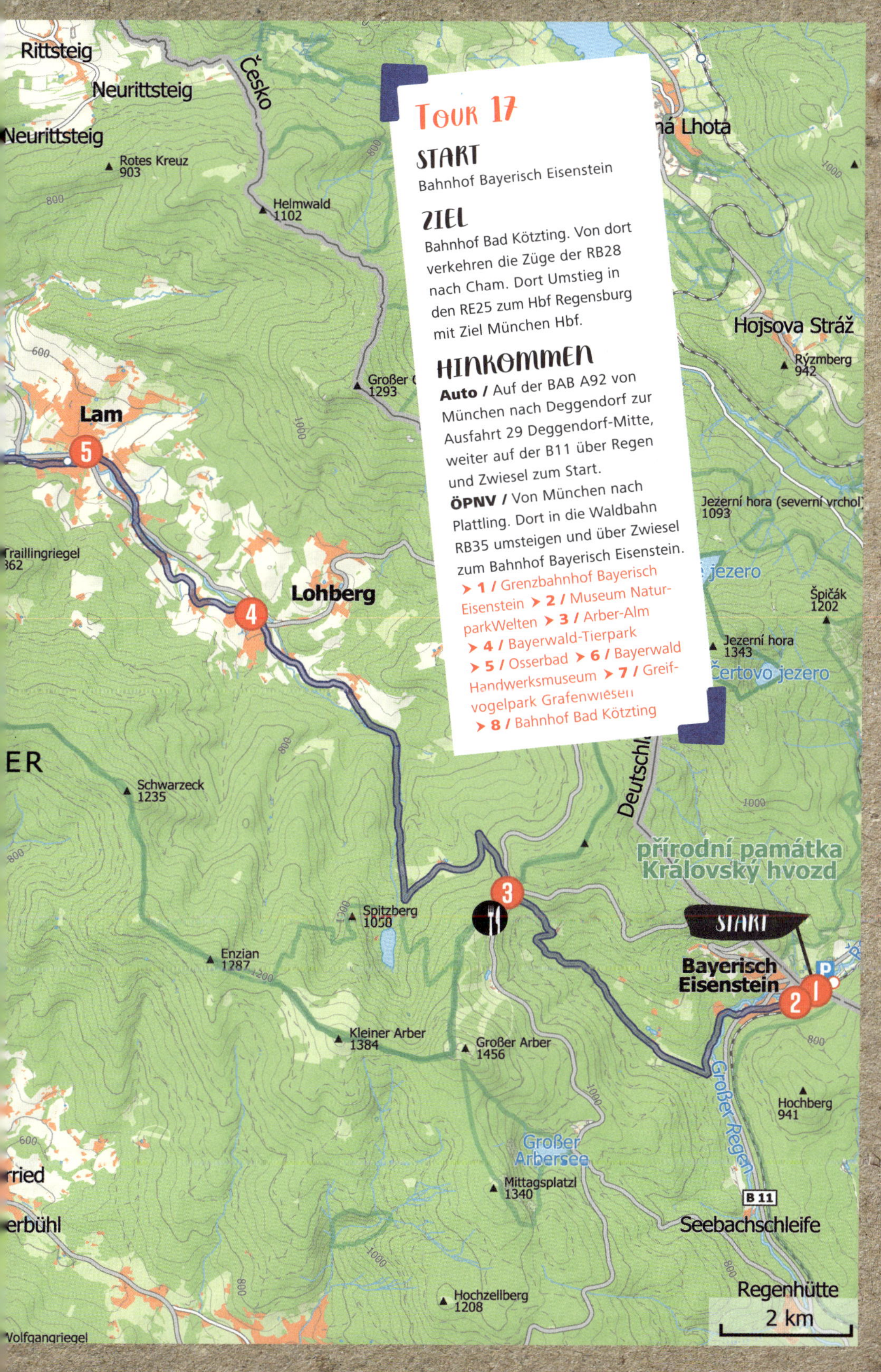

Tour 17
START
Bahnhof Bayerisch Eisenstein
ZIEL
Bahnhof Bad Kötzting. Von dort verkehren die Züge der RB28 nach Cham. Dort Umstieg in den RE25 zum Hbf Regensburg mit Ziel München Hbf.
HINKOMMEN
Auto / Auf der BAB A92 von München nach Deggendorf zur Ausfahrt 29 Deggendorf-Mitte, weiter auf der B11 über Regen und Zwiesel zum Start.
ÖPNV / Von München nach Plattling. Dort in die Waldbahn RB35 umsteigen und über Zwiesel zum Bahnhof Bayerisch Eisenstein.
› 1 / Grenzbahnhof Bayerisch Eisenstein › 2 / Museum NaturparkWelten › 3 / Arber-Alm › 4 / Bayerwald-Tierpark › 5 / Osserbad › 6 / Bayerwald Handwerksmuseum › 7 / Greifvogelpark Grafenwiesen › 8 / Bahnhof Bad Kötzting
Rittsteig
Neurittsteig
Neurittsteig
Česko
Rotes Kreuz 903
Helmwald 1102
Großer 1293
Lam
Lohberg
Traillingriegel 862
Schwarzeck 1235
Spitzberg 1050
Enzian 1287
Kleiner Arber 1384
Großer Arber 1456
Großer Arbersee
Mittagsplatzl 1340
Hochzellberg 1208
Hojsova Stráž
Rýzmberg 942
Jezerní hora (severní vrchol) 1093
Špičák 1202
Jezerní hora 1343
Čertovo jezero
Deutschl
přírodní památka Královský hvozd
START
Bayerisch Eisenstein
Hochberg 941
Großer Regen
B 11
Seebachschleife
Regenhütte
2 km

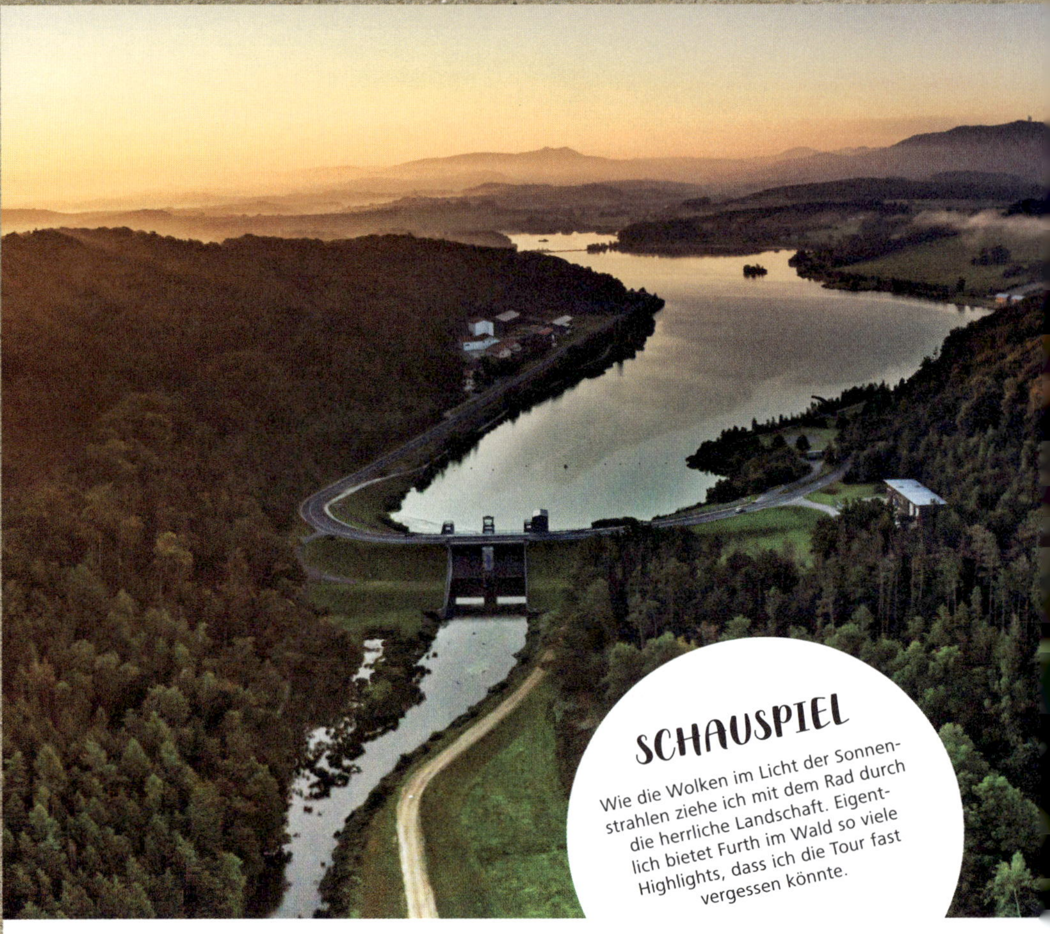

SCHAUSPIEL

Wie die Wolken im Licht der Sonnenstrahlen ziehe ich mit dem Rad durch die herrliche Landschaft. Eigentlich bietet Furth im Wald so viele Highlights, dass ich die Tour fast vergessen könnte.

➤ **1 /** Vom Bahnhof Furth im Wald vorbei an der romantischen Altstadt

➤ **2 /** Vom Stauwehr am Drachensee blicken wir zur Bayernwarte am Dieberg

➤ **3 /** Das Schwirzer Denkmal erinnert uns an alten Handelsverkehr

➤ **4 /** In Hofberg sind wir der bayerisch-böhmischen Grenze ganz nah

➤ **5 /** Schon von weitem sehen wir die Wallfahrtskirche beim Kloster

➤ **6 /** Das Hotel Gasthaus Zur Linde verführt uns zur Einkehr

➤ **7 /** Die Hinterglasmalereien im Wallfahrtsmuseum sind eine Augenweide

➤ **8 /** An der Talstation der Hohenbogenbahn laden wir unser E-Bike

➤ **9 /** In Schwarzenberg haben wir den mächtigen Berg Hoher Bogen hinter uns gelassen

➤ **10 /** In der Drachenhöhle erwartet uns der spektakulär, feuerspeiende Drache

➤ **11 /** Wir lauschen den Melodien am Glockenspiel

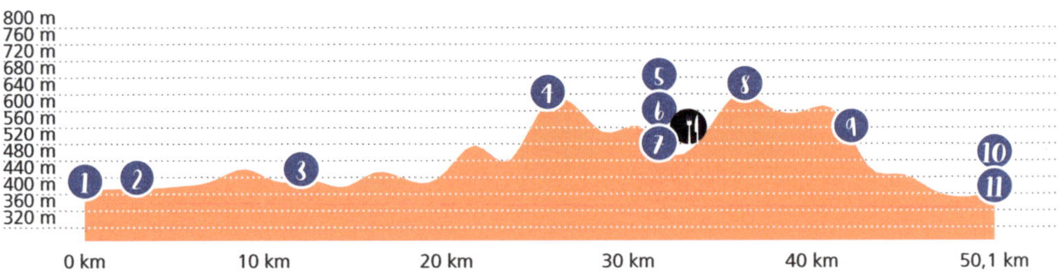

KURZ BEVOR BAYERN AUFHÖRT

Lauschblick vom Hohen Bogen zur bayerisch-böhmischen Grenze

Von Furth im Wald radeln wir am Drachensee entlang, bergauf und bergab, entlang der tschechischen Grenze nach Neukirchen beim Heiligen Blut und besuchen dort die berühmte Wallfahrtskirche im Franziskanerkloster. Anschließend fahren wir zur Hohenbogen-Sesselbahn und lassen uns auf den Hohen Bogen bringen. Dort geht's zu Fuß zur ehemaligen Abhöranlage „sektor.f". Am Hang des Hohen Bogen entlang geht's zurück in die Stadt des Drachenstichs.

50 Kilometer
890 Höhenmeter
890 Höhenmeter
3:30 Stunden
Rundtour

CHARAKTER

Sportlich ●●●○○
Abkühlung ●●○○○
Schlemmen ●●○○○
Panorama ●●●●○

Im Drachenland

Wir treffen uns am 1 / Bahnhof Furth im Wald, in der Heimat des Drachenstichs. Am Ende der Rundtour kehren wir in die „Drachenstadt" zurück. Aber schauen wir der Tour entgegen und wenden uns auf der Bahnhofstraße nach links

---

TOURENINFO / Unsere Radtour führt fast ausschließlich auf asphaltierten Straßen und Wegen bis an die tschechische Grenze. Lediglich am Hohen Bogen Berg gibt's einen breiten unbefestigten Waldweg. Zahlreiche Berg- und Talfahrten mit mäßigen Steigungen begleiten uns auf der gesamten Tour. E-Bike-Ladestationen: Tourist-Information Furth im Wald, Schlossplatz 1; Neukirchen beim Heiligen Blut, Rathaus, Marktplatz 2; Talstation Hohenbogenbahn, Liftstr. 2

TOUR, DIE DU SO NIE GEMACHT HÄTTEST

‹ links / Abendstimmung am Drachensee

TOUR, DIE DU SO NIE GEMACHT HÄTTEST

in Richtung der wunderschönen Altstadt. An der Straßenbrücke halten wir uns schräg rechts zur Grabenstraße und fahren halbwegs um die Altstadt herum, bis links die Straße Weiherdamm abzweigt. Auf ihr verlassen wir Furth im Wald und radeln über den Chamb zum Drachensee-Freibad. Links geht's auf der Daberger Straße zum Drachensee. Am Ufer erkennen wir die Eisen-Brücken-Skulptur. Im Inneren führen uns Stufen hinauf zu einer herrlichen Aussicht über den Drachensee. Der Drache aus dem Volksschauspiel „Further Drachenstich" gab dem Hochwasserspeicher seinen Namen. Wir radeln über das 2 / Stauwehr mit Blick zur Bayernwarte auf dem Dieberg und rechts herum zum Café Drachensee mit schöner Terrasse zum See.

EINE LANDMARKE

Vom Aussichtsturm Bayernwarte auf dem Dieberg überm Drachensee blickt man auf die Bayerwaldberge Gibacht und Hoher Bogen sowie zum Cerchov auf böhmischer Seite.

Die „Schwirzer"

Wir bleiben auf der Kreisstraße und radeln über Gaishof und Schachten zum 3 / Schwirzer Denkmal, liegt links kurz vor der Staatsstraße. Um die Abenteuer der Schwirzer und ihrer Gegenspieler, der Finanzer, ranken sich zahlreiche Geschichten. Für die Bewohner der Grenzregion war der Handel mit Böhmen lange Zeit ein lebensnotwendiger Zuverdienst. Und da der Handel besonders einträglich war, wenn man den Zoll zu umgehen wusste, gehörte das Schmuggeln, das „Schwirzen", hier zum Alltag der kleinen Leute.

Auf dem Iron-Curtain-Trail

An der Staatsstraße wenden wir uns Richtung Eschlkam mit der Wegemarkierung des „Chambtal Radweges". Kommt nicht von ungefähr, denn links neben uns fließt der Chamb, der hinter uns die Grenze zu Tschechien markiert. Am Abzweig nach Seugenhof radeln wir durch das Tal des Chamb in das Dorf und biegen hinter der Rechtskurve bei der schönen Hofkapelle links in den Schmiedweg

---

➤ rechts oben / Altes Rathaus, Furth im Wald ➤ rechts Mitte / Beim Volksschauspiel Drachenstich in Furth im Wald

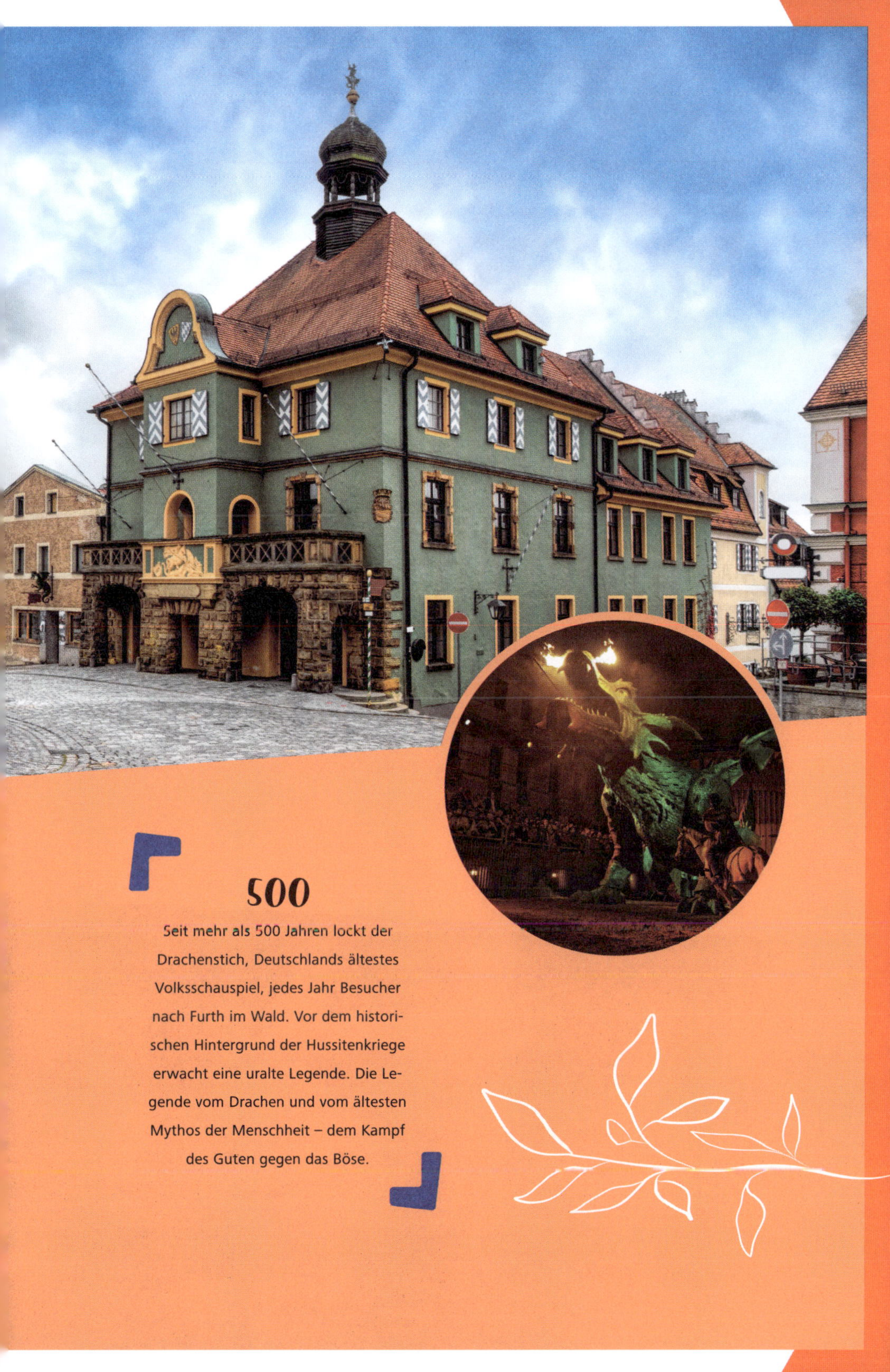

500

Seit mehr als 500 Jahren lockt der Drachenstich, Deutschlands ältestes Volksschauspiel, jedes Jahr Besucher nach Furth im Wald. Vor dem historischen Hintergrund der Hussitenkriege erwacht eine uralte Legende. Die Legende vom Drachen und vom ältesten Mythos der Menschheit – dem Kampf des Guten gegen das Böse.

Wachskunst

Täuschend echte Blüten, detailgetreue Märchenfiguren präsentiert die Wachsbildnerin Annemarie Filzmann-Kerschensteiner im Haus der Aussaat bei der 5 / Wallfahrtskirche.

Tour, die du so nie gemacht hättest

ein. An der Straßenkreuzung geht's bergwärts, schnurgerade durch den Wald an die bayerisch-böhmische Grenze. Hier oben treffen wir auf den Iron-Curtain-Trail, der uns auf der Böhmerwaldstraße, dem Chambtal folgend, zu den Chambwiesen führt. Kurz geht's nun zum Hochfeld hinauf an die Jägershofer Straße in Warzenried. Im spitzen Winkel biegen wir links ein nach Jägershof. Leicht führt die Straße bergauf nach 4 / Hofberg.

Zwiebelturm

Am Dorfrand verzweigen sich die Sträßchen. Wir nehmen das Sträßchen halblinks Richtung Wald und radeln im Bogen talwärts nach Vorderbuchberg. Linker Hand erkennen wir bereits die Wallfahrtkirche Mariä Geburt. Kilometerweit ist der mächtige, siebenstöckige Turm mit seiner typischen Zwiebel zu sehen. Fast am Ortsende biegen wir links auf das schmale Sträßchen ein und radeln direkt auf das Kloster und 5 / Wallfahrtskirche zu. Das riesige Kirchenschiff ist ausgestattet mit dem Hochaltar, geschmückt mit Augsburger Goldschmiedearbeiten, zwei Seitenal-

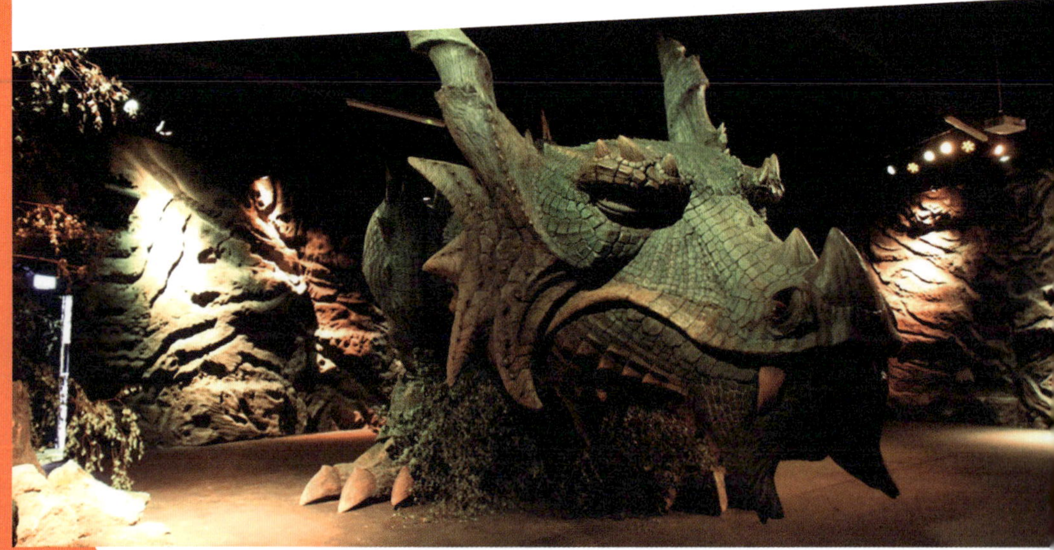

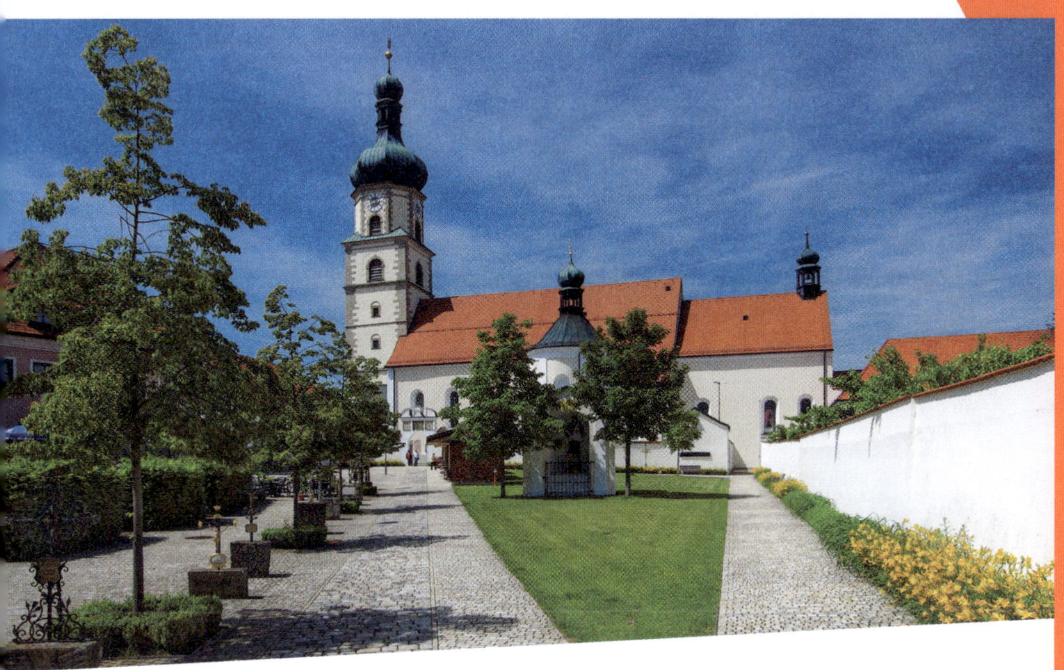

tären, Betstühlen mit geschnitzten Rokokomuschelwerk und der Orgel, eine Stiftung der Kurfürstin Anna Maria.

Wallfahrt

Wir radeln in die Ortsmitte von Neukirchen beim Heiligen Blut zum Marktplatz. Bevor wir Neukirchen entdecken, sorgen wir erstmal für unser Leib und Seele. Am Marktplatz haben wir die Wahl zwischen einigen Hotels und Gasthäusern. Kehren wir im 6 / Hotel Gasthaus Zur Linde (Tel. 09947 902485, Marktplatz 9, 93453 Neukirchen beim Heiligen Blut) ein. Gegenüber besuchen wir das 7 / Wallfahrtsmuseum im alten Pflegschloss von Neukirchen. In den Ausstellungsräumen wird uns die Geschichte und Brauchtum der Neukirchner Wallfahrt dargelegt. Ihrer Bedeutung angemessen, ist der Neukirchener Hinterglasmalerei ein eigener Ausstellungsraum gewidmet. Die Maler-Standorte Neukirchen und Haibühl, wo die Malerfamilien Wittmann bzw. Stoiber Generationen lang tätig waren, sind heute unter der Bezeichnung „Neukirchener Schule" bekannt.

Lauschblick

Weiter geht's auf der Staatsstraße Richtung Lam bis zum Ortsausgang bei der Feuerwehr. Hier biegen wir Richtung Hohenwarth ab

KM 31

Im Klostergarten der 5 / Wallfahrtskirche der Franziskaner gibt es einen Rosenweg. Duftende Rosen stellen die 800-jährige Geschichte von der Geburt des heiligen Franziskus 1181 bis zum 350-jährigen Klosterjubiläum 2006 dar. Das Ereignis, für das eine Rose steht, wird genauer erklärt.

< links / In der Drachenhöhle der Drachenstadt ^ oben / Am Franziskanerkloster in Neukirchen beim Heiligen Blut

und kommen nach Vordermais. Am Waldrand biegen wir rechts auf die Liftstraße ein und radeln bis zur 8 / Hohenbogenbahn. An der Talstation können wir unser eBike aufladen. Die herrlich entspannende Fahrt mit der Doppelsesselbahn bringt uns zur Bergstation am Ahornriegel. Zu Fuß geht's dann zur bis 2003 militärisch genutzten Abhöranlage Fernmeldesektor f. Höhepunkt im wahrsten Sinne des Wortes ist die Aussichtsplattform auf dem Hauptturm des „sektor.f". Von hier oben haben wir bei gutem Wetter einen unvergleichlichen Blick auf ein „grenzenloses Europa".

GIPFELSTEIG

Von der Bergstation der 8 / Hohenbogenbahn führt die Sommerrodelbahn ins Tal und der „Gipfelsteig" zum sektor.f, mit der spektakulären Außentreppe am Hauptturm.

Endspurt unterm Hohen Bogen

Zurück zur Talstation, unser Rad ist aufgeladen und bereit für den Ride unterm Hohen Bogen. Am Ende des Parkplatzes führt uns der breite Waldweg, heißt Schwarzholzweg, talwärts an den Hohenbogen-Weg. Links biegen wir ein und stoßen auf einen Waldweg, der vom Tal heraufkommt, ihm folgen wir links und nach gut 2 km rollen wir rechts nach 9 / Schwarzenberg hinab. Wir radeln durchs Dorf und biegen dann links auf das Asphaltsträßchen nach Oberrappendorf ein. Dort lenken wir das Rad rechts auf das Sträßchen nach Hoferau bei der B20

TOUR, DIE DU SO NIE GEMACHT HÄTTEST

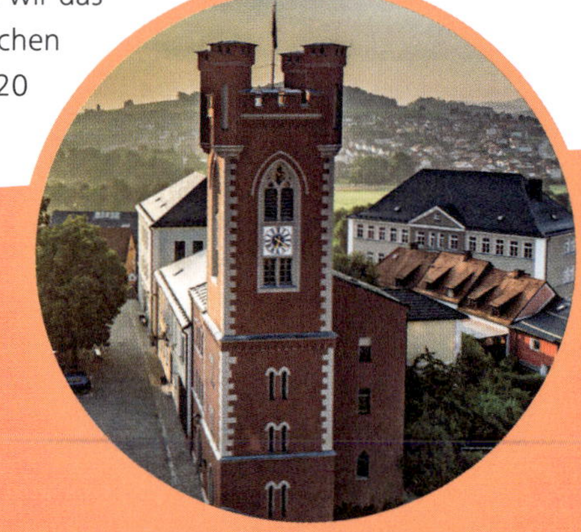

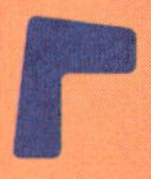

1865

Der 1865 errichtete 35 m hohe Stadtturm am Schlossplatz ist das Wahrzeichen von Furth im Wald. Der Turm beherbergt das Landestor- und Drachenmuseum, zu dessen Öffnungszeiten auch die hoch über den umliegenden Dächern liegende Aussichtsplattform zugänglich ist.

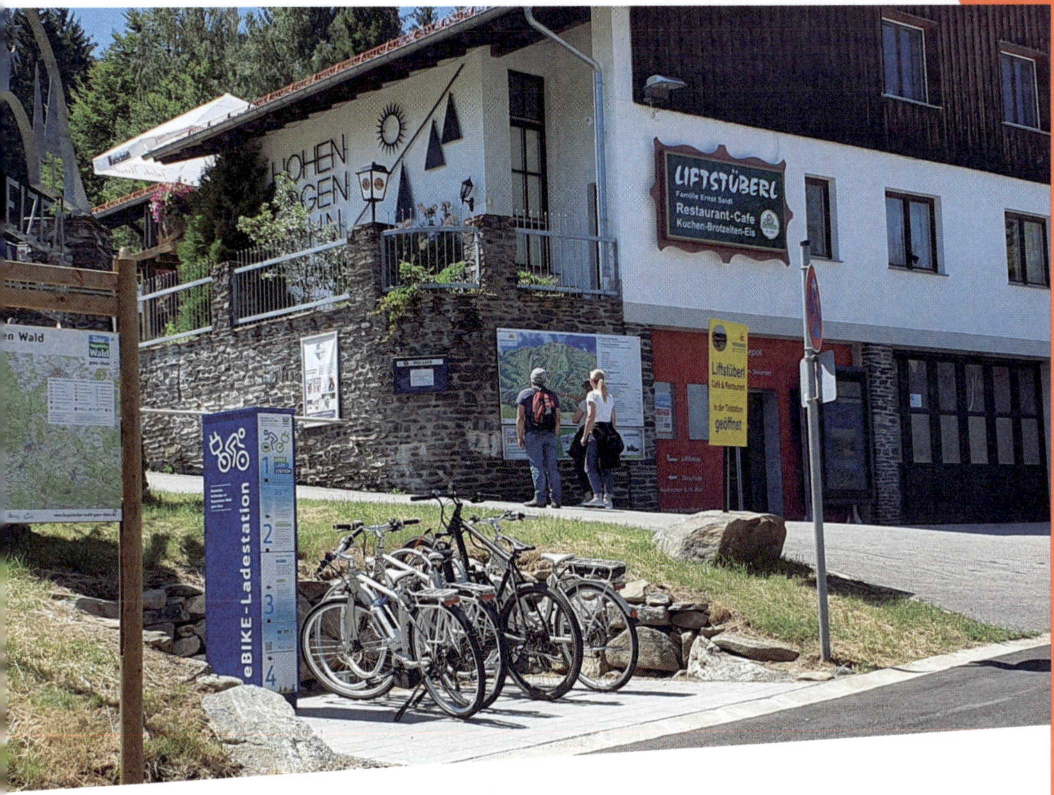

Anschlussstelle. Wir unterfahren die B20, kommen an den Kreisverkehr und fahren Richtung Altstadt.

Drachenhöhle

Gleich links erwartet uns in der Drachenhöhle der Further Drache, ein riesiger vierbeiniger, gehender Roboter mit ausgefeilter Mimik, der meterlange Feuerstöße aus seinem Rachen schleudert. Die 10 / Drachenhöhle können wir Di–So von 10.30–16 Uhr besuchen. Auf der Eschlkamer Straße fahren wir zur Altstadt und kehren zum Abschluss der Tagestour im Gasthof zum Bay Furth im Wald (Tel. 09973 4334, Bayplatz 5, 93437 Furth im Wald) ein. Auf dem Weg zum Bahnhof kommen wir am wunderschönen Rathaus und am 11 / Glockenspiel vorbei. Die 23 Glocken an der Fassade des ehemaligen Amtsgerichts spielen für uns morgens um 11 Uhr und abends um 18 Uhr Heimatmelodien. Rechter Hand ragt der rote Stadtturm am Schlossplatz in den Bayernhimmel. Über den Stadtplatz erreichen wir nun die Bahnhofstraße und den 1 / Bahnhof Furth im Wald.

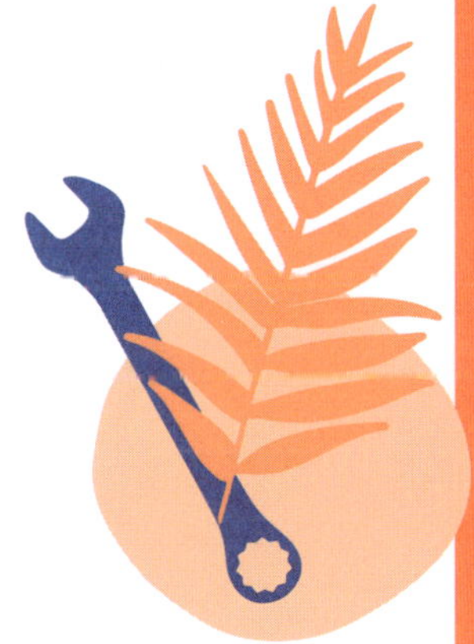

‹ links / Stadtturm am Schlossplatz in Furth im Wald ˄ oben / E-Bike-Ladestation an der Talstation der Hohenbogenbahn

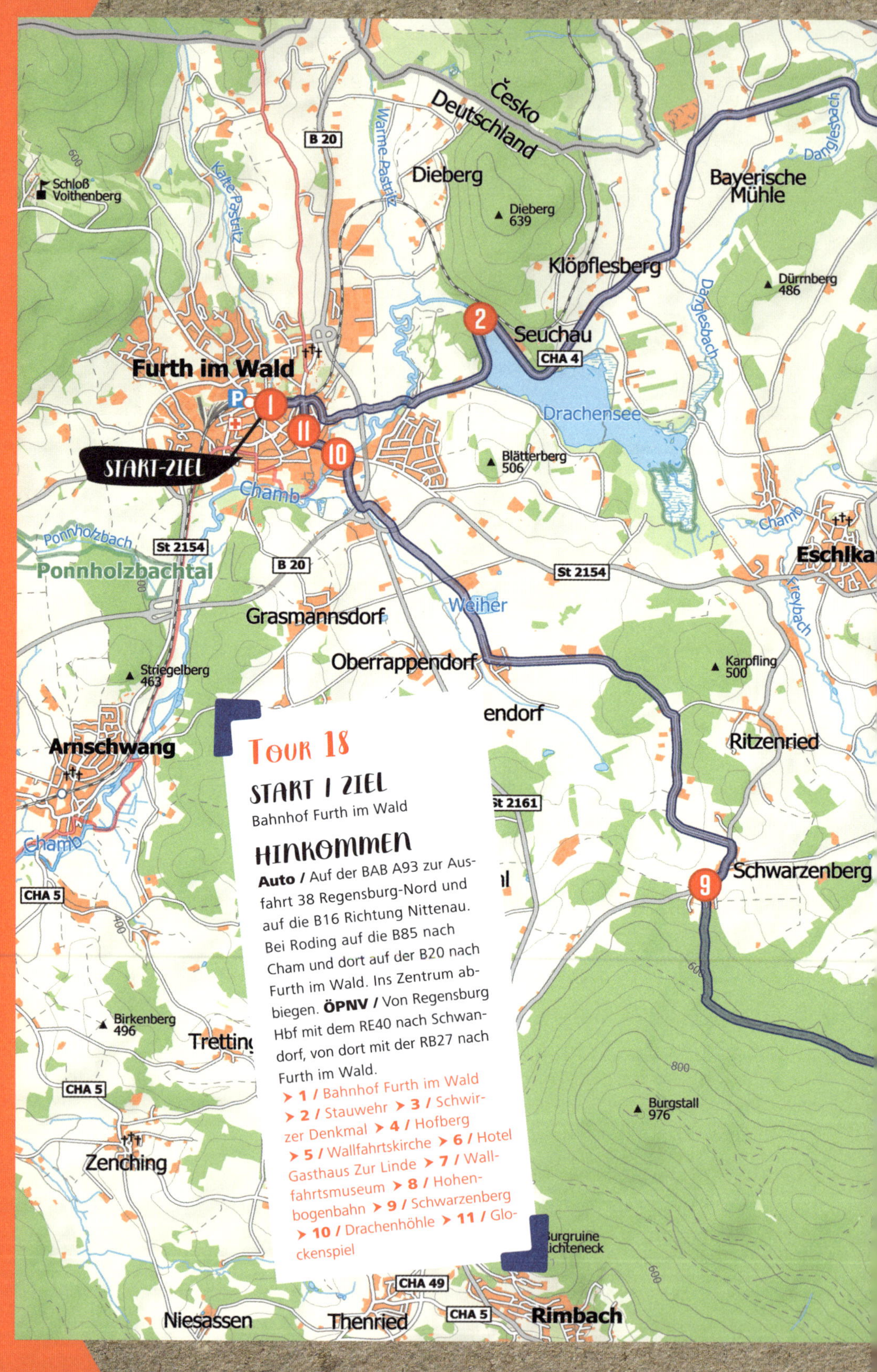

Tour 18

Start / Ziel

Bahnhof Furth im Wald

Hinkommen

Auto / Auf der BAB A93 zur Ausfahrt 38 Regensburg-Nord und auf die B16 Richtung Nittenau. Bei Roding auf die B85 nach Cham und dort auf der B20 nach Furth im Wald. Ins Zentrum abbiegen. **ÖPNV /** Von Regensburg Hbf mit dem RE40 nach Schwandorf, von dort mit der RB27 nach Furth im Wald.

➤ **1 /** Bahnhof Furth im Wald ➤ **2 /** Stauwehr ➤ **3 /** Schwirzer Denkmal ➤ **4 /** Hofberg ➤ **5 /** Wallfahrtskirche ➤ **6 /** Hotel Gasthaus Zur Linde ➤ **7 /** Wallfahrtsmuseum ➤ **8 /** Hohenbogenbahn ➤ **9 /** Schwarzenberg ➤ **10 /** Drachenhöhle ➤ **11 /** Glockenspiel

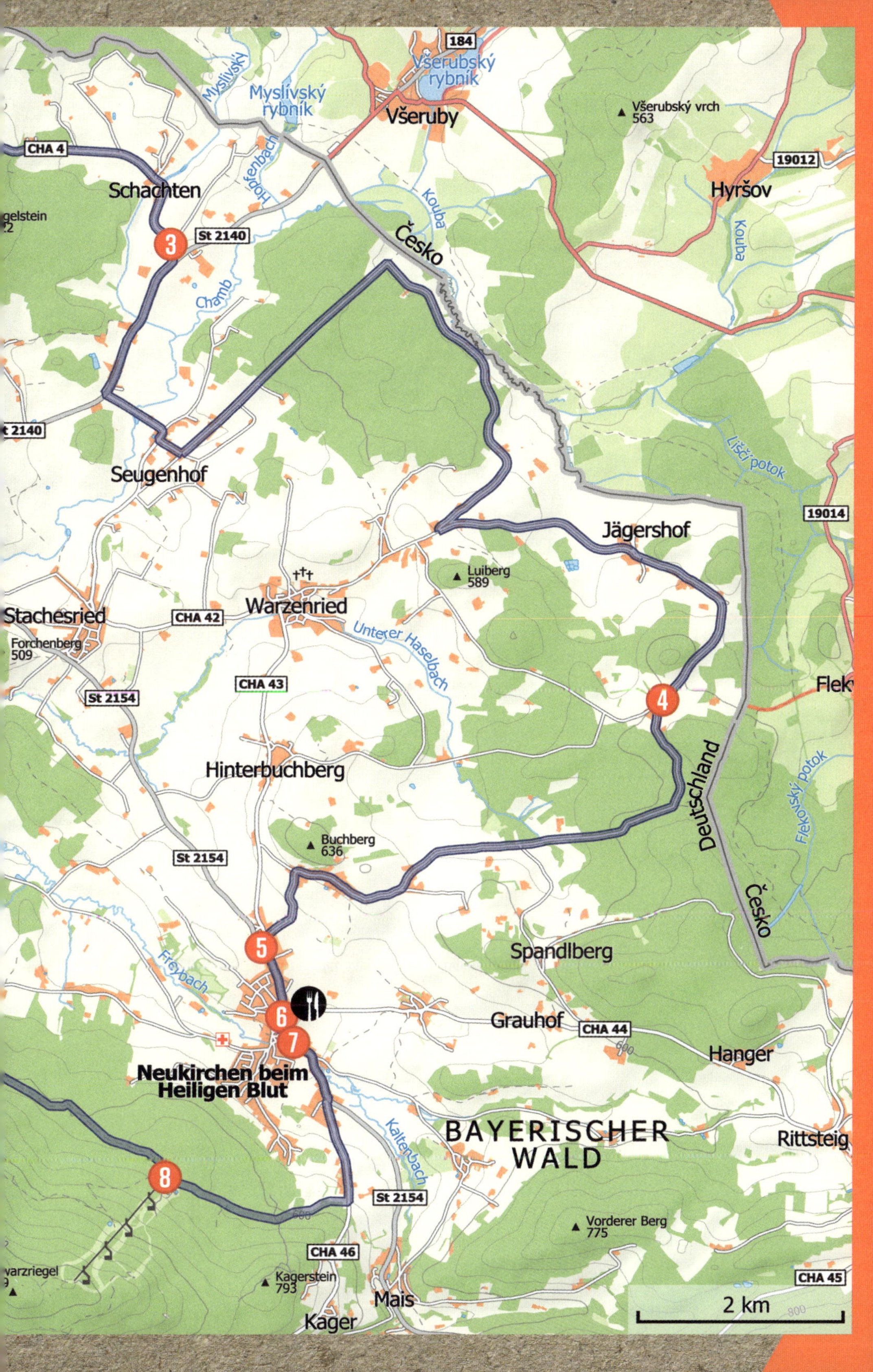

184
Všerubský rybník
Myslívský
Myslívský rybník
Všeruby
Všerubský vrch 563
CHA 4
Hopfenbach
19012
Schachten
Hyršov
St 2140
Kouba
Kouba
3
Česko
Chamb
Seugenhof
Liščí potok
Jägershof
19014
Luiberg 589
Warzenried
Stachesried
CHA 42
Unterer Haselbach
Forchenberg 509
CHA 43
4
Flek
St 2154
Hinterbuchberg
Deutschland
Fleкovský potok
Buchberg 636
St 2154
Česko
5
Spandlberg
Freybach
6
Grauhof
CHA 44
7
Hanger
Neukirchen beim Heiligen Blut
BAYERISCHER WALD
Kaltenbach
Rittsteig
8
St 2154
Vorderer Berg 775
CHA 46
Kagerstein 793
CHA 45
Mais
Kager
2 km

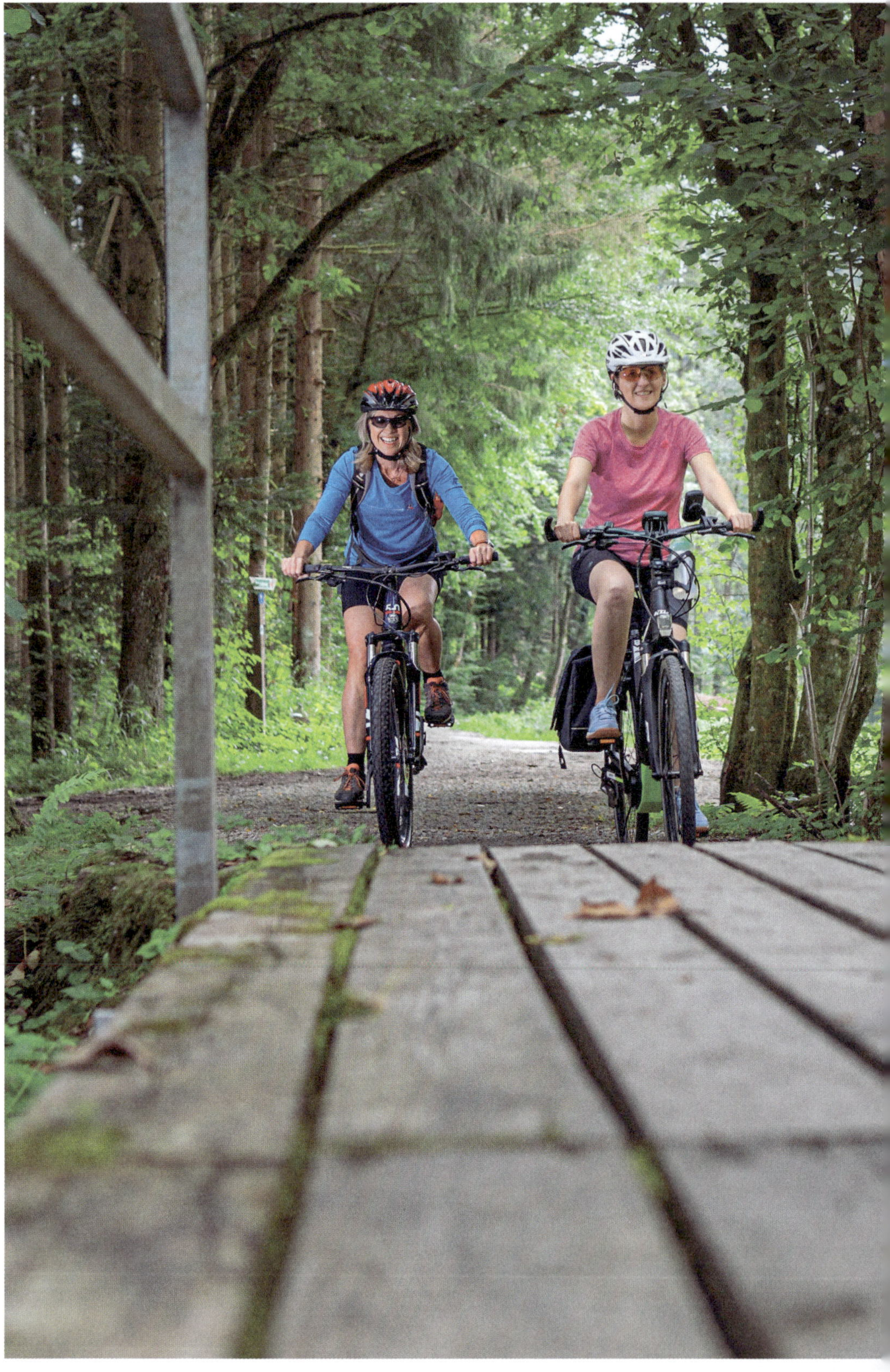

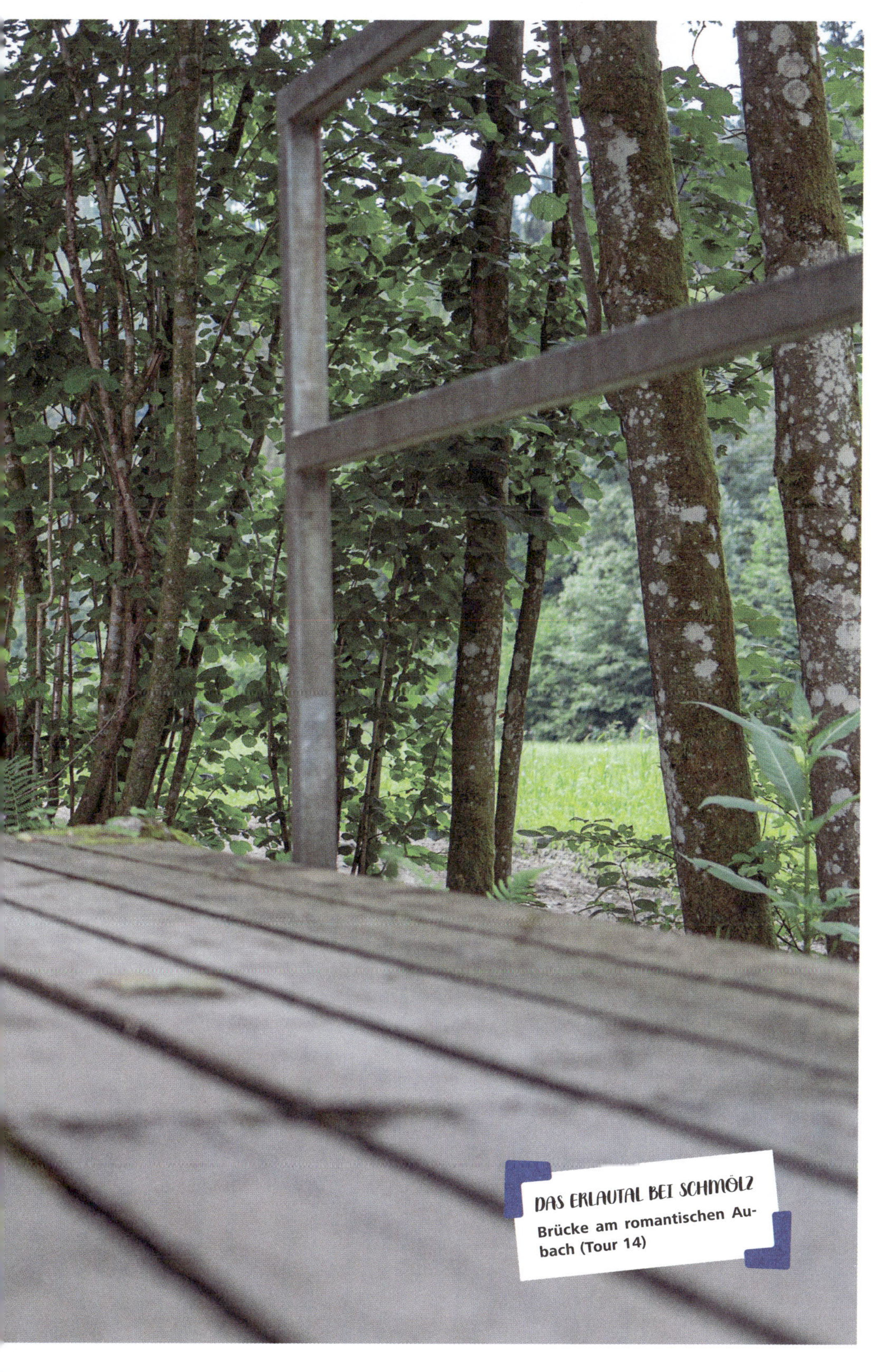

DAS ERLAUTAL BEI SCHMÖLZ

Brücke am romantischen Aubach (Tour 14)

WOCHENEND-BIKEAWAYS

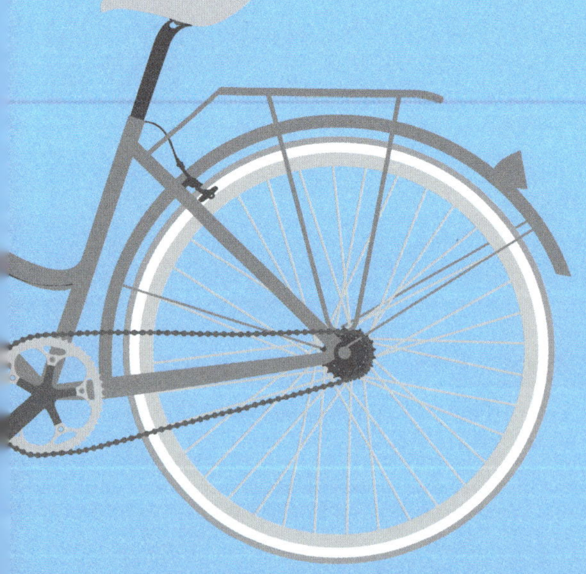

MINI-URLAUBS-TOUREN MIT ÜBERNACHTUNG

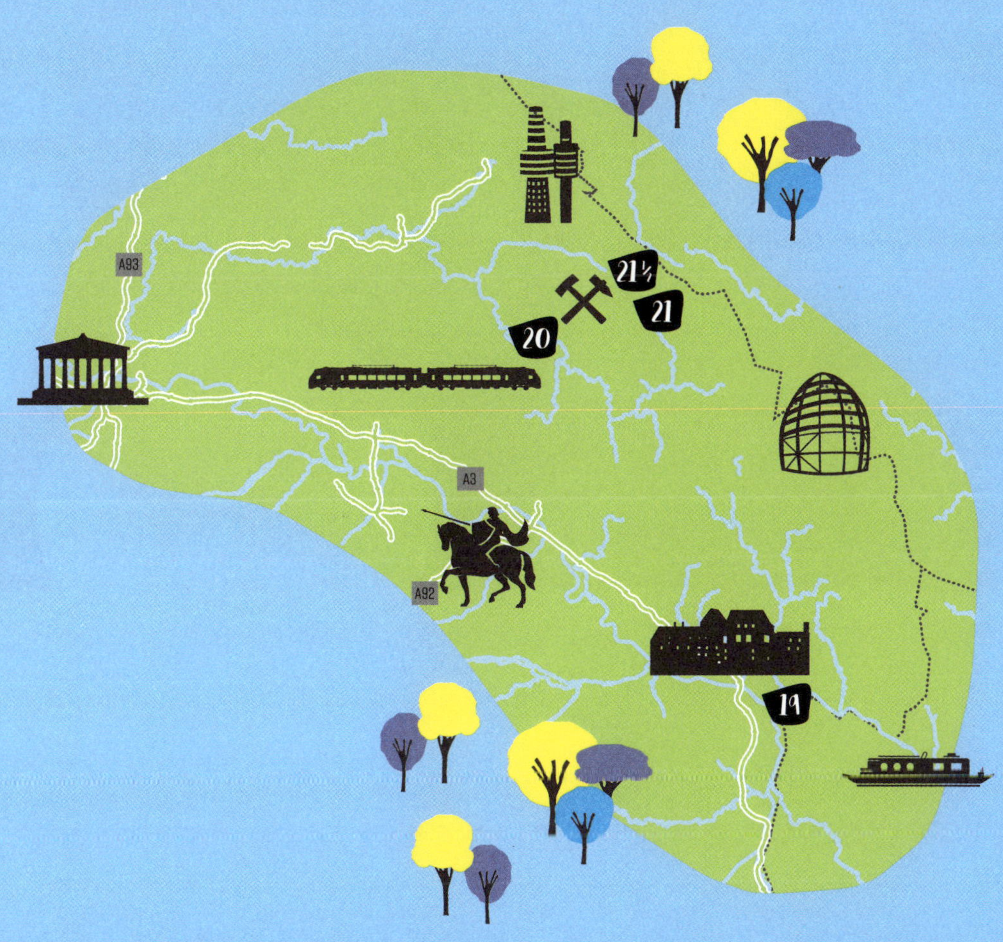

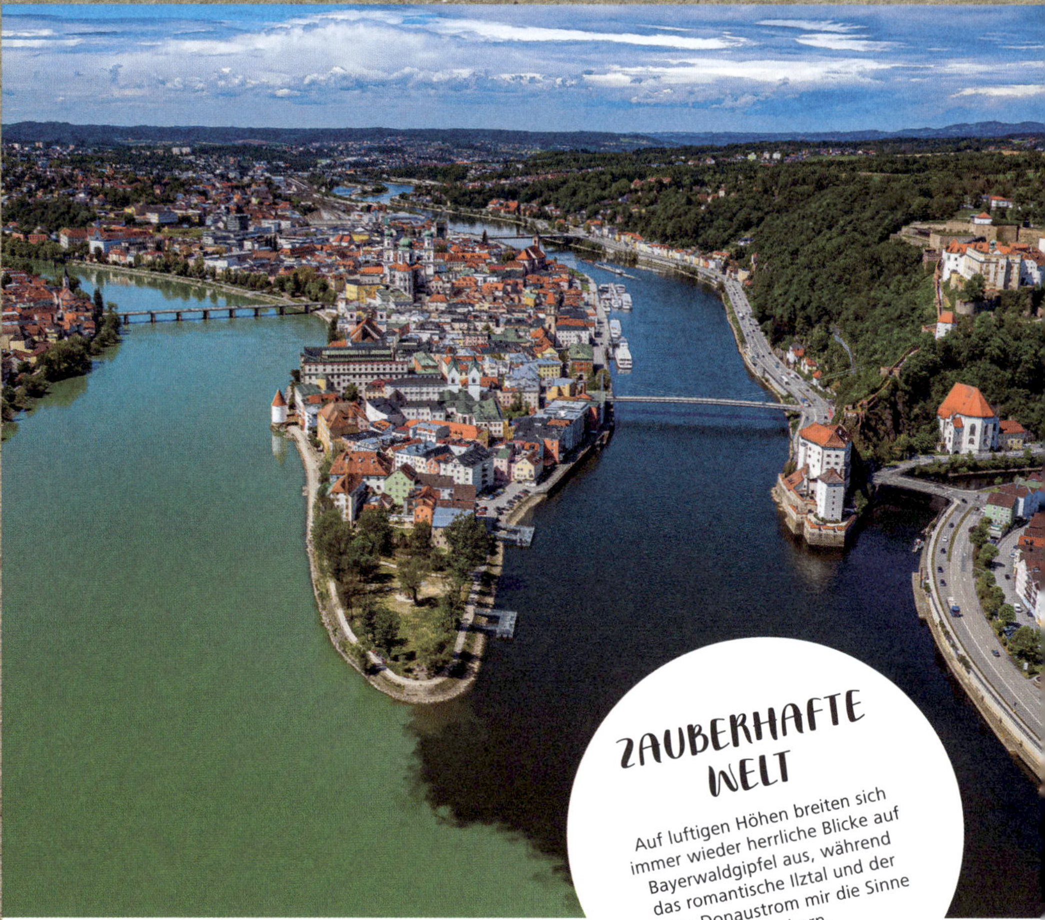

ZAUBERHAFTE WELT

Auf luftigen Höhen breiten sich immer wieder herrliche Blicke auf Bayerwaldgipfel aus, während das romantische Ilztal und der breite Donaustrom mir die Sinne verzaubern.

➤ **1 /** Vom Hauptbahnhof Passau geht's zur wunderschönen Altstadt

➤ **2 /** Wir blicken von der Veste Oberhaus zu Donau, Inn und Ilz

➤ **3 /** Rechts und links am Hals sehen wir die Ilz

➤ **4 /** Das Freibad am Ilzstausee lädt zum Baden ein

➤ **5 /** Am Bahnhof Kalteneck könnten wir in die Ilztalbahn steigen

➤ **6 /** Gemütliche Gaststube in der Schlossgaststätte Fürsteneck

➤ **7 /** Super interessant ist der Erlebnispark „Keltendorf Gabreta"

➤ **8 /** In der Altstadt Grafenau liegt unser Etappenziel

➤ **9 /** Auf romantischen Wegen radeln wir durchs Ilztal

➤ **10 /** Ein Rundweg führt uns durchs Museumsdorf Bayerischer Wald

➤ **11 /** Wir kommen im Dreiburgenland auch zu Schloss Fürstenstein

➤ **12 /** Wir radeln von der Mündung der Gaißa nach Passau

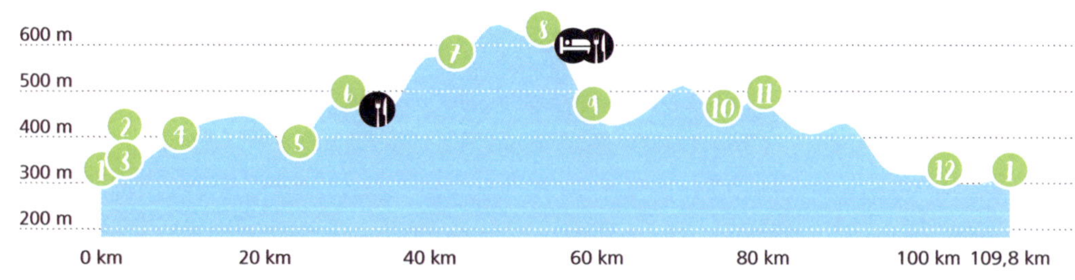

In die Einsamkeit

Aus der Dreiflüssestadt Passau zum Panorama am Nationalpark Bayerischer Wald

Von Passau folgen wir erst der Ilz aufwärts zu ihrem Stausee. Dann erwarten uns im bergigen Bayerischen Wald ständige Auf und Abs. Kräftezehrend sind sie, gleichwohl verlieren die Anstiege mit dem E-Bike ihren Schrecken. Wir kehren im Schloss Fürsteneck ein, bevor wir bei Grafenau den höchsten Punkt der Tagestour erreichen und übernachten. Im Dreiburgenland erblicken wir dann stolze Burgen und schauen uns das Museumsdorf Bayerischer Wald an. Hügel und Täler wechseln sich mit kleinen Weilern und bunten Wiesen ab, bevor wir das pulsierende Passau erreichen.

Tag 1 + Tag 2
56 + 54 Kilometer
1335 + 1050 Höhenmeter
835 + 1125 Höhenmeter
3:45 + 3:45 Stunden
Rundtour

CHARAKTER
Sportlich ●●●●○
Abkühlung ●●●●○
Schlemmen ●●●○○
Panorama ●●●○○

TAG 1
Start in Passau

Also satteln wir auf, das E-Bike ist aufgeladen, zum Zweitagesausflug mit Übernachtung in Grafenau.

TOURENINFO / Die Tour erfordert einiges an Kondition. Sie führt überwiegend auf schmalen Asphaltsträßchen von Dorf zu Dorf und in den Tälern auf breiten unbefestigten, aber gut befahrbaren Wegen. Einige Passagen radeln wir auf Kreis- und Staatsstraßen. Die erste Etappe nach Grafenau ist die schwere. E-Bike-Ladestationen: Landratsamt Passau, Domplatz 11, Altstadt Passau; Tourist-Information Grafenau, Rathausgasse 1, Grafenau; Hotel Zum Kellermann, Stadtplatz 8, Grafenau

---

◀ links / Die Dreiflüssestadt Passau

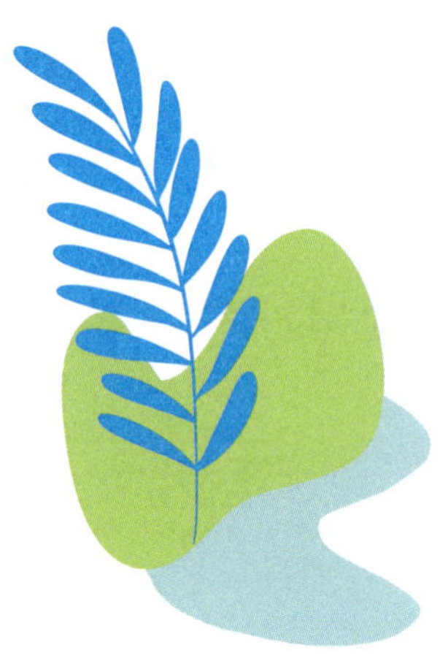

Unser Auto lassen wir am 1 / Hauptbahnhof Passau stehen, denn wir kommen hierher zurück. Vom Europaplatz am Bahnhof geht's durch die Unterführung der B8 an das Ufer der Donau. Rechts radeln wir Richtung Zentrum zu den Anlegestellen der Donauschifffahrt. Rechter Hand liegt die historische Altstadt mit dem alles überragenden weißen Dom St. Stephan. Wir steuern auf die Prinzregent-Luitpold-Brücke zu und radeln über die Donau.

Geschichte trifft Lebenslust

Unterhalb der Veste Oberhaus geht's rechts durch den Tunnel und über die Brücke zur Ilzstadt. Links steuern wir auf die Ilzbrücke zu, queren die Ilz und halten uns nach links zur Ferdinand-Wagner-Straße. Sie führt steil bergwärts zur 2 / Veste Oberhaus und zum Oberhausmuseum. In der über 800 Jahre alten Burg gehen wir zum Aussichtspunkt Batterie und genießen den schönsten Panoramablick auf die malerische Altstadt und auf den Zusammenfluss von Donau, Inn und Ilz.

DREIFLÜSSE-BLICK

Die 2 / Veste Oberhaus hat 800 Jahre bewegte Geschichte hinter sich und ist heute ein lebendiger Ort der Kultur mit Museum, Burgenfestspielen und Sommerkino. Dazu kommt der schönste Dreiflüsse-Blick.

König Wenzel

Wir rollen die Ferdinand-Wagner-Straße hinab an die Ilzbrücke. Links steuern wir die Halser Straße an und erreichen bald den Stadtteil 3 / Hals. Der hat seinen Namen nicht von ungefähr, denn die Ilz umschließt ihn wie eine Halskette. Mitten drauf steht die Burgruine Hals. Hier residierte eine ungarische Königin, wurde Böhmens König Wenzel der Krieg erklärt, saß Bambergs Bischof Albrecht in Gefangenschaft … Am Marktplatz wenden wir uns rechts zur anderen Uferseite, fahren rechts und halten uns dann links, bis die Dr.-Mayerhausen-Straße links abzweigt. Bergwärts führt sie uns an die letzten Häuser von Hals und dann links nach Sieglgut und Außernreuth. Dort biegen wir links ab und über einem kurzen Feldweg stoßen wir auf das Sträßchen nach Stuhlberg. Links

---

➤ **rechts oben / Passau, Veste Oberhaus und Veste Unterhaus**
➤ **rechts Mitte / Klangwunder – imposante Orgel im Passauer Dom**

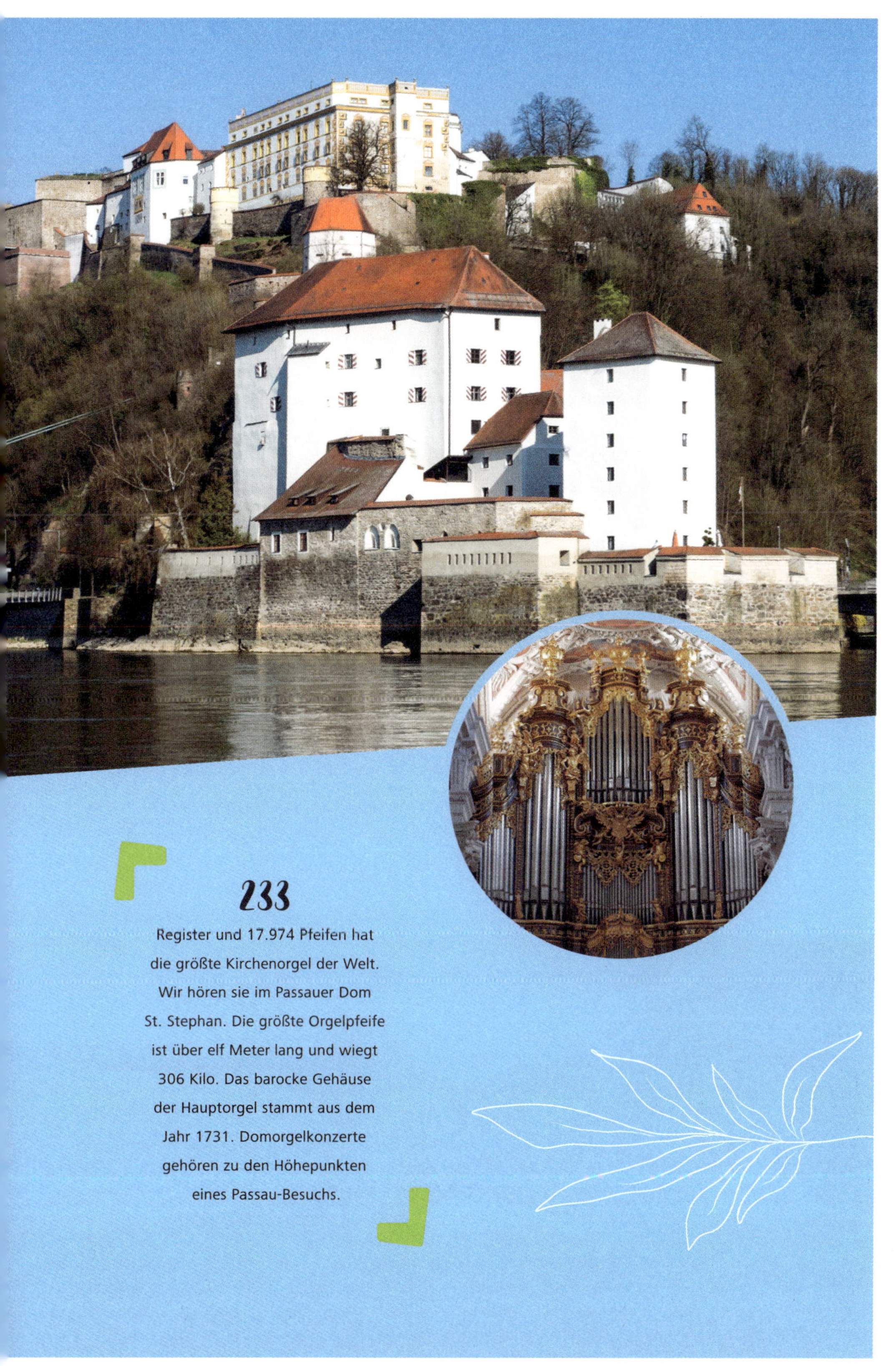

233

Register und 17.974 Pfeifen hat die größte Kirchenorgel der Welt. Wir hören sie im Passauer Dom St. Stephan. Die größte Orgelpfeife ist über elf Meter lang und wiegt 306 Kilo. Das barocke Gehäuse der Hauptorgel stammt aus dem Jahr 1731. Domorgelkonzerte gehören zu den Höhepunkten eines Passau-Besuchs.

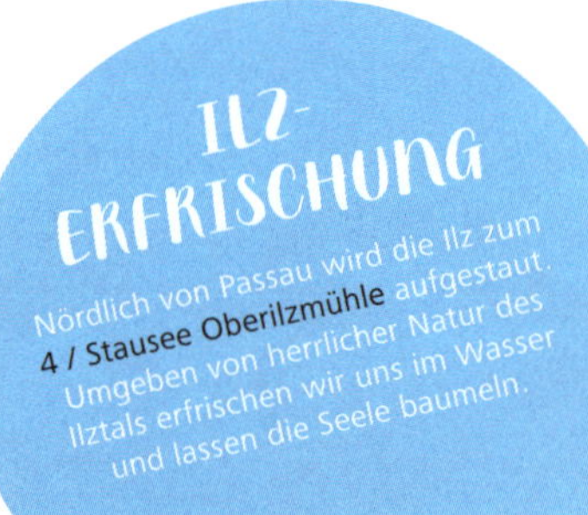

geht's talwärts an die Ilz und zur Staumauer des 4 / Ilzstausees Oberilzmühle. Der ist ein beliebter Badesee. Zur Badestelle geht's über die Staumauer des Unterwasserkraftwerkes.

AUF DEM SCHLOSSWEG ZUR EINKEHR

Durch Wiesen, Wald und Felder

Zurück zum Ende des Parkplatzes und links radeln wir über Eggersdorf und Kleinfelden nach Haag. Dort führt unsere Tour zur Straßenkreuzung vor Atzmannsdorf. Rechts erreichen wir Straßkirchen am Friedhof. Das Sträßchen links bringt uns zur Fischhauser Straße. Auf ihr unterfahren wir die Straßenbrücke der B12 und nehmen den Abzweig nach Englboldsdorf. Hier fahren wir geradeaus talwärts nach Kleeham und genießen den Wechsel von Wiesen, Feldern und Wald. Dort steuern wir zur Staatsstraße und erreichen Hötzdorf. Wir folgen dem Sträßchen nach Zolling und Kleinthannensteig.

Welliges Land

An der Einmündung fahren wir rechts übers wellige Land nach Lenzersdorf und zur Staatsstraße. Auf ihr geht's nach 5 / Kalteneck.

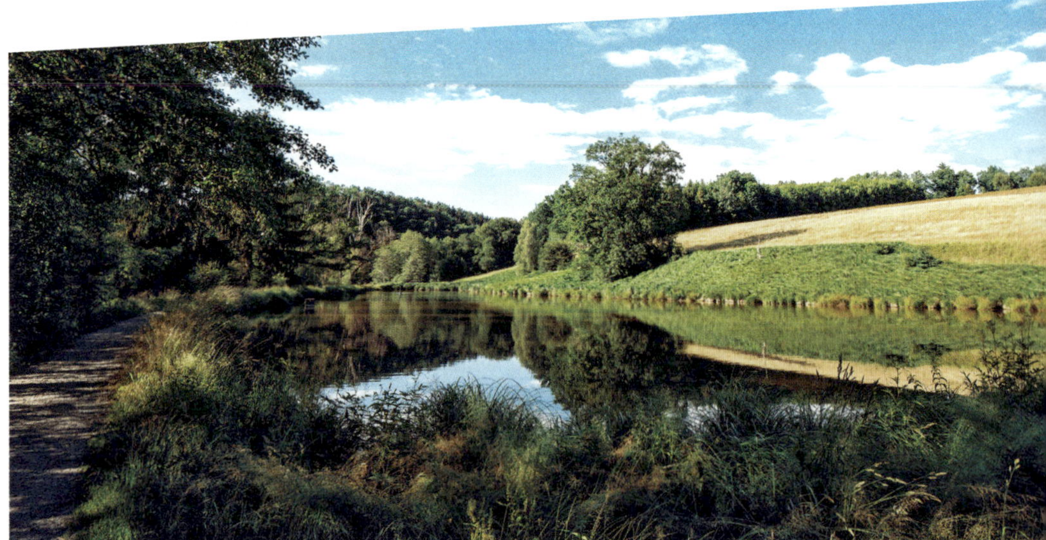

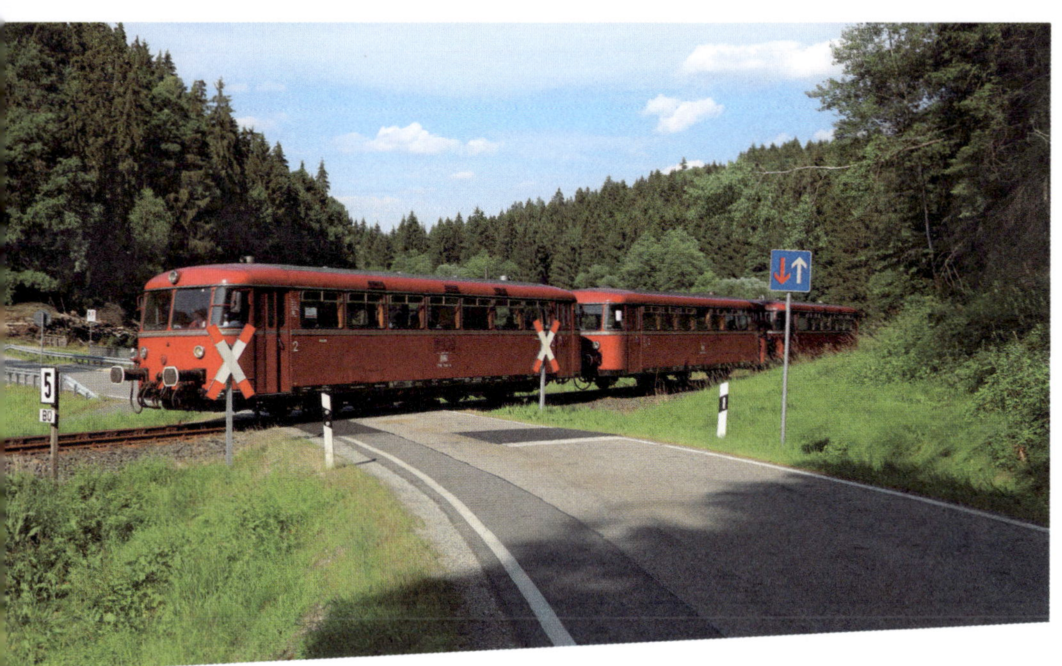

Geradeaus liegt der Bahnhof der Ilztalbahn. Wir aber folgen rechts ein Stück der Kreisstraße und nehmen den Abzweig nach Mitterling und München. Am Feuerwehrhaus biegen wir nach Auberg ab und rollen talwärts bis vor die Staatsstraße. Links führt uns das Sträßchen ins Tal der Wolfsteiner Ohe zum Bahnhof Fürsteneck. Wir radeln über die Ohe und gleich links ein Stück an ihr entlang, bevor es dann rechts steil bergwärts zum Schloss Fürsteneck geht. Der Schlossweg führt uns zur verdienten Einkehr in die Gaststube der 6 / Schlossgaststätte Fürsteneck (Tel. 08505 1473, Schlossweg 5, 94142 Fürsteneck). Dienstag ist Ruhetag.

KM 24

In 5 / Kalteneck hält die Ilztalbahn auf ihrem Weg nach Grafenau. Das Ilztal gehört zu den letzten Wildflusslandschaften Bayerns. Wegen ihrer dunklen Farbe trägt die Ilz den Beinamen „schwarze Perle des Bayerischen Waldes“. Sie ist ein Paradies für Kanuten.

Bei den Kelten

Der Schlossweg führt uns an die Dorfstraße von Fürsteneck. Links folgen wir ihr ein Stück, biegen dann rechts ab und radeln geradeaus zur Einmündung mit der Staatsstraße. Hinter einer Kuppe erreichen wir den Ortseingang von Loizersdorf. Rechts biegen wir in das Sträßchen ein und radeln nach Simpoln über Hatzerreut nach Eisenbernreuth an die Staatsstraße. Richtung Perlesreut biegen wir ein und erreichen den Abzweig nach Niederperlesreuth. Links geht's nun durchs Dorf in den Markt Perlesreuth. Über die Schulstraße kommen wir zum Marktplatz bei der Kirche. Links geht's

< **links / Die Ilz beim Ilzstausee** ^ **oben / Die Ilztalbahn**

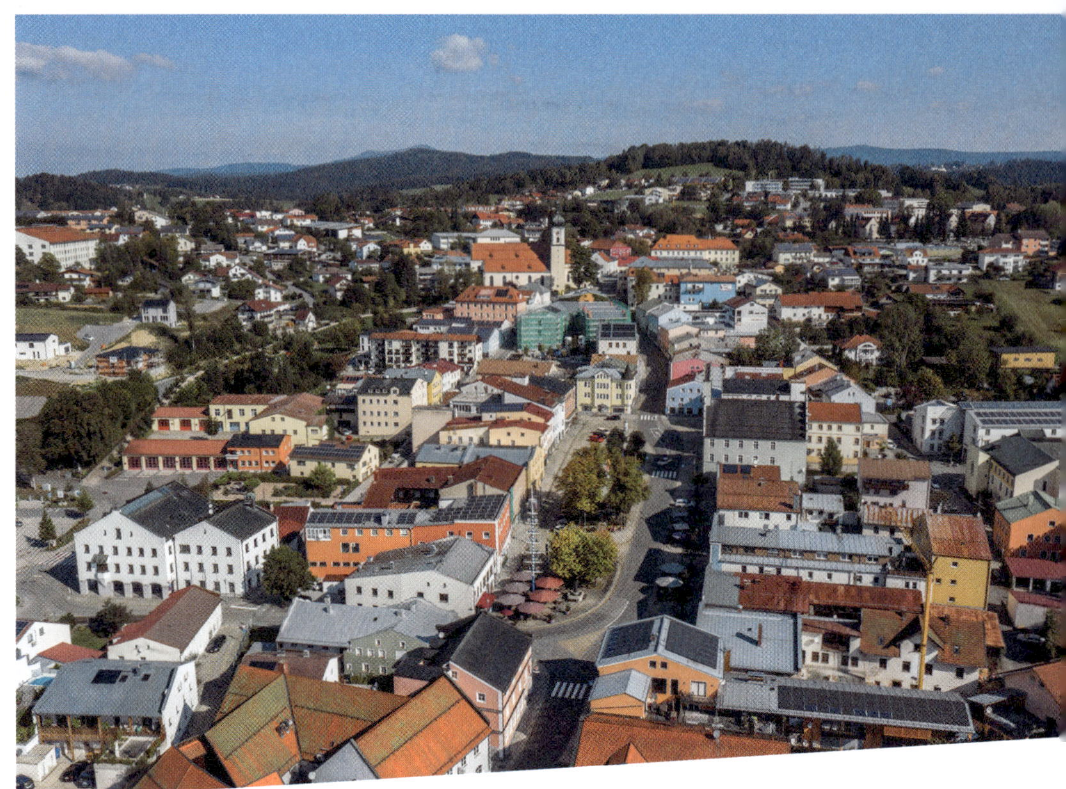

weiter zum Abzweig der Kreisstraße Am Lindberg. Wir folgen ihr und biegen dann links nach Wamberg ab. Im Dorf halten wir uns rechts und kommen zum Parkplatz am archäologischen 7 / Erlebnispark „Keltendorf Gabreta". Auf dem Hügel stehen rekonstruierte Keltenhäuser mit Schilf- und Schindeldächern, in denen über die Lebensweise der Kelten erzählt wird. In der Keltenstube gibt's Deftiges und Süßes.

In alten Gemäuern

Die 6 / Schlossgaststätte Fürsteneck lädt uns zu einer deftigen Brotzeit oder einem fürstlichen Schlemmermahl ein, mit Blick auf das romantische Ilztal.

Einfach bärig

Nach dem Besuch geht's zur Kreisstraße und links nach Rentpoldenreuth. Wir biegen ins Dorf ein und folgen dem Sträßchen nach Hörmannsberg. Hinter dem Weiler zweigt das Sträßchen nach Moosham und Liebersberg ab. Talwärts erreichen wir den Stadtteil Schlag in Grafenau. An der Einmündung halten wir uns rechts und radeln dann an der Spitalstraße links Richtung 8 / Altstadt Grafenau. Am Kreisverkehr geht's rechts zum Stadtplatz, unserem heutigen Ziel. Schauen wir uns in der Bä-

^ oben / Der Stadtplatz von Grafenau > rechts / Im Keltendorf Gabreta

renstadt um. Der Bär ist das Grafenauer Wappentier. Im Kurpark tauchen wir in die Fluten des Freibades „Bärenwelle“ und lassen uns anschließend im Bauernmöbelmuseum inspirieren. Die zusammengetragenen Möbel zeigen, dass man früher Sinn und Zeit für das Schöne hatte. Richtung Altstadt kommen wir zum Schnupftabakmuseum mit Exponaten gläserner Schnupftabakdosen, der „Bixl“, wie sie im Woid genannt werden. Schon sind wir am Bahnhof Grafenau, Endstation der Waldbahn, die nach Plattling fährt. Von dort hätten wir Anschluss zu den Zügen nach Passau. Aber kehren wir ein. Die Auswahl am Stadtplatz ist vielfältig und übernachten könnten wir dort z.B. im Hotel Kellermann (Tel. 08552 96710, Stadtplatz 8, 94481 Grafenau).

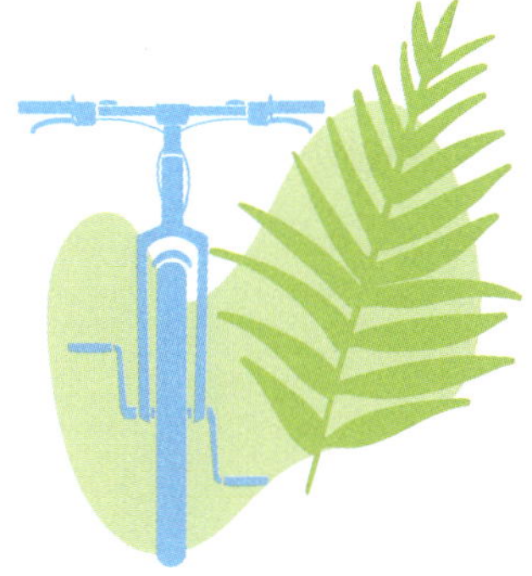

TAG 2

Retour

Vom Bahnhof geht's auf der Spitalstraße unter der B533 hindurch zur Schärdinger Straße. Wir biegen rechts ein und am Säumersteig ebenfalls rechts. Auf einem breiten Waldweg radeln wir durch den Wald hinab ins Tal der Kleinen Ohe nach Gehmannsberg an der Staatsstraße. Auf ihr geht's Richtung Haus im Wald bis zum Abzweig nach Eberhardsreuth. Am Wanderparkplatz hinter

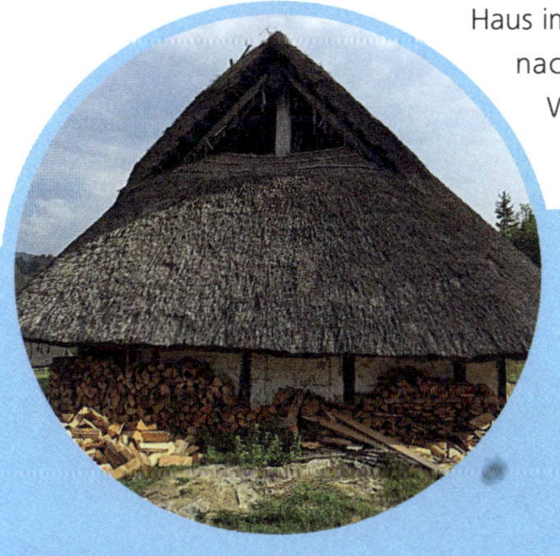

KM 43

Rekonstruierte frühgeschichtliche Häuser bilden die Kulisse für den archäologischen 7 / Erlebnispark, in dem das Leben unserer keltischen Vorfahren anschaulich dargestellt und praktisch erlebbar wird. Gabreta ist der antike Name für das bayerisch/böhmische Waldgebirge.

AB IN DIE WELLE

Im Wellenbad schwimmen wir im kräftigen Seegang oder genießen die rollende Brandung im Flachwasser. Highlight ist die 86 Meter lange Riesenrutsche im **Erlebnisbad Bärenwelle**.

Berghäusl biegen wir aber in den Wald ein. Ab hier folgen wir der Markierung des Donau-Bayerwald-Radweges.

AUF DEN SPUREN DER VERGANGENHEIT

Romantisches Ilztal

Die führt uns hinab ins 9 / Ilztal und am Talboden entlang zur Kreisstraße bei Furth. Links gegenüber nehmen wir den Weg zur Kläranlage und fahren weiter im Tal bis zur Ohmühle. Hier geht's rechts über das Brücklein auf die Kuppe und links nach Scheibenberg und Lembach. Das Sträßchen führt uns nach Dießenstein und dann auf schmalem Waldweg hinab ins Ilztal. Wir treffen auf ein Sträßchen und fahren links nach Böhmreut und Stadl. An der Kreisstraße fahren wir links und an der Auffahrt zur B85 nach Stützersdorf. Im Ort halten wir uns links, passieren den Granitsteinbruch und erreichen Rothau an der Staatsstraße. Rechts fahren wir zum Rothauersee, auch als Dreiburgensee bekannt.

Museumsdorf

Gleich rechts liegt das Freibad und links das 10 / Museumsdorf Bayerischer Wald. Hier erwarten uns über 150 Gebäude aus der Zeit

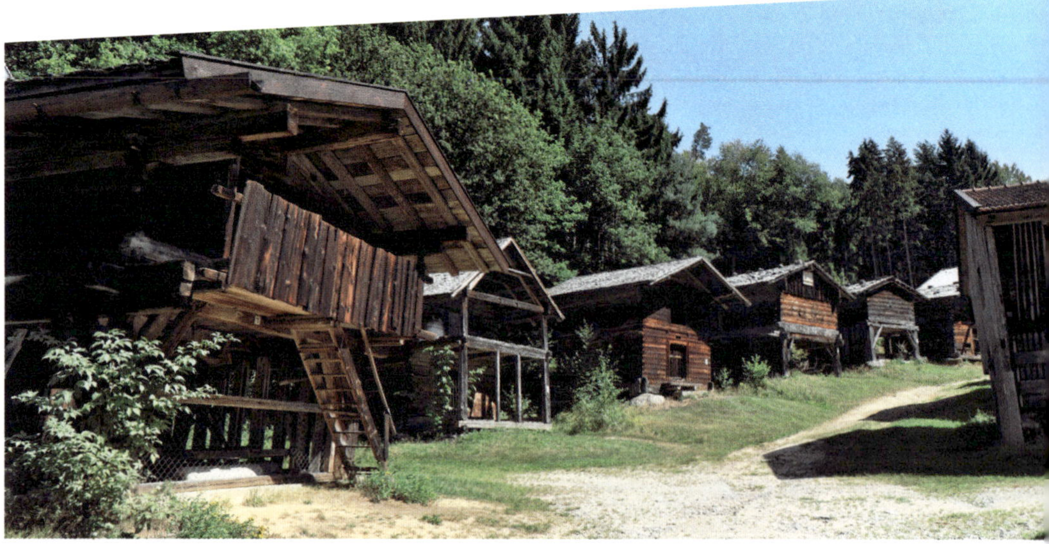

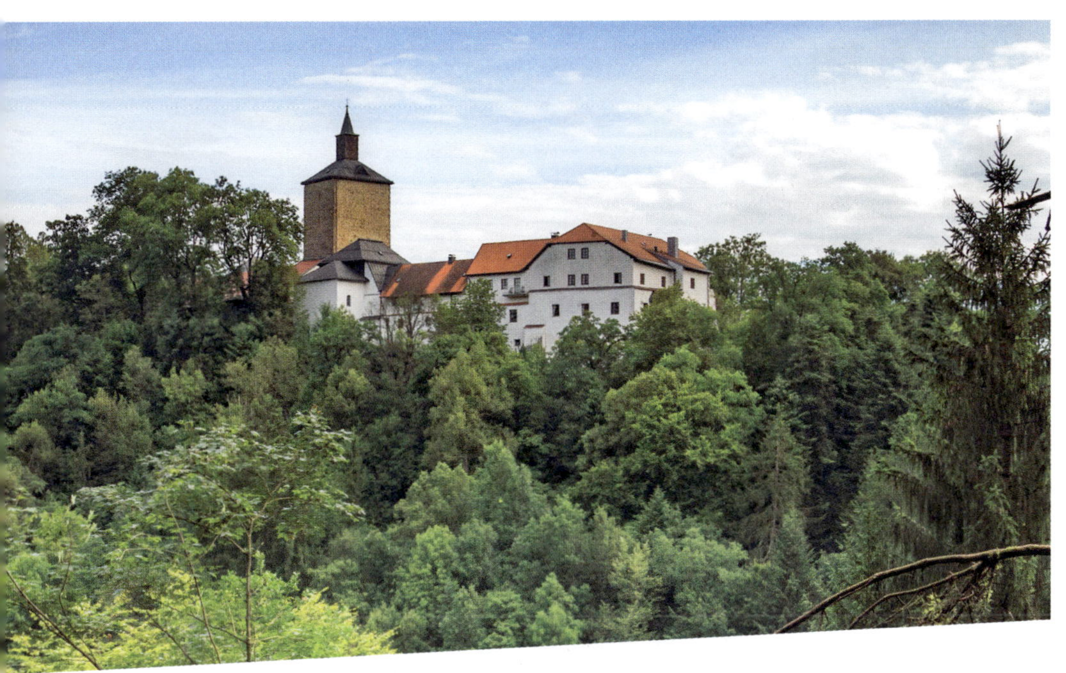

von 1580 bis 1850 und eine volkskundliche Sammlung mit Oldtimer, Puppenwagen, Möbel … Vom Parkplatz geht's am Museum entlang nach Eisensteg zum Gewerbegebiet an der Staatsstraße. Rechts fahren wir bis ans Ende des Gewerbegebietes und biegen am Straßendreieck links zum Firmenparkplatz ab. An der Zufahrt stoßen wir auf den Donau-Ilz-Radweg und folgen ihm rechts auf einem ehemaligen Bahndamm nach Fürstenstein.

Im Dreiburgenland

Rechts über uns erhebt sich die Englburg am Schlossberg. Sie ist nicht zu besichtigen, aber der Blick zum Schloss ist grandios. Bereits am Jahnweg in Fürstenstein verlassen wir den Radweg und stoßen unterhalb des Schlosses auf die Dreiburgenstraße. Rechts geht's hinauf in die Altstadt und durch die Bergstraße an den Eingang zum herrschaftlichen 11 / Schloss Fürstenstein. Leider können wir nur den Innenhof besichtigen, da es in Privatbesitz ist. Im Gasthaus Kerber (Tel. 08504 1645, Dreiburgenstraße 30, 94538 Fürstenstein) kehren wir aber ein. Nur Mittwoch ist Ruhetag. Wir rollen nun die Dreiburgenstraße hinab zum Kreisverkehr. Gegenüber fahren wir ein Stück auf der Staatsstraße und biegen dann nach Unter- und Oberpolling ab. An der Passauer Straße

1901

Der in Grafenau hergestellte Schnupftabak kam als „Perlesreuter Schmalzler" in den Handel. Der Uhrmachermeister Anton Bogenstätter in Perlesreut hatte im Jahre 1901 die „Erste Perlesreuter Schmalzler-Tabakfabrik" gegründet.

‹ links / Im Museumsdorf Bayerischer Wald ˄ oben / Schloss Fürsteneck an der Ilz

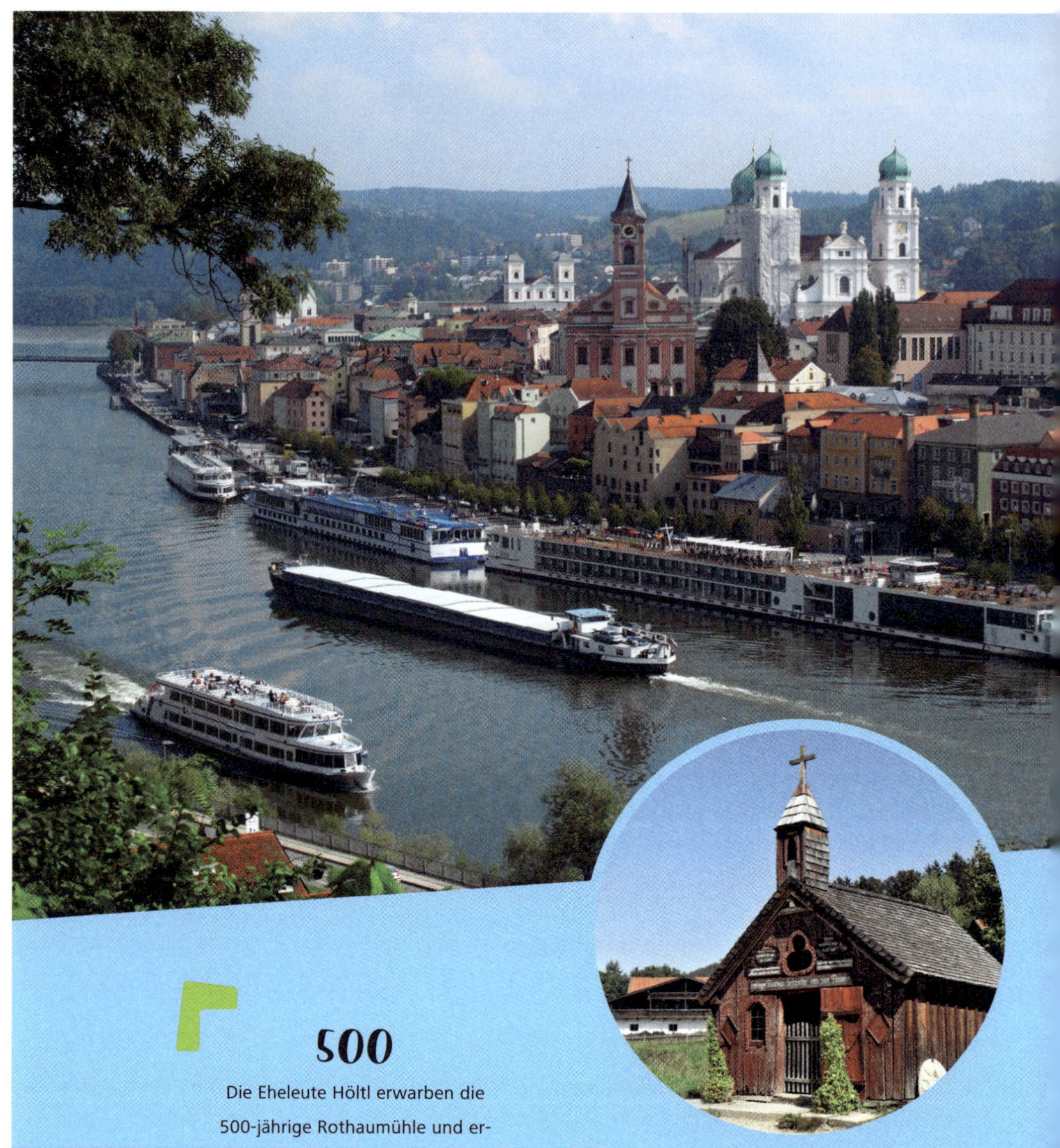

500

Die Eheleute Höltl erwarben die 500-jährige Rothaumühle und errichteten dort das 10 / Museumsdorf Bayerischer Wald. 48 Bauernhöfe mit Nebengebäuden, Mühlen und Kapellen, erbaut zwischen 1580 und 1850, spiegeln das Leben von Kleinbauern, Tagelöhnern und Großbauern wider. Eine Rarität ist das Schul- und Marktschreiberhaus aus Simbach bei Landau.

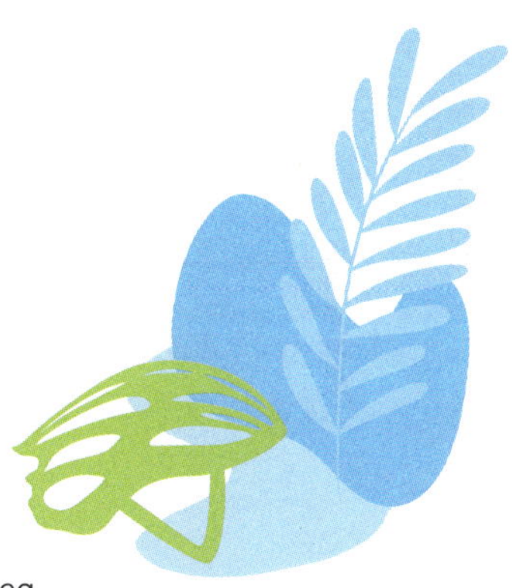

in Oberpolling geht's nun kurz nach rechts, bis der Hofackerweg abzweigt. Er führt uns erst am Ortsrand entlang, dann talwärts an den Sanzinger Bach zu einem Asphaltsträßchen bei Ferzing. Hier radeln wir rechts nach Pilling. Wir queren die Kreisstraße und kommen nach Farnhammerhäusl und Ranzing. Dort geht's über die Staatsstraße nach Geferting und Wilmerting zur Sportanlage an der Staatsstraße. Gegenüber führt das Sträßchen nach Eben und anschließend ins Haselbachtal. Zweimal biegen wir rechts ab und fahren Richtung Götzing. Kurz vor dem Dorf zweigt ein Sträßchen nach Tiefenbach ab.

Passau im Visier

Dem folgen wir zur Bayerwaldstraße in Tiefenbach. Rechts fahren wir in die Ortsmitte zum Rathaus. In die Pilgrimstraße biegen wir ein und radeln dann am Schlossbergweg rechts zur Weidenecker Straße. Wenige Radumdrehungen rechts und dann links fahren wir zur Kläranlage „In der Au" und kommen ins Tal der Gaißa an ein Stauwehr. Dahinter zweigt ein schmaler Waldweg rechts ab, der uns nach Gaißamühle führt. Wir erreichen eine Kreisstraße, biegen rechts ein und rollen zur 12 / Mündung der Gaißa in die Donau. Ab hier führt uns der „Donauradweg" entlang der Straße Richtung Passau. In Maierhof erreichen wir die Schleuse am Kraftwerk Kachlet, wechseln die Straßenseite und radeln über Schleuse und Kraftwerk ans andere Ufer der Donau. Der Radweg führt nun direkt am Donauufer unter der Eisenbahnbrücke hindurch zur Einmündung in die Bundesstraße. Wir queren sie und radeln links an ihr entlang zum 1 / Hauptbahnhof Passau. Nach zwei schönen und abwechslungsreichen Tagen haben wir das Ziel erreicht. Nun treffen wir in der Dreiflüssestadt auf Kultur und Lebenslust.

SCHNAPPSCHÜSSE

Die schönsten Fotos von der Dreiflüssestadt Passau machen wir am Innkai beim Schaiblingsturm, von der Innstadt zur Altstadt, in der Höllgasse mitten in der Altstadt und natürlich von der Veste Oberhaus.

< links oben / Donauschiffe vor der Passauer Altstadt
< links Mitte / Schöne Holzkirche im Museumsdorf Bayerischer Wald

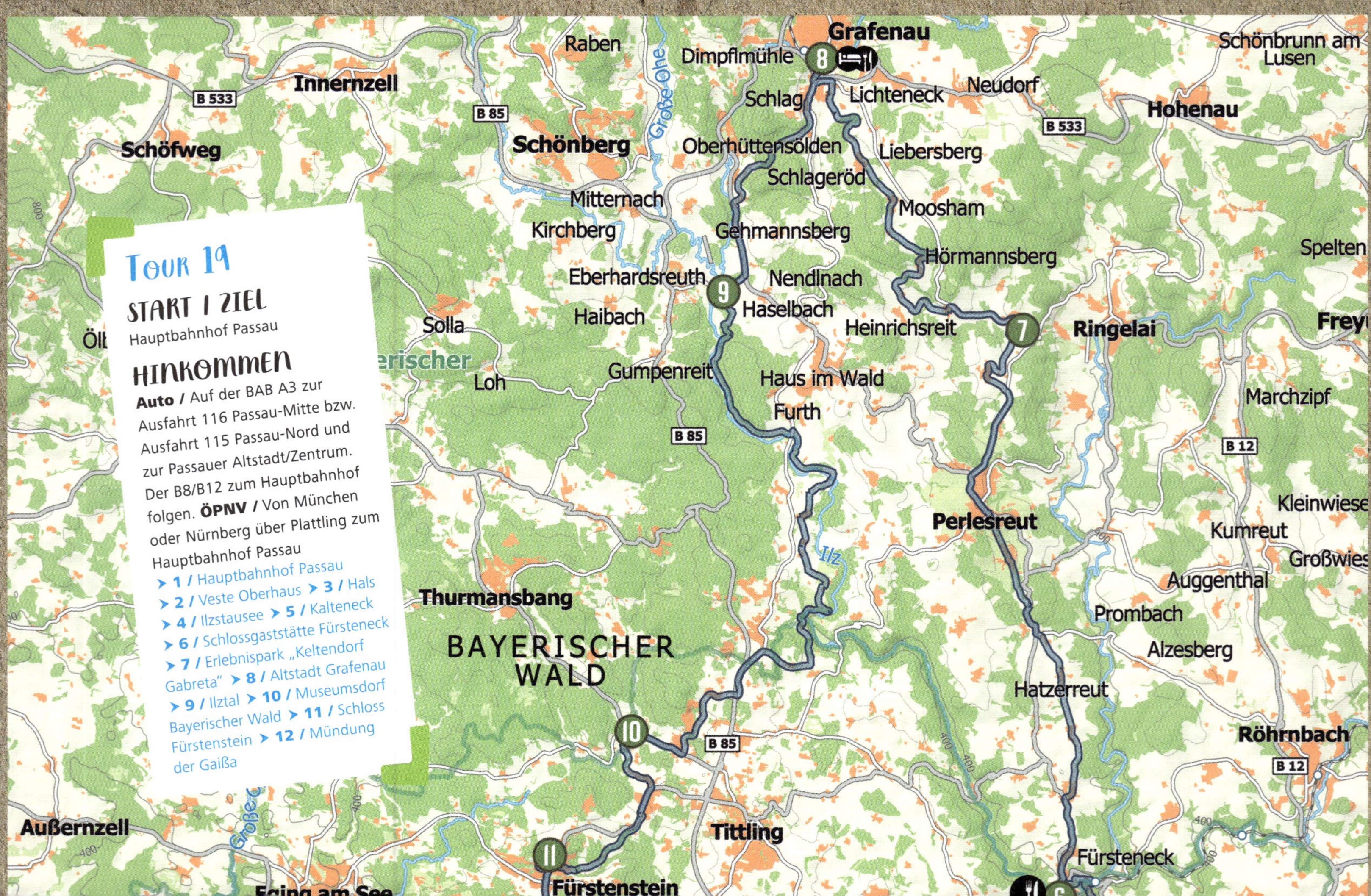

Tour 19
START / ZIEL
Hauptbahnhof Passau
HINKOMMEN
Auto / Auf der BAB A3 zur Ausfahrt 116 Passau-Mitte bzw. Ausfahrt 115 Passau-Nord und zur Passauer Altstadt/Zentrum. Der B8/B12 zum Hauptbahnhof folgen. **ÖPNV** / Von München oder Nürnberg über Plattling zum Hauptbahnhof Passau
➤ 1 / Hauptbahnhof Passau ➤ 3 / Hals ➤ 2 / Veste Oberhaus ➤ 5 / Kalteneck ➤ 4 / Ilzstausee ➤ 6 / Schlossgaststätte Fürsteneck ➤ 7 / Erlebnispark „Keltendorf Gabreta" ➤ 8 / Altstadt Grafenau ➤ 9 / Ilztal ➤ 10 / Museumsdorf Bayerischer Wald ➤ 11 / Schloss Fürstenstein ➤ 12 / Mündung der Gaißa
Grafenau
Dimpflmühle
Raben
Schönbrunn am Lusen
Innernzell
B 533
B 85
Schlag
Lichteneck
Neudorf
Hohenau
Schöfweg
Schönberg
Große Ohe
Oberhüttensölden
Liebersberg
Schlageröd
Mitternach
Moosham
Kirchberg
Gehmannsberg
Hörmannsberg
Spelten
Eberhardsreuth
Nendlnach
Haibach
Haselbach
Heinrichsreit
Ringelai
Solla
Loh
Gumpenreit
Haus im Wald
Furth
Marchzipf
B 12
Ilz
Perlesreut
Kleinwiese
Kumreut
Thurmansbang
Auggenthal
BAYERISCHER WALD
Prombach
Alzesberg
Hatzerreut
Röhrnbach
Außernzell
Tittling
Fürsteneck
Fürstenstein

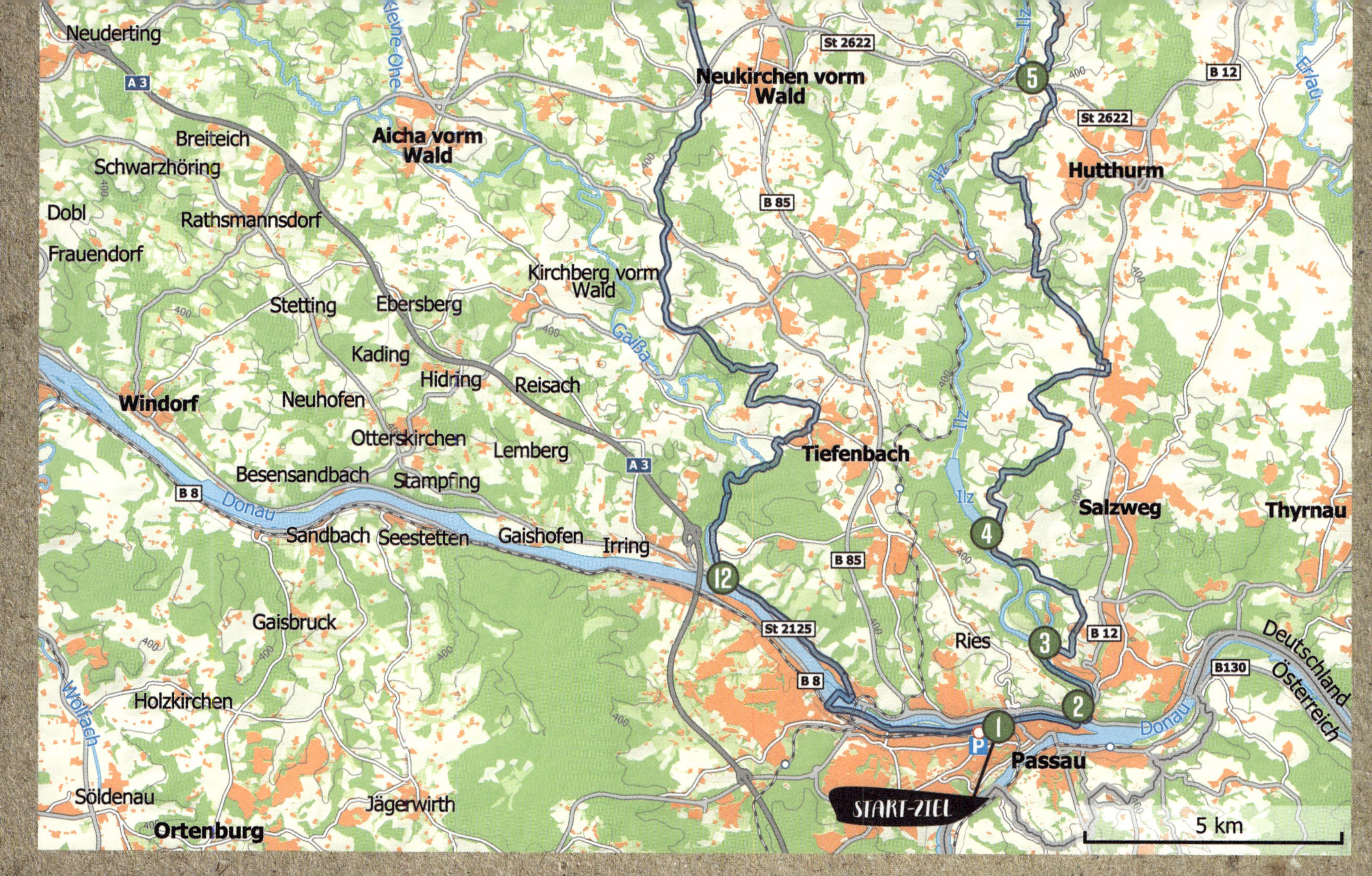

Neuderting
A 3
Kleine Ohe
Neukirchen vorm Wald
St 2622
5
B 12
Erlau
Breiteich
Aicha vorm Wald
St 2622
Schwarzhöring
Hutthurm
B 85
Ilz
Dobl
Rathsmannsdorf
Frauendorf
Kirchberg vorm Wald
Stetting
Ebersberg
Gaißa
Kading
Hidring
Reisach
Windorf
Neuhofen
Otterskirchen
Lemberg
Tiefenbach
Ilz
A 3
Besensandbach
Stampfing
Salzweg
Thyrnau
B 8
Donau
Ilz
4
Sandbach
Seestetten
Gaishofen
Irring
B 85
12
Gaisbruck
St 2125
Ries
3
B 12
Deutschland
Österreich
B 8
B130
Wolfach
Holzkirchen
2
1
Donau
P
Passau
Söldenau
Jägerwirth
START-ZIEL
Ortenburg
5 km

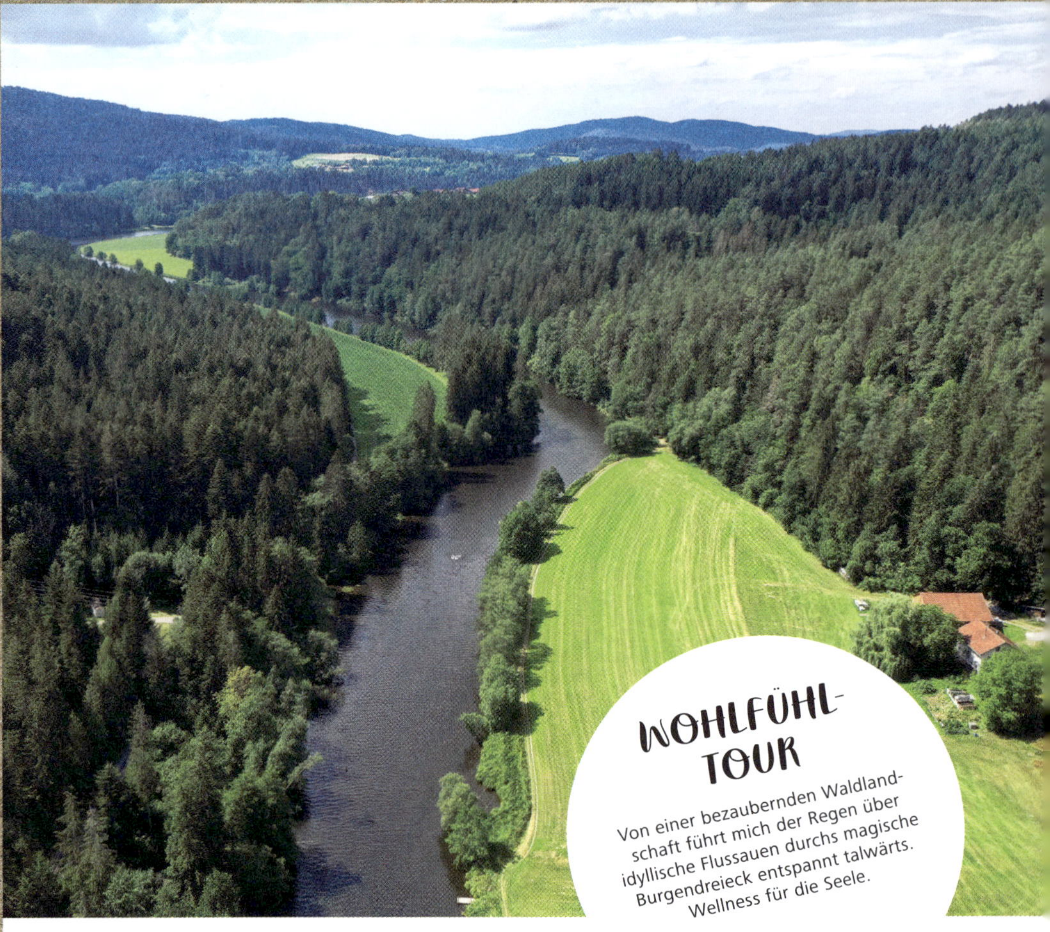

WOHLFÜHL-TOUR

Von einer bezaubernden Waldlandschaft führt mich der Regen über idyllische Flussauen durchs magische Burgendreieck entspannt talwärts. Wellness für die Seele.

› 1 / Vom Bahnhof Viechtach bummeln wir vorab durch die Altstadt

› 2 / Bis Blaibach radeln wir auf einer alten Bahntrasse

› 3 / In der Altstadt von Cham kehren wir ein

› 4 / Unser Etappenziel ist die Altstadt Roding

› 5 / Wir radeln hinauf zur Wallfahrtskirche Heilbrünnl

› 6 / Eindrucksvoll liegt Kloster Walderbach vor uns

› 7 / Bei der Kirche in Nittenau der Brauereigasthof Jakob Platz

› 8 / Nach Marienthal zum magischen Burgendreieck

› 9 / Ein Kreuzweg führt auf den Schlossberg in Regenstauf

› 10 / Mitten in Regensburg kommen wir zur Mündung des Regens in die Donau

› 11 / Das Brauhaus am Schloss beim Schloss St. Emmeram ist unser kulinarischer Abschluss

› 12 / Der Hauptbahnhof Regensburg ist unser Ziel

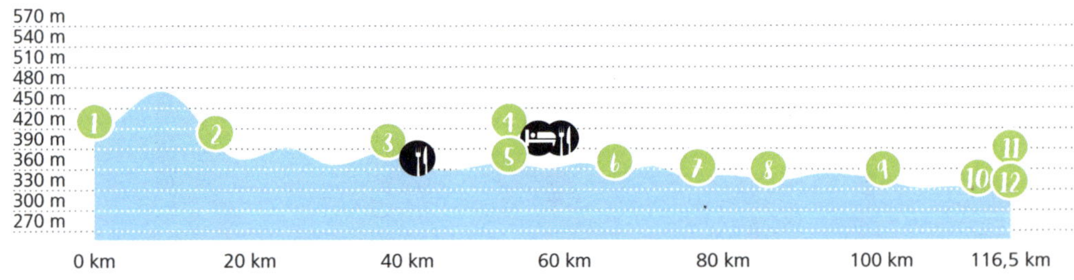

Welterbe-Ansichten

Regen-Ride zwischen Viechtach und Regensburg

Von Viechtach führt uns der Regental-Radweg über Roding nach Regensburg. Bei Blaibach könnten wir uns auf eine Canadier-Flusswanderung einlassen, denn in Roding ist nach 53 km die erste Etappe geschafft. Das Heilbrünnl in der Wallfahrtskirche gleichen Namens sorgt für Linderung von Schmerz. Bald erblicken wir die Doppeltürme von Kloster Reichenbach und hinter Nittenau zwängt sich der Regen durch sein enges Tal nach Süden und mündet in der Welterbestadt Regensburg in die Donau.

Tag 1 + Tag 2
54 + 63 Kilometer
415 + 455 Höhenmeter
580 + 615 Höhenmeter
3:30 + 4:15 Stunden
Streckentour

CHARAKTER
Sportlich ●●○○○
Abkühlung ●●○○○
Schlemmen ●●●●○
Panorama ●●○○○

TAG 1

Einstimmung

Falls wir mit der Waldbahn nach Viechtach anreisen, haben wir bereits das wildromantische Tal des Schwarzen Regens zwischen Teisnach und Viechtach bewundern können. Eine

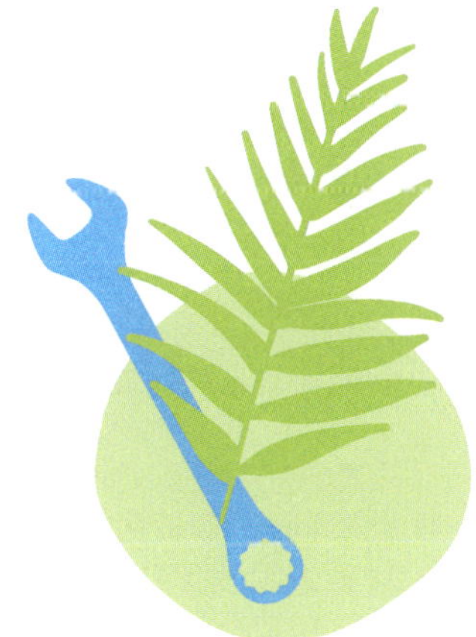

TOURENINFO / Von Viechtach folgen wir dem Regen talwärts ohne größere Steigung bis zu seiner Mündung in die Donau. Meist radeln wir auf oder neben Straßen. Unbefestigte Wege gibt es wenige. E-Bike-Ladestationen: Viechtach, Tourist-Information, Stadtplatz 1; Stadt Cham, Marktplatz und am Parkplatz Floßhafen; Roding, Rathausvorplatz, Schulstr. 15; Wallfahrtskirche Heilbrünnl; Nittenau, Marktplatz; Regensburg, Rathausplatz 3

◂ links / Am romantischen Regen

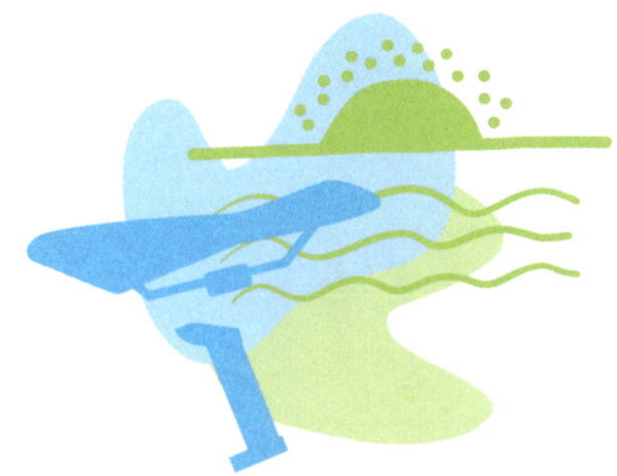

der schönsten Bahnstrecken Deutschlands führt entlang der unberührten Naturschönheit des tief eingeschnittenen Schwarzen Regens. Weil das Tal an kanadische Landschaften erinnert, trägt es den Beinamen „Bayerisch Kanada".

Cruisen

Am 1 / Bahnhof Viechtach beginnt unser Wochenend-Bikeaway. Wer mit dem Auto gekommen ist, stellt es auf den Parkplätzen am Bahnhof ab. Vom Parkplatz an der Bahnhofstraße geht's gleich über eine ehemalige Bahnbrücke auf Tour. Wir lassen es gemächlich angehen und cruisen auf der alten Bahntrasse nach Blaibach. Sie wurde nach der Stilllegung zu einer der schönsten Bahntrassen-Radwege Bayerns. Mal in Sichtweite des Schwarzen Regens und unterhalb des Pfahls, dem Bergrücken aus Quarzgestein, beschert sie uns genüssliches Natur-Highlight.

BADESPASS

Der Blaibacher Stausee liegt rund 5 km vom Höllensteinsee flussabwärts am Schwarzen Regen. Er liefert nicht nur Wasserkraft, sondern ist ein beliebtes Ausflugs- und Badeziel.

Bootswandern

Kurz vor Blaibach begleitet uns der Blaibacher See. Der Schwarze Regen wird hier am Kraftwerk Pulling aufgestaut. Unterhalb der Staumauer vereinigen sich dann der Schwarze Regen und der Weiße Regen zum Regen. Wir unterfahren eine Straßenbrücke und erreichen die alte Eisenbahnbrücke, die den Regen überspannt. Eine beeindruckende Konstruktion mit 70 Meter Spannweite. An der Schutzhütte neben der Brücke geht's links nach Kreuzbach zum Campingplatz aquahema. Hier können wir uns zu einer Kanadier-Flusswanderung inspirieren lassen. In 2 / Blaibach gibt's ein sehenswertes Konzerthaus. Das monolithische Haus ist halb in der Erde versunken, wirkt durch die Materialien zeitlos, elegant. Der Abstecher über den Regen lohnt.

➤ rechts oben / Am Blaibacher See ➤ rechts Mitte / Am Nostalgiehaus in Viechtach

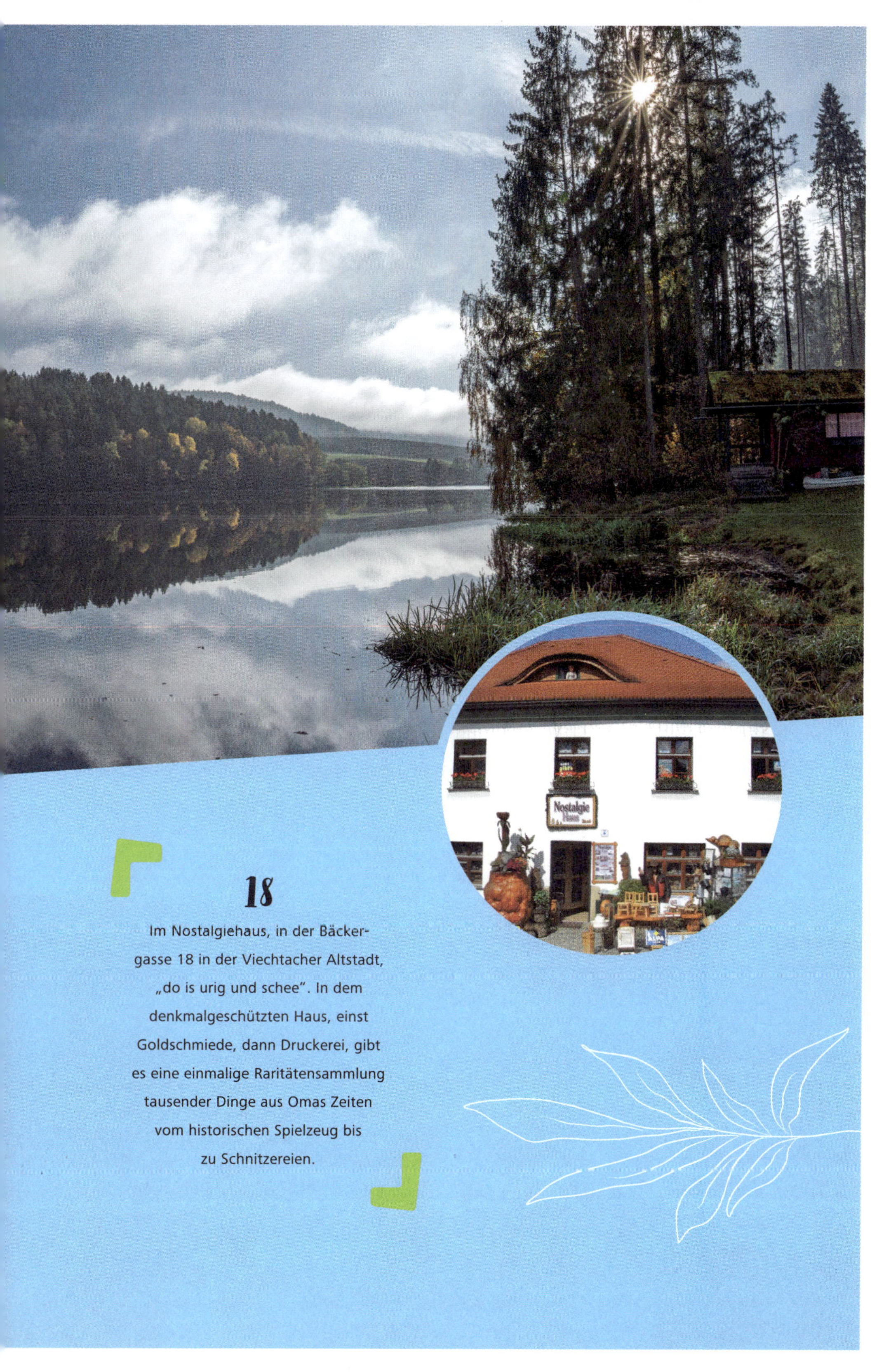

18

Im Nostalgiehaus, in der Bäckergasse 18 in der Viechtacher Altstadt, „do is urig und schee". In dem denkmalgeschützten Haus, einst Goldschmiede, dann Druckerei, gibt es eine einmalige Raritätensammlung tausender Dinge aus Omas Zeiten vom historischen Spielzeug bis zu Schnitzereien.

HAUS-GESCHICHTE

Vieles aus der Zeit im 17. Jahrhundert wurde bei der Restaurierung des Blaibacher Schlosses erhalten und ist heute ein sehenswertes Ambiente des Schlossgasthofes Rösch.

Alte Bahnbrücke

ÜBER BRÜCKEN RADELN

Am Campingplatz queren wir die Straße nach Blaibach und radeln durch die Talaue des Regens nach Miltach. Kurz vor der Gemeinde stoßen wir wieder auf eine ehemalige Bahnlinie. Sie kam von Straubing herauf und endete in Miltach. Über die alte Bahnbrücke führt uns nun der Regental-Radweg rechts ans andere Ufer. Am Ende der Brücke biegen wir links ab und folgen Regen und Bahn über Gilling zur Bahnhofstraße und zum Bahnhof Chamerau. Auf der anderen Uferseite sehen wir den Zwiebelturm der Pfarrkirche. Gleich neben der Kirche hält der Gasthof zum Bäckerwirt (Tel. 09944 763, Chamer Str. 5, 93466 Chamerau) ein „Stück Bayern" bereit. In der gemütlichen Gaststube nehmen wir mal Platz.

In der Senke

Von der Regenbrücke mit schönem Blick auf die Flusslandschaft biegen wir in die Straße Am Anger gleich links am Ufer ein. Wir nähern uns der Cham-Further Senke. Das Tal hat kaum Gefälle und der Regen bildet Flussschlingen zwischen bunten Wiesen und Feldern.

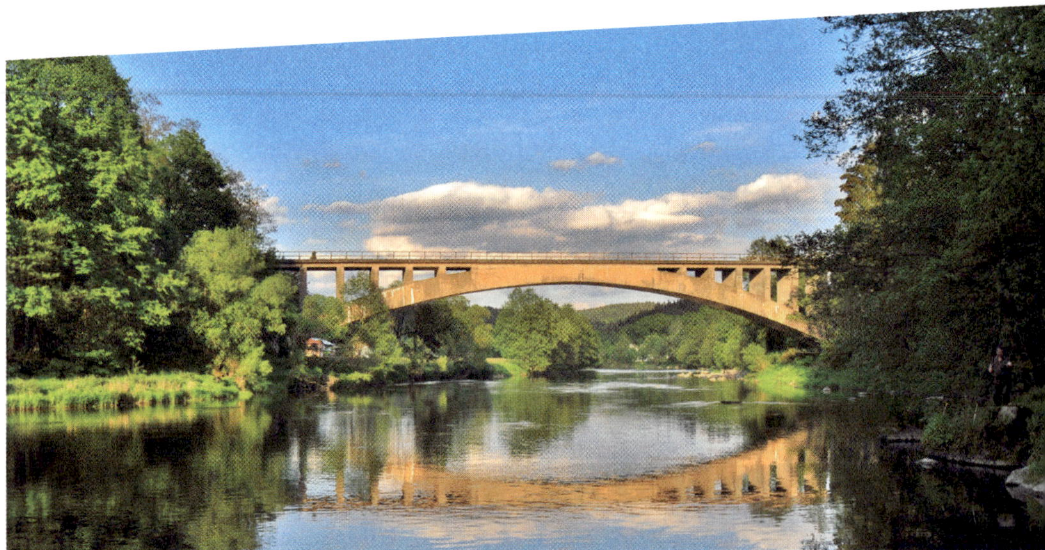

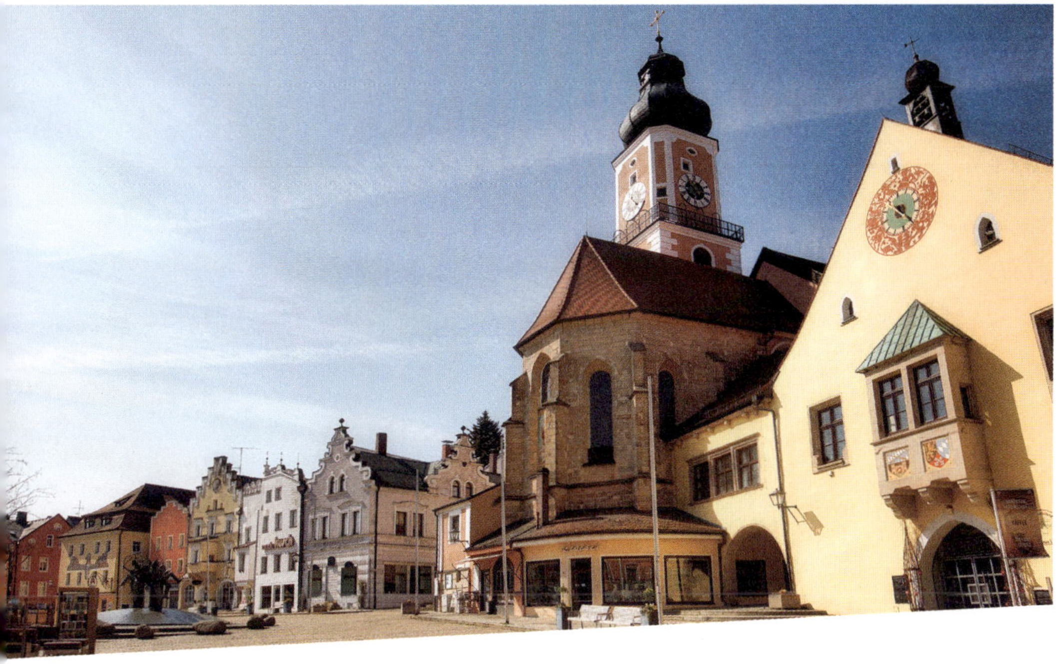

Links oberhalb auf dem Gipfel des Lambergs steht die Wallfahrtskirche St. Walburga samt Wirtshaus. Wir erreichen Satzdorf. Am Anfang des Dorfes biegen wir rechts ab über den Bahnübergang zur Chamer Straße. Links geht's an ihr entlang nach Kammerdorf. Vor der Bahnlinie wenden wir uns nach links und fahren neben den Gleisen nach Altenstadt. Wo der Chamb und Regen zusammenfließen, führt uns eine Brücke über den Chamb zu den Bruckwiesen zur Brücke über den Regen. Rechts geht's über die Felder und unter der B22 hindurch zur Quadfeldmühle. Gegenüber folgen wir dem Regental-Radweg zum Parkplatz Altstadt in Cham.

Einst war die gesamte 3 / Altstadt Chams von einer inneren und einer äußeren Stadtmauer umgeben. Da verwundert es nicht, wenn der Pfarrer Joseph Lukas Cham 1862 als eine „mit doppelter Mauer züchtig umgürtete Stadt" bezeichnete. Das Biertor an der Klosterstraße ist das Wahrzeichen Chams.

Kaffeeküche

Wir schauen mal über die Brücke in die 3 / Altstadt von Cham zum Marktplatz und der alles überragenden Pfarrkirche. Eine üppige barocke Kirche, gut 800 Jahre alt. Daneben gibt's das schöne Café Kaffeküche (Marktpl. 2, 93413 Cham), im Gewölbe mit ausgesuchten Kaffeesorten und hausgemachten Kuchen. Zurück zur Brücke am Regen und rechts über den Parkplatz ans Ufer. Beim Großparkplatz queren wir die Straße und radeln über die Wiese zum Michelsdorfer Weg. Er führt uns links nach Michelsdorf. Vor der Ortschaft geht's nach rechts und unter der Straßenbrücke hindurch gleich

< links / Die alte Eisenbahnbrücke am Regen ^ oben / Marktplatz in der Stadt Cham

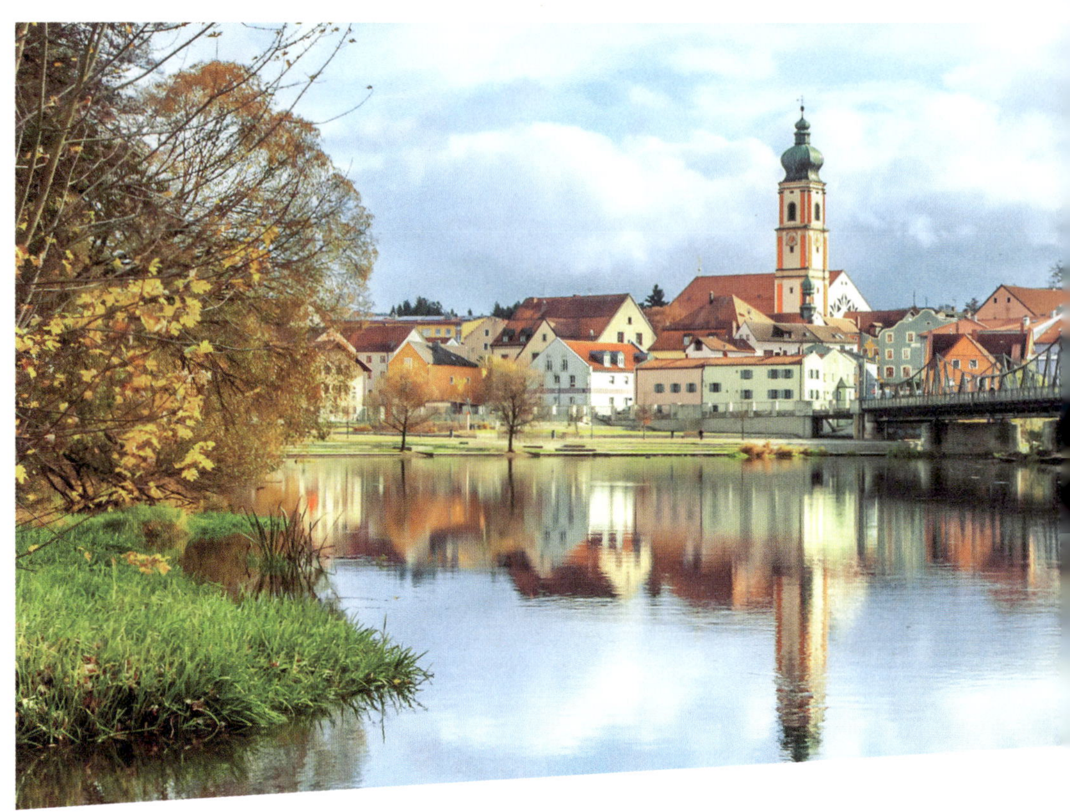

links. Ein Stück radeln wir an ihr entlang und biegen dann rechts auf den Laichstätter Weg ein.

Land der Regenbogen

Wir treffen wieder auf den Regen, passieren Laichstätt und kommen nach Untertraubenbach. An der Kreuzung im Dorf biegen wir rechts ab und in der Kurve nach der Kirche ebenfalls rechts zur Brücke am Regen. Links geht's nun nach Wulfing und dort unter der Straßenbrücke hindurch rechts zur Anschlussstelle bei Wetterfeld. Am Ortsrand geht's im Zickzack entlang zur Grundbachstraße. Gegenüber fahren wir zu den Sportplätzen an der Bundesstraße. Links folgen wir der Straße nach Roding an den Kreisverkehr bei der Kaserne. Geradeaus gelangen wir zur 4 / Altstadt Roding, unserem heutigen Etappenziel. Für die Übernachtung eignet sich z.B. das City Hotel Roding in der Schulstraße oder das Hotel Lobmeyer am Marktplatz. Wer sich für alte Feuerwehrfahrzeu-

REGENKNIE

Das „Regenknie" bei 8 / Marienthal zählt zu den großartigsten Partien im Durchbruchstal des Regens. Wir können mit der Zille auf die andere Uferseite zur Burgruine Stockenfels übersetzen.

⮝ oben / Altstadt von Roding ➤ rechts / Klassik im Kloster Walderbach

ge interessiert, der sollte das Feuerwehrmuseum (Tel. 09461 633, Ziehringer Weg 1, 93426 Roding) bei der Freiwilligen Feuerwehr besuchen, vorher bitte anrufen, oder aber an den Rodinger Terrassen am Regen entspannen. Einkehren können wir, wo es urgemütlich, typisch bayerisch ist, im Gasthaus Zum Reim Wirt (Tel. 09461 9120440, Regenstraße 9, 93426 Roding).

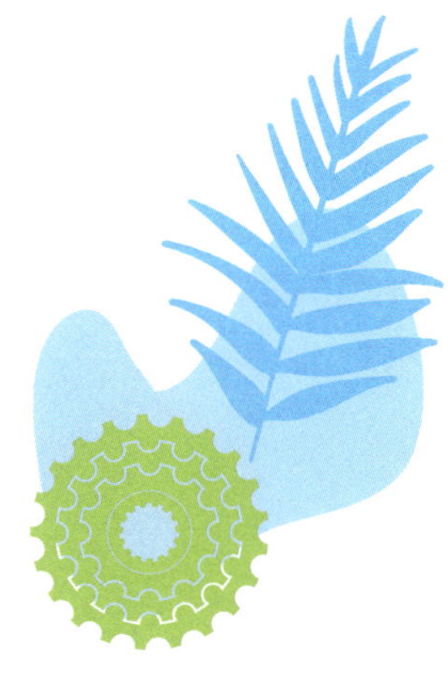

TAG 2

Heilbrünnl

Heute geht's nach Regensburg. Treffen wir uns am Rathaus, satteln auf und fahren am Eiscafé Venezia vorbei zur Blümelhubergasse und biegen ein. An der Landgerichtsstraße geht's links zur Petermühle und geradeaus zur Kienmühle. Vor uns auf dem Hügel sehen wir bereits die 5 / Wallfahrtskirche Heilbrünnl. Dorthin radeln wir rechts über den Regen, rechts zum Parkplatz und dort hinauf. Neben der Kirche im Wirtshaus gibt's ein herzliches „Grüß Gott". Mitten im Kirchenschiff, umgeben von herrlichem Rokoko, wird in einem Marmorbecken das Wasser der Heilbrünnlquelle aufgefangen. Wir radeln weiter den Berg hinauf, nun auf einem Waldweg, und folgen der Wegemarkierung links ins Tal hinab. Dicherling heißt der Weiler am Regen, den wir Richtung Zenzing auf

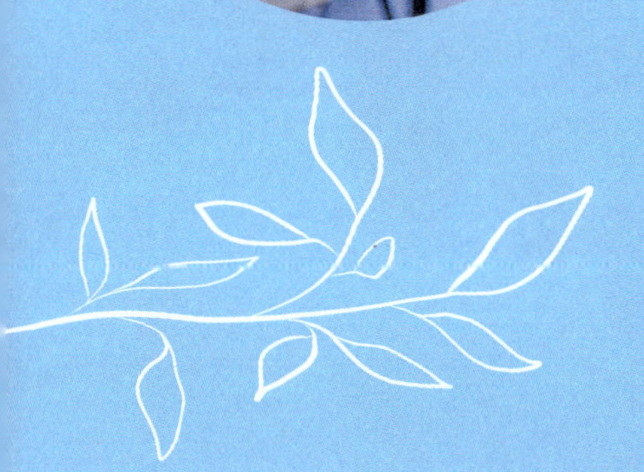

KM 66

Walderbach lockt uns mit einem Päuschen im Hotelgasthof und in die dortige Klosterkirche mit reichem Rokokoschmuck. Das 6 / Kloster Walderbach ist bekannt für seine festlichen Konzerte im barocken Festsaal. Im Konventgebäude des ehemaligen Zisterzienserklosters zeigt das Kreismuseum die Kultur der Region aus 200 Jahren.

ROTER BACKSTEIN

Vor allem der Rundblick vom roten Schlossbergturm lockt auf den **Regenstaufer Schlossberg**. Einst krönte ihn eine Burg, heute ein Gasthaus, zum dem ein Kreuzweg führt.

einem Asphaltsträßchen passieren. In der engen Rechtskurve vor Zenzing radeln wir geradeaus am Ufer entlang nach Kirchenrohrbach in die Ortsmitte. Von hier ist es nicht mehr weit nach Walderbach. Wir stoßen auf die Hauptstraße und wenden uns links zur Regenbrücke. Eine Stippvisite zum monumentalen 6 / Kloster Walderbach mit Hotelgasthof und Museum übers Kloster bietet sich an.

BAROCKE PRACHT

Doppeltürme

Zurück zur Regenbrücke und hinüber. Nach der Haselmühle führt uns die Wegemarkierung des Regental-Radweges nach rechts nach Reichenbach. Von links oben winken uns die Türme der Klosterkirche Mariä Himmelfahrt, im Inneren mit einer strahlenden barocken Pracht versehen, vom Kloster Reichenbach herunter. Wir bleiben am Ufer und folgen der Bodensteiner Straße über Tiefenbach Richtung Bodenstein. Bei der Kläranlage in der Linkskurve verlassen wir aber die Straße und folgen dem Feldweg nach Trumling. Hier geht's rechts über die Bundesstraße und links nach 7 / Nittenau, direkt in die Altstadt zum Marktplatz. Wir folgen der Hauptstraße, die dann

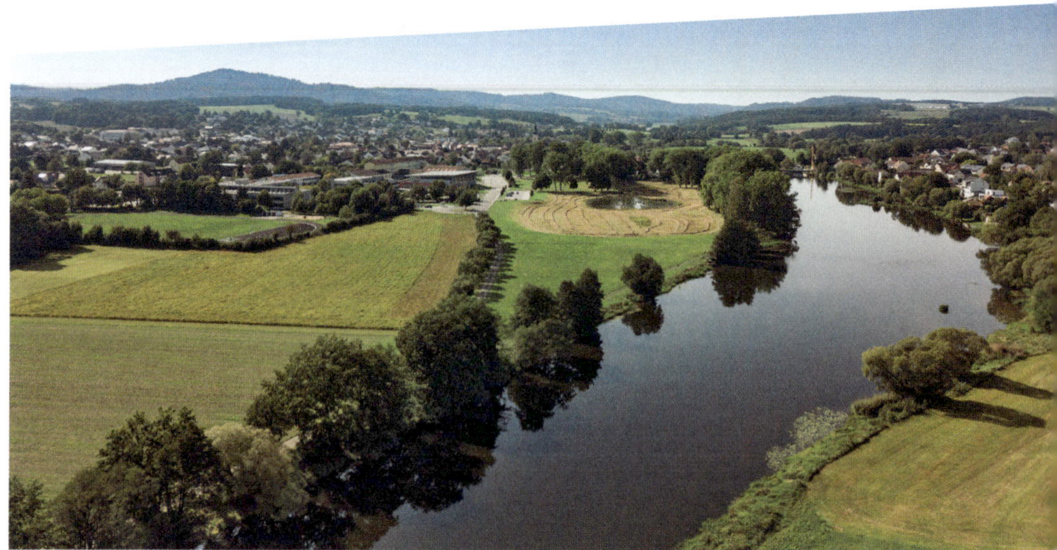

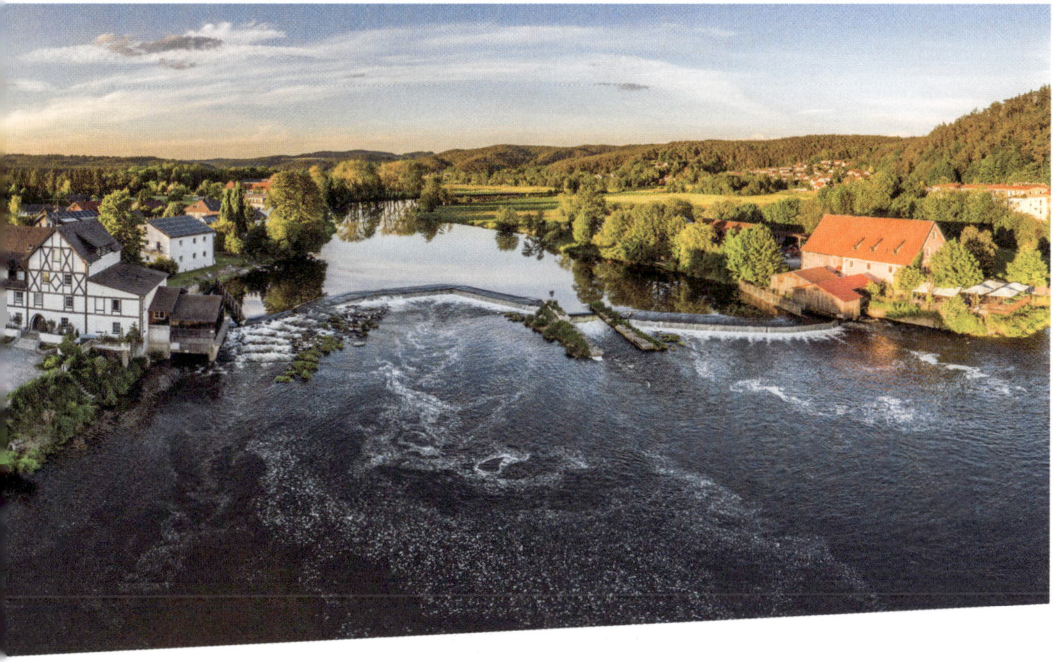

Regentalstraße heißt, nach Obermainsbach und Untermainsbach. Ein Radweg führt entlang der Staatsstraße nach Hof und weiter nach Stefling, mit einem Schloss am Berg.

Richtungswechsel

Das Regental wird enger, die Hänge werden steiler, rücken zusammen und der Regen ändert abrupt seine Richtung nach Süden. Hier liegt der kleine Flecken 8 / Marienthal mit der Ruine Stockenfels am Berg gegenüber. Im engen Talboden radeln wir zwischen Fluss und Straße nach Hirschling. Den Abzweig ans andere Ufer sollten wir nicht verpassen. Am Orteingang erwartet uns dann das kleine, weiße Schloss Hirschling. Wir radeln erst geradeaus, dann links auf der Ramspauer Straße nach Ramspau.

Schlossstrecke

Am Ortsende überrascht uns Schloss Ramspau mit Walmdach und vier runden Ecktürmen. Die Straße führt uns nun über die weite Talaue nach Wöhrhof. An der Spindlhofstraße biegen wir zum Ufer ab und kommen nach 9 / Regenstauf hinein. An der Bundesstraße fahren wir links über die Brücke auf den Schlossberg zu. Wir biegen gleich in die Wassergasse ein, die bald Masurenweg heißt und

4

Die Donau ist der bedeutendste der vier in Regensburg zusammenlaufenden Flüsse. Von Norden 10 / mündet der Regen aus dem Bayerischen Wald, aus dem Fichtelgebirge kommt die Naab und die Schwarze Laber hat ihre Quelle in der Fränkischen Alb.

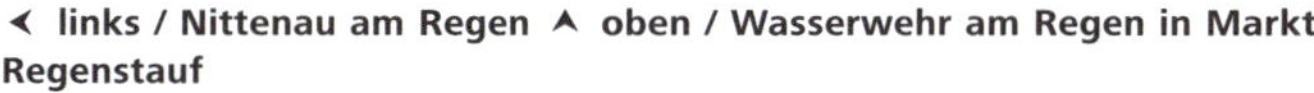

< links / Nittenau am Regen ^ oben / Wasserwehr am Regen in Markt Regenstauf

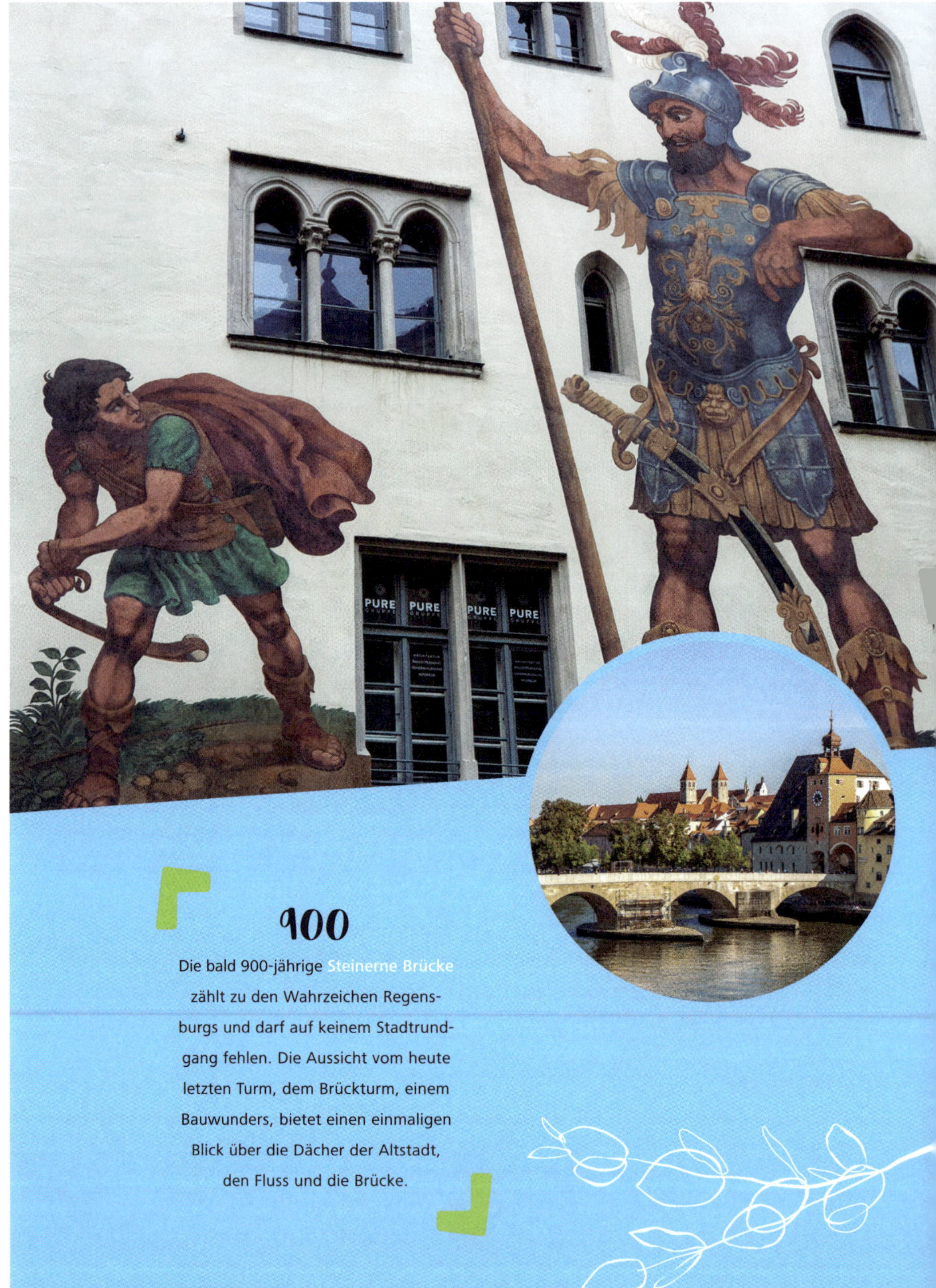

900

Die bald 900-jährige **Steinerne Brücke** zählt zu den Wahrzeichen Regensburgs und darf auf keinem Stadtrundgang fehlen. Die Aussicht vom heute letzten Turm, dem Brückturm, einem Bauwunders, bietet einen einmaligen Blick über die Dächer der Altstadt, den Fluss und die Brücke.

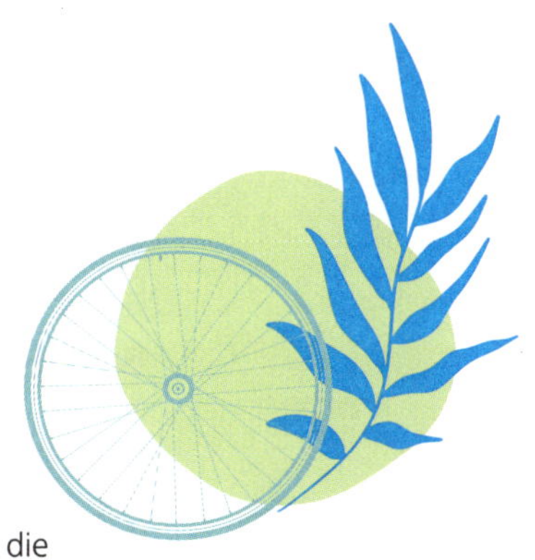

uns zum Bahnhof führt. Dort biegen wir rechts ab, unterfahren die Bahnbrücke und queren den Regen nach Diesenbach zur Regendorfer Straße. Links biegen wir ein, radeln durch Edlhausen nach Regendorf zum Schloss mit zwei dicken Ecktürmen.

UNESCO-Weltkulturerbestadt

Mit weiten Bögen im flachen Tal nähert sich der Regen der Donau. Bei der Autobahn biegen wir von der Straße ab und werden an der Autobahn entlanggeführt zur Anschlussstelle. Am Ufer geht's unter einer Straßenbrücke hindurch und nun zur 10 / Mündung des Regens in die Donau. Wir radeln um den Busparkplatz herum und zur Brücke hinauf. Mit Blick zur Schleuse geht's auf die Insel Stadtamhof und geradewegs zur Steinernen Brücke, der berühmten Brücke aus dem 12. Jahrhundert. Am Brückenkopf erwartet uns das „Besucherzentrum Welterbe im Salzstadel". Wir schieben nun unser Rad die Gasse hinauf zum Goliathhaus, das wegen seiner Fassadengemälde als eines der Wahrzeichen der UNESCO-Weltkulturerbestadt zählt. Links führt die Straße zum Regensburger Dom St. Peter. Wir gehen links um den Dom herum zur Speichergasse und geradewegs durch die Fußgängerzone Maximilianstraße am Schlosspark St. Emmeram entlang zum 12 / Hauptbahnhof Regensburg. Ziel erreicht, aber noch nicht den Schluss.

HOCHADEL

Im Marstallmuseum in Regensburg sehen wir eine super Sammlung von Kutschen, Schlitten und Tragsesseln des 18. und 19. Jahrhunderts. Sie sind Zeugnis der aufwändigen Hofhaltung der Thurn und Taxis.

Abschluss

Wer einen schönen Abschluss sucht, der radelt am Schlosspark St. Emmeram rechts auf dem St.-Peters-Weg zum Kloster und Schloss St. Emmeram des Hauses Thurn und Taxis. Die Fürstliche Schatzkammer ist schon ein Muss, ebenso die Einkehr im 11 / Brauhaus am Schloss im historischen Marstall.

◂ links oben / Vor dem Goliath-Haus in Regensburg
◂ links Mitte / Die Steinerne Brücke in Regensburg

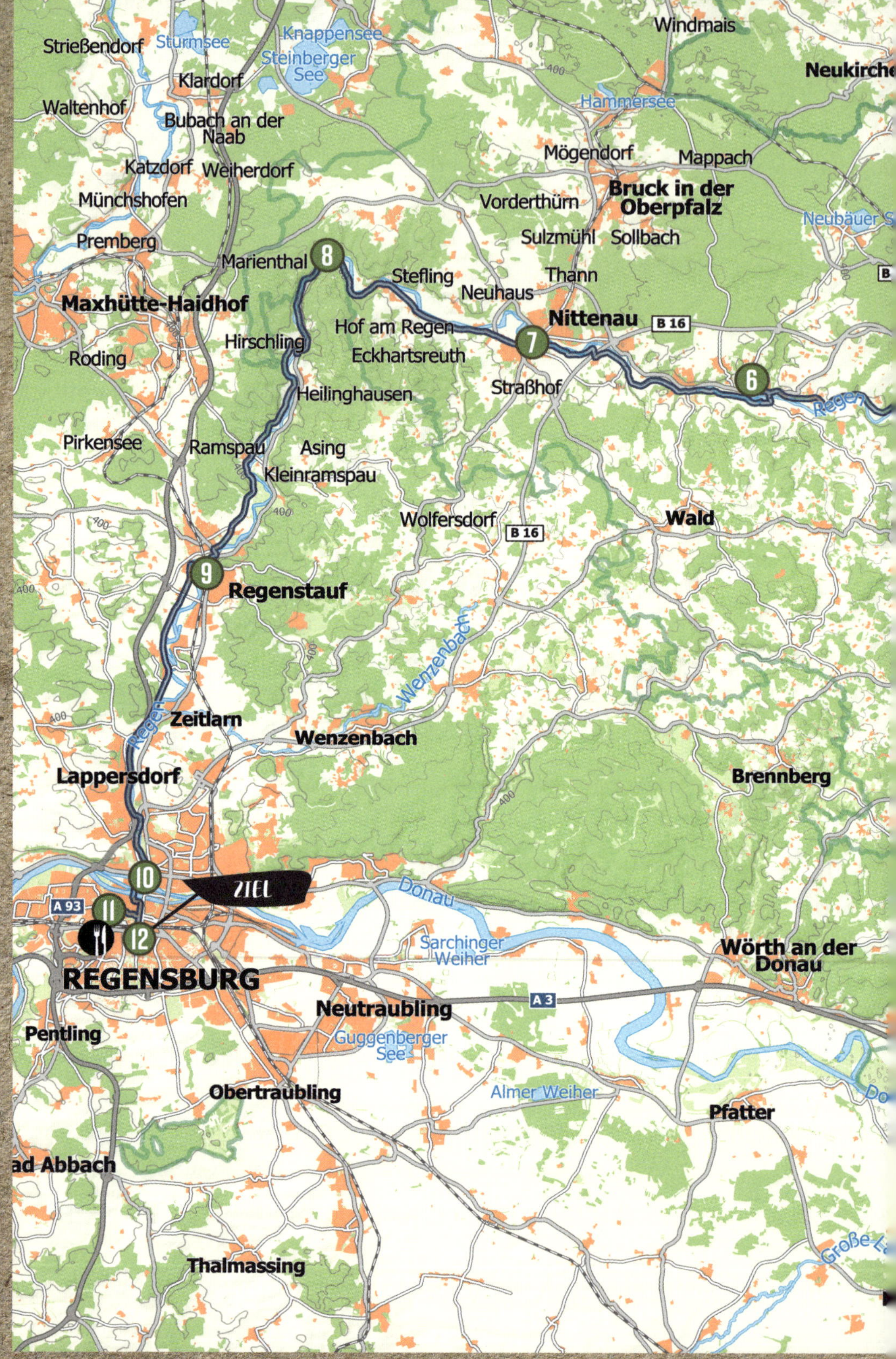
Strießendorf
Sturmsee
Knappensee
Steinberger See
Klardorf
Windmais
Neukirche
Waltenhof
Bubach an der Naab
Hammersee
Mögendorf
Mappach
Katzdorf
Weiherdorf
Münchshofen
Vorderthürn
Bruck in der Oberpfalz
Neubäuer S
Premberg
Sulzmühl
Sollbach
Marienthal
8
Stefling
Thann
Neuhaus
Maxhütte-Haidhof
Nittenau
B 16
Hof am Regen
7
Hirschling
Eckhartsreuth
Roding
Straßhof
6
Regen
Heilinghausen
Pirkensee
Ramspau
Asing
Kleinramspau
Wolfersdorf
B 16
Wald
9
Regenstauf
Wenzenbach
Zeitlarn
Regen
Wenzenbach
Lappersdorf
Brennberg
10
ZIEL
Donau
A 93
11
12
Sarchinger Weiher
Wörth an der Donau
REGENSBURG
Neutraubling
A 3
Pentling
Guggenberger See
Obertraubling
Almer Weiher
Pfatter
ad Abbach
Thalmassing
Große L

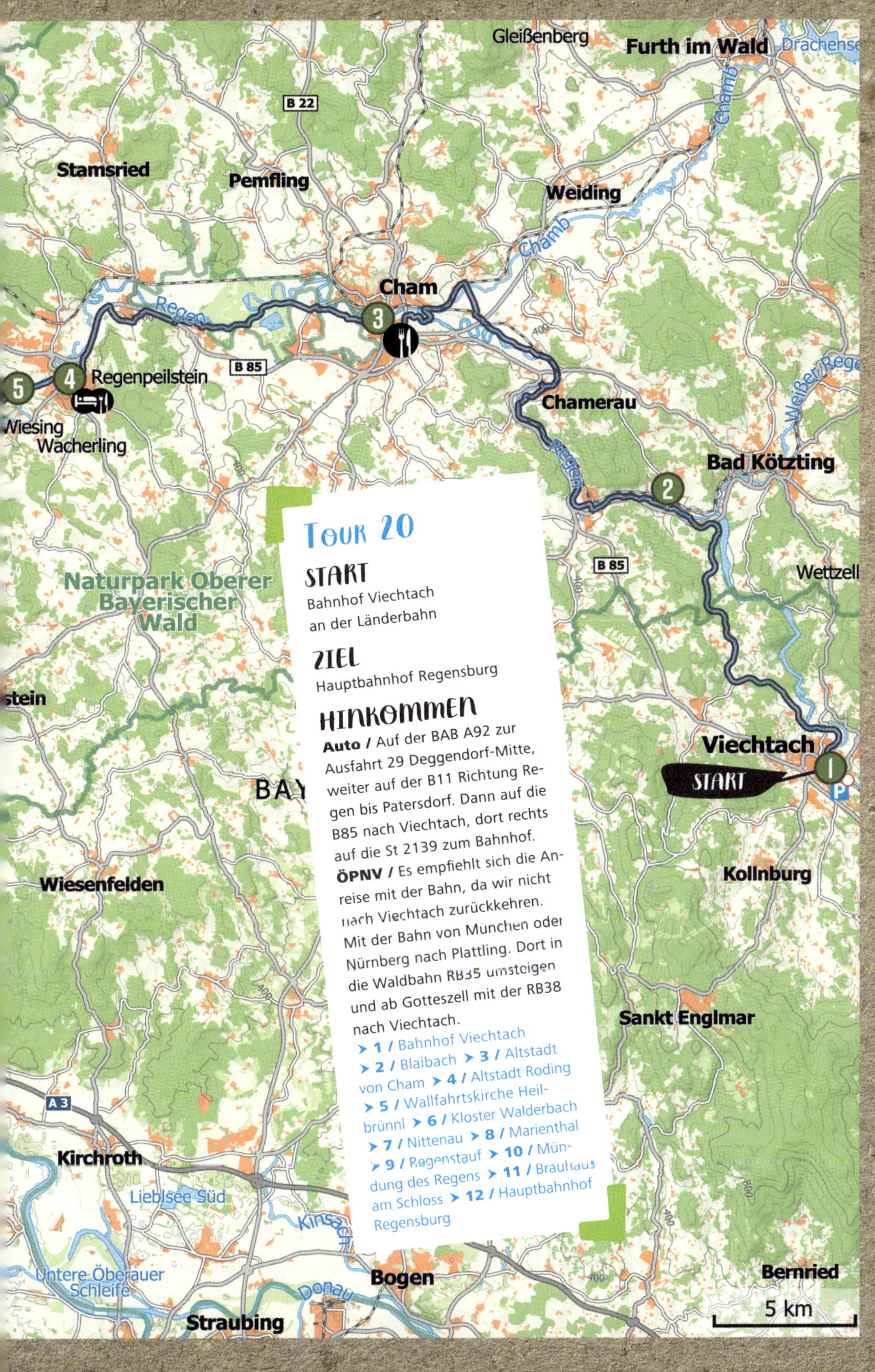

Tour 20

START

Bahnhof Viechtach an der Länderbahn

ZIEL

Hauptbahnhof Regensburg

HINKOMMEN

Auto / Auf der BAB A92 zur Ausfahrt 29 Deggendorf-Mitte, weiter auf der B11 Richtung Regen bis Patersdorf. Dann auf die B85 nach Viechtach, dort rechts auf die St 2139 zum Bahnhof.
ÖPNV / Es empfiehlt sich die Anreise mit der Bahn, da wir nicht nach Viechtach zurückkehren. Mit der Bahn von München oder Nürnberg nach Plattling. Dort in die Waldbahn RB35 umsteigen und ab Gotteszell mit der RB38 nach Viechtach.

➤ **1 /** Bahnhof Viechtach ➤ **2 /** Blaibach ➤ **3 /** Altstadt von Cham ➤ **4 /** Altstadt Roding ➤ **5 /** Wallfahrtskirche Heilbrünnl ➤ **6 /** Kloster Walderbach ➤ **7 /** Nittenau ➤ **8 /** Marienthal ➤ **9 /** Regenstauf ➤ **10 /** Mündung des Regens ➤ **11 /** Brauhaus am Schloss ➤ **12 /** Hauptbahnhof Regensburg

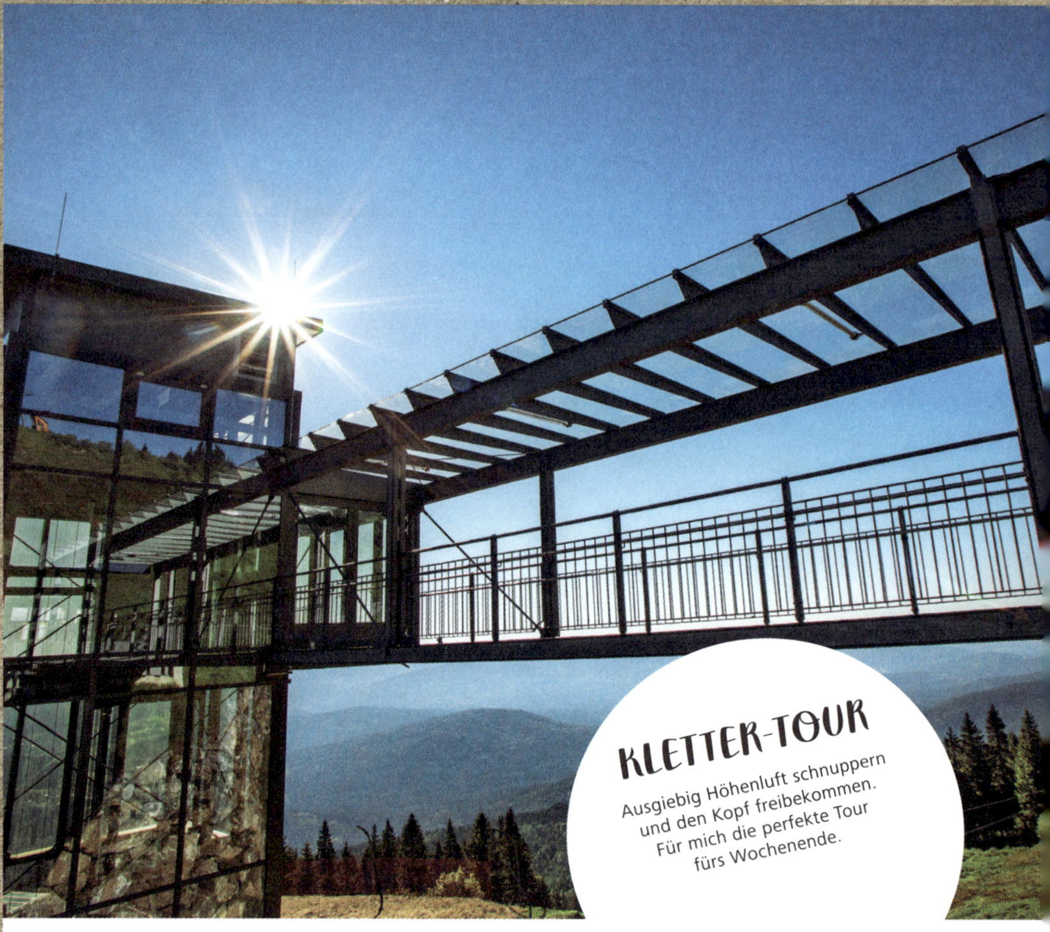

KLETTER-TOUR

Ausgiebig Höhenluft schnuppern und den Kopf freibekommen. Für mich die perfekte Tour fürs Wochenende.

› 1 / Zwei Museen am Bahnhof Bayerisch Eisenstein am Anfang der Tour

› 2 / Das Nationalparkzentrum Falkenstein mit Blick zum Großen Falkenstein

› 3 / In Zwiesel radeln wir auf die Kristallglaspyramide zu

› 4 / In der romantischen Altstadt Regen kehren wir ein

› 5 / Vom Bahnhof Viechtach geht´s auf einer Bahntrasse nach Blaibach

› 6 / Am Blaibacher See wechseln wir auf den „Grünes Dach Radweg"

› 7 / Neben der Kirchenburg Bad Kötzting ist unser Etappenziel

› 8 / Im Vogelpark Grafenwiesen sehen wir Seeadler fliegen

› 9 / Eine einzigartige Museumswelt ist das Bayerwald-Handwerksmuseum

› 10 / Im Bayerwald-Tierpark schlendern wir durch unsere heimische Tierwelt

› 11 / Endlich haben wir das Berghotel Mooshütte erreicht

› 12 / In Brennes beginnt die Wanderung zum Großen Arber

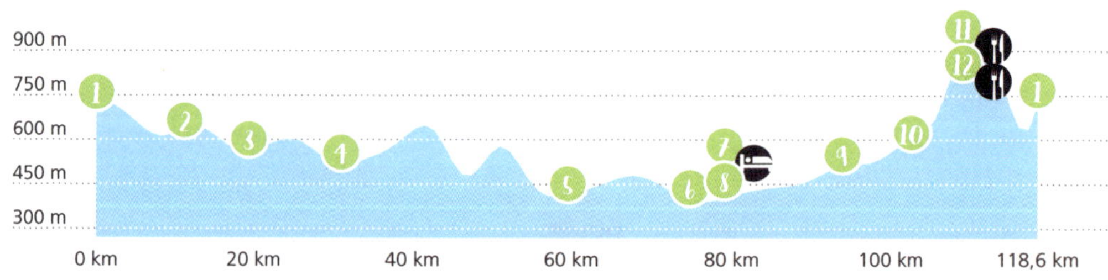

KÖNIG VOM BAYERWALD

Von Bayerisch Eisenstein durchs Regental und auf den Großen Arber

Von Bayerisch Eisenstein folgen wir dem Regental-Radweg talwärts zum Nationalparkzentrum Falkenstein und in die Glasstadt Zwiesel. In der romantischen Altstadt von Regen kehren wir ein und schauen uns in Viechtach im Kristallmuseum um. Auf einer Bahntrasse radeln wir nach Bad Kötzting und übernachten. Dann folgen wir dem „Grünes Dach Radweg" zum Handwerksmuseum in Arrach. In Brennes starten wir zur Wanderung auf den Großen Arber und rollen anschließend zurück nach Bayerisch Eisenstein.

Tag 1 + Tag 2
79 + 40 Kilometer
1100 + 1410 Höhenmeter
910 + 600 Höhenmeter
5:30 + 2:30 Stunden
Rundtour

TAG 1

Ein Bahnhof, zwei Länder

Am 1 / Bahnhof Bayerisch Eisenstein treffen wir uns zur Wochenendtour. Hierher kehren wir auch wieder zurück.

CHARAKTER

Sportlich ●●●●●
Abkühlung ●●○○○
Schlemmen ●●●○○
Panorama ●●●●●

TOURENINFO / Zunächst auf gut befahrbaren Waldwegen, Sträßchen und einer Bahntrasse talwärts. Ab Bad Kötzting auf Asphalt erst leicht bergwärts, dann auf breiten Waldwegen steil bergauf nach Brennes und ebenso steil talwärts nach Bayerisch Eisenstein. E-Bike-Ladestationen: Tourist-Info Bayerisch Eisenstein, Schulbergstr. 1; Zwiesel, Bräustüberl, Regener Straße 6; Zwiesel-Kautzenbach, eBike Bayerwald, Kühbergweg 10; Stadt Regen, Tourist-Information, Schulgasse 2, Nähe Stadtplatz; Viechtach, Tourist-Information, Stadtplatz 1; Bad Kötzting, Gasthof „Zur Post", Herrenstraße 10; Lam, Tourist-Info Lam, Marktplatz 1

TOUR, DIE DU SO NIE GEMACHT HÄTTEST

< links / Panoramaaufzug am Großen Arber

TOUR, DIE DU SO NIE GEMACHT HÄTTEST

Schon im Bahnhofsgebäude stimmen wir uns im Museum NaturparkWelten auf die Tour ein. Auf der Bahnhofstraße erwartet uns die Wegemarkierung des Regental-Radweges, die uns bis kurz vor Bad Kötzting den Weg zeigt. Schon haben wir das nächste Museum vor uns, das Localbahnmuseum mit Lokschuppen, alten Dampfloks und historischen Wagons. Jetzt geht's aber auf Tour. Wir stoßen auf die B11 und queren sie zur Sportanlage. Am Parkplatz wenden wir uns nach rechts und kommen zur Eisensteinermühle. Wir folgen dem Sträßchen und dem Großen Regen nach Seebachschleife. Ein breiter Waldweg führt nach Regenhütte zu Juditas Café Restaurant und Tiermuseum mit präparierten Tieren. Wir verlassen die Staatsstraße zum Badesee und radeln Richtung Ludwigsthal zur Rothaubrücke am Großen Regen. An der B11 geht's durch die Brücke zur Waldhausstraße.

WURZELGANG

Er ist im Haus zur Wildnis ein besonders eindrucksvolles Erlebnis. Wir wandeln unterirdisch durch die Bodenschichten und entdecken dabei die dort lebenden Kleinstlebewesen.

Großer Falkenstein

Hier machen wir einen Abstecher zum 2 / Nationalparkzentrum Falkenstein mit Tierpark und Aussichtsturm ... Unter der Bahnbrücke geht's ein Stück ins Tal hinein, dann im spitzen Winkel nach rechts und anschließend links steil bergauf zum architektonisch faszinierenden Haus zur Wildnis unterm Großen Falkenstein.

Pyramide

Wir rollen ins Tal zurück, aber an der Bahnlinie links und dann rechts durch die Bahnunterführung nach Ludwigsthal. Am Großparkplatz hat uns der Regental-Radweg wieder. Links radeln wir zur B11 und an ihr entlang Richtung Zwiesel. In Theresienthal verlassen wir die B11 und queren sie ins Gewerbegebiet Fürhaupten. Wir folgen der Straße, kommen am Feuerwehrhaus vorbei und stoßen auf die Rabensteiner Straße. Die Bahnbrücke lassen wir rechts liegen und gelangen zur

---

➤ **rechts oben / Der Wurzelgang im Haus zur Wildnis**
➤ **rechts Mitte / Museum NaturparkWelten Bayerisch Eisenstein**

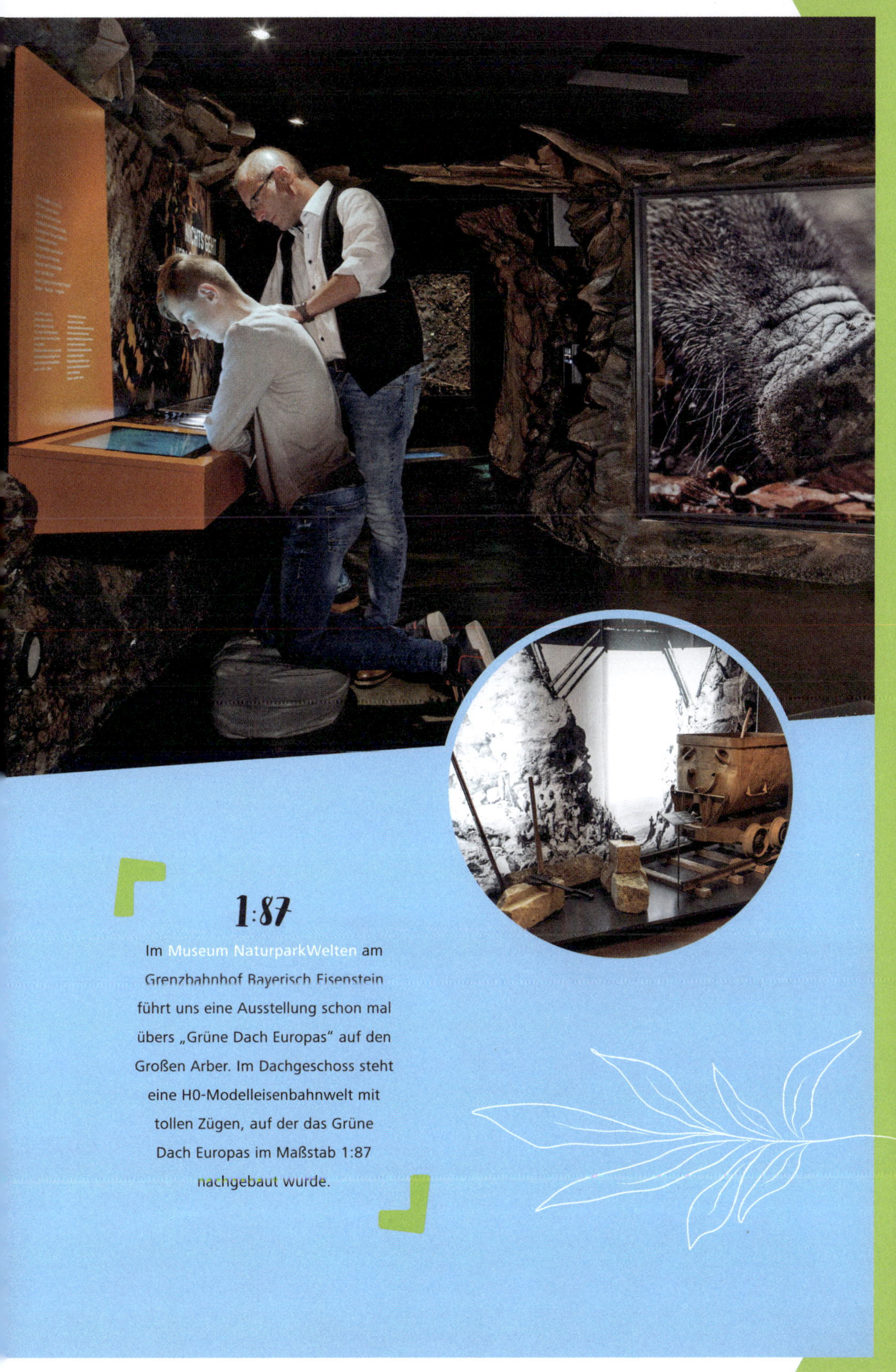

1:87

Im Museum NaturparkWelten am Grenzbahnhof Bayerisch Eisenstein führt uns eine Ausstellung schon mal übers „Grüne Dach Europas" auf den Großen Arber. Im Dachgeschoss steht eine H0-Modelleisenbahnwelt mit tollen Zügen, auf der das Grüne Dach Europas im Maßstab 1:87 nachgebaut wurde.

GLAS-
GESCHICHTEN

Vor der Kristallglasmanufaktur stapelten Auszubildende 93.665 maschinell geblasene Kristallgläser in 65 Ebenen zu einer 8,06 m hohen Glaspyramide übereinander.
3 / Glaspyramide

TOUR, DIE DU SO NIE GEMACHT HÄTTEST

Bahnhofstraße, die uns zum Bahnhof Zwiesel bringt. Die Dr.-Schott-Straße führt uns zur Zwiesel-Kristallglas-Fabrik mit Schauwerkstätten zum Zuschauen, wie Glas geformt wird, wochentags um 11 Uhr. Auf dem Parkplatz vor dem Werksverkauf steht die 3 / Kristallglaspyramide aus 93.665 fixierten Kelchen. Wir biegen in die Schlachthofstraße ein und fahren zum Großparkplatz an der Waldbahnstraße. Links geht's zum Kreisverkehr, dort über den Schwarzen Regen zum Heimwerkermarkt an der Baumsteftenlenzstraße. Wir biegen ein und am Ende links zum Waldschmidtweg. Richtung Krankenhaus wird der Waldschmidtweg zum Buschweg, der uns an die B11 führt.

Weißwurstäquator

Nach wenigen Radumdrehungen sehen wir auf der anderen Straßenseite das Naturpark-Infozentrum und das Denkmal „Weißwurstäquator". Über Dreieck kommen wir in Schweinhütt ans Gasthaus „Zum singenden Musikantenwirt". Mo–Mi ist Ruhetag. Kurz radeln wir noch auf der B11, um an der Dorfstraße links und sofort rechts abzubiegen. Ein Asphaltsträßchen führt uns nach Rinchnachmündt

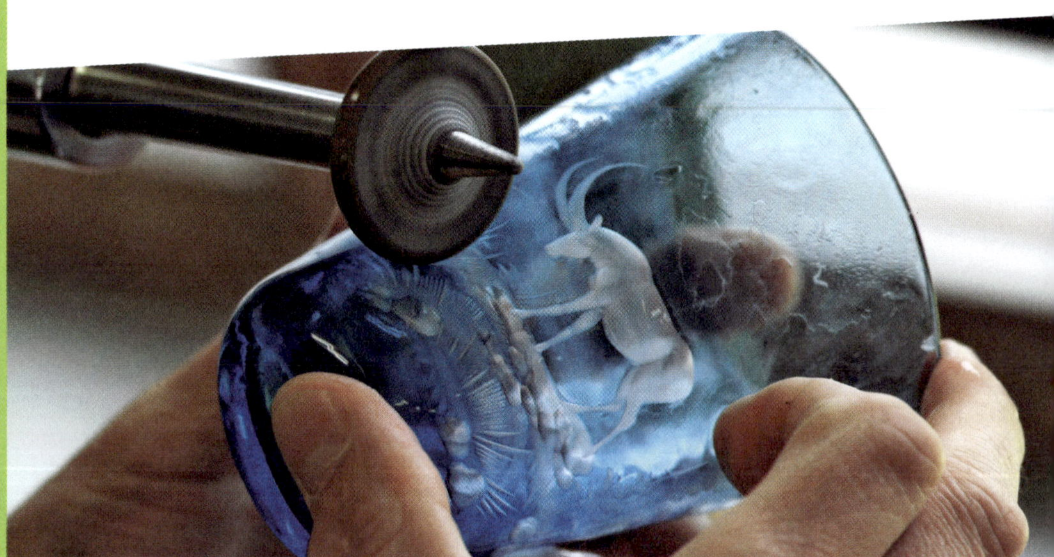

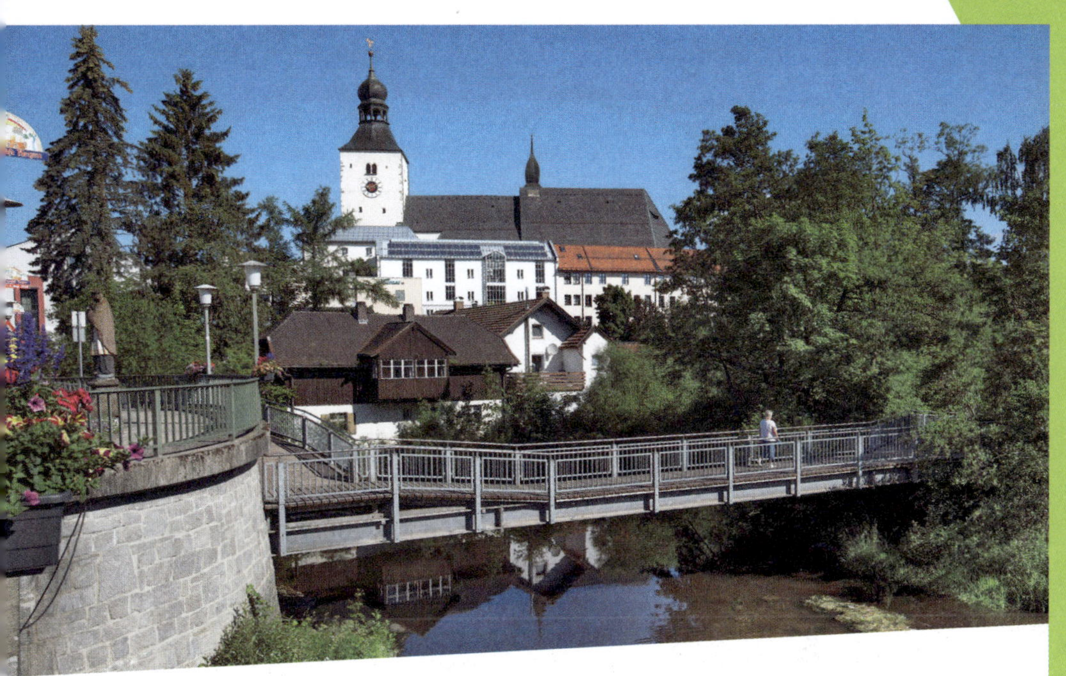

und hinterm Dorf rechts unter der B11 hindurch über die Brücke am Schwarzen Regen. Links folgen wir dem Ufer in die Stadt Regen. Hinter der Straßenbrücke erkennen wir einen Steg und gehen zur anderen Uferseite, zum Gewerbegebiet am Auwiesenweg. Dem folgen wir rechts zu den Parkplätzen beim Kurpark und zur Bahnhofstraße.

Naschkasterl

Wir folgen dem Duft von frischem Gebäck aus der Traditionsbäckerei Schnierle an der Ludwigsbrücke. In der 4 / Altstadt Regen bei der Pfarrkirche gibt's selbstgemachte Pralinen aus der Manufaktur „Confiserie Naschkasterl". Herzhaftes genießen wir im Brauereigasthof Falter (Tel. 09921 9603377, Am Sand 14, 94209 Regen) in der gemütlichen Gaststube, liegt beim Stadtplatz am Regen. Genug der Schlemmerei, zurück über die Ludwigsbrücke und rechts auf der Ruselstraße zur Badstraße bei der Anschlussstelle der B11. Die Badstraße führt Richtung Freibad. Am Freibadparkplatz halten wir uns links und fahren entlang der B11 zur Oleumhütte. Wir unterfahren die Straßenbrücke, kommen zum Gewerbegebiet und nach Metten. Die Dorfstraße führt uns über einen Kreisverkehr nach Obermitterdorf und zu den Sportanlagen an der B11. Rechts fahren wir durch das Waldgebiet nach Sohl. Am Dorfrand geht's links Richtung Arnetsried.

25

In der Regener Pfleggasse gab es sage und schreibe 25 Bier- und Eiskeller, davon sind acht Keller zugänglich. Etwa 300 Jahre sind die Gewölbekeller alt, kunstvoll gemauert aus dem Regenbühler Gneis. Die Postkellerfreunde bieten regelmäßig Führungen an.

< links / Kristallglasmanufaktur
^ oben / Stadt Regen – Ludwigsbrücke und Kirche

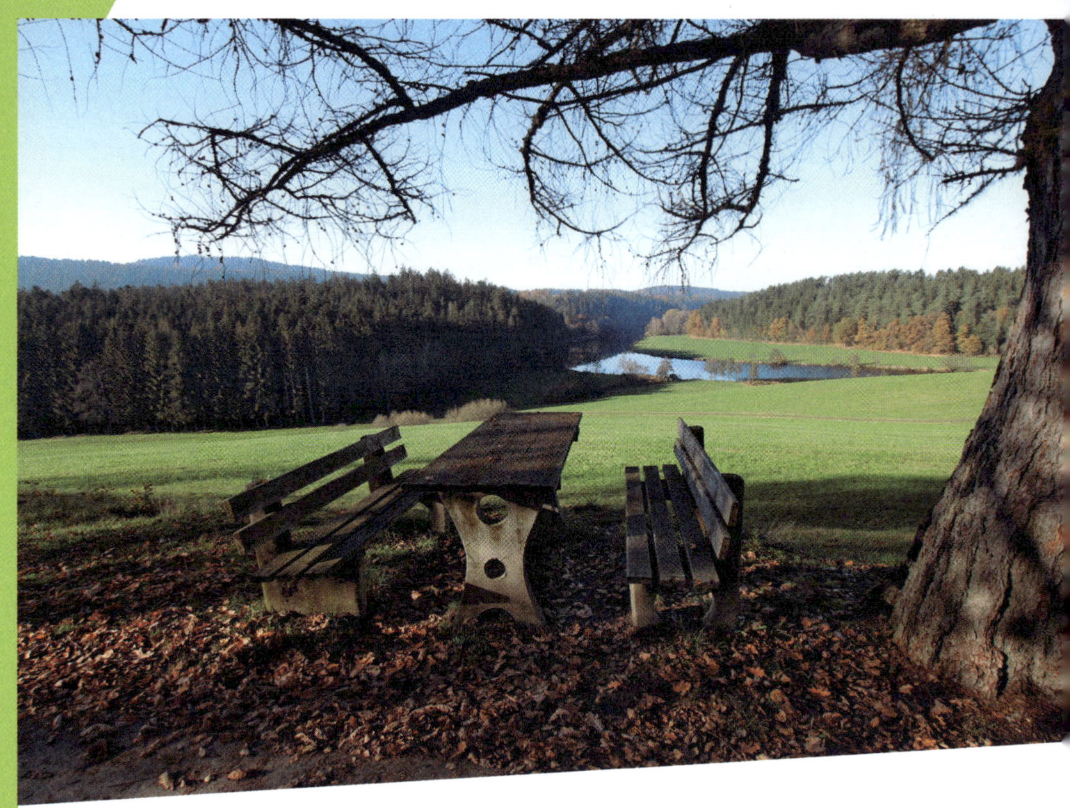

1000 Kristalle

Beim Stadlhof biegen wir rechts ab und kommen nach Zinkenried, Altenmais und Kaikenried zum eleganten Landromantik Hotel Oswald an der Teisnacher Straße. Schräg links gegenüber fahren wir zum Sportplatz und Richtung Zuckenried. Bei der B11 biegen wir rechts in die „Alte Straße" ab und erreichen die Neumühle an der Teisnach. Am Haltepunkt Patersdorf queren wir die Bahnlinie und radeln bergwärts auf schmalem Weg nach Patersdorf hinein zur Kreuzhöhstraße. Kurz fahren wir nach links zur Weinbergstraße, biegen ein und kommen nach Linden. Entlang der B85 erreichen wir die Deponiestraße und biegen rechts ein. Vor der Deponie geht's links nach Fernsdorf an die B85. Die Markierung Regental-Radweg führt uns rechts in weiten Bögen über eine Kreisstraße nach Schlatzendorf. Am Ortsrand queren wir die Schädlbergstraße und folgen der Nussberger Straße bis zum Abzweig der Dr.-Schellerer-Straße. Wir biegen ein und fahren durch den Park zum 5 / Bahnhof Viechtach. Am Stadtplatz, den finden

PFINGSTHOCHZEIT

Alle Jahre am Pfingstmontag ziehen rund 800 Reiter betend auf geschmückten Pferden und in alten Trachten von Bad Kötzting hinaus durchs Zellertal.

˄ oben / Rast beim Blaibacher See ˃ rechts / Madame Butterfly – Bild aus dem Café Venusmaschine

wir gleich links, werden im Kristallmuseum 1000 Kristalle und Mineralien von Opalen, Rubinen bis hin zu Diamanten in Szene gesetzt.

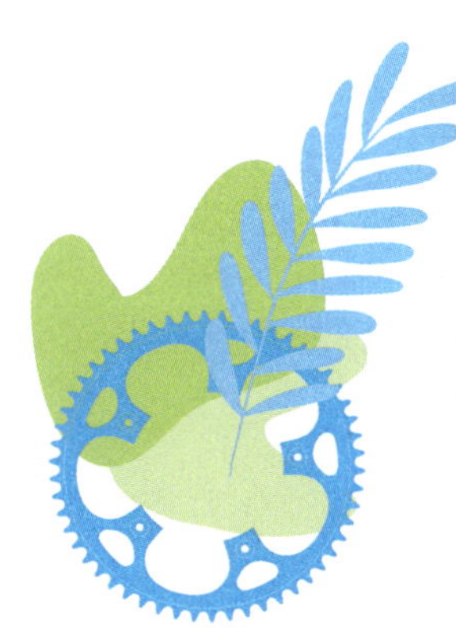

Bahntrassenradeln

Vom Parkplatz am Bahnhof geht's auf der ehemaligen Bahnbrücke über die Bahnhofstraße und in weiten Bögen auf der alten Bahntrasse am Blaibacher See entlang an das Ufer des Regens zur alten Eisenbahnbrücke. Hier folgen wir nun der Markierung „Grünes Dach Radweg" rechts Richtung Bad Kötzting zum Kraftwerk Pulling am 6 / Blaibacher See. Wir schieben über die Wehranlage und fahren unter der Straßenbrücke hindurch zur Lernbechermühle. Nun folgen wir erst dem Weißen Regen und queren ihn am Wasserkraftwerk zur Waldschmidtstraße.

TOUR, DIE DU SO NIE GEMACHT HÄTTEST

Etappenziel

Sie führt uns an die Staatsstraße. Rechts geht's zur Unterführung in den Kurpark und links zur Spielbank Bad Kötzting. Wir radeln rechts zum Eingang und weiter zur Reithalle. Rechts führt der Radweg um den Kurpark herum zum Großparkplatz vor der 7 / Kirchenburg Bad Kötzting. Links der Kirche kommen wir zur Herrenstraße, biegen ein und haben unser Etappenziel erreicht. Der Brauereigast-

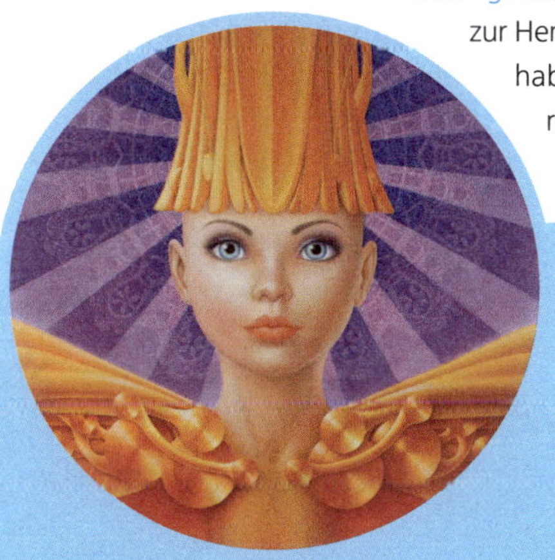

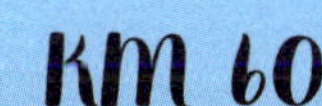

In der Bäckergasse 3 in der Viechtacher Altstadt entdecken wir die Venusmaschine mit einer Ausstellung von Glasbildern von Reinhard Schmid. Wenige Schritte weiter, in der Bäckergasse 18, stoßen wir auf Antikes und Wertvolles aus längst vergangenen Tagen im Nostalgiehaus, erbaut 1839.

UNIVERSUM

Am Bahnhof von Bad Kötzting im Haus Nr. 15 beginnen wir eine Reise durchs Universum mit einem Blick auf eines der größten Panoramabilder des Weltraumteleskops Hubble.

hof Zur Post (Tel. 09941 6628, Herrenstraße 10, 93444 Bad Kötzting) lädt uns in seiner Gaststube zu einem urig-zünftigen Abend mit leckerem Essen und frisch gezapftem Bier ein. Wir haben es verdient. Hier könnten wir auch übernachten, oder im Hotel Amberger Hof (Tel. 09941 9500, Zeltendorfer Weg 4, 93444 Bad Kötzting).

TOUR, DIE DU SO NIE GEMACHT HÄTTEST

TAG 2

Flugshow

Aufsatteln an der Kirchenburg. Zum Arber und unserem Ziel Bayerisch Eisenstein folgen wir der Wegemarkierung „Grünes Dach Radweg". Hinter der Kirchenburg geht's zum Weißen Regen und zum Mühlrad der alten Marktmühle. Wir bleiben am Ufer, unterfahren die Straßenbrücke und fahren über den Parkplatz hinauf an die Sportanlagen der Schulen. Die Bürgermeister-Dullinger-Straße führt uns am Krankenhaus vorbei nach Feßmannsdorf und zum 8 / Vogelpark Grafenwiesen (Tel. 09941 400507, Feßmannsdorf 31, 93479 Grafenwiesen). Im großen Park wird uns in Volieren und während Flugvorführungen die faszinierende Welt der Greifvögel präsentiert.

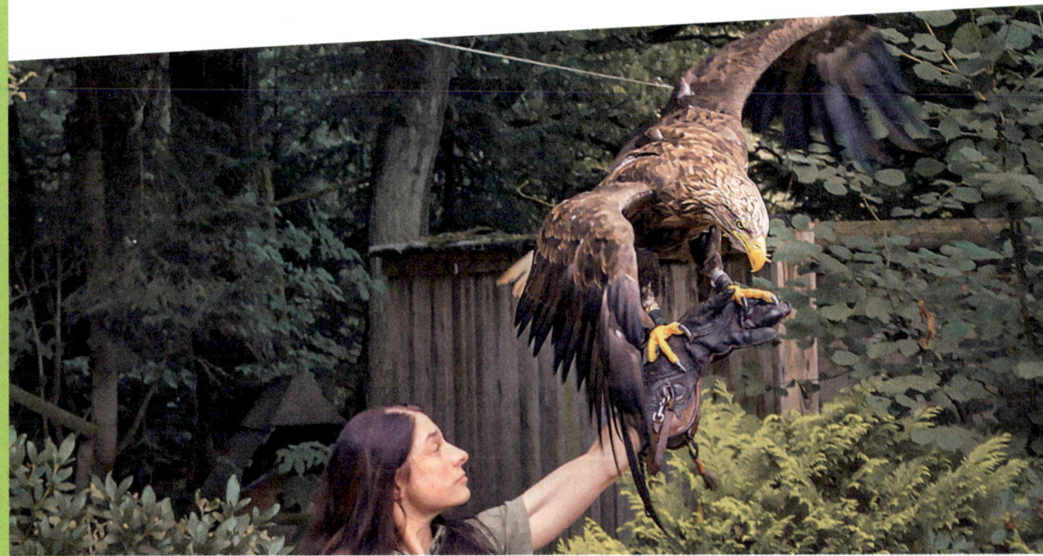

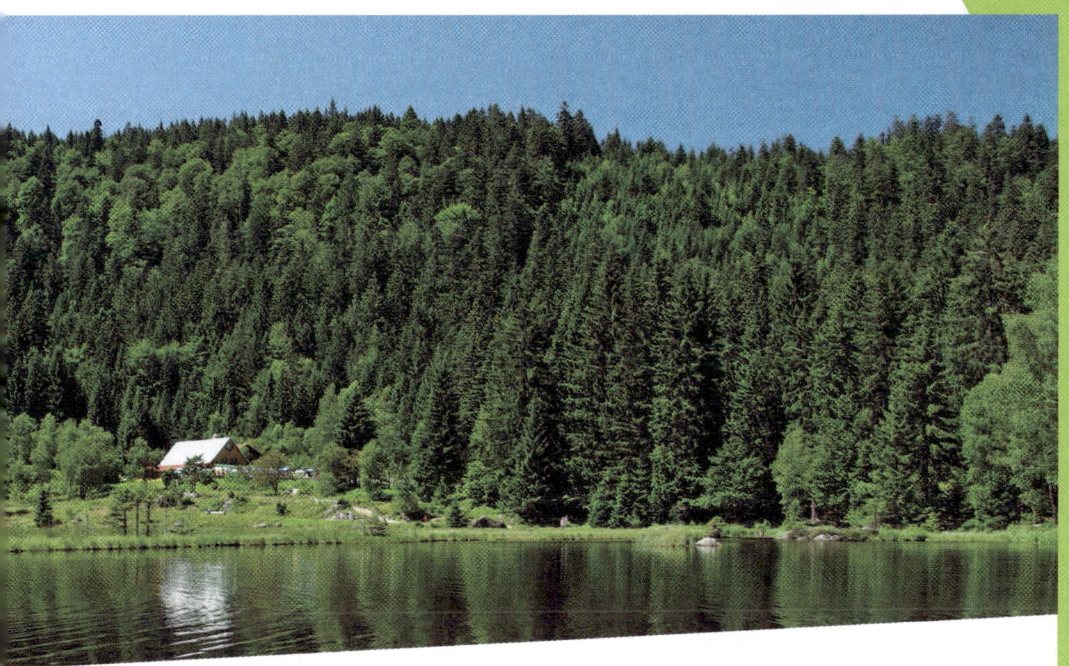

Weiter geht's zur Englmühle an der Staatsstraße bei Grafenwiesen. Wir queren sie, radeln durch Matheshof und nun der Straße entlang nach Hohenwarth. An der Kläranlage queren wir eine Staatsstraße und den Weißen Regen zum Bahnhof Hohenwarth. Wir stoßen auf die Hauptstraße und fahren links nach Simpering an die Staatsstraße.

2000

Mehr als 2000 Exponate wurden fürs 9 / Bayerwald-Handwerksmuseum gesammelt. Urig eingerichtet ist die Bauernstube, der Schuster zeigt die Kunst der Schuhherstellung, in der Schmiede sehen wir Hufeisen und Waffen. Unvergessen sind auch Zimmermann, Sattler …

Handwerkskunst

Sie führt uns Richtung Arrach. An der Ortszufahrt schwenken wir rechts ab zur Ortsmitte und zum 9 / Bayerwald-Handwerksmuseum (Tel. 09943 903703, Hausfelder Str. 1, 93474 Arrach) im Drexlerhof. Neben dem Handwerksmuseum besuchen wir das Mineralien-, Holzkunst- und Destillenmuseum sowie die Bärwurzerei. Wir kommen zur Eckstraße, biegen links zum Bahnhof Arrach ab und stoßen auf die Staatsstraße. Das Sträßchen „Am Alten Regen" bei der Straßeneinmündung führt uns zur Staatsstraße und als Radweg nach Lam. An der Einmündung der Gaberlsägstraße fahren wir rechts zum Bahnhof Lam und zur Kreuzung mit der Staatsstraße.

Hallo Pinselohr

Wir radeln hinüber und an der Lohberger Straße rechts nach Schrenkenthal und wieder zur Einmündung mit der Staatsstraße. Schräg links

< links / Flugvorführung im Greifvogelpark Grafenwiesen ^ oben / Kleiner Arbersee mit Seehäusl

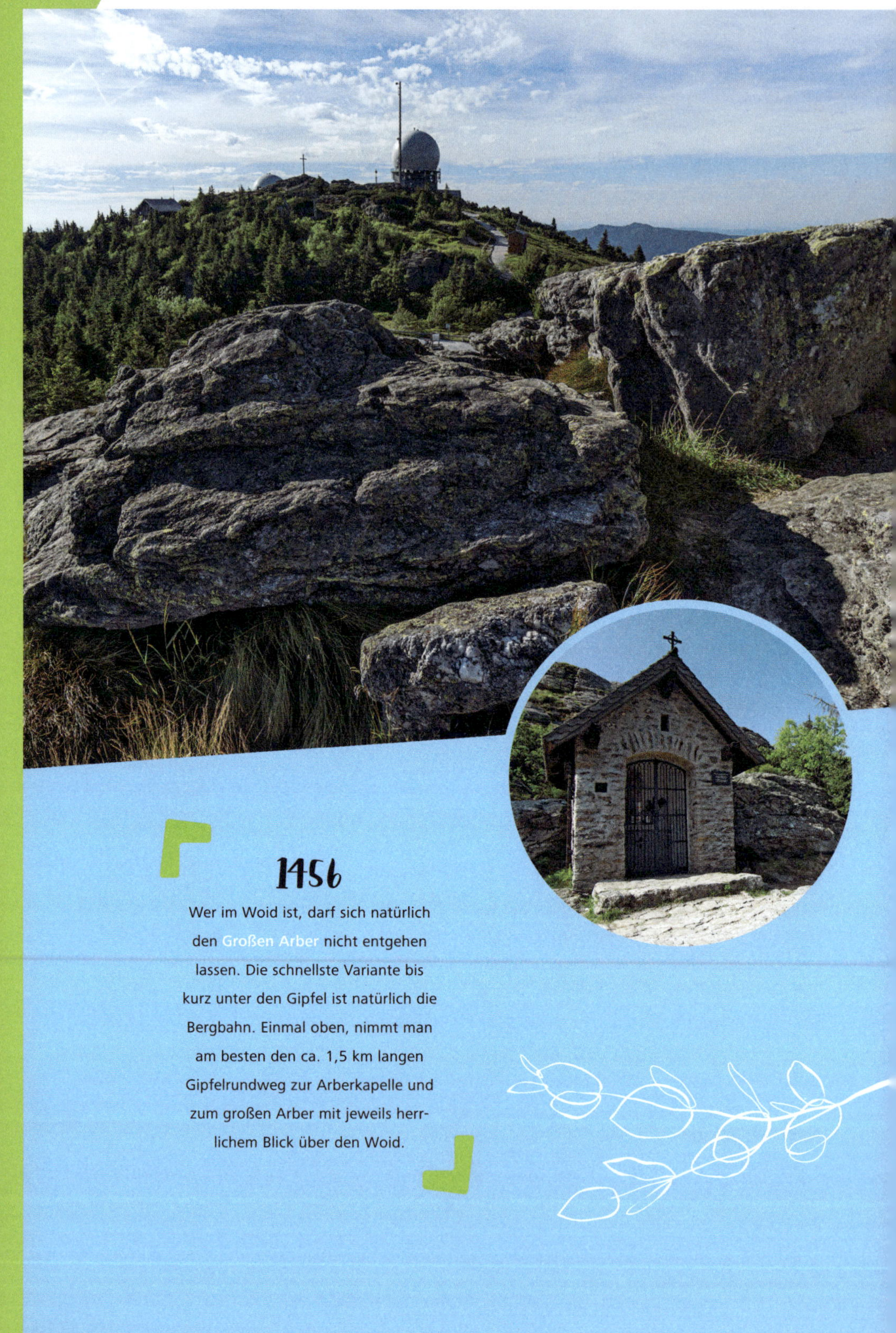

1456

Wer im Woid ist, darf sich natürlich den Großen Arber nicht entgehen lassen. Die schnellste Variante bis kurz unter den Gipfel ist natürlich die Bergbahn. Einmal oben, nimmt man am besten den ca. 1,5 km langen Gipfelrundweg zur Arberkapelle und zum großen Arber mit jeweils herrlichem Blick über den Woid.

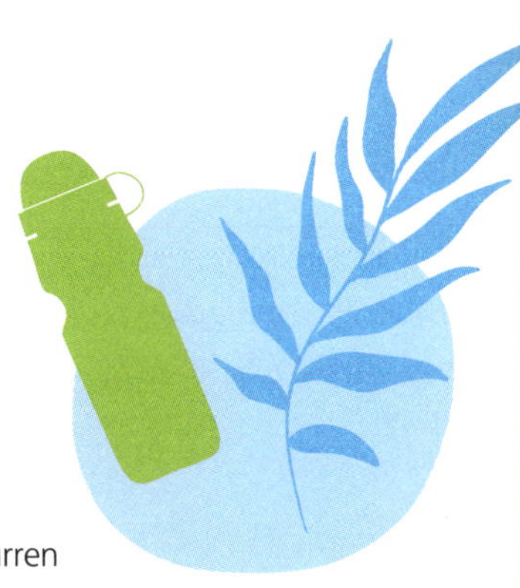

mündet der Aubachweg in die Staatsstraße und unsere Pneus surren nach Neuschrenkenthal, Schwarzenbach und Lohberghütte. An der Schwarzenbacher Straße machen wir beim 10 / Bayerwald-Tierpark (Tel. 09943 8145, Schwarzenbacher Str. 1A, 93470 Lohberg) halt und schauen mal rein zu Wolf, Luchs, Elch, Wisent, Rentier… Wir stoßen auf die Staatsstraße, fahren nach rechts und schwenken nach wenigen Metern rechts ab in die Sommerauer Straße.

Pure Erholung

Über Zackermühle und Sommerau geht's aufs „Grüne Dach" Richtung Kleiner Arbersee. Vom Asphaltsträßchen zweigt unser Radweg links auf den unbefestigten Waldweg Richtung Mooshütte ab. Steil führt der Weg nun bergan und im spitzen Winkel links auf die Hochfläche zum Berggasthof und 11 / Berghotel Mooshütte (Tel. 09943 905030, Mooshütte 3, 93470 Lohberg). Der kommt gerade recht und wir nehmen auf der Terrasse Platz. Der Weg führt um den Talkessel des Weidenbachs herum und anschließend im spitzen Winkel weiter steil bergwärts nach Brennes. Auch hier können wir einkehren, z.B. in der Arber-Alm (Tel. 09925 902048, Brennes 18–20, 94252 Bayerisch Eisenstein). In 12 / Brennes beginnt unsere Wanderung auf den Großen Arber. Die Details finden wir auf den folgenden Seiten.

LOCALBAHNMUSEUM

Über 20 Lokomotiven und Wagen im Originalzustand der Jahre 1876 bis 1955 sowie viele Werkzeuge der Eisenbahner sind im originalrestaurierten Rundlokschuppen ausgestellt.

Schwungvoll ins Tal

An der Einmündung der Staatsstraße in die Brennesstraße geht's kurz nach rechts und dann talwärts über die Grafhütte zur Arberhütte. Wir können es rollen lassen bis ans Asphaltsträßchen vor dem Großen Regen. Links führt die Wegmarkierung auf bekanntem Weg nach Bayerisch Eisenstein an die B11 und zum 1 / Bahnhof Bayerisch Eisenstein. Es war nicht nur ein perfekter Tag, es war ein perfektes Wochenende.

TOUR, DIE DU SO NIE GEMACHT HÄTTEST

< links oben / Am Gipfel des Großen Arber < links Mitte / Kapelle am Großen Arber

GIPFELSTURM

Panoramablick vom König des Bayerischen Walds

Wanderung
11 Kilometer
615 Höhenmeter
3 Stunden
Rundtour

Von Brennes wandern wir knapp 10 Kilometer auf den Großen Arber. Entlang der Straße geht's zur Talstation der Arber-Bergbahn und mit der Gondel zum Arberschutzhaus hinauf. Wir wandern zum Gipfelkreuz und anschließend talwärts zum Kleinen Arbersee und über Mooshütte mit Einkehr bergwärts nach Brennes zurück.

Bergbahn

Wir beginnen unsere Wanderung an der Arber-Alm (Tel. 09925 902048, Brennes 18-20, 94252 Bayerisch Eisenstein) in 12 / Brennes und gehen kurz auf der Straße Richtung Bergbahn. Es zweigt rechts ein Sträßchen ab, das uns zu den Skiliften führt. Wir gehen am Skihang entlang und am Ende rechts auf einem Waldweg zur Straße, an der wir wieder talwärts an die Talstation der 13 / Arber-Bergbahn gelangen. Mit der 6er-Gondel lassen wir uns auf den Großen Arber chauffieren. Von der Bergstation führt eine Brücke zum gläsernen Panoramaaufzug, der Veranda, die uns einen traumhaften Blick auf den Bayerischen Wald und den Böhmerwald bietet. Der Aufzug führt hinab zum 14 / Arberschutzhaus und zur Eisensteiner Hütte. In beiden können wir einkehren.

Gipfelkreuz

Über die Bergstation der Gondelbahn führt nun ein breiter Weg hinauf zur Arberkapelle unterm steinigen Großen Seeriegel. Regelmäßig am vorletzten Sonntag im August findet bei der Arberkapelle die traditionelle Bergkirchweih statt, mit Musik und Gesang beim Arberschutzhaus. Kurz talwärts biegen wir links zum Felsenmeer des Bodenmaiser Riegel ab. Vor ihm führt der Wanderweg zum Kleinen Seeriegel und an der Radarstation der Bundeswehr vorbei zum Gipfelkreuz des 15 / Großen Arber, 1465 m hoch gelegen. Wir gehen zur Radarstation zurück und gleich auf

21 1/2

schmalem Weg hinab zum Skilift und weiter nach unten zum breiten Wanderweg. Links gehen wir talwärts und gelangen zum Gasthaus Arber-Stadl am Skihang.

Kleiner Arbersee

Der breite Weg führt Richtung Berghaus Sonnenfels. Unser Weg zweigt auf einen schmalen Waldweg links ab, hinunter zum 16 / Kleinen Arbersee mit Blick auf seine drei faszinierenden schwimmenden Inseln. Das romantische Fleckchen Erde ist ein Überbleibsel der letzten Eiszeit. Als er 1880 aufgestaut wurde, lösten sich Uferfilze vom Seegrund und bildeten die „schwimmenden Inseln". Am Ufer wenden wir uns nach rechts zum Seehäusl und genießen den herrlichen Blick von der Terrasse über den See. Ist ab Ostern täglich ab 10 Uhr geöffnet. Wir gehen zurück und folgen dem Wanderweg „Gläserner Steig" erst am Ufer entlang und biegen dann nach der Brücke links ab auf den Weg zur Mooshütte. Dort kommen wir zum Berggasthof und 11 / Berghotel Mooshütte (Tel. 09943 905030, Mooshütte 3, 93470 Lohberg) und kehren ein. Hinterm Haus zweigt unser Wanderweg der „Gläserne Steig" rechts ab und führt steil talwärts direkt nach 12 / Brennes an die Staatsstraße. Auf unserem Rad geht's nun hinunter nach 1 / Bayerisch Eisenstein.

TOURENINFO / Mit der Bergbahn fahren wir auf den Großen Arber. Auf gut begehbaren, zum Teil festen Wanderwegen geht's vom Gipfel des Großen Arber steil talwärts zum Kleinen Arbersee und auf dem „Gläsernen Steig" über Mooshütte dann steil talwärts nach Brennes.

---

^ oben / Arber-Bergbahn

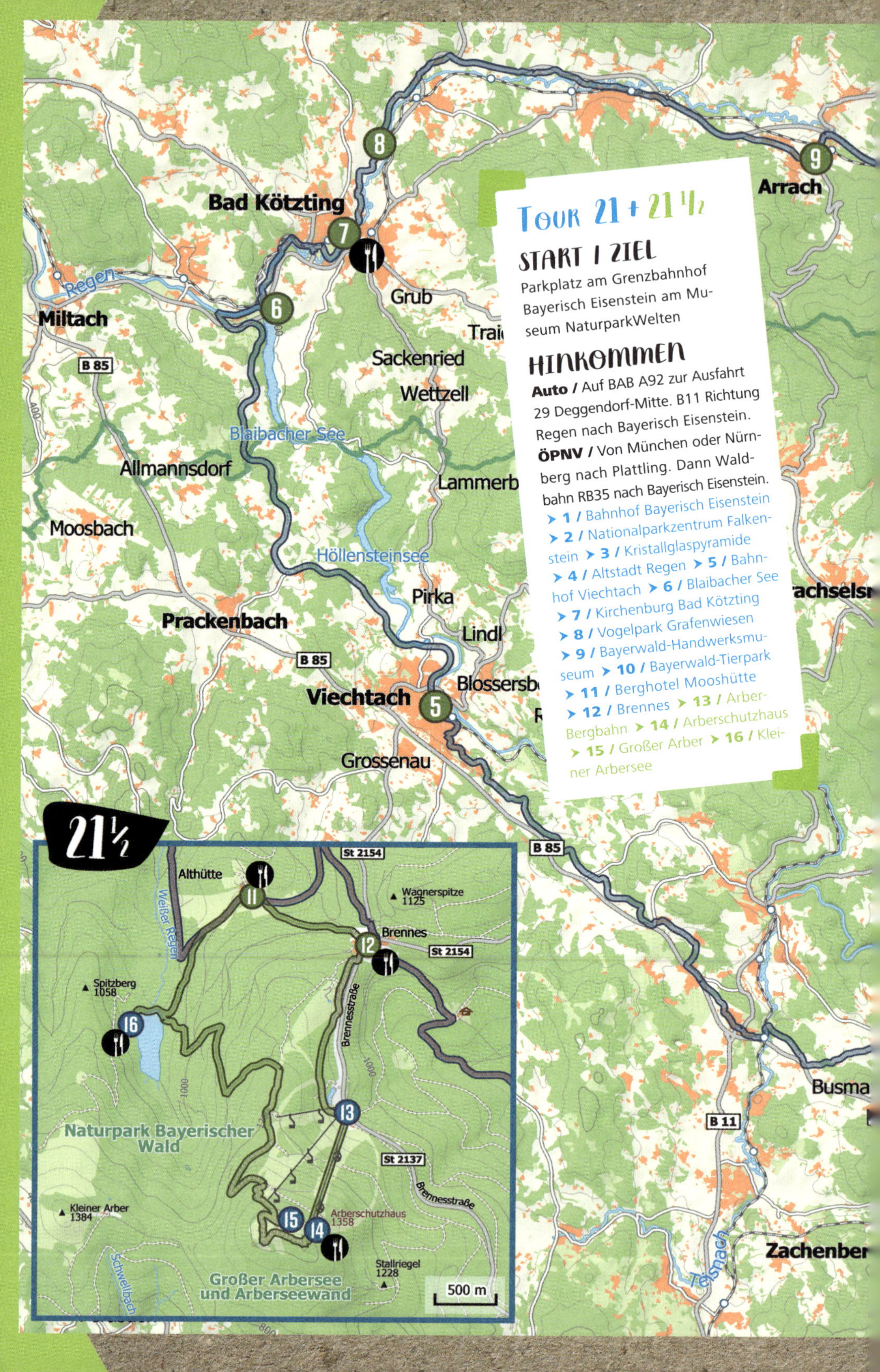
Tour 21 + 21½
START / ZIEL
Parkplatz am Grenzbahnhof Bayerisch Eisenstein am Museum NaturparkWelten
HINKOMMEN
Auto / Auf BAB A92 zur Ausfahrt 29 Deggendorf-Mitte. B11 Richtung Regen nach Bayerisch Eisenstein.
ÖPNV / Von München oder Nürnberg nach Plattling. Dann Waldbahn RB35 nach Bayerisch Eisenstein.
› 1 / Bahnhof Bayerisch Eisenstein › 2 / Nationalparkzentrum Falkenstein › 3 / Kristallglaspyramide › 4 / Altstadt Regen › 5 / Bahnhof Viechtach › 6 / Blaibacher See › 7 / Kirchenburg Bad Kötzting › 8 / Vogelpark Grafenwiesen › 9 / Bayerwald-Handwerksmuseum › 10 / Bayerwald-Tierpark › 11 / Berghotel Mooshütte › 12 / Brennes › 13 / Arber-Bergbahn › 14 / Arberschutzhaus › 15 / Großer Arber › 16 / Kleiner Arbersee
Bad Kötzting
Arrach
Miltach
Regen
Grub
Sackenried
Wettzell
Blaibacher See
Allmannsdorf
Moosbach
Lammerb
Höllensteinsee
Pirka
Prackenbach
Lindl
Viechtach
Blossersb
Grossenau
B 85
B 11
Busma
Zachenber
Teisnach
21½
Althütte
Wagnerspitze 1125
Brennes
St 2154
St 2137
Weißer Regen
Spitzberg 1058
Brennesstraße
Naturpark Bayerischer Wald
Kleiner Arber 1384
Arberschutzhaus 1358
Stallriegel 1228
Schwellbach
Großer Arbersee und Arberseewand
500 m

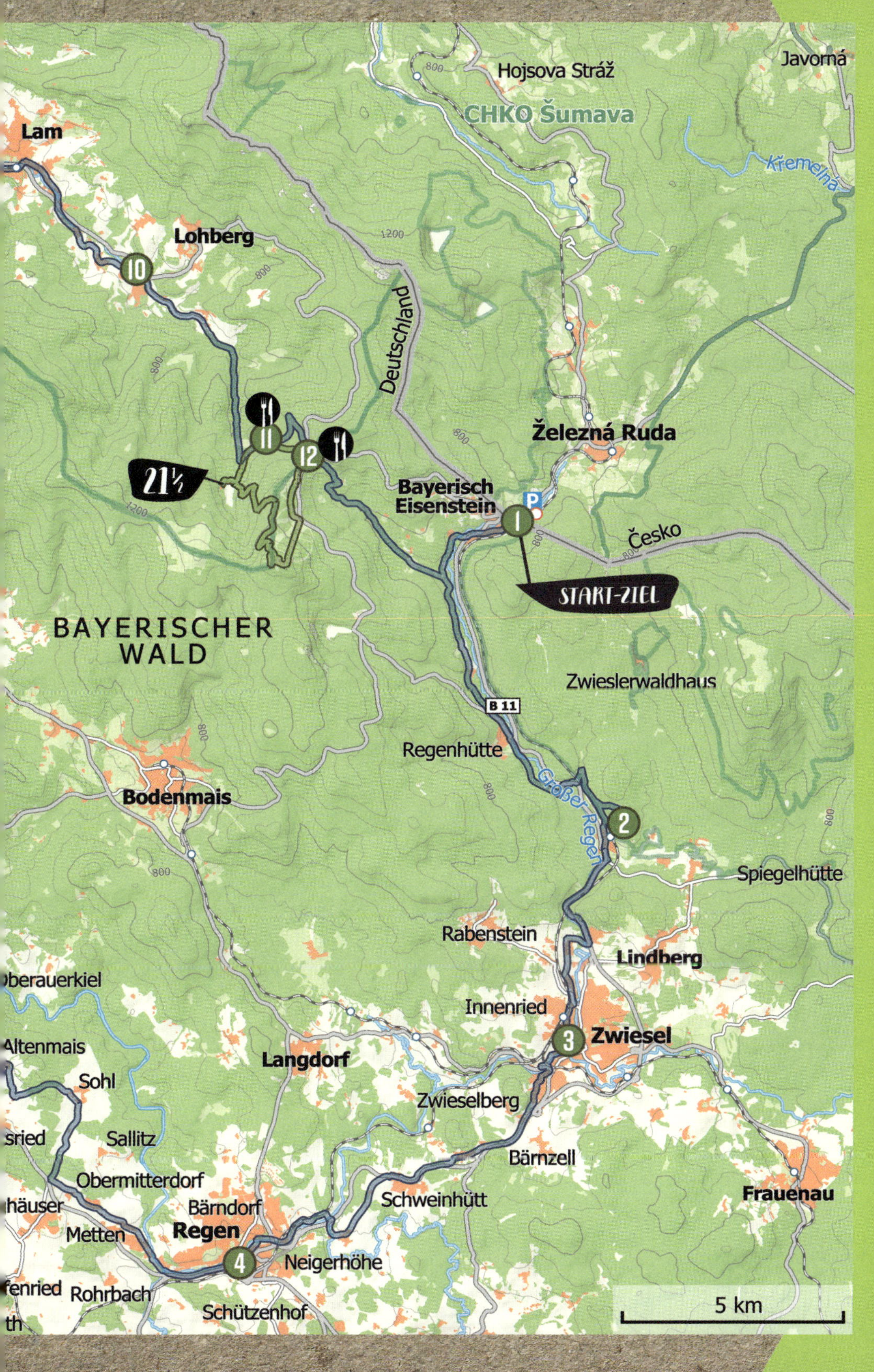
Hojsova Stráž
Javorná
CHKO Šumava
Křemelná
Lam
Lohberg
10
Deutschland
11
12
21½
Železná Ruda
Bayerisch Eisenstein
1
Česko
START-ZIEL
BAYERISCHER WALD
Zwieslerwaldhaus
B 11
Regenhütte
Großer Regen
2
Bodenmais
Spiegelhütte
Rabenstein
Lindberg
Oberauerkiel
Innenried
3
Zwiesel
Altenmais
Langdorf
Sohl
Zwieselberg
Sallitz
Bärnzell
Obermitterdorf
Schweinhütt
Frauenau
Bärndorf
Regen
Metten
4
Neigerhöhe
Rohrbach
Schützenhof
5 km

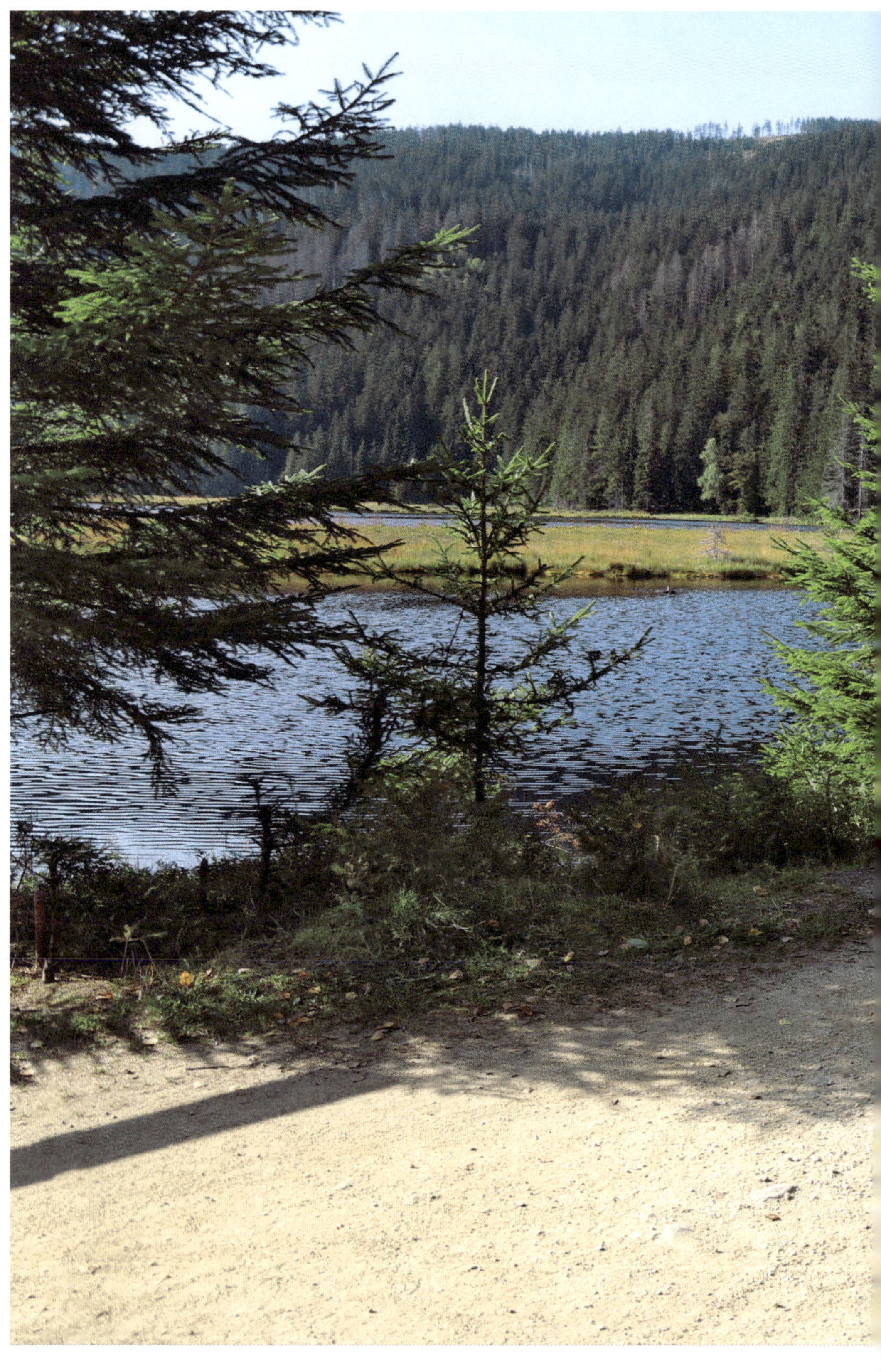

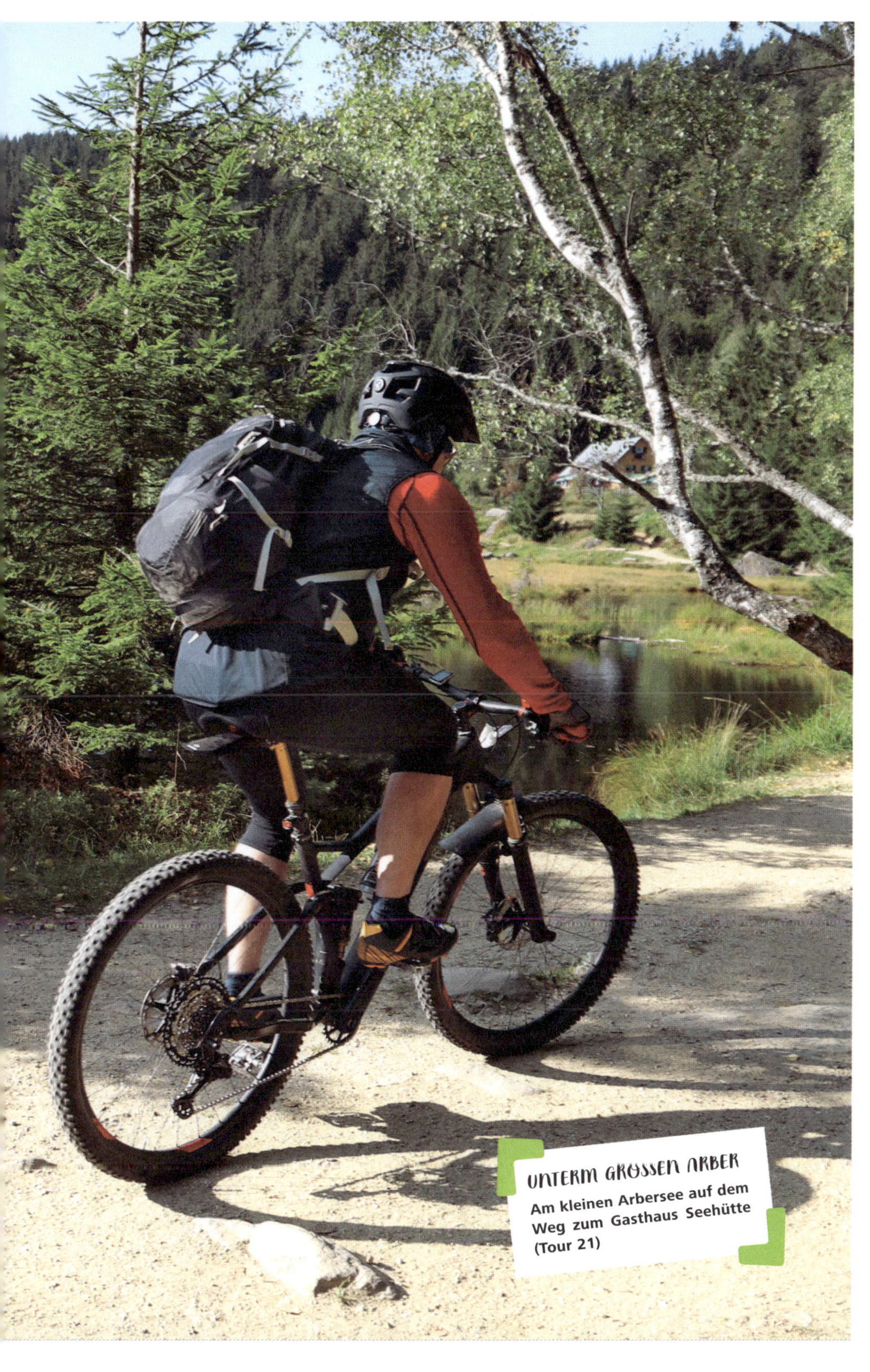

UNTERM GROSSEN ARBER

Am kleinen Arbersee auf dem Weg zum Gasthaus Seehütte (Tour 21)

AUFGESATTELT!

BAYERISCHER WALD
UND RADBASICS

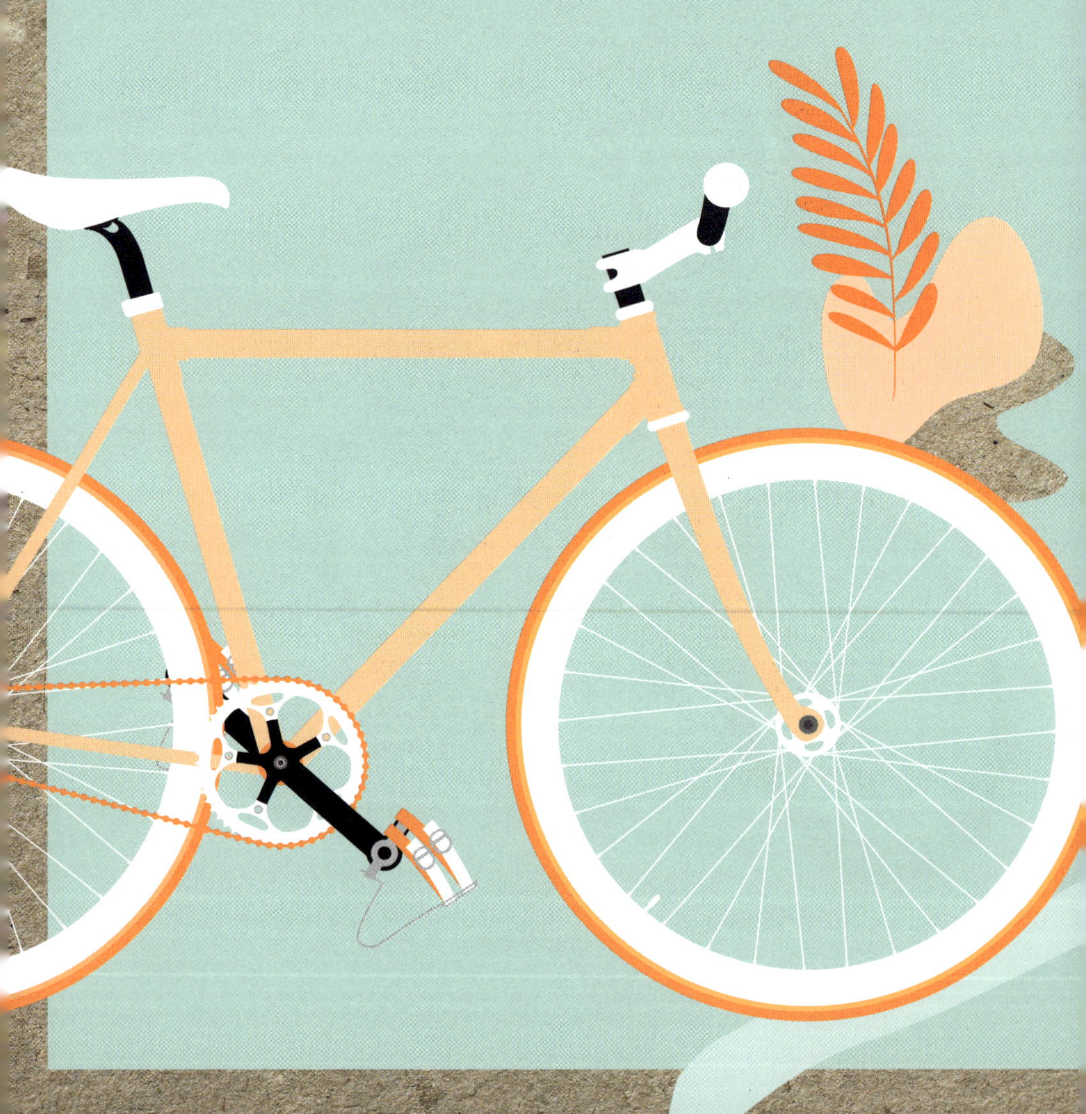

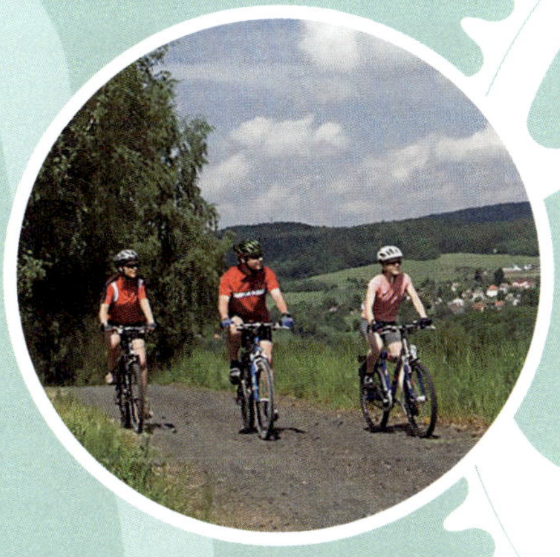

RADVERGNÜGEN

im Bayerischen Wald

Willkommen im Woid! Die Sonne taucht die Waldwogen in zarte Farben. Unser Blick schweift über Wälder, Wiesen und Flusstäler. Atmen wir tief durch. Wir sind angekommen im Bayerischen Wald, einem Urlaubsgebiet mit intakter Natur nördlich der Donau zwischen Regensburg und Passau.

GRENZGEBIET

Im mittleren Landschaftsteil zwischen dem Donautal und den Hochlagen entlang der bayerisch-böhmischen Grenze erstreckt sich der Naturpark Bayerischer Wald. Er umschließt an der Grenze zu Tschechien den Nationalpark Bayerischer Wald und grenzt im Norden an den Naturpark Oberer Bayerischer Wald. Der Nachbar auf tschechischer Seite ist der Nationalpark Böhmerwald, Šumava.

WISSEN, WO'S LANGGEHT

Zahlreiche Fernradwege erschließen uns den Woid, angefangen vom Regental-Radweg über den Nationalpark-Radweg und „Grünes Dach Radweg" bis hin zum Adalbert-Stifter Radweg, der nach dem böhmischen Dichter und Schriftsteller benannt wurde. In den vier Naturpark-Landkreisen gibt es umfangreiche Radtourenvorschläge mit etwa 3000 km Länge. Markiert sind die Wege mit einem Bergradler auf blauem Hintergrund und der jeweiligen Nummer des Radtourenvorschlags. Es ist ein relativ dichtes Radwegenetz, das uns zu den Glanzstücken des Bayerwalds führt. Die Routen folgen meist eigenständigen Radwegen, breiten

ALLES RUND UMS FAHRRADFAHREN IM BAYERISCHEN WALD: WIE DIE FAHRRADKULTUR IST UND WAS DICH ERWARTET

Waldwegen, landwirtschaftlichen Wegen oder wenig befahrenen Straßen. Eine feine Übersicht finden wir im Geoportal des Landesamts für Digitalisierung, dem Bayern Atlas. Abseits der Wege hat die Natur Vorfahrt.

UNTERWEGS AUFTANKEN

Dem Trend Richtung E-Bike folgend, sind im ganzen Bayerischen Wald zahlreiche E-Bike-Ladestationen errichtet worden. Der Bayerische Wald setzt auf E-Mobilität. Damit wir auch für längere Touren gerüstet sind, finden wir in größeren Orten, bei Gastgebern, Freizeiteinrichtungen und den Touristeninformationen ein attraktives Netz an Ladestationen, das ständig erweitert wird. So finden sich an fast allen meinen Touren Ladestationen. Allein im Kötztinger Land können wir zum Beispiel an 73 Ladestationen andocken. Wir haben also genug Strom für unterwegs und können mit „Rückenwind" den Woid erkunden.

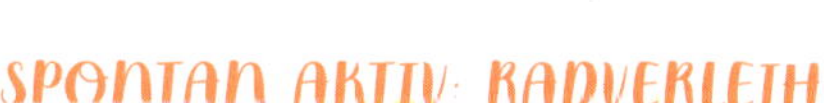

SPONTAN AKTIV: RADVERLEIH

Wir haben spontane Lust auf eine erlebnisreiche Radtour durch den Naturpark Bayerischer Wald? Aber kein Fahrrad dabei und möchten mit einem E-Bike die hügelige Mittelgebirgslandschaft erkunden? Viele Gastgeber und Verleihstationen halten E-Bikes bereit. Auch die Touristeninformationen in den Bayerwald-Gemeinden geben gerne Auskunft. Reparatur-Service gibt es in vielen Shops vor Ort.

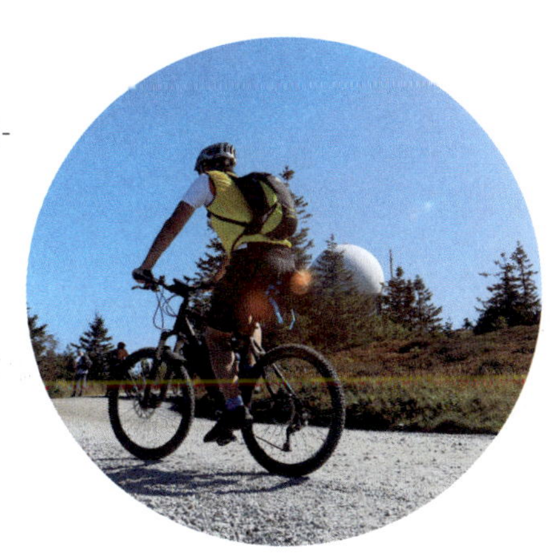

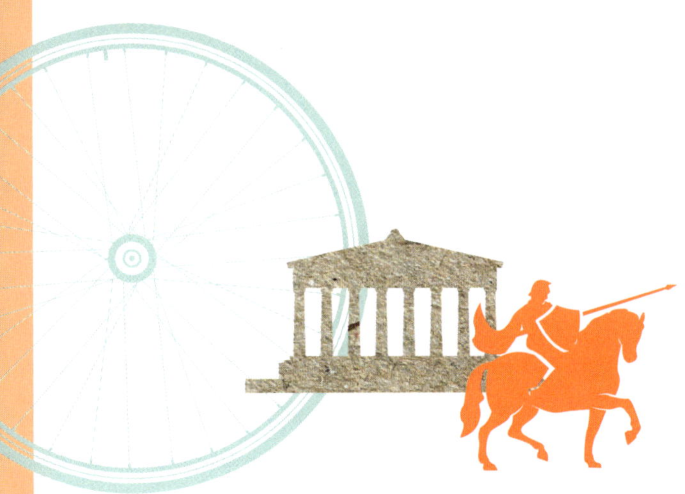

FAHRRADTRANSPORT

Im gesamten Netz der Waldbahn/Länderbahn können wir unser Fahrrad kostenfrei mitnehmen. In den Mehrzweckbereichen der Bahn finden wir auf den Waldbahn-Linien RB 35 von Plattling über Gotteszell nach Bayerisch Eisenstein bis zu 37 Stellplätze für insgesamt sechs Fahrräder pro Fahrzeug, ebenso auf der Linie RB 36 von Zwiesel nach Grafenau. Auf der Waldbahn-Linie RB 38 zwischen Gotteszell und Viechtach können sogar zehn Fahrräder pro Fahrzeug befördert werden. Auch in der Ilztalbahn ist eine Fahrradmitnahme möglich, dort kostet die Fahrrad-Fahrkarte extra. In der Oberpfalzbahn zwischen Bad Kötzting und Lam ist die Fahrradmitnahme wieder kostenlos. Mit den Igelbussen sind wir im Nationalpark Bayerischer Wald auf den Linien 601, 602 und 603 mobil. Sind wir Besitzer der GUTI-Gästekarte, sogar kostenlos. Nehmen wir das Fahrrad mit, kostet das extra. E-Bikes werden leider nicht transportiert.

FAHRZEITEN DER TOUREN

Die Zeitangabe, die ich für die einzelnen Radtouren geplant habe, sind reine Fahrzeiten ohne Besichtigungen, Pausen oder Einkehrstopps. Mit einer durchschnittlichen Geschwindigkeit von 15 km/h kommen wir aber gut zurecht. Natürlich spielt die Kondition des „Pedalritters" auch eine Rolle sowie die Geländebeschaffenheit. An Steigungen geht's langsamer bergauf, während wir zum Beispiel auf Bahntrassen schneller vorankommen. Nicht stressen lassen: Hin und wieder ist auch der Weg das Ziel, wenn man bei einer tollen Location hängenbleibt.

FACTS BAYERISCHER WALD

1.3 MILLIONEN

Menschen besuchen jährlich den Nationalpark Bayerischer Wald.

1.456 M

Die höchste Erhebung im Bayerischen Wald ist der Große Arber, der König des Bayerwalds.

93.665

Die Glaspyramide in Zwiesel besteht aus 93.665 übereinandergestapelten Weinkelchen und wiegt satte 11,6 Tonnen.

WOID

Die Einheimischen bezeichnen den Bayerischen Wald schlicht als „Woid" und nennen sich selbst „Waidler".

52 M

Der rund einen Kilometer lange Wald-WipfelWeg führt nicht nur durch die Wipfel der Bäume, sondern hinauf bis in luftige 52 Meter Höhe.

SCHREIT-ROBOTER

Der Further Drache ist der größte vierbeinige Schreitroboter der Welt, speit Feuer in der Drachenhöhle und hat es bis zum Eintrag ins Guinnessbuch der Rekorde geschafft.

25

14 Brauereien waren um das Jahr 1850 in der Stadt Regen angesiedelt und sage und schreibe 25 Bier- und Eiskeller finden sich dort heute. Einige sind zu besichtigen.

191 KM

Der Regen ist der längste Fluss im Bayerischen Wald und hat seine beiden Quellen auf böhmischer Seite, den Kleinen und den Großen Regen.

50

So viele Gipfel im Bayerischen Wald sind höher als 1000 m.

TRANS BAYERWALD

Die Trans Bayerwald ist eine Mountainbike-Runde, die rund 700 Kilometer und mit 17.000 Höhenmetern zwischen Furth im Wald und Passau durch den Bayerischen Wald führt.

GOLDSTEIG

Durch den Bayerischen Wald führt der Qualitätswanderweg „Goldsteig", Deutschlands längster Wanderweg.

RAUSZEIT-HIGHLIGHTS

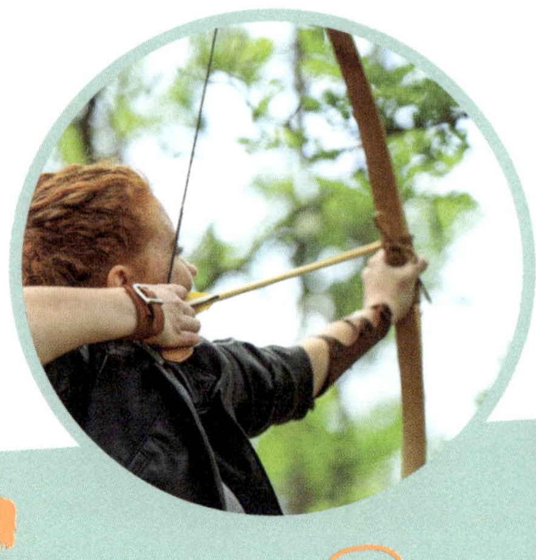

FÜR KINDER

Einfach knuddelig
16 süße 5 / Arberland-Alpakas warten oberhalb von Frauenau auf unsere Streicheleinheiten oder eine gemeinsame Wanderung.
Tour 6 // Seite 50

Bogenschießen
Der Bogenparcours (Foto) liegt am 6 / Silberberg in Bodenmais. Auf einem gut 4 km langen Parcours gehen wir mit Pfeil und Bogen auf die Pirsch.
Tour 4 // Seite 38

Wurzelgang
Der ist das Highlight im 7 / Haus zur Wildnis am Nationalparkzentrum Falkenstein. Unterirdisch wandeln wir durch die Bodenschichten.
Tour 5 // Seite 45

Münze prägen
Wir prägen aus glühendem Glas unsere eigene Glasmünze während einer Werksbesichtigung im 8 / Glasensium der Glashütte Eisch.
Tour 6 // Seite 54

FÜR E-BIKER

Schlossblick
Wir laden unser Rad in der Gaststätte Liebl. Von der Terrasse schauen wir hinüber zum malerischen 11 / Schloss Wiesent mit zwei dicken Türmen.
Tour 10 // Seite 91

Haus am Strom
Während unser Rad draußen Strom bekommt, setzen wir an einem Hochwassermodell Passau unter Wasser.
Tour 14 // Seite 126

Dreisesselberg mit dem Bike
Von Frauenberg führt das Sträßchen auf den Dreisesselberg zum 1302 m hohen Dreisesselhaus. In der Dreisesselalm in 8 / Frauenberg laden wir unser Rad und genießen den Blick zum Gipfel.
Tour 15 // Seite 141

Lauschblick
An der Talstation der 8 / Hohenbogenbahn lädt sich unser E-Bike auf. Währenddessen fahren wir mit dem Doppelsessel zur Aussichtsplattform sektor.f der ehemaligen Abhöranlage.
Tour 18 // Seite 170

Top für jede Lust und Laune: Kleine und große Abenteuer, die besten Einkehrtipps und entspanntesten Pausenplätze

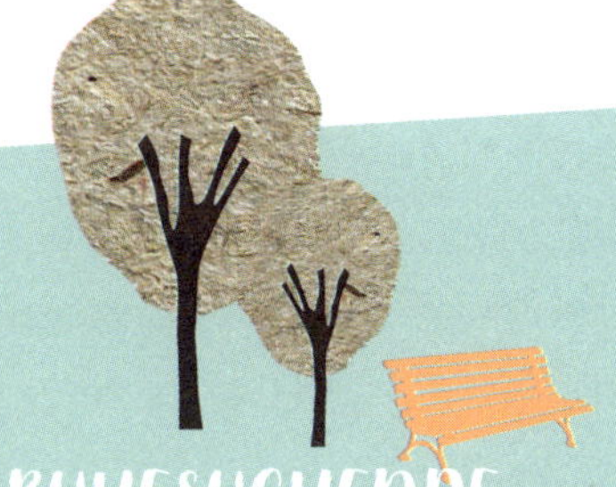

FÜR SCHLEMMER

Urwaldrestaurant
Wir halten beim 7 / Adventure Camp Schnitzmühle. Die Karte im Thai Bai ist in bayerische und thailändische Spezialitäten aufgeteilt.
Tour 3 // Seite 30

Woid im Haus
Alte, massive Bretter und Balken aus dem Woid bringen den Flair in die urige Gaststube im 6 / Schwellhäusl.
Tour 5 // Seite 44

Burggeister
Die 5 / Burgruine Weißenstein auf mächtigem Quarzfels ist der malerische Hintergrund am Burggasthof Weißenstein. Hier gibt's für mich den besten karamellisierten Kaiserinnenschmarren.
Tour 8 // Seite 69

Lauschiges Platzerl
Die Seele baumeln lassen, einfach nur aufs Wasser schauen und sich im 9 / Gasthof Kernmühle mit südlichem Flair verwöhnen lassen.
Tour 14 // Seite 130

FÜR RUHESUCHENDE

Bauernhof-Feeling
Weitab von Hektik und Verkehr kommen wir zum 5 / Gutsgasthof Frath am Wolfgangriegel. Hier werden täglich die Kühe „aus- und eingetrieben" .
Tour 4 // Seite 37

Schwarzer Kontinent
Er inspirierte Heinz Theuerjahr zu vielen seiner Werke. Zu sehen sind sie im Atelier, in der Kleinen Galerie und im 4 / Skulpturenpark.
Tour 7 // Seite 60

Phänomenaler Sonnenuntergang
Auf dem Bergkegel des 3 / Wollaberg steht die prächtige Wallfahrtskirche St. Ägidius mit schlankem Turm aus grauem Stein. Einsam sind wir hier und dem Himmel ein Stück näher.
Tour 9 // Seite 74

Geistliches
Die Benediktiner im 2 / Kloster Metten stehen für das Schöne und die Ästhetik, wie in der Klosterbibliothek und Kirche sichtbar wird.
Tour 12 // Seite 106

DAS KRIEGST DU NICHT ALLE TAGE

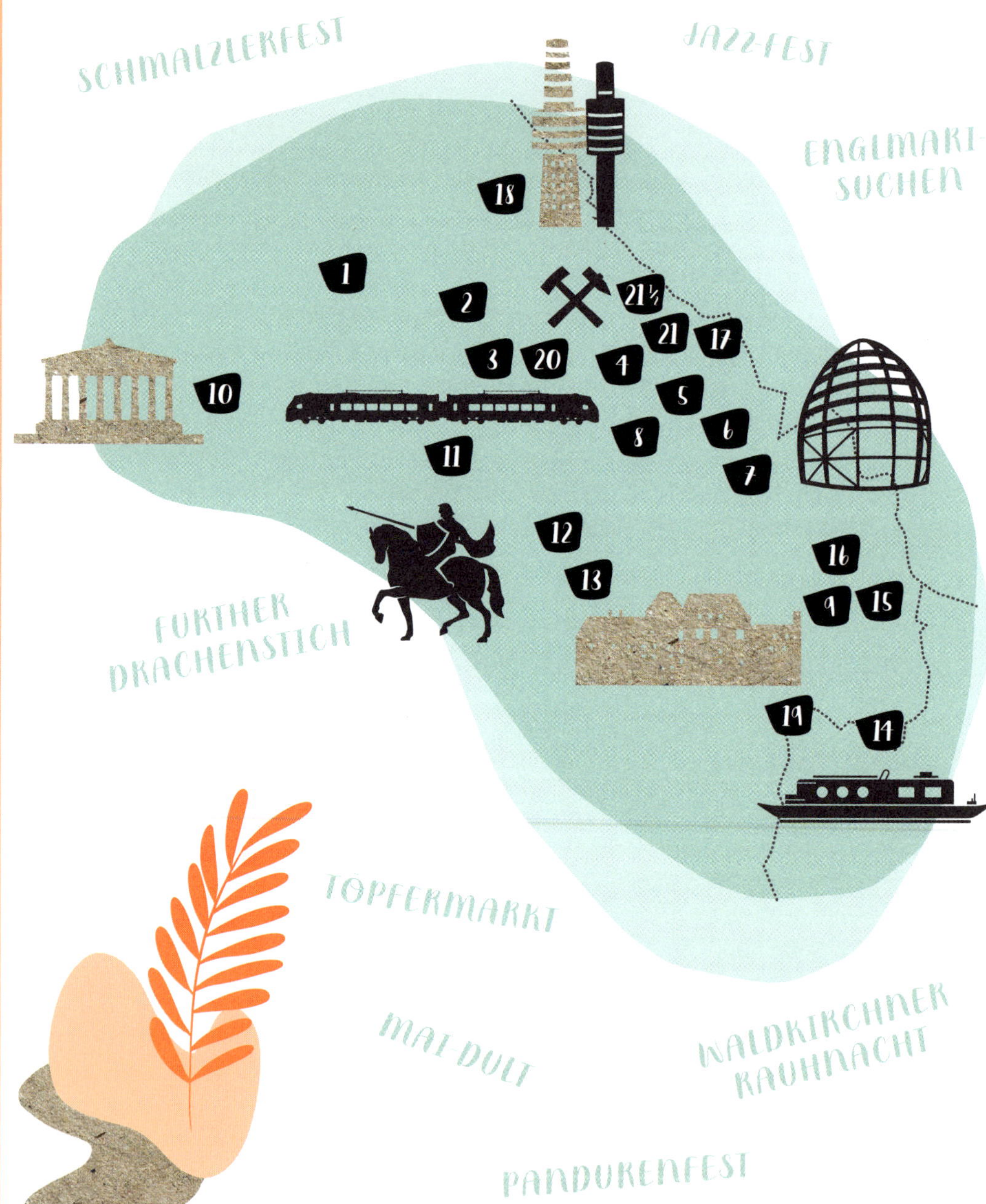

Wann am besten wohin? Die Events zu den Touren findest du hier

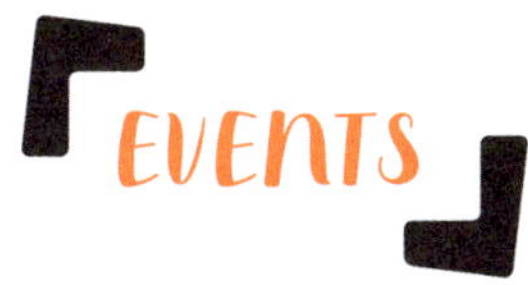

Events

Januar

Waldkirchner Rauhnacht Schaurig schönes Treiben auf dem Marktplatz mit Hexen, Druden und wilden Gestalten

Tour 9, 15

Mai

Töpfermarkt in Lalling Traditioneller Töpfermarkt mit Kunst, Kunsthandwerk und lukullischen Genüssen vor landschaftlich reizvoller Kulisse des Lallinger Winkels

Tour 13

Regensburger Mai-Dult Auf dem Dultplatz inklusive Fahrgeschäften und Warendult

Tour 20

Englmari-Suchen in Sankt Englmar An Pfingstmontag stattfindendes religiöses Schauspiel über die Legende des seligen Engelmars

Tour 11

Pfingstritt Von Bad Kötzing bis Steinbühl, gehört zu den größten berittenen Bittprozessionen in Europa

Tour 17, 21

Juli

Waldkirchner Marktrichtertage Mittelalterspektakel mit Reitern, Musik, Speis und Trank

Tour 9, 15

Pandurenfest Spiegelau Alle zwei Jahre ab 2023 erinnert das Fest an den Pandurenoberist Franziskus Freiherr von der Trenck

Tour 7

Festspiele Europäische Wochen Passau Größtes Kulturfestival in der Region Ostbayern, Böhmen und Oberösterreich mit hochklassigen Konzerten und Kammermusik

Tour 19

JazzFest Passau Gratis Konzert im Rathaus-Innenhof, Juli/August

Tour 19

Schmalzlerfest in Perlesreut Mit Festumzug und Musik-Acts in der Heimat und Hochburg des Schnupftabaks

Tour 19

Pichelsteinerfest in Regen Zählt zu den ältesten Volksfesten Niederbayerns, Juli/August

Tour 8

August

Further Drachenstich Ältestes Volksschauspiel Deutschlands

Tour 18

Grafenauer Salzsäumerfest Mittelalterliches Markttreiben mit Heerlager vor der Stadt

Tour 19

September

Historisches Schlossfest Freyung Mit Freilichtspiel rund um Schloss Wolfstein

Tour 15, 16

Oktober

Obst- und Bauernmarkt in Lalling Am Kirchweihsonntag, mit Obst, Most und Musik, deftige Schmankerl und süße Kirchweihkrapfen

Tour 13

PACKLISTE

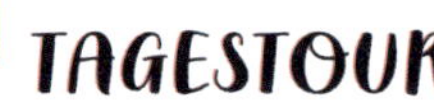

GRUNDAUSSTATTUNG

- Fahrradhelm
- Radkleidung
- Radhandschuhe
- Radbrille
- Trinkflasche
- Fahrradschloss
- Handy
- Karte/Navigationsgerät
- Fahrradlicht, Ersatzakku/-batterie
- Erste-Hilfe-Set

TAGESTOUR

- Regenkleidung
- Wechselkleidung
- Reparaturset: Ersatzschlauch, Werkzeug
- Luftpumpe
- Packtaschen klein
- Verpflegung: Snacks, genügend Wasser
- evtl. wasserdichte Handyhülle

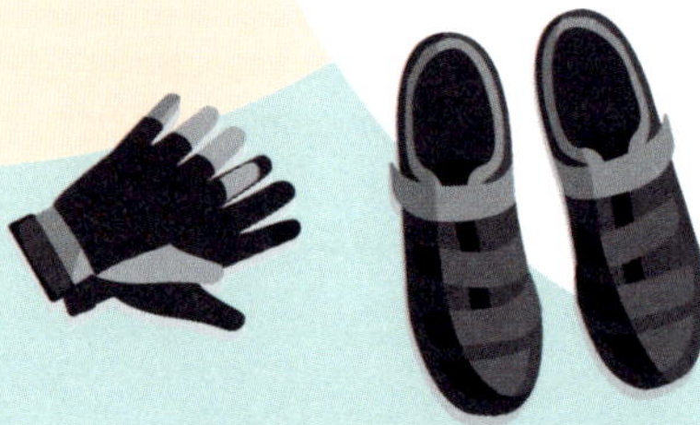

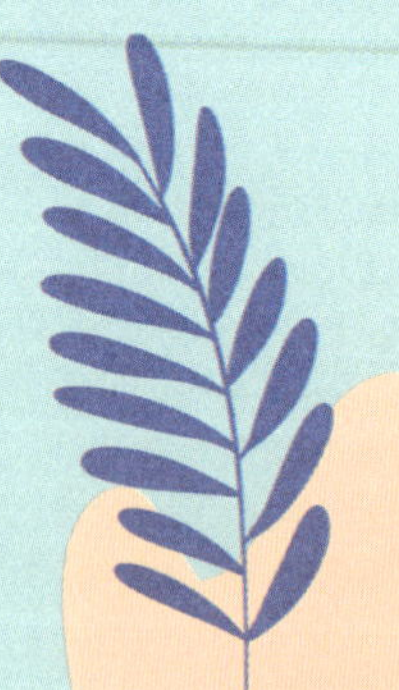

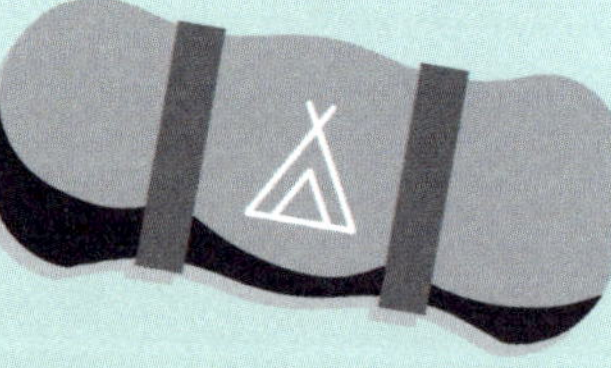

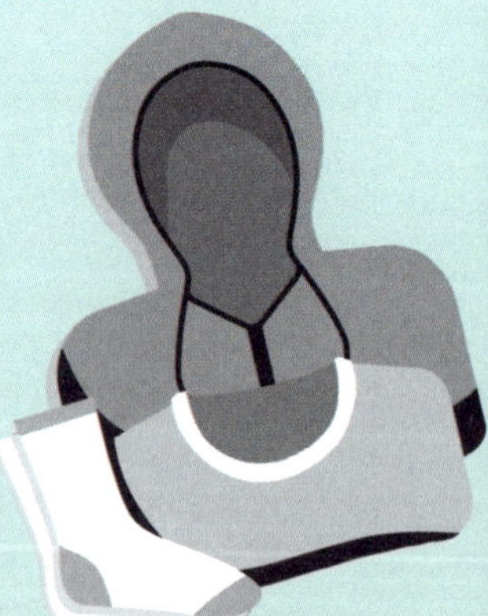

BIKEAWAYTOUR

- Zahnbürste
- Waschbeutel
- Packtaschen groß
- evtl. Zelt
- evtl. Schlafsack
- evtl. Kompass
- Handyladegerät

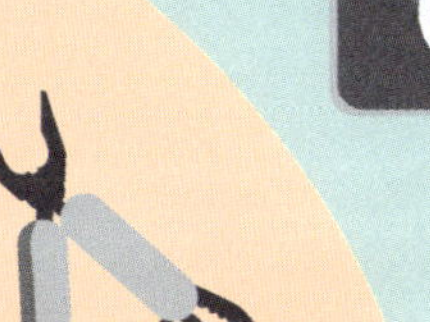

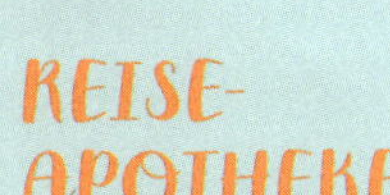

REISE-APOTHEKE

Pflaster & Blasenpflaster, Mückenschutz, Sonnenschutz, Zeckenkarte

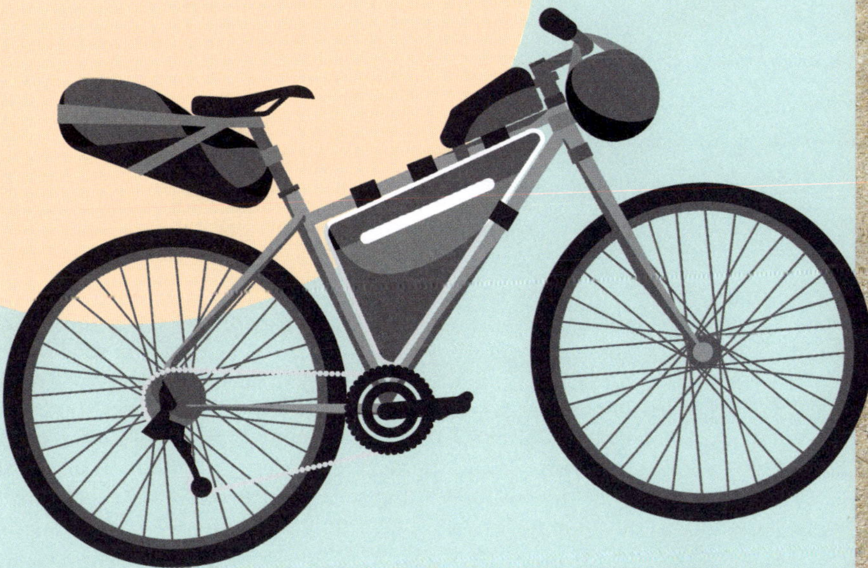

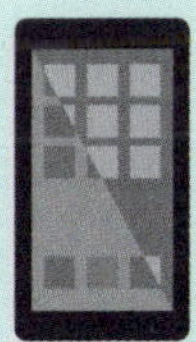

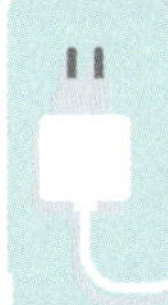

RADCHECK

findest du auf der nächsten Seite

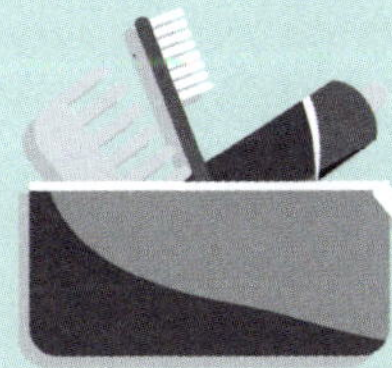

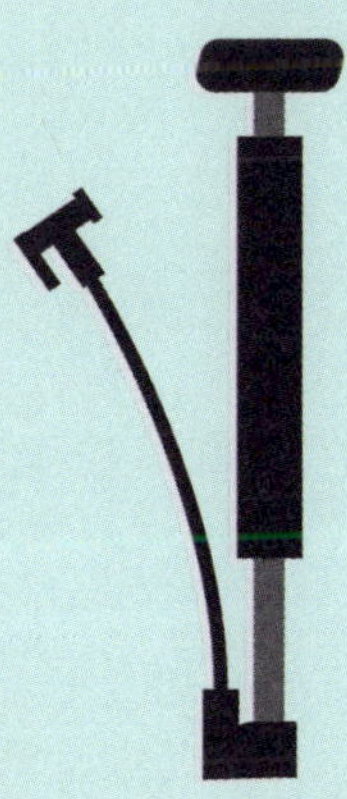

RADCHECK

AM BESTEN nimmst du dein Fahrrad vor jeder Tour unter die Lupe, zumindest aber beim Frühjahrsputz. Darüber hinaus ist ein regelmäßiger Service bei Profis zu empfehlen.

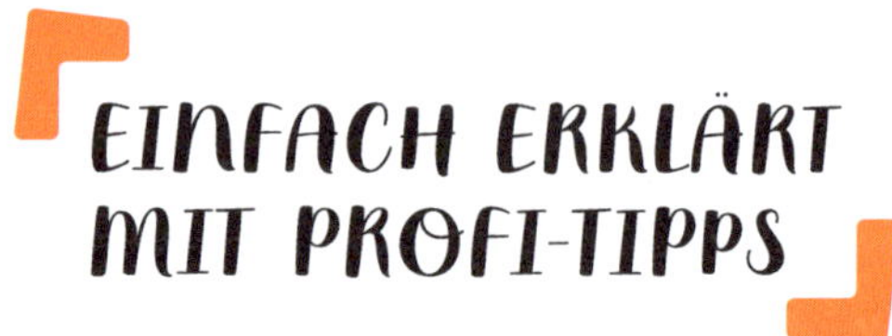

Picobello: Reinigung des Fahrrads

Ein sauberes Fahrrad lebt länger und dir fallen beim Putzen Defekte auf. Daher ran an den Schwamm und die milde Seife oder den Fahrradreiniger und losgelegt! Wenn das Fahrrad getrocknet ist, mit einem sauberen Lappen Wasserränder wegpolieren. Handarbeit ist angesagt – ein Hochdruckreiniger ist tabu, da er auch Fett und Öl entfernt und Wasser in empfindliche Teile eindringen kann.

Tipp: Für verwinkelte Teile ist eine alte Zahnbürste praktisch.

Pralle Geschichte: die Reifen

Um grob den Reifendruck zu überprüfen, mach die Daumenprobe: Lässt sich der Reifen mehr als 1 cm eindrücken, musst du pumpen. Angaben zu Mindest- und Maximaldruck findest du auf der Reifenflanke. Für wenig Rollwiderstand auf befestigten Straßen orientiere dich an der oberen Grenze, wenn du auf unbefestigten Wegen unterwegs bist, an der unteren. Je schmaler der Reifen und je höher das Gesamtgewicht, desto mehr Luftdruck ist nötig. Am einfachsten lassen sich die Reifen mit einer Standpumpe mit Druckmesser aufpumpen.

Tipp: Fahrradgeschäfte bieten machmal vor Ort gratis Pumpen zum Selbermessen und -aufpumpen an.

Nimm auch das Reifenprofil unter die Lupe: Entferne eventuelle Steinchen oder Scherben und halte nach Rissen oder Schnitten Ausschau. Wenn das Profil zu brüchig oder stark abgefahren ist, brauchst du einen neuen Mantel.

Läuft wie geschmiert: Kette reinigen und ölen

Fürs Reinigen zuerst mit einem trockenen Tuch Kette von altem Fett und Schmutz befreien, indem du am Pedal drehst und so die Kette durch das Tuch ziehst. Den feinen Zwischenräumen kannst du wieder mit der Zahnbürste zu Leibe rücken. Danach Kettenöl, am besten biologisch abbaubares, auftragen, indem du es hinten auf die Kette träufelst, während du sie mit dem Pedal durchdrehst. Kurz einwirken lassen, dann mit einem Lappen das überschüssige Öl von der Kette abziehen.

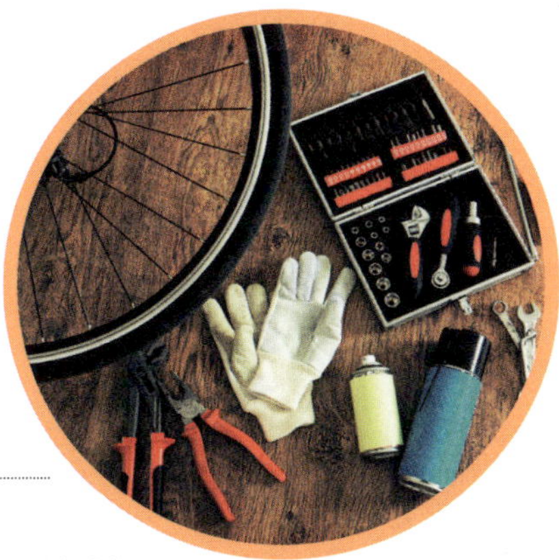

Tipp: Hast du eine Kettenschaltung, schalte einmal alle Gänge durch, damit sich das Öl auf allen Zahnrädern verteilt.

Eine gut geölte Kette und der richtige Reifendruck machen außerdem ein E-Bike leichtgängiger, was die Akku-Reichweite erhöht.

✓ Schraube locker?

Prüfe regelmäßig die Schraubverbindungen der Steuerung (Lenker, Vorbau und Steuersatz), Laufräder, Pedale, Sattelklemmen und Anbauteile wie Schutzbleche und Gepäckträger.

Tipp: Legst du selbst Hand an, ist ein Drehmomentschlüssel am besten, damit du die Schrauben entsprechend den Drehmomentangaben für dein Fahrrad nachziehen kannst.

✓ Nichts kann dich stoppen, außer: die Bremsen

Prüfe, ob vordere und hintere Bremse einen gleichmäßig starken Druckpunkt haben. Öffne und schließe die Bremsen auch im Stand. Wenn bei hydraulischen Bremsen mehrmaliges Pumpen für einen soliden Druckpunkt erforderlich ist oder sich der Hebel bis zum Lenker durchziehen lässt, muss das System entlüftet werden. Wenn bei mechanischen Felgenbremsen die Bremsarme nicht gleichmäßig arbeiten, einstellen (lassen). Sind die Verschleißindikatoren auf den Bremsbelägen, kleine Rillen im Gummi, verschwunden, müssen die Beläge getauscht werden. Den Verschleiß von Scheibenbremsen kannst du bei relativ neuen Belägen mit einer Taschenlampe von oben durch den Schlitz im Sattel prüfen. Bei älteren und dünneren Belägen müssen die Räder zur Sichtprüfung ausgebaut werden.

Tipp: Gegen Verschmutzung und Korrosion der Bremszüge bei mechanischen Bremsen hilft ein Spritzer Teflonspray in die Enden der Außenhüllen. So gleiten die Kabel besser in ihrer Hülle.

✓ Damit dir ein Licht aufgeht: die Beleuchtung

Weil's am Abend auch schon mal später werden kann und du auch am Rückweg sichtbar sein möchtest: Sind Lichter und Reflektoren vorhanden und funktionieren sie?

✓ Für alle mit extra Antriebskraft: Akku & Motor

Bei längerer Nichtnutzung, zum Beispiel in der Winterpause, achte darauf, dass sich der Akku nie tiefenentlädt. Korrosionsspuren bei den Steckverbindungen kannst du mit einem speziellen Kontaktspray entfernen. Fallen dir Schäden am Motorgehäuse auf, am besten schnell in eine Fachwerkstatt.

Los geht's!

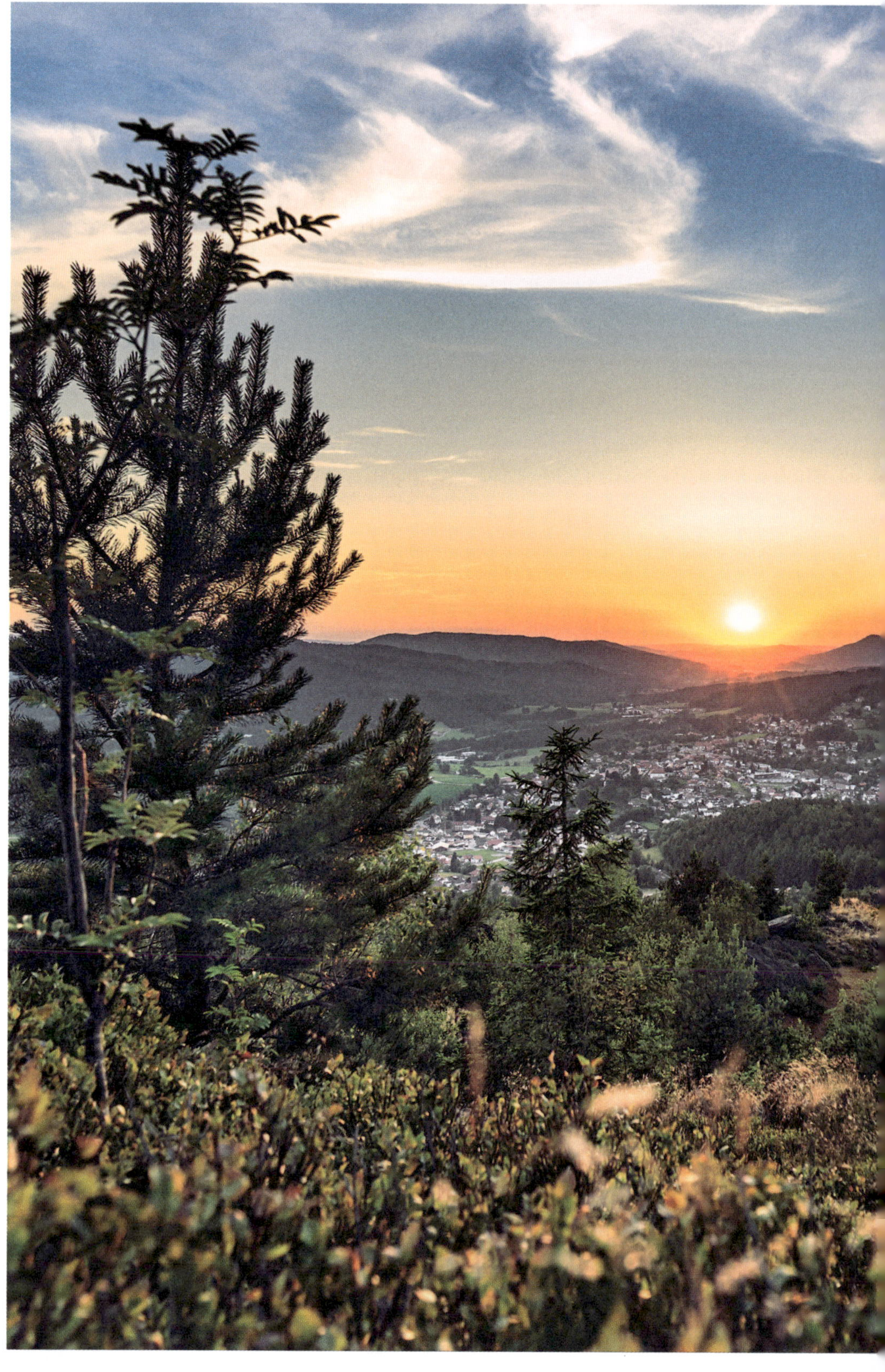

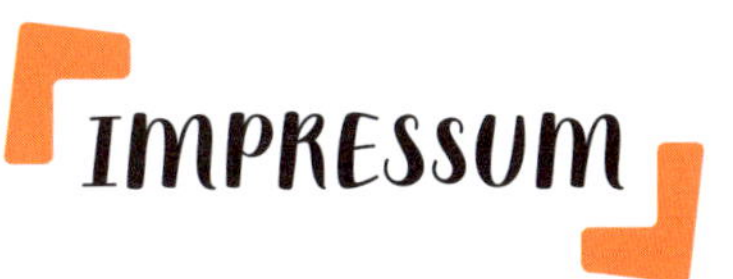

© KOMPASS-Karten GmbH
Karl-Kapferer-Straße 5
A-6020 Innsbruck
www.kompass.de

1. Auflage 2023 (23.01)
Verlagsnummer 3827
ISBN 978-3-99121-932-3

Text und Fotos (soweit nicht anders angegeben): Ralf Enke
Titelbild: Waldweg Bayerischer Wald (Foto: AdobeStock – stock.adobe.com: © Wolfgang Hauke)
(Titelillustrationen: AdobeStock – stock.adobe.com: © elvil, © svetazi)

Fotos:
© Josef Kerscher (8), © Pfarrei Roding (11, 198), © David Wackler (11 Mitte), © Hölzl Kanutouren (12), © Tourist-Info Blaibach (19, 19 Mitte, 20, 80/81, 195, 196), © Alpakahof Grüne Au (21), © Waldbahn Länderbahn (27), © Gemeinde Geiersthal (28), © Viechtach Pixeltypen (29), © Besucherbergwerk Bodenmais (32), © Gemeinde Bodenmais (35, 35 Mitte, 36, 238), © Gutsgasthof Frath (37), © HzW Johannes Haslinger (40), © Gemeinde Lindberg (43), © HzW Elke Ohland (44), © Gemeinde Frauenau (51), © Daniela Blöchinger (51 Mitte, 151), © Arberland-Alpakas (52), © S. Bauer (53), © eak erlebnis akademie ag (56), © Theuerjahr (59 Mitte), © Jo Fröhlich (60), © Feldbahnmuseum Riedlhütte (61), © Stadt Regen (64, 68, 211), © Stadt Regen K. Probst (69), © Touristinfo Waldkirchen (72, 77, 137, 137 Mitte), © Gemeinde Jandelsbrunn (75, 76), © Weinstube Eibl (90), © Waldwipfelweg GmbH (97), © Gemeinde Windberg (97 Mitte), © Gemeinde Miltach (98, 99), © Haibach Elisabethszell (101), © Stadt Deggendorf (107 Mitte, 111), © Benediktinerabtei Metten (108), © Klaus Dieter Neumann – Die Länderbahn GmbH (109, 148), © Tourist-Info Lallinger Winkel (114, 118), © Alfred Hüttinger/Abtei Niederaltaich (117 Mitte), © Nina Wenig (119), © Landkreis Deggendorf (120), © Tourismusverband Ostbayern (121), © ILE Abteiland /Maximilian Semsch (124, 174/175), © Umweltstation Haus am Strom (127 Mitte), © Ostbayern-Tourismus (128), © Bayernbike (134, 139, 140), © Alexander Riedl (138, 141), © Jagd-Land-Fluss-Museum (147 Mitte), © Johannes Haslinger/Nationalpark Bayerischer Wald (150), © Naturpark Bayerischer Wald- Archiv Tourist Info (157), © Richard Wenzel (158), © Drexlers-Bärwurz (159), © Tourist Info Furth im Wald (164, 167 Mitte, 168, 170, 225), © Markus Müller (171), © Alen Ajan (182, 200), © Gertraud Beer (185), © Teisnachtal (195 Mitte), © HzW Daniela Blöchinger (209), © Rudolf Mogendorf (209 Mitte), © Kristallmanufaktur Theresienthal (210), © Reinhard Schmid (213), © Greifvogelpark Grafenwiesen (214), © Tom Wundrak (240); AdobeStock – stock.adobe.com: © Sina Ettmer (13, 202 Mitte), © Christian (16), © Hans und Christa Ede (24), © Wanrut Kaisongkram (27 Mitte), © matho (43), © lettas (45, 89), © Bergfee (48, 169, 215, 216 Mitte), © Robert Ruidl (59), © traveldia (67), © MonikM (67 Mitte), © GezaKurkaPhotos (84), © TellyVision (87), © Frank Lambert (87 Mitte), © Susanne Fritzsche (88), © Ilhan Balta (91), © Martin Erdniss (94, 160), © reativeImage (100), © hansenn (110), © Thomas (104), © hwtravel (107, 117), © Luis (127), © Animaflora PicsStock (129), © thauwald-pictures (130), © lavizzara (131), © photo-corona (144), © Eberhard (147), © by-studio (149), © U.J. Alexander (154, 222/223, 227), © KK imaging (157), © dmaphoto (161), © EKH-Pictures (167), © Roman (178), © oxie99 (181), © Glaser (181 Mitte), © Armin (183), © stgrafix (184, 201), © Egon Boemsch (186, 188 Mitte), © schoppino (187), © peteri (188), © familie-eisenlohr.de (192), © Florian Werner (197), © aerogondo (199), © peter_qn (202), © bietau (206), © Juergen (212), © outdoorpixel (216), © MFOTO (219), © Pixel-Shot (230), © Monika Wisniewska (237), © jessicahyde (Graspapier-Hintergrund div. Seiten)

Gestaltung / Illustration – Composing / Agenten und Freunde Iris Streck München
Illustrationen: AdobeStock – stock.adobe.com: © Azar, © askaja, © mtmmarek, © svetazi, © val_iva, © www; creativmarket: © amber&ink, © NassyArt
Miniaturen auf illustrierten Karten: Agenten und Freunde Martina Dobrindt München; AdobeStock – stock.adobe.com: © hkama, © leremy, © neonfactory12, © SG- design, © vertyr
Grafische Herstellung: KOMPASS Karten, Agenten und Freunde München
Karten: © KOMPASS-Karten GmbH unter Verwendung OpenStreetMap Contributors (www.openstreetmap.org)

Erzähl uns von deinen Abenteuern auf Instagram und Facebook mit: #folgedeinemKOMPASS

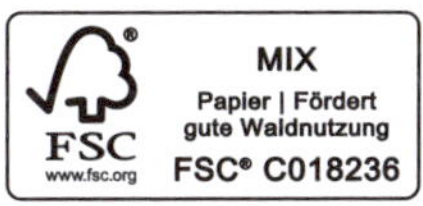

BIKE-BUCKETLIST BAYERISCHER WALD

MIT HELM UND KITTEL UNTERTAGE

Mit dem Sessellift von der 6 / Silberbergtalstation zum Stolleneingang des Silberbergwerks Bodenmais. Über Brücken und Treppen gehen wir durch den 600 m langen Barbarastollen zu Maschinen und Förderschächten.

Tour 4 // Seite 38

ZUM DREIFLÜSSE-BLICK RADELN

Von der über 800 Jahre alten 2 / Veste Oberhaus den schönsten Panoramablick auf die malerische Altstadt und auf den Zusammenfluss von Donau, Inn und Ilz genießen.

Tour 19 // Seite 180

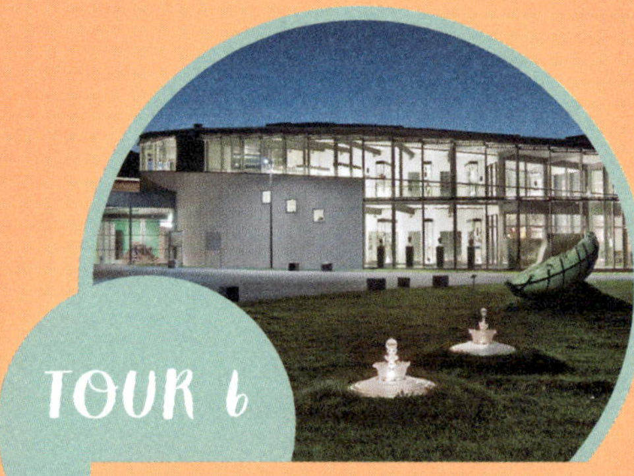

AM GLÄSERNEN HERZ

Wir spazieren in Frauenau rund um das 7 / Glasmuseum und die Gläsernen Gärten durch eine faszinierende Welt, wo Glaskunst auf Design trifft.

Tour 6 // Seite 53

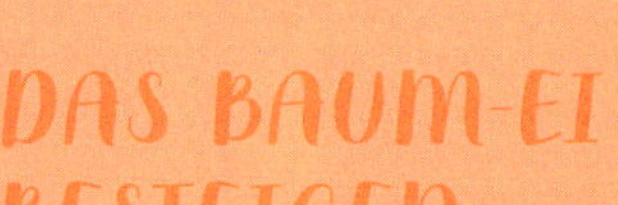

DAS BAUM-EI BESTEIGEN

Am 5 / Nationalparkzentrum Lusen vom 44 m hohen „Baum-Ei" zu den Gipfeln im Nationalpark schauen. Seine hölzerne Konstruktion ist ein architektonisches Meisterwerk.

Tour 7 // Seite 60

DAVID GEGEN GOLIATH

In der UNESCO-Welterbestadt 12 / Regensburg über die Steinerne Brücke zum „Besucherzentrum Welterbe im Salzstadel" radeln und die Gasse hinauf zum weltberühmten Goliathhaus schieben.

Tour 20 // Seite 203

AM HIMMELSSTEIG IM FELSENMEER

Wir radeln zum Wahrzeichen des Vorderen Bayerischen Walds, zur 8 / Burg Falkenstein. Sie erhebt sich aus der Mitte eines der größten und schönsten Natur- und Felsenparks Bayerns.

Tour 10 // Seite 89